A BEM DA NAÇÃO

Cândida Cadavez

A BEM DA NAÇÃO

*As representações turísticas no Estado Novo
entre 1933 e 1940*

Título:
A bem da Nação: as representações turísticas no Estado Novo entre 1933 e 1940.

© Cândida Cadavez e Edições 70, 2017

Revisão: Inês Guerreiro

Capa: FBA

Na capa:
A Mocidade Portuguesa a desfilar na Praia do Estoril, 1938
(ANTT PT/TT/EPJS/SF/001-001/0059/3240M)

Depósito Legal nº 424743/17

Biblioteca Nacional de Portugal – Catalogação na Publicação

CADAVEZ, Cândida

A bem da Nação: as representações turísticas no Estado Novo
entre 1933 e 1940. - (Extra-coleção)

ISBN 978-972-44-1948-0
CDU   94(469)"1933/1940"

Paginação, impressão e acabamento:
PAPELMUNDE
para
EDIÇÕES 70
em
Abril de 2017

Direitos reservados para todos os países de língua portuguesa por Edições 70

EDIÇÕES 70, uma chancela de Edições Almedina, S.A.
Avenida Engenheiro Arantes e Oliveira, 11 – 3º C - 1900-221 Lisboa / Portugal
e-mail: geral@edicoes70.pt

www.edicoes70.pt

Esta obra está protegida pela lei. Não pode ser reproduzida,
no todo ou em parte, qualquer que seja o modo utilizado,
incluindo fotocópia e xerocópia, sem prévia autorização do Editor.
Qualquer transgressão à lei dos Direitos de Autor será passível
de procedimento judicial.

Índice

Agradecimentos	9
Siglas utilizadas	11
Prefácio	13
Introdução	17
1. Das narrativas das nações e das representações turísticas	19
Parte I – A bem da nação: política e turismo (1933–1940)	31
Capítulo 1 – Um regime «nacionalizante»	35
1. O Estado Novo apresentado por ele próprio	41
1.1. O que explicou Salazar	42
1.1.1. «Entrevistas»	42
1.1.2. «Discursos e notas políticas»	51
1.1.3. As *lições* de Salazar	57
1.2. Outras vozes: de António Ferro aos Painéis de São Vicente	60
1.3. Propaganda nacional, censura e atividade turística	65
2. Os (mitos dos) nacionalismos segundo vozes neutras	70
Capítulo 2 – Ser turista	79
1. De que se fala quando se fala de turismo	79
1.1. Promoção turística	83
2. Ser turista no Estado Novo	85
2.1. Salazar	86

2.2. António Ferro 88

2.3. Roque da Fonseca 94

2.4. A promoção turística no Estado Novo 96

**Parte II – A institucionalização do turismo nos primeiros anos
do Estado Novo** 101

Capítulo 1 – Propaganda e União Nacional 105

1. Secretariado de Propaganda Nacional 105

2. I Congresso da União Nacional 111

2.1. As sete teses 117

Capítulo 2 – I Congresso Nacional de Turismo 125

1. O primeiro encontro nacional sobre turismo 128

1.1. As sessões 134

2. A imprensa e o congresso 143

3. *Uma viagem através de Portugal* 152

Parte III – Arquiteturas turísticas ou nacionalizantes? 159

Capítulo 1 – Portugal, *paiz de turismo*. Ou Portugal,
países de turismo? 161

1. O estado do turismo e o turismo do Estado Novo 161

1.1. O estado do turismo 161

1.2. O turismo do Estado Novo 165

1.2.1. As marchas populares 168

1.2.2. O acolhimento dos estrangeiros 171

1.2.3. A imprensa e o turismo 174

1.2.4. O Automóvel Club de Portugal 175

1.2.5. Para que serve o turismo? 176

1.3. A divulgação da «pequena casa lusitana»: destinos,
publicações e Casas de Portugal 179

1.3.1. A pequena casa lusitana 179

1.3.2. Guias turísticos ou manuais de história da «Nação»? 181

1.3.3. As Casas de Portugal 186

1.4. O património 188

2. O «turismo médio» 195

2.1. «Hotéis médios» 198

2.2. «Hotel Modelo»: um modelo nacional(izante)
para os hotéis............................... 202

2.3. Lições para a hotelaria: José d'Athayde e a cartilha
de (Salazar para a) hospedagem 205

2.4. FNAT, fomentando a nacional alegria dos trabalhadores . 208

2.5. As excursões e a alegria do Estado Novo............ 213

3. Para inglês ver: a exceção dos Estoris................. 216

3.1. O início da idade de ouro dos Estoris 217

3.1.1. Fausto de Figueiredo 220

3.2. Os Estoris nos anos trinta: reservado o direito de admissão . 223

3.3. Adereços de luxo: o Hotel Palácio, o *Sud Express*
e a Estrada Marginal 228

3.4. A promoção da Costa do Sol.................... 234

3.4.1. As publicações, os folhetos e os cartazes da
Costa do Sol e do Riso 236

3.5. Para inglês ver............................. 238

3.5.1. O que os visitantes disseram................ 242

Capítulo 2 – António Ferro: o turismo ao serviço da «Nação».. 247

1. António Joaquim Tavares Ferro..................... 248

1.1. A Política do Espírito 256

1.2 A cultura popular............................ 261

2. António Ferro e o espírito do turismo 267

2.1. A riqueza e a poesia do turismo.................. 271

2.2. Os secretariados. Da propaganda nacional à informação,
à cultura popular e ao turismo 275

2.2. As pousadas, as brigadas de turismo e os
postos fronteiriços 279

3. Ao serviço do turismo. Ao serviço da «Nação»? 285

3.1. A Aldeia Mais Portuguesa de Portugal 286

3.2. As outras exibições da «Nação» 291

3.2.1. Exposição Colonial do Porto, 1934 295

3.2.2. Exposição Internacional de Paris, 1937 297

3.2.3. New York World's Fair e Golden Gate International
Exposition, São Francisco, 1939.   301
3.2.4. Exposição do Mundo Português, 1940.   304

Conclusão   317
Referências.   321

Agradecimentos

Aos meus pais

Move-me neste momento que, por fim, se tornou real, uma lembrança gratíssima e sincera de todos os que estiveram presentes ao longo dos cinco anos em que procurei compreender o significado de ser turista nos primeiros anos do Estado Novo português.

O ensaio que se segue resulta, em primeiro lugar, do privilégio que foi poder contar com a orientação de um académico como é o **Professor Doutor Manuel Frias Martins** que, com o rigor, a sabedoria e a generosidade que todos lhe reconhecem, me incentivou a desenvolver a presente investigação. Um projeto destes proporciona e obriga a uma série de viagens e de encontros que, neste caso, foram particularmente felizes e profícuos. O primeiro e mais prolongado ponto de paragem foi a **Fundação António Quadros – Cultura e Pensamento**, cuja Presidente, Mafalda Ferro, neta de António Ferro, me disponibilizou acesso incondicional não só ao espólio da fundação, mas também, e sobretudo, a memórias e lembranças existentes em acervos não catalogáveis. Gostaria também de expressar a minha gratidão pela disponibilidade e ajuda facultadas pelos colaboradores do **Arquivo Nacional da Torre do Tombo**, da **Biblioteca Nacional de Portugal** (Microfilmes), da **Biblioteca Municipal das Galveias**, da **Hemeroteca de Lisboa** e da **Sociedade de Geografia de Lisboa**.

Este projeto recebeu uma atenção exímia dos professores doutores **Adelaide Meira Serras, Teresa Cadete** e **Júlio Carlos Viana Ferreira**, da Faculdade de Letras da Universidade de Lisboa, que me permitiu considerar novas ponderações, e pela qual estou muito reconhecida.

Agradeço a confiança, o entusiasmo e o cuidado que as **Edições 70**, sobretudo na pessoa da editora Suzana Ramos, depositaram neste projeto, possibilitando-me, assim, a concretização do sonho de publicar o presente estudo.

Os conselhos e os silêncios amigos da **Alexandra L.**, da **Margarida R.**, da **Suzana** R. e da **Teresa** C., bem como da minha afilhada **Tânia** C. foram, em inúmeras ocasiões, o que me fez compreender o sentido de prosseguir este trabalho. Ao **Mário**, companheiro de tantos itinerários, devo uma alegria e uma certeza que nunca me deixa(ra)m desistir.

Siglas utilizadas

ACP Automóvel Club de Portugal
AIT *Alliance Internationale de Tourisme*
CP Caminhos de Ferro
ENIT *Ente Nazionale Italiano per il Turismo*
FNAT Fundação Nacional para a Alegria no Trabalho
KdF *Kraft durch Freude*
OND *Opera Nazionale Dopolavoro*
PNT *Patronato Nacional de Turismo Espanhol*
SNI Secretariado Nacional de Informação, Cultura Popular e Turismo
SPN Secretariado de Propaganda Nacional

Prefácio

O livro que aqui se encontra foi primeiramente apresentado ao tribunal académico sob a forma de tese de doutoramento. O resultado final definiu-se pela nota máxima na Universidade de Lisboa: Aprovada com Distinção e Louvor. Poucas vezes os trabalhos académicos de mérito têm oportunidade de ficar acessíveis a um público mais vasto do que aquele que é constituído pelos membros do júri que os avaliou e de um ou outro investigador, que, mais tarde, se irá debruçar sobre eles para levar a cabo o seu próprio trabalho. Para proveito de todos quantos se interessam pelas matérias de que este livro trata, Cândida Cadavez está no lote dos que conseguiram romper a barreira do arquivo universitário, trazendo ao conhecimento geral uma informação documental minuciosa, um pensamento rigoroso e uma estimulante construção analítica das representações turísticas do Estado Novo entre 1933 e 1940.

A indústria do turismo portuguesa que se afirmou durante os primeiros anos do governo de Salazar, e que encontrou em António Ferro um arquiteto esclarecido, nunca se desligou da difusão de valores legitimadores da nova ideologia orientadora da governação salazarista. A autora deste estudo comenta com rigor e objetividade esse cruzamento, mostrando também como comportamentos e artefactos pretensamente «autênticos» e «típicos» da cultura portuguesa tanto serviam as representações turísticas como os dialetos nacionalizantes oficiais.

Se o turismo interno propiciava excursões (e convívios) aos locais considerados mais representativos da «Nação», entretendo e educando uma boa parte da população, isso acontecia também como método para compor cenários idealizados de uma «Nação» trabalhadora e temente a Deus, cuja imagem pacífica e cordata se oferecia aos visitantes estrangeiros, sobretudos aos que frequentavam os ambientes cosmopolitas dos Estoris. A riqueza e o luxo desses ambientes contradiziam inevitavelmente a apologia que o regime fazia de uma vida portuguesa pobre, mas honrada, por parte de gente simples mas genuína. Por isso, conforme refere Cândida Cadavez, se os visitantes observavam a população de uma distância conveniente, para grande parte da população portuguesa «os Estoris eram como um parque de diversões que deveria ser observado de longe, ou, quando muito, de passagem, pois que era um lugar socialmente perigoso e suscetível de corromper os nacionais».

Estes são apenas alguns dos tópicos do livro de Cândida Cadavez. Refiro-os como meras zonas de interesse particular ou como uma espécie de sinalizadores práticos de ideias, porque a amplitude temática e a relevância histórico-cultural deste estudo ultrapassa-os amplamente. O mesmo acontece, aliás, com as competências da autora, as quais se têm distribuído por inúmeras áreas de intervenção, tanto universitária como social, ligadas ao turismo, e que no essencial são desdobramentos e aplicações de saberes e conhecimentos adquiridos no âmbito das suas investigações académicas. E é assim que deve ser num quadro cada vez mais exigente quanto à ligação da universidade à sociedade de que faz parte.

Escrito com elegância, e com aquela desenvoltura narrativa que tantas vezes falta a trabalhos deste tipo, este livro traz à superfície uma parte da memória portuguesa que, em muitos aspetos, estava por recuperar e equacionar criticamente. Trata-se de um excelente trabalho de recolha criteriosa e de compreensão cuidada de materiais históricos de indiscutível relevância. Mas há nele uma diferença fundamental que me agrada particularmente e que reside no facto de Cândida Cadavez acrescentar à curiosidade típica de uma historiadora a mais-valia qualitativa da hermenêutica subtil por onde se revela uma analista cultural muito perspicaz.

Não será desajustada a suspeita de parcialidade nas palavras que aqui deixo. Orientador da dissertação de Mestrado e da tese de Doutoramento de Cândida Cadavez, depois de ter sido seu professor

PREFÁCIO

durante vários anos na Faculdade de Letras de Lisboa, conheço muito bem os méritos da investigadora, mas também as qualidades da pessoa. Da primeira saliento o cuidado posto na recolha de materiais, o escrúpulo com que lida com as fontes, a atenção aos detalhes da escrita, a construção argumentativa sólida e arrumada. Da segunda destaco a inteligência, a boa disposição, o sentido de humor e a probidade intelectual. É também desta combinação feliz que resulta o trabalho que agora se publica e que será com certeza do agrado de todos quantos se interessam, não só pela indústria do turismo, mas também pelos meandros da narrativa cultural por que o turismo deu a ler o regime de Salazar quando foi por ele lido.

Manuel Frias Martins
Janeiro de 2017

Introdução

> O turista é um *gosador*, um *voluptuoso*. Quem diz turista, diz – implicitamente – boa cama, boa mesa, bom comboio, bom fogão, boas almofadas... [...] O que nos importa é canalizar para cada país, como seus observadores críticos, muitos viajeiros que longe de gastar o tempo a dar voltas ou rodeios como turistas em sôfrega e confusa vadiação, aqui se demorem e tentem *penetrar*, com luz inquisitiva, no interior da nação a buscar-lhe a alma, a verdadeira *essencia*.
>
> *Diario de Lisbôa*, 16 de janeiro de 1936: 1

> O nosso país é, de facto, todo ele, uma impressionante exposição de turismo nacional.
>
> Ferro, 1949: 36

Este estudo reflete sobre o modo como o Estado Novo português lidou com a atividade turística nacional entre 1933 e 1940. Importa entender até que ponto teria sido o turismo, nos anos de afirmação do novo regime, utilizado como mais um instrumento de divulgação e de validação ideológica do mesmo, assim como a forma como a omnipresente máquina propagandista de Salazar se teria apropriado de um sector aparentemente fútil e despreocupado como o turismo. Se tal aconteceu, quais teriam sido os propósitos, os objetivos e as estratégias de tal plano?

Tendo por finalidade encontrar as respostas possíveis para estas questões, 1933 surgiu desde o início da presente investigação como uma possível barreira temporal a considerar por ter sido um ano que assistiu a atos de extremo significado para a validação do novo regime político, tais como a publicação das «entrevistas» conduzidas por António Ferro a Salazar, a promulgação e a entrada em vigor da Constituição Política da República Portuguesa, a aprovação do decreto-lei que regulou a Polícia de Vigilância e Defesa do Estado e, não menos importante, a criação do Secretariado de Propaganda Nacional.

Segundo Jorge Ramos do Ó, foi na década de trinta do século xx que a ideologia do Estado Novo impôs a sua teatralização e institucionalizou a portugalidade que viriam a pautar as representações com que o regime se afirmaria a nacionais e a estrangeiros (vd. Ramos do Ó, 1999: 15, 27). A partir de então, estaria aberto e legitimado o caminho para a divulgação quase obsessiva de uma «Nação» que impunha a partilha de um imaginário alegadamente comum a todos os portugueses, composto fundamentalmente por histórias gloriosas e passadas e por elementos representativos de uma cultura designada como popular.

1940, o ano que assistiu às Comemorações Centenárias da fundação e da restauração portuguesas, representou, como referiu António Ferro, «o ano das grandes realizações espirituais e materiais do Estado Novo» (Ferro, 1941. Fundação António Quadros, Caixote 016, Crónicas, Artigos AF). Todo o simbolismo associado a estas celebrações, nomeadamente à Exposição do Mundo Português, enquanto momento de evocação gloriosa da «Nação» e do seu chefe, e a motivação que representaram para a organização de grandes iniciativas de cariz turístico justificam que este tenha constituído o ano que encerra o período de tempo investigado.

As respostas às dúvidas que motivaram este estudo resultam de um percurso composto por três itinerários distintos que possibilitarão observar o fenómeno turístico dos primeiros anos do Estado Novo a partir de igual número de perspetivas. O primeiro itinerário permite compreender o significado de «Nação» para as vozes do regime, como Salazar e António Ferro, que também se pronunciam acerca da indústria turística em Portugal. Com o itinerário seguinte, chega-se a dois momentos institucionais importantes, nos quais a relação entre o Estado Novo e o turismo é esclarecida, isto é, o I Congresso da União Nacional, realizado em 1934, e o I Congresso Nacional de Turismo, do ano de 1936. O roteiro da presente investigação termina com a

INTRODUÇÃO

evocação de algumas concretizações turísticas entendidas como elucidativas daquilo que os itinerários anteriores tinham feito vislumbrar em teoria. Quase a chegar ao fim, visitam-se primeiro as diferenças existentes entre o designado «turismo médio» e a sofisticação e o luxo turísticos da Costa do Sol. O percurso ficará completo com os pareceres e as intervenções de António Ferro, diretor do Secretariado de Propaganda Nacional e do Secretariado Nacional de Informação, Cultura Popular e Turismo e arquiteto de inúmeras iniciativas de aparente motivação turística.

Esta pesquisa teve como principais objetos de estudo as atas dos dois congressos referidos (I Congresso da União Nacional e I Congresso Nacional de Turismo), as edições dos jornais *Diário de Notícias*, *Diario de Lisbôa* e *O Seculo*, publicadas na década de trinta, e o espólio de António Ferro, disponível na Fundação António Quadros – Cultura e Pensamento.

1. Das narrativas das nações e das representações turísticas

> A fantasia [...] de um mundo fechado de uma vez por todas.
>
> Augé, 2005: 40

> Os despojos da experiência permanecem vivos no conforto da tradição, no silêncio do hábito, na repetição do antigo.
>
> Nora, 1989: 7

Quem trabalha diariamente com futuros profissionais do sector do lazer não pode ignorar a recorrente enunciação feita pelas narrativas turísticas dos termos *típico*, *nativo*, *tradicional*, *por razões históricas* e *Nós* (em oposição a *Outros*) como fundamentos válidos e aparentemente suficientes para aliciar visitantes para novos destinos e experiências (vd. Cadavez, 2006, e Cadavez, 2010). A repetição destas locuções convida a evocar de imediato a semelhança com os argumentos de legitimação usados pelos «dialetos nacionalistas», como refere Ernest Gellner (Gellner, 1998: 74).

A BEM DA NAÇÃO

Tendo em conta as perguntas que motivam este trabalho, é impossível não considerar a pertinência que a perceção desta comunhão de argumentos representa para o presente estudo. Urge, por isso, identificar desde já precisamente alguns dos justificativos partilhados pelas representações turísticas e pelas narrativas das nações, em especial aquelas que se regem por ditames semelhantes aos que moldavam o Estado Novo português.

1.1. Cultura (popular). Tradição e autenticidade

A oratória nacionalista insiste na descrição de *comunidades culturais sólidas e homogéneas* que evoca para justificar e demonstrar o seu carácter óbvio e essencial. Essa essencialidade facilita a identificação dos valores de um determinado grupo e valida a imposição das homogeneidades que descrevem as nações (vd. Gellner, 2001: 26). Por esse motivo, e de acordo com Gellner, os nacionalismos advogam de forma acérrima a proteção de uma cultura nacional que entendem como prova da legitimidade da nação (vd. Gellner, 1998: 8, Gellner, 2001: 55). Neste sentido, *cultura* é um termo que surge invariavelmente associado à criação de consensos inibidores de diferenças ou de divisões (vd. Williams, 1988: 25) e que impõe o balanço necessário à vida dos grupos (vd. Eco, 1998: 177).

Também no sector do lazer, evocar o conceito de cultura significa nomear um consenso (vd. MacCannell, 1999: 25). Victor Middleton e Jackie Clarke referem que as atrações turísticas desempenham um papel fulcral na transmissão da imagem do destino, sendo arquitetadas com o intuito de conservar e celebrar as características culturais únicas que alegadamente detêm (Middleton e Clarke, 2007: 349). Nessa ótica, cultura acaba por corresponder a um quadro de referências e interpretações aprioristicas que condiciona o entendimento que os forasteiros fazem de uma determinada comunidade de acolhimento (vd. Morgan e Pritchard, 2000: 31).

Na sua maioria, os cenários turísticos mais habituais insistem na divulgação de lugares associados a histórias e de mensagens estereotipadas que, ao serem placidamente aceites pelos forasteiros, parecem reproduzir *ad aeternum* narrativas apresentadas como distintivas de uma cultura ou de uma nação. Nestes quadros, em que não são autorizados elementos que possam permitir qualquer quebra da história esperada, anuncia-se a confirmação dos (pre)conceitos que os

INTRODUÇÃO

visitantes têm relativamente ao espaço cultural ou nacional que irão conhecer, permitindo à maior parte dos turistas confirmar os pressupostos que os seduziram para visitar o local (vd. Brooker, 2003: 305). Tal como sucede na retórica dos regimes de tendência nacionalista, também as representações turísticas encaram as culturas como realidades estáticas e sólidas sem qualquer possibilidade de evoluir ou de passar por naturais momentos de aculturação, por exemplo (vd. Cadavez, 2010: 148–149).

Fernando João Moreira discute diversas abordagens do termo cultura, desconstruindo uma que é particularmente pertinente para esta tese – a cultura popular. De acordo com o autor, este subconceito torna-se protagonista em paradigmas políticos nacionalistas, sendo apresentado como motor natural e espontâneo de inclusão e de exclusão de elementos na comunidade (vd. Moreira, 2008: 216). Conforme se irá verificar na Parte I deste estudo, em regimes políticos semelhantes ao Estado Novo português a cultura popular é mostrada e evocada como a mais genuína evidência de um dado grupo étnico, regional ou nacional, assumindo, assim, em simultâneo, o estatuto de cultura oficial. Por oposição à cultura erudita ou das elites, a cultura popular baseia-se sobretudo em argumentos maioritariamente empíricos, resultantes de padrões de comparação ou de constrangimentos naturais (vd. *ibidem*: 214–215).

Raymond Williams assegura que «[c]ultura é uma das duas ou três palavras mais complicadas na língua inglesa» (Williams, 1988: 87). Contudo, ao contrário, do que a problematização de Raymond Williams declara, o vocábulo *cultura* é utilizado pelas retóricas turísticas e nacionalistas como se de uma palavra *descomplicada* se tratasse. Na verdade, nestas narrativas o termo é empregue como *um rótulo simples e evidente que remete para conjuntos claros e inextinguíveis de hábitos próprios de um dado grupo de pessoas que vive numa região ou nação*. Por se basearem num modelo que se entende e anuncia como sólido, único e autêntico, as representações nacionalistas e turísticas tendem a apresentar-se como lições de valores e de padrões regionais ou nacionais.

*

Michael Ignatieff menciona a necessidade de criar tradições que permitam evocar e glorificar um passado no qual a comunidade se revê e encontra um destino comum (vd. Ignatieff, 1999: 80), enquanto

A BEM DA NAÇÃO

Maurice Halbwachs defende que as tradições representam a consciência que a sociedade tem de si própria no presente (vd. Halbwachs, 1992: 183). Para Eric Hobsbawm, as tradições são um conjunto de práticas normalmente gerido por regras tacitamente aceites e que se caracteriza pela sua natureza ritual ou simbólica, com o propósito de inculcar determinados valores e normas de comportamento através da repetição, ligando-se, desta forma, inevitavelmente, ao passado, do qual aparenta emanar de forma natural e continua (vd. Hobsbawm, 2000: 1–4). Hobsbawm advoga que esta estratégia é responsável pela criação de novos ícones nacionais que representam simbolicamente a coesão social ou a pertença a grupos e comunidades, legitimando relações de autoridade e impondo valores e comportamentos (vd. *ibidem*: 7–9). Das palavras de Eric Hobsbawm importa ainda destacar que as tradições que aparentam ser antigas são, inúmeras vezes, não só criações recentes, como até inventadas que acabaram por se impor (vd. *ibidem*: 1).

O obsessivo e omnipresente impulso de criação de tradições é algo presente quer nas narrativas das nações, quer nas representações turísticas, tornando-se responsável pela organização de festejos públicos e de exposições, por exemplo, como este espaço introdutório irá retomar adiante.

*

Igualmente comum aos registos nacionalistas e aos quadros turísticos parece ser a necessidade de atribuir um carácter de autenticidade às representações da nação ou do destino turístico. O uso recorrente deste rótulo fundamenta-se invariavelmente numa alegada antiguidade nacional ou regional, e consequentemente cultural, que permite e força, ao mesmo tempo, a transmissão de determinados quadros que deverão ser aceites como óbvios e essenciais num dado contexto. Impede-se, assim, como refere Peter Howard, o surgimento de contradições ou as interpretações erradas que poderiam fazer perigar poderes e ideologias (vd. Howard, 2003: 18).

1.2. *História e memória(s). Identidade*

O passado de um determinado grupo ou comunidade constitui um manancial inesgotável para os arquitetos das retóricas nacionalistas e das narrativas turísticas. É nesta longa história comum que os agentes

INTRODUÇÃO

de ambos os discursos selecionam e negoceiam estrategicamente episódios, características e padrões que acabam por ser usados como evidências de uma cultura regional ou nacional ímpar. O resultado final é um encadeamento harmonioso e coerente, resultante de amnésias provocadas e de evocações cuidadas com o intuito de produzir identidades inabaláveis. Igual efeito pode ser identificado nos quadros oferecidos a turistas, e que geralmente evocam épocas históricas gloriosas ou manifestações culturais que negligenciam episódios ou práticas que não devem ser observados, nomeadamente por estranhos.

Neste âmbito, é pertinente a afirmação de Paula Hamilton quando refere que as narrativas de uma nação se concretizam sempre em função de uma «retórica do esquecimento» (Hamilton, 2007: 122) que resulta da negociação entre o que deverá ser recordado e o que deverá ser negligenciado pela memória coletiva. De acordo com Maurice Halbwachs, a sociedade tende a reorganizar as suas recordações de forma a ajustá-las às condições variáveis do seu equilíbrio (vd. Halbwachs, 1992: 172–173, 183), o que se torna ainda mais marcante em ambientes nacionalistas e nas produções de representações turísticas, nos quais a origem das memórias tende a ser difusa. Como também declara Pierre Nora, muitas vezes os *lieux de mémoire* não têm qualquer referente real, constituindo eles próprios os seus únicos referentes, tal é o poder de seleção e imposição dos seus agentes e produtores (vd. Nora, 1989: 23). Aleida Assman refere que as memórias são dinâmicas e que aquilo que é recordado do passado depende largamente dos contextos culturais, das sensibilidades morais e das exigências do presente (vd. Assman, 2010: 21). Ousando prosseguir a lógica argumentativa de Assman, tudo indica que aquilo que se encontra nas narrativas das nações e nas representações turísticas será fundamentalmente uma *tentativa obstinada de recordar para criar e justificar, forçando-se e impondo-se as amnésias coletivas inquestionáveis das quais nascem as imagens autorizadas de uma dada região ou nação.*

Quer nas retóricas nacionalistas, quer nas representações turísticas, o usufruto da memória coletiva é criado e condicionado pela necessidade de justificar narrativas ideológicas e culturais e pela urgência de fundamentar as normas e os estereótipos que alegadamente caracterizam uma determinada região ou nação ou um dado destino turístico.

A BEM DA NAÇÃO

1.3. Espaços museológicos e exposições. Património e território.
Comemorações

> O espaço está cravado de monumentos não
> directamente funcionais, imponentes construções de
> pedra ou modestos altares de terra, perante os quais
> cada indivíduo pode ter o sentimento justificado de
> que, na maior parte dos casos, lhe são preexistentes do
> mesmo modo que lhe hão-de sobreviver. Estranhamente,
> é uma série de rupturas e descontinuidades no espaço
> que figura a continuidade do tempo.
>
> Augé, 2005: 53

A necessidade de evidenciar as provas da existência de uma essência que tudo harmoniza e justifica constituirá eventualmente a motivação para que os regimes nacionalistas e as estratégias de sedução turística recorram tão frequentemente à organização de exposições. Tony Bennettrefere que os espaços de exibição equivalem a um complexo de relações de disciplina e de poder, afirmando ainda que os visitantes destes lugares são impelidos a regular os seus comportamentos a partir da perspetiva do poder que arquiteta ordens e hierarquias discretamente assimiladas (vd. Bennett, 2004: 82, 84).

As exposições e os espaços museológicos atribuem e validam significados, pelo que se tornam importantes em contextos nacionalistas e turísticos, nos quais se pretende difundir as histórias e os saberes que identificam inequivocamente os grupos. Nesses espaços, as representações são facultadas aos visitantes de forma a evitar qualquer possível contestação. São precisamente os espaços museológicos, nos quais se incluem as exposições e feiras, que permitem que a nação, enquanto «guardiã de uma tradição generalizada ou local» (Anderson, 2006: 181), seja divulgada e recuperada de acordo com as necessidades mais prementes do poder.

*

Também o património é um recurso vulgarmente usado e evocado para consubstanciar as histórias das nações e dos destinos turísticos. Como afirma David Lowenthal, património é tudo aquilo

INTRODUÇÃO

que identificamos individual ou coletivamente e, por esse motivo, todos os grandes poderes fazem gala em exibi-lo para celebrar o seu alegado carácter único (vd. Lowenthal, 1996: 41, 47). O património ajuda a evocar identidades e a situar memórias, atraindo, nesse âmbito, públicos estrangeiros e promovendo determinados aspetos da rotina social, sempre com o propósito de especificar as comunidades (vd. *ibidem*: 45).

É sabido que os Estados nacionalistas e os organismos de gestão turística assumem a missão de proteger a cultura nacional replicada nas artes e nos comportamentos «tradicionais» e «autênticos» do seu povo, e também no património natural e construído, enquanto símbolos da perenidade e da universalidade da nação ou da região. O património que se escolhe para exibir em contextos nacionalistas ou turísticos é alvo de uma seleção muito pouco inocente que permite aos seus agentes (fazer) acreditar que estão a exibir provas simbólicas das suas especificidades culturais regionais e nacionais. Consequentemente, quer em contextos nacionalistas, quer em ambientes turísticos, a manipulação patrimonial opta pela divulgação de *corpora* antigos ou então pela exibição de quadros compostos por elementos «tradicionais» e «genuínos», dos quais resulta uma espécie de sacralização que impele os observadores a comportamentos acríticos.

Os espaços de exibição e o património assumem-se, assim, como evidências óbvias de essencialismos e veículos de transmissão e validação de memórias culturais, estimulando a familiaridade com a cultura regional ou nacional (vd. Prentice e Anderson, 2007: 661–676).

*

A abordagem do termo cultura feita pelos discursos nacionalistas e pelas retóricas turísticas corresponde sempre a um *locus* geográfico específico que a explica e estrutura. Marc Augé refere que o dispositivo espacial exprime a identidade da comunidade, sendo ao mesmo tempo aquilo que o grupo deve defender de ameaças para conseguir manter um sentido para a sua permanência (vd. Augé, 2005: 41). Michel Foucault advoga que o termo território é mais do que uma noção geográfica por se tratar da área que determinado poder controla para justificar as realidades que apresenta como essenciais e perenes (Foucault, 1980: 68, 71). John Urry, por seu turno, defende que «as nacionalidades se baseiam num território nacional homogéneo que é representado num mapa, como se de uma lei bem definida se tratasse» (Urry, 2002: 158).

25

A BEM DA NAÇÃO

É fácil entender esta pertinência territorial para as retóricas nacionalista e turística, pois que o espaço geográfico associado a uma dada comunidade poderá ser, na ótica de ambos os discursos, um recurso vital que permite a ilusória permanência das culturas cristalizadas que têm vindo a ser referidas. Neste âmbito, importa recordar que as representações cartográficas regionais ou nacionais são instrumentos essenciais para que as nações e os destinos turísticos se apresentem de modo aparentemente incontroverso, recordando Manuela Ribeiro Sanches quando explica que os mapas nos dizem muito acerca do modo como se exerce e constrói a diferença (vd. Sanches, 2009: 166). Esses documentos apresentam-nos fronteiras claras que correspondem a manifestações igualmente óbvias e essenciais de «culturas particulares, fechadas sobre si mesmas, como tribos, etnias, lugares destituídos de história, em suma, diferentes» (vd. *ibidem*: 166), isto é, os mapas ancoram e legitimam as representações produzidas pelas nações e pelas comunidades turísticas de acolhimento. A sensação de permanência que as representações cartográficas convocam ajuda a transmitir a ilusão de que nada de fundamental mudou realmente (vd. Zerubavel, 2004: 41), o que, de certa forma, encerra e valida o circuito de continuidade tão apreciado pelos discursos nacionalistas e turísticos.

*

As (auto)comemorações e as festividades públicas constituem estratégias convincentes de legitimação e divulgação de identidade na orgânica dos discursos nacionalistas e das retóricas turísticas. A aparente autenticidade que caracteriza estes momentos acaba por envolver as audiências de uma maneira mais espontânea e que, por isso mesmo, aparenta ser mais válida. Uma vez que a memória não é de todo uma reação espontânea (vd. Nora, 1989: 12), estes momentos de partilha e convívio público tornam-se imprescindíveis para que as ideologias sejam recordadas de modo rotineiro, evitando-se, desta forma, o seu esquecimento e afastando eventuais hipóteses de mutações não desejadas. São, por isso, válidas as declarações de Donald Horne quando defende que a «face pública» do Estado se concretiza em cerimónias e comemorações (vd. Horne, 1986: 7) que poderão ser igualmente instrumentos de expressão de quadros nacionalistas e turísticos.

1.4. Structure of feeling

Urge questionar por que razão é tão frequente, e aparentemente tão eficaz, o recurso ao passado por parte dos arquitetos das histórias das nações e das narrativas turísticas. O sucesso do recurso à evocação de tempos e de espaços longínquos, apartados dos destinatários das narrativas a que se tem vindo a aludir, resultará do facto de que *o entendimento do passado e do espacialmente distante será sempre estruturado por constrangimentos presentes e locais que acabam por deformar, à luz dos imperativos atuais, tudo aquilo que não se experimentou.* Raymond Williams advoga que é «apenas no nosso próprio tempo e no nosso próprio espaço que podemos esperar conhecer, de forma substancial, a organização geral» (Williams, 2001: 63). Por conseguinte, será *impossível conhecer com rigor o passado e até a distância que as representações nacionalistas e as narrativas turísticas contam, o que constitui, em última análise, uma vantagem inquestionável para os poderes e as ideologias que se justificam por recurso a uma história antiga,* como sucedeu com as representações salazaristas da «Nação» e como acontece com as recorrentes evocações históricas para justificar tradições e tipicidades turísticas.

A *structure of feeling,* ou cultura de um período, conceptualizada por Raymond Williams, descreve a abstração que caracteriza o recuperar do passado e alerta para que os momentos soltos que se recebe e acolhe não correspondem «à experiência viva do tempo em que cada elemento se encontrava numa solução, sendo parte de um todo complexo» (vd. *ibidem*: 63). Aquilo que cada momento específico sente e entende não poderá nunca ser reproduzido noutro contexto, abrindo-se assim espaço para que a «História» possa ser recriada da forma mais vantajosa possível para as narrativas nacionalistas e pelas representações turísticas. Poderá, então, concluir-se que a necessária ausência desta *structure of feeling* ajudará os agentes a mais facilmente transmitirem as representações essencialistas, quase sempre baseadas em argumentos passados ou distantes, e, por esse motivo, difíceis de verificar pelos recetores.

Como defende John Gillis, a memória nacional é construída por pessoas que nunca se viram ou ouviram, mas que, apesar disso, sentem que partilham uma história comum. Unem-nas as mesmas lembranças e os mesmos esquecimentos (vd. Gillis, 1996: 7). Situar as histórias e as justificações da nação ou das particularidades únicas dos elementos de sedução turística num determinado tempo (passado) ou num dado espaço (distante) torna o processo de mediação, necessário ao sucesso e à adesão esperados, inquestionavelmente mais fácil.

Em súmula, o presente estudo defende que os discursos das nações e as representações turísticas partilham três objetivos:

1. *A transmissão de narrativas de origem e de continuidade* essenciais, incontestáveis e autênticas, através da insistência em histórias e culturas únicas. Quer nos quadros nacionalistas, quer nos quadros turísticos, o poder seleciona episódios que permitem validar estereótipos e crenças apriorísticas.

2. *A afirmação de quadros cristalizados e sólidos* muito próximos dos «não-lugares» de Augé e que podem ser preenchidos e manipulados pelas ideologias que os estruturam. Cientes da ousadia que pode significar a alusão aos «não-lugares» de Augé, poderá antever-se nas retóricas nacionalistas e nos discursos turísticos a existência de áreas partilhadas simultaneamente por diversas pessoas, onde predomina uma linguagem codificada e claramente simbólica, tal como o antropólogo diz ser apanágio dos não-lugares. Além disso, da revisão dos recursos e das estratégias usadas pelas duas retóricas – nacionalista e turística – pode afirmar-se que a criação e desmesurada divulgação de marcas «históricas» e de «identidade cultural» são de tal forma obsessivas e insistentes que podem acabar por desenvolver espaços artificiais (vd. Augé, 2005: 67). O excesso de símbolos e mensagens anula eventuais significados autênticos e torna esses espaços *topoi imaginados, utopias* ou *clichés* (vd. *ibidem*: 80–81) com objetivos bem concretos.

3. *A divulgação de lições de ideologias e de poderes.* É possível identificar em ambos os discursos uma vertente pedagógica (ab) usada com o intuito de veicular uma lição de ideologia e de poder que ensina muito além do que é observado à primeira vista. Tal permite entender Dean MacCannell, quando refere que, por vezes, as narrativas que ocupam o presente estudo se apresentam, «não como meras cópias ou réplicas de situações reais, mas como cópias que revelam mais sobre o real do que a própria realidade» (MacCannell, 1999: 102). Em ambos os casos, estes *discursos didáticos* promovem contextos social e politicamente corretos, que deverão ser prontamente aceites e celebrados, dando, dessa forma, lugar ao reforço ideológico pretendido.

INTRODUÇÃO

*

Cada atração turística veicula, como enfatiza Michael Pretes, um discurso hegemónico de identidade nacional e de comunidade imaginada (vd. Pretes, 2003: 16). Contudo, tal acaba por se verificar com mais intensidade e empenho em zonas administradas por regimes políticos como aquele que se implantou em Portugal na década de trinta do século XX. É, assim, plausível que uma retórica política que se justifica pelo recurso a argumentos que a mostram como dona de uma *cultura típica e autêntica*, resultante de uma *história linear e coerente*, possa considerar as representações turísticas como palco ideal de propaganda ideológica. Considerando que ambos os discursos – nacionalista e turístico – pretendem exibir comunidades regionais ou nacionais coesas e indivisas que não contemplam a existência, menos ainda a inclusão, de qualquer elemento de diferença, *a fusão entre os dois discursos surge como uma estratégia hábil para a arquitetura de ambientes, onde não se vislumbram claramente as fronteiras que separam a propaganda ideológica da divulgação turística.* Um ambiente de fusão como este recorda o alerta de Pretes para a possível manifestação de um «discurso hegemónico nacionalista [...] em determinados locais turísticos» (vd. *ibidem*: 125–126), que pode convidar os visitantes a aderirem à propaganda e aos objetivos nacionais/nacionalistas que são apresentados sob o disfarce da tradição e da tipicidade turísticas procuradas por viajantes.

Pode, pois, concluir-se que tanto a retórica nacionalista como as narrativas turísticas tomam o termo *cultura* como um rótulo natural que lhes permite organizar e justificar ideologias e práticas que deverão ser aceites de forma consensual, para o que contribui o recurso a elementos coadjuvantes como a memória, as tradições, o património ou as comemorações. Os discursos nacionalista e turístico criam narrativas hegemónicas que apenas permitem uma cultura, uma história e uma tradição repetidas à exaustão em todos os momentos de comemoração pública. O discurso estruturante destes dois tipos de representações é autorizado pelas instituições a que dá corpo, e pelo capital político que o estrutura, e organiza-se, em última análise, em função dos lucros de fidelização que visa obter.

Perante a verificação desta partilha de argumentos e de estratégias, cumpre, pois, compreender o modo como o regime político que governou Portugal no século XX, ao longo de quarenta e oito anos, usurpou, entre 1933 e 1940, os argumentos de sedução turística e os transformou em lições inquestionáveis sobre a ideologia vigente.

Parte I

A bem da nação: política e turismo (1933–1940)

Não é objetivo desta investigação propor ou discutir o rótulo mais adequado para classificar o regime político instituído por António de Oliveira Salazar e que acabou por vingar em Portugal durante quase cinco décadas do século xx. Porém, o propósito do presente estudo convida a uma reflexão sobre o significado de «nacionalismo», uma das designações mais recorrentemente associadas ao regime do Estado Novo português por aqueles que o erigiram.

Por esse motivo, no primeiro capítulo da Parte I desta pesquisa, procura-se, através das palavras e dos alvitres do presidente do Conselho, Oliveira Salazar, e do diretor do Secretariado de Propaganda Nacional, António Ferro, entender o significado atribuído pelo próprio regime à expressão «nacionalismo», tão frequentemente evocada para justificar e enaltecer as peculiaridades do Estado Novo. Irá recorrer-se para o efeito às *lições* veiculadas pelos «discursos e notas políticas» e «entrevistas» do primeiro e aos escritos e palestras do segundo. Neste âmbito, interessa ainda compreender a importância atribuída, nos primeiros anos do regime, aos mecanismos de propaganda ideológica. Esta reflexão recorrerá ainda a alguns autores contemporâneos que se dedicaram a tentar apreender o significado de nacionalismo e propaganda.

No segundo capítulo desta Parte I, averigua-se o entendimento que o regime fazia da atividade turística para assim se compreender a importância que o sector teria no campo de ação da lógica governativa do Estado Novo. Para tal, serão de novo escutadas as vozes de Salazar e de Ferro, bem como a de Joaquim Roque da Fonseca, por explicarem de forma inequívoca o que significava ser turista nos anos que se seguiram à revolução de 1926.

É igualmente importante esclarecer o sentido em que utilizaremos as noções de ideologia e de poder ao longo da presente investigação. Assim, sempre que se mencionar o conceito de *ideologia*, pretende-se que o mesmo seja entendido como a referência a uma *forma inquestionável de autorizar e de compreender um determinado tipo de organização política, social e/ou cultural, em geral, por oposição a outro qualquer conjunto de ideais tido por correto e adequado por grupos diferentes*. O filósofo racionalista Destutt de Tracy é apresentado por Raymond Williams como tendo sido o primeiro a enunciar o conceito no século XVIII, pretendendo com ele significar «ciência de ideias» (vd. Williams, 1988: 153–154). Raymond Williams alarga e moderniza o significado do termo, entendendo que o sentido contemporâneo de ideologia contém uma forte influência da noção de abuso popularizada por Napoleão, que a terá usado para aludir aos princípios iluministas. Ainda de acordo com Williams, a evolução etimológica do termo terá mantido para alguns, ao longo do século XIX, uma essência de abstrato, falso e ilusório. Independentemente das diversas conceptualizações, entende-se como correta a afirmação de Raymond Williams quando entende ideologia como um sistema de ideias que se apresenta como adequado a uma classe, a um grupo ou a uma sociedade que o adota e usa como indicador de práticas e de comportamentos corretos (vd. *ibidem*: 157).

A alusão a este conceito convida necessariamente a evocar as advertências de Michel Foucault relativamente ao seu uso. É particularmente interessante e pertinente para este estudo o aviso do filósofo, segundo o qual «a noção de ideologia [...] opõe-se sempre virtualmente a algo que se apresenta como verdadeiro» (Foucault, 1980: 118), o que alerta para a necessidade de averiguar «historicamente como os efeitos de verdade são produzidos nos discursos que em si próprios não são nem verdadeiros, nem falsos» (Foucault, 1980: 118). Deverá entender-se, por isso, que a adesão a uma determinada ideologia resultará necessariamente da ação abrangente de um determinado poder que a constrói, autoriza, valida, promove e impõe.

Ao longo deste trabalho, será evocado igualmente, com alguma regularidade, o termo *poder*, por estar incontestavelmente presente na construção das narrativas políticas e turísticas que se pretende examinar e confrontar com o objetivo de compreender como ambas as áreas conviveram durante os primeiros anos do Estado Novo português. Michel Foucault defende, na citada obra, que a razão pela qual o poder se mantém e é aceite resulta de que aquele «produz coisas, cria prazer, forma saber, produz um discurso» (Foucault, 1980: 119). É ainda Foucault que advoga que, seja qual for o tipo de regime político em questão, o «poder "já lá *está* sempre", nunca se está "fora" dele» (vd. *ibidem*: 141). As afirmações do filósofo soam ainda mais pertinentes se se considerar a especificidade de um regime político como aquele que contextualiza a época que se pretende investigar, palco da construção e da difusão de discursos de poder inquestionáveis e omnipresentes. Nesse sentido, a expressão *poder* será aqui utilizada para indicar uma *teia socialmente transversal de autorização e de validação de regras, práticas e normas.*

Capítulo 1

Um regime «nacionalizante»

Antes de se dar a palavra àqueles que arquitetaram as estruturas, e autorizaram a instalação e a validação do Estado Novo português, António de Oliveira Salazar e António Ferro, para que esclareçam acerca das especificidades que, no seu entender, caracterizavam e distinguiam esse regime político, é oportuno evocar algumas abordagens de que essa forma de governação foi alvo por parte de diversos estudiosos. Apesar de não existir um consenso conceptual que permita utilizar uma designação única para classificar o modo de governação salazarista, existe alguma convergência no que respeita à descrição de determinadas tendências detetadas no regime de Salazar. «Autoritário», «fascista», «nacionalista» ou «totalitário» são etiquetas repetidamente presentes nas teses de autores que se concentraram no «estranho caso» do Estado Novo português, como o apelidou Luís Trindade (vd. Trindade, 2008).

Luís Reis Torgal sustenta ser comum a referência aos regimes não democráticos, vigentes entre as duas guerras mundiais do século XX, através do uso dos conceitos de «fascismo», «nacionalismo», «autoritarismo» e «nacionalismo» (vd. Torgal, 2009a: 249). O autor desconstrói exaustivamente todos estes rótulos para os confrontar com a situação vivida em Portugal durante o regime de Salazar na tentativa de encontrar a designação mais correta para descrever o regime do Estado Novo português (vd. *ibidem*: 330–336). Torgal destaca a originalidade da governação promovida por Salazar e a importância atribuída ao seu líder (vd. Torgal, 2008: 18), acabando por concluir o seguinte:

quando se refere o caso português do Estado Novo, no sentido da sua caracterização, o termo «fascismo» é um termo em debate e os termos «autoritarismo», «ditadura» e «nacionalismo» não deixam dúvidas quanto à sua atribuição como tipificadores do regime, dado que Salazar utilizou tais conceitos em relação ao sistema político que representou [...]. Por outro lado, parece indubitável, à primeira vista, que o termo «totalitarismo» é excluído imediata e rotundamente do vocabulário ligado ao salazarismo, como terminologia de caracterização, quer por Salazar e pelos seus seguidores, quer mesmo por historiadores e politólogos que têm analisado o seu regime. [...] Seja como for, «ditadura nacional» ou «autoritarismo» (conservador ou «revolucionário»), mas não «fascista» nem «totalitário», «nacionalista» mas não «racista» – é, em suma, a classificação atribuída ao Estado de Salazar, pelo próprio regime, por ideólogos estrangeiros do tempo e também por investigadores que mais ou menos recentemente o estudaram.

Torgal, 2009a: 249–250

Luís Reis Torgal explica ainda que a expressão «Estado Novo», usada pelas vozes autorizadas do regime português e empregue em contextos políticos contemporâneos semelhantes, como o brasileiro e o italiano, pretende significar

uma filosofia difusa de uma acção política «totalitária», nacionalista mas também de tendências internacionalistas, um Estado de controlo das massas, activista e voluntarista, simultaneamente tradicional e moderno, corporativista, antiliberal e anti-socialista, um Estado criador de uma mentalidade e de uma ética «nova» desde a juventude, fundador de um «homem novo», de uma «cultura nova», etc.

ibidem: 76

O mesmo historiador recorda igualmente que, no regime salazarista, o (ab)uso do termo «Nação», inequivocamente impregnado de «um carácter histórico e tradicional, que se afirmava num território inalienável» (vd. *ibidem*: 469), parecia representar uma unidade constituída por diversas pluralidades regionais ou étnicas que, por exemplo, evocava a alegada missão civilizacional de Portugal (vd. *ibidem*: 471).

UM REGIME «NACIONALIZANTE»

Luís Reis Torgal opta por classificar o sistema governativo de Salazar como uma forma de autoritarismo conservador e intervencionista, afirmando ser corroborado nesta tese por estudiosos estrangeiros que têm vindo a encarar o Estado Novo português como um Estado autoritarista conservador, no qual se detetam semelhanças com os regimes fascista italiano e nazi alemão (vd. *ibidem*: 54). A Constituição da República de 1933 terá, segundo Torgal, atribuído ao Estado Novo um sentido marcadamente autoritário, no qual, porém, o líder estava longe de corresponder ao político carismático e amante das massas, personificado por Mussolini ou Hitler (vd. *ibidem*: 347–353). O investigador termina a sua reflexão com uma «conclusão sempre provisória», como ele próprio indica, que o leva a classificar o Estado Novo como um regime de «fascismo à portuguesa» (vd. *ibidem*: 364) por se organizar segundo características próprias e condicionalismos nacionais, nomeadamente devido à existência de uma população sobretudo rural e tradicionalista, governada numa lógica que a pretendia manter assim e, ao mesmo tempo, se esforçava por justificar a existência de um império ultramarino.

No artigo «O salazarismo e o homem novo: ensaio sobre o Estado Novo e a questão do totalitarismo», Fernando Rosas desconstrói as práticas institucionais e governativas do regime político de Salazar e afirma o seguinte:

> O Estado Novo, à semelhança de outros regimes fascistas ou fascizantes da Europa, alimentou e procurou executar, a partir de órgãos do Estado especialmente criados para o efeito, um projecto totalizante de reeducação dos «espíritos», de criação de um novo tipo de portuguesas e portugueses regenerados pelo ideário genuinamente nacional de que o regime se considerava portador.
>
> Rosas, 2001: 1032

Segundo Rosas, este objetivo tinha por alvo toda a sociedade (vd. *ibidem*: 1032), o que tornava necessária a produção e a divulgação de um discurso ideológico que deveria servir como guia de orientação política e que era implementado por órgãos do regime como o Secretariado de Propaganda Nacional ou pelo seu sucessor, o Secretariado Nacional de Informação, Cultura Popular e Turismo. Essa espécie de catecismo dedicado e dirigido à «Nação» assentava, de acordo com a tese do mesmo historiador, numa série de «*tropos* essenciais» (vd. *ibidem*: 1034), presentes nas representações salazaristas, e que se materializavam em sete mitos recorrentes e inquestionáveis na retórica do Estado Novo, a saber, o mito do recomeço, o mito do novo nacionalismo, o mito imperial, o mito da ruralidade, o mito da pobreza honrada, o mito da ordem corporativa e o mito da essência católica da identidade nacional (vd. *ibidem*: 1033–1036). Estes mitos são facilmente detetáveis nos vários tipos dos registos oficiais do regime, como por exemplo nos cartazes que compõem *A Lição de Salazar*, que voltarão a ser referidos adiante neste capítulo, vindo a ser igualmente retomados de forma quase obsessiva nas narrativas turísticas, como se verá na Parte III deste estudo.

Um dos propósitos desta retórica salazarista seria a demonstração inequívoca do «homem novo», personagem-tipo fundamental na orgânica ideológica do Estado Novo e que era alguém aparentemente conformado em representar uma personagem que lhe fora atribuída pelo regime. Estes homem e mulher novos, residentes num ambiente de *aurea mediocritas*, corporizavam a felicidade humilde e honesta daqueles que viviam longe dos vícios existentes nos meios urbanos. Essas figuras permitiam a evocação de valores antigos, herdados de um passado único, e que eram então recuperados e devolvidos ao espaço nacional. Indiscutivelmente inserido na lógica de uma «Nação» dispersa por um vasto e glorioso império que agregava muitas e diversas raças, o «homem novo» servia essa mesma comunidade nacional que respeitava da mesma forma que glorificava Deus, a família e o «trabalho honrado».

À massa que constituía a grande maioria da população cabia o importante papel de continuar a decorar a «Nação» e a evidenciar e comprovar as informações divulgadas pela propaganda do regime, confirmando o que Salazar mencionava sempre que referia a existência de um povo feliz na sua abnegada, cumpridora, virtuosa e humilde existência/subsistência. Nas palavras de Fernando Rosas, esse *homem-personagem* surge num contexto de «dinâmica fascizante» como instrumento de divulgação e inculcação ideológicas (vd. Rosas, 2008: 36), sendo, ao contrário do rótulo que lhe atribuíram, substancialmente um «homem velho» e conservador (vd. *ibidem*: 47). À moral apregoada e imposta cabia concretizar, ainda segundo Rosas, uma regeneração coletiva e individual com vista à criação de um «homem novo» que pudesse agenciar e cumprir o destino missionário da velha «Nação» e para quem o interesse nacional seria a ambição máxima (vd. Rosas, 2001: 1037).

João Bernardo, por sua vez, designa o regime de Salazar como «fascismo português» (vd. Bernardo, 2003: 755), associando-o a algumas rotinas fascistas existentes noutros regimes políticos coevos, mas destacando também novidades ideológicas e organizativas nacionais (vd. *ibidem*: 53). João Bernardo indica como especificidade do «fascismo português», por exemplo, a forma como o líder (não) se relacionava com as multidões, manifestando mesmo, ao contrário de outros políticos coevos, uma profunda aversão ao populismo (vd. *ibidem*: 88).

Ainda a propósito da realidade portuguesa no Estado Novo, Arlindo Manuel Caldeira enfatiza o papel primordial atribuído pelos regimes autoritários e nacionalistas à história que se torna fonte legitimadora, tal como se constatará suceder no salazarismo que «pretendeu mesmo o controlo do passado, de forma a modelar uma memória nacional que servisse os seus projectos políticos» (Caldeira, 1995: 121). O mesmo historiador recorda como Salazar tentou normalizar a diversidade das memórias numa só, que designou como «memória coletiva» e que afinal não era mais do que a memória oficial do regime (vd. *ibidem*: 122).

Também Luís Trindade, em *O Estranho Caso do Nacionalismo Português*, destaca o uso abusivo que o Estado Novo fazia da história e que parecia validar todos os juízos de certo e errado oficialmente impostos (vd. Trindade, 2008: 11).

Urge igualmente convocar os pareceres de alguns estudiosos estrangeiros para averiguar como entendem o regime de Salazar face a outros sistemas governativos coevos e eventualmente mais próximos dos seus universos de investigação. Philip Morgan admite terem existido movimentos fascistas com diferentes «pesos e significados» em quase toda a Europa no período entre as grandes guerras (vd. Morgan, 2007: 1) e é categórico em designar o Estado Novo português como um regime autoritário ditatorial, que compara ao governo espanhol, mas opõe aos padrões alemão e italiano da altura (vd. *ibidem*: 7, 83). António de Oliveira Salazar nunca teria pertencido, de acordo com Morgan, a qualquer movimento fascista, já que teria mesmo aniquilado o movimento fascista português liderado por Rolão Preto (vd. *ibidem*: 113).

Angel Smith e Clare Mar-Molinero afirmam que Espanha e Portugal apresentam múltiplas manifestações que evocam fases do desenvolvimento do nacionalismo moderno numa época tida como de «fraca integração nacional» (Smith e Mar-Molinero, 1996: 1, 10).

A BEM DA NAÇÃO

Estes autores concluem igualmente que «as dificuldades dos projetos de Estados-nação em Espanha e em Portugal criaram novas oportunidades para que a direita reconquistasse o poder» (vd. *ibidem*: 19) e entendem a reafirmação constante da pertinência dos descobrimentos na «História da Nação» portuguesa como mais uma estratégia de divulgação da «raça» por convidar a uma permanente comparação entre «nós, os Portugueses», e todos os outros, nomeadamente aqueles que foram «descobertos» e «ensinados» pelos diversos heróis da «Nação». Estes teóricos identificam no regime do Estado Novo português aquilo que designam como «linguagem da raça» (vd. *ibidem*: 21), que, por dar origem à criação de novos marcadores de identidade próprios do regime, lhes permite classificar o regime de Salazar como uma forma de governação nacionalista.

Abdool Karim A. Vakil, por seu turno, destaca o reconhecimento da estabilidade das fronteiras portuguesas, bem como a homogeneidade étnica e religiosa da população e a sua longa história, como elementos que permitem aplicar o conceito de Estado-nação a Portugal, mas não aceita uma classificação imediata de nacionalismo para a situação vivida durante o regime de Oliveira Salazar (vd. Vakil, 1996). O investigador nota também a centralidade atribuída à época dos descobrimentos, usada para reforçar e transmitir discursos coletivos de autorrepresentação de «um estado-nação totalmente constituído como é Portugal» (vd. *ibidem*: 35).

Independentemente da designação atribuída ao regime de Salazar, o importante para Toby Clark era o facto de o Estado Novo português partilhar uma característica comum aos regimes seguidores das ideologias fascistas coevas. Nas palavras deste autor, o fascismo rejeita a ideia de progresso, optando por privilegiar a ideia de um padrão circular de renascimento que visa o regresso a um passado dourado que terá sido perdido, bem como a afirmação de uma continuidade com o passado (vd. Clark, 1997: 54–55). A realidade portuguesa parecia possuir uma fonte quase inesgotável de motivos relacionados com as descobertas renascentistas e que eram usados na construção de memórias coletivas dedicadas ao consumo interno, e também para oferta aos estrangeiros, como forma de divulgar a sua identidade «original».

… UM REGIME «NACIONALIZANTE»

1. O Estado Novo apresentado por ele próprio

> Por nacionalismo legitimamente se entende um patriotismo que, excedendo o simples patriotismo instintivo e natural de amar a terra onde se nasceu, e a defender por manifestações externas como a palavra e o combate, a procura defender intelectualmente contra a invasão de estrangeirismos que lhe pervertam a índole ou de internacionalismos que lhe diminuam a personalidade.
>
> Pessoa, 2008 [1935]: 115

> A Nação é uma entidade natural, com raízes no passado, e, poder-se-ia acrescentar, em linguagem paradoxa mas justa, com raízes também no futuro.
>
> *ibidem*: 117

Esta distinção entre *nacionalismo* e *patriotismo* esclarecida por Fernando Pessoa, retomada, entre outros, por Michael Ignatieff (vd. Ignatieff, 1999: 77–106), especifica o primeiro termo como um movimento que pretende a qualquer custo «defender» de influências estrangeiras a «terra onde se nasceu», atribuindo ao segundo apenas o natural e simples ato de veneração e amor sentido pelo país de origem, e permite estabelecer uma ponte com as descrições que o regime político vigente em Portugal, entre 1933 e 1940, traçava de si próprio, nomeadamente no que refere à sobrevalorização do conceito de «Nação histórica». Na verdade, apesar de manifestações públicas contrárias ao regime salazarista e ao seu principal representante, as afirmações supracitadas de Fernando Pessoa refletem *ipsis verbis* os pareceres oficiais que o Estado Novo proferiu durante a sua «clarificação» e «institucionalização», como designa Fernando Rosas (vd. Rosas, 1994: 243), relativamente àquilo que entendia por «Nação» e «nacionalismo», conceitos usados até à exaustão na retórica política coeva.

Para melhor se compreender o significado destes termos para o próprio regime, buscaram-se as *explicações oficiais* que Salazar reuniu em dois conjuntos paradigmáticos de textos – os «discursos e notas políticas» que fez publicar em seis volumes e as «entrevistas» que concedeu a António Ferro. Todas estas coletâneas são antecedidas de longos prefácios de Salazar, numa clara assunção do papel que se autoatribuiu de *mestre da «Nação»*, que deverão ser entendidos, não apenas como o sumário comentado das ideias-chave encontradas nos textos que se lhes seguem, mas sobretudo como uma explícita chamada de atenção para o valor programático dos mesmos.

Já em 1911, Salazar teria proferido uma afirmação, que sintetizava os valores que serão proclamados quer nas propagandísticas conversas que travou com Ferro, quer nos «discursos e notas políticas» que enunciou ao longo da sua vida pública, ao referir, a 18 de março, que a «Pátria é a raiz da vida [...]. Há que regressar aos valores tradicionais, aos pilares da civilização: a Nação, a Família, a Autoridade, a Hierarquia e, acima de tudo, Deus»[1] (Trabulo, 2008: 27). Como se pode constatar, ainda em plena I República, o futuro chefe do governo português era assertivo na exortação que fazia de valores que viriam a ser caros ao futuro regime do Estado Novo.

1.1. O *que explicou Salazar*

> A revelação do «desejado», a transmutação da ideia de chefe em realidade, em poder, em regime político, a «Revolução Nacional» em marcha.
>
> Rosas, 2007: xxx

1.1.1. «Entrevistas»

Em inúmeros momentos da sua carreira política, principalmente na década de trinta, António de Oliveira Salazar demonstrou uma

---

[1] Esta afirmação atribuída a Salazar consta de uma obra intitulada *O Diário de Salazar*, com edição de 2008 e autoria atribuída a António Trabulo. A incoerência que radica na existência de um diário com autoria assumida por terceiros (a) parece remediada quando Trabulo revela tratar-se de uma obra ficcionada, produzida a partir de alguns escritos do político que o autor teria selecionado. O leitor é alertado para o facto de que irá encontrar «em itálico os textos que representam a involuntária mas preciosa colaboração de Oliveira Salazar na elaboração deste diário» (Trabulo, 2008: Prólogo). Apesar do risco inerente à leitura de retalhos selecionados e descontextualizados, a evocação deste excerto «italizado» justifica-se pela pertinência que o seu conteúdo expõe para o corrente estudo.

manifesta preocupação em divulgar e legitimar as definições da prática governativa que agenciava. É precisamente nesta lógica de (auto)justificação que se inserem as sete «entrevistas» que o político concedeu a António Ferro, cinco em 1932, e, em 1938, as últimas duas. As primeiras cinco «conversas em movimento», como as designa Luís Trindade (vd. Trindade, 2008: 25), foram divulgadas pelo *Diário de Notícias* em dezembro de 1932 e reunidas num volume prefaciado pelo «entrevistado» em 1933. No início do ano que viu ser criada a nova Constituição portuguesa e fundado o Secretariado de Propaganda Nacional, dois dos instrumentos mais válidos e relevantes na orgânica de justificação do Estado Novo (vd. Parte II deste estudo), a Emprêsa Nacional de Publicidade publicou cinco «conversas» que terão sido o resultado de igual número de breves encontros diários com António Ferro, alegadamente ocorridos no ano de 1932, no gabinete de Salazar ou em passeios de automóvel pelos arredores de Lisboa.

No prefácio à reedição de 2007 das sete «entrevistas», Fernando Rosas refere que este conjunto de textos, que também inclui o longo prefácio de Salazar, «não é, há muito, o texto de actualidade jornalística que também foi em 1933. Já não pode ser um livro de propaganda – o livro por excelência da propaganda do regime em que se tornou bem para além dos anos trinta» (Rosas, 2007: xxix). Não parece, contudo, que alguma vez este tenha sido, ou tentado ser, um texto de «atualidade jornalística» tal como o próprio Fernando Rosas acaba por admitir ainda na mesma introdução quando refere, por exemplo, que «o jornalista [António Ferro] não é neutro nem jornalista» (vd. *ibidem*: xxxii), o que inibe desde logo qualquer imparcialidade documental. Estas «entrevistas» deverão, ao invés, ser compreendidas como um evidente manifesto ideológico do novo regime que Salazar pretendia impor à «Nação», o que o levava a recorrer às mais diversas estratégias propagandísticas de validação e de divulgação ideológicas.

Mesmo não considerando a inescapável moldura programática constituída pelo prefácio de Salazar, sobre o qual se refletirá de seguida, dificilmente se identifica nestas «conversas» entre Salazar e António Ferro o que se convencionou designar por «entrevista». Para tal contribuiu também a atitude do «entrevistador», que, além de anunciar não ter feito qualquer registo durante as conversas, não se coibiu de emitir comentários e pareceres, nos quais descrevia as reações de Salazar às suas «perguntas», e também algumas observações mais romantizadas sobre as circunstâncias em que os diálogos ocorreram, afastando, dessa forma, qualquer hipotética imparcialidade. Ferro mencionou, por exemplo, a ocorrência de uma «chuva miudinha, enervante, argumento mesquinho pretendendo opor-se aos raciocínios claros do dr. Salazar» (Ferro, 2007 [1933]: 66), e argumentou no modo dramático que caracterizava a sua oratória que a «própria tortuosidade da estrada obriga-nos a uma conversa cheia de curvas, de perguntas imprevistas, de alterações ao programa» (vd. *ibidem*: 141). O «entrevistado», ora tratado por «sr. Presidente», ora por «sr. Ministro», teve (criou?) nestas «entrevistas» a oportunidade de comentar e reiterar uma série de dogmas-chave do seu regime, como a «aura providencial» da sua governação, o elogio da revolução de 28 de maio ou o papel atribuído à União Nacional.

A coletânea de 1933 foi intitulada *Salazar. O homem e a sua obra* e começava, tal como se verifica acontecer nas edições dos «discursos e notas políticas» de Salazar, com um longo prefácio redigido pelo «entrevistado», que pretendia justificar a publicação com a necessidade de «corrigir erros de interpretação, retocar um quadro ou, melhor uma fotografia mal focada, substituir uma noção errada por uma noção exacta e justa do homem e da sua obra» (Salazar, 2007 [1935]: ix). Luís Reis Torgal chama a atenção para este hábito do político, que raramente perdia a oportunidade de prefaciar os diversos suportes que divulgavam os seus textos, e refere, a título de exemplo, as edições dos discursos e notas políticas ou a obra *O Estado Novo. Princípios e realizações* (Torgal, 2009b: 573).

Este prefácio de *Salazar. O homem e a sua obra* era constituído por trinta e três páginas e permitiu ao político descrever o alegado rigor jornalístico a que fora submetido «sem pretender fugir aos capítulos mais árduos nem alongar-[se] nos que dariam mais prazer» (Salazar, 2007 [1935]: x), bem como alertar e guiar os leitores para o que de seguida iriam encontrar nas suas conversas aparentemente descomprometidas com o jornalista António Ferro.

Os textos que se seguiam eram apresentados pelo «entrevistado» como a doutrina e o credo do novo regime (vd. *ibidem*: x), e consequentemente anunciados como «um documento político de valor, imprescindível para a compreensão da nossa Ditadura e do momento» (vd. *ibidem*: xiv). Sob uma forma autopanegírica muito óbvia, este prefácio, que anunciava um aparente discorrer sobre a legitimidade e as características do regime, convida os leitores a visualizarem um púlpito a partir do qual é encenado um momento de doutrinação ideológica, em que os grandes chavões do regime do Estado Novo são explicados de forma talvez menos assertiva e mais eufemística do que aquela que existe nas «entrevistas» propriamente ditas. O sumário das *lições*, que se seguiam sob a forma de conversas informais, é este, e a sua precisão e carácter doutrinal quase poderiam substituir a leitura das mesmas.

Para início da *lição* veiculada nestas «entrevistas», o político fixou a intrínseca relação existente entre Estado e «Nação», esta última, noção fundamental na retórica política do Estado Novo salazarista, quando referiu:

> [N] ós não podemos fugir, sobretudo num país da formação do nosso, a que seja o Estado quem represente efectivamente a Nação, aos olhos dos portugueses e aos olhos de estranhos; dêle vem a orientação superior, a organização e disciplina dos indivíduos, a sequência da vida nacional.
>
> *ibidem*: xvi–xvii

Foram igualmente evocadas características tidas como exclusivas da «Nação» portuguesa que lhe conferiam uma unidade perene e inabalável. A pertinência de um regime antipartidário justificava-se com a afirmação de que a «Nação» era «um todo orgânico, constituído por indivíduos diferenciados em virtude de aptidões diversas e actividades diferentes, hierarquizados na sua diferenciação natural» (vd. *ibidem*: xxiii–xxiv). Segundo Salazar, um regime político assim organizado reconhecia, a bem do seu próprio interesse, «os agrupamentos naturais ou sociais dos homens [...] mas não forçosamente os agrupamentos de natureza e fins políticos, organizados para a conquista do Poder e consequente açambarcamento do Estado» (vd. *ibidem*: xxiv).

O prefácio de *Salazar. O homem e a sua obra* permite antever, de certa forma, a «Nação» bipartida, e constituída por realidades paralelas e díspares, presente de modo efusivo nas narrativas turísticas coevas a que se irá aludir na Parte III deste estudo. Na verdade, já em 1933 Salazar evocava e distinguia aquilo que seria a «verdadeira Nação» e que poderia ser encontrado fora dos centros urbanos. Era nesses espaços que a essência nacional se concretizava de modo mais puro e genuíno, ao contrário do que sucedia nas cidades:

A BEM DA NAÇÃO

Eu não digo como muitos, que é falsa a vida da cidade; é como é, viva e real nos seus artifícios e defeitos; digo que é incompleta, sobretudo se se quere por ela ajuizar da vida nacional, e se se supõe ser vida da cidade a vida, na cidade, duma classe. Quando se desce da capital à província, da cidade à aldeia, do club, da redacção do jornal, do salão de festas ao campo, à fábrica, à oficina, o horizonte das realidades sociais alarga-se a nossos olhos e tem-se uma impressão diferente do que seja uma nação. A distancia que nos separa a nós, homens de café, familiares das repartições públicas, chegados aos ministérios, participando da omnipotência do Poder, talhando idealmente as reformas, lançando as linhas dos grandes planos, decidindo quasi da sorte do mundo, – a distancia que nos separa da verdadeira nação, é enorme.

ibidem: xx

O político «prefaciador» evocou também a «contiguidade histórica da Nação», o exercício de um poder predestinado e «as formidáveis qualidades da raça e a [neutralização de] alguns dos seus principais defeitos» (vd. *ibidem*: xli) como matrizes definidoras do regime que advogava.

À imagem do que sucedeu em inúmeras outras ocasiões, Salazar utilizou esta introdução às suas conversas com António Ferro para nomear os regimes políticos italiano e russo como exemplos e referências politicamente interessantes (vd. *ibidem*: xxvi).

A redação deste prefácio foi concluída com uma afirmação que evidencia de modo inequívoco o papel que Salazar se havia atribuído, ou seja, o *de mestre e de salvador incansáveis*:

Peço desculpa por ter escrito êste Prefácio. Não é que me envergonhe de o haver feito; é que me roubou tempo de que precisava para outras coisas.

ibidem: xli

A ousadia destas palavras que culminam uma clara *lição ideológica* corrobora a estranheza que a leitura deste «prefácio» tão *sui generis* pode causar, pois que pouco terá a ver com aquilo que tradicionalmente se encontra em preâmbulos ou epígrafes. Ou seja, estão em causa, não apenas as escassíssimas referências quer ao texto principal, quer aos elementos envolvidos nas «conversas», mas principalmente o manifesto político que compõe esta introdução, a qual será tudo menos um inocente introito a um conjunto de «entrevistas».

As cinco «conversas» entre Salazar e Ferro publicadas pelo *Diário de Notícias* em 1932 iriam servir para desenvolver e ilustrar o sumário propagandístico que o prefácio constituía, não acrescentando muito ao que a introdução referira. A pertinência dos conteúdos presentes terá justificado as diversas publicações da obra em Portugal e a sua divulgação no estrangeiro nas línguas francesa, espanhola e inglesa, logo a partir da primeira edição em livro, no ano de 1933. Nesta ótica, é fácil concordar com Fernando Rosas quando considera este conjunto de «entrevistas» como uma apresentação prévia das funções de duas importantes figuras do regime do Estado Novo – o seu chefe carismático, Salazar, e o futuro diretor da importante e eficaz máquina de propaganda do regime, António Ferro (vd. Rosas, 2007: xxxii) – e ainda quando afirma que «as entrevistas e os seus anexos constituíram o primeiro manual de propaganda do regime que se implantava e do "Chefe" que nascia com ele» (vd. *ibidem*: xxxiii). O historiador não hesita igualmente em considerar as «entrevistas» como meras encenações com claros intuitos propagandísticos nas quais Ferro

é o *metteur en scène* de um personagem que se empenha assumidamente em valorizar, mitificar e engrandecer, confrontando-o, ou fingindo confrontá-lo, com alguns dos principais desafios políticos, económicos e sociais da actualidade de então

ibidem: xxxii

António Ferro assumiu-se como o porta-voz ousado, «Cardial Diabo» (Ferro, 2007 [1933]: 54), de todos os portugueses que desejavam colocar perguntas a Salazar, de quem quase nada sabiam, além da origem humilde e da dedicação ao trabalho, apregoadas desde que ocupara a pasta das Finanças, em 1928. Contudo, a leitura destas «entrevistas» faz com que se entenda a intervenção de Ferro nas mesmas como a de uma figura cuja função consiste simplesmente em facultar uma estrutura que permita que a *lição ideológica* aconteça em «conversas» durante as quais o político continuou a discorrer sobre temas claramente associados às doutrinas nacionalistas, mas de forma mais expositiva e desenvolvida. Escuta-se Salazar a dissertar, por exemplo, sobre a essencialidade das raças, quando, assumindo a coincidência entre raças e nacionalidades, referiu:

A BEM DA NAÇÃO

Legislasse eu em Inglaterra e a minha obra seria completamente diferente. Dentro das raças, dentro das nacionalidades, há duas espécies de defeitos: os defeitos naturais, que podem ser combatidos mas nunca extirpados violentamente, e que nos farão sempre distinguir um latino dum eslavo ou dum anglo-saxão, e os defeitos incrustados, os vícios adquiridos, que são vícios, sobretudos, de educação, de mentalidade. Ora se é quase inútil fazer guerra aos primeiros, porque eles têm sempre a vitória já não é tão ideal, tão impossível como se diz, desincrustar os últimos, liquidá-los pouco a pouco...

Salazar, 2007 [1933]: 151

Este tema sugeriu a Salazar a classificação da «raça portuguesa» como branda, bondosa e incontestável motivo de orgulho (vd. *ibidem*: 77, 78), como também referiu Manuel Múrias (vd. Múrias, 2002 [1961]: 28). O líder mais carismático do regime salazarista utilizava estas expressões e algumas alusões a modelos políticos coevos para melhor explicar o seu tipo de governação. Salazar alvitrava que «autoridade e liberdade são dois conceitos incompatíveis... Onde existe uma não pode existir a outra... [...] Entreguemos, pois, a liberdade à autoridade, porque só ela a sabe administrar... e defender» (Salazar, 2007 [1933]: 50), e esclarecia que

a nossa Ditadura aproxima-me, evidentemente, da Ditadura fascista no reforço da autoridade, na guerra declarada a certos princípios da democracia, no seu carácter acentuadamente nacionalista, nas suas preocupações de ordem social. [...] Mussolini, como sabe, é um admirável oportunista da acção: ora marcha para a direita, ora marcha para a esquerda [...]. Não nos esqueçamos de que Mussolini é um italiano descendente dos *condottieri* da Idade Média, e não esqueçamos, igualmente, as suas origens a sua formação socialista, quasi comunista. O seu caso é, portanto, um caso admirável, único, mas um caso nacional.

ibidem: 73–74

A essencialidade e a especificidade da «Nação» e da «raça» justificavam todo o contexto, por vezes mal compreendido, da realidade portuguesa da década de trinta do século xx e baseavam-se no argumento intocável de que

48

o nosso passado está cheio de beleza, de rasgos, mas tem-nos faltado, no último século, sobretudo, um esfôrço menos brilhante mas mais tenaz, menos espectaculoso e com maior perspectiva. Tudo quanto seja apelar sòmente para o heoísmo da raça, sem modificação da mentalidade geral, do nosso modo de ver as coisas, do nosso modo de fazer as coisas, pode trazer-nos momentaneamente páginas de epopeia, mas queima-nos, nessas labaredas contínuas.

ibidem: 146

O texto introdutório de Fernando Rosas à reedição de todas as «entrevistas» em 2007 faz saber que a sexta «conversa» terá ocorrido no ano de 1933 na casa do político, no Vimieiro, e a sétima, em 1938, em deambulação pela capital, numa manifesta peregrinação pelas «glórias» já recuperadas pelo Estado Novo e pelo aparelho do Secretariado de Propaganda Nacional, dirigido pelo «entrevistador»:

Estende-se por cerca de seis horas fazendo os dois interlocutores o roteiro turístico e propagandístico das realizações do regime na capital, entre as obrigatórias manifestações populares ao «Chefe» a cada esquina, legionários fazendo a saudação romana ou rapazinhos da Mocidade Portuguesa desfilando. Em fundo, uma «Lisboa mais alegre», sem gramofone mas de canário na gaiola, tudo já excessivamente em versão SPN, ou não fosse a pena gongórica do director da propaganda, então no auge da sua força, a desenhar o quadro.

Rosas, 2007: xxxi–xxxii

Estas duas «entrevistas» tardias serviram para reafirmar e comprovar os dogmas apresentados no primeiro conjunto de «conversas» e seguiram moldes muito semelhantes às anteriores. A sexta *encenação* tornava a mostrar o *Mestre* oriundo e apaixonado pelas virtudes dos ambientes de *aurea mediocritas* em passeio pelas Beiras com António Ferro, que, com alguma regularidade, ia sugerindo aos leitores que nada parecia mudar na vida, dedicação e crenças do homem que até era apreciado pela natureza:

A paisagem em socalcos, aproveitadinha até aos mínimos repregos, presta homenagem silenciosa e expressiva, ao reformador do orçamento português.

Ferro, 2007 [1933]: 135

O político que admirava Hitler (vd. Ferro, 2007 [1938]: 140) parecia já poder contar com o apoio da «Nação», pois «Portugal rodeia-o, envolve-o, abraça-o: ao Norte, ao Sul, a Este, a Oeste...» (vd. *ibidem*: 145) na última conversa de reconhecimento da obra realizada pelo Estado Novo, ou seja, na sétima «entrevista». Os dois interlocutores passaram próximo do Instituto Superior Técnico e da Casa da Moeda e visitaram os bairros sociais da «capital do império», que se pretendia fossem fugazes réplicas de ambientes não urbanos. Desta feita, Ferro não se limitou a facultar as deixas habituais a Salazar, já que ele próprio explicou e discorreu sobre assuntos relacionados com a sua função de diretor do SPN, dissertando, por exemplo, acerca dos feitos obtidos no âmbito da (sua) Política do Espírito. Este circuito urbano não retirou a Salazar a oportunidade de tornar a evocar a sua origem rural enquanto percorria, com António Ferro, os novos bairros que forneciam os meios possíveis para que os seus habitantes pudessem reproduzir um contacto são e puro com a natureza que existia fora das cidades.

Para finalizar esta breve referência às «entrevistas» concedidas por Salazar a Ferro, e em jeito de conclusão, é importante evocar os pareceres de alguns estudiosos que se ocuparam destas «conversas». São, assim, pertinentes as afirmações de Luís Trindade, quando refere que o «que ambos fizeram, político e jornalista (porque se tratou de um trabalho a dois), foi elaborar a leitura legitimadora do significado histórico do Estado Novo» (Trindade, 2008: 27), e de Ernesto Castro Leal, que caracteriza a publicação original das «entrevistas» como o «livro-manual para o ano I do "Estado Novo" [...] ao serviço da apologia do presidente do Conselho, o qual corporiza, no momento, a proposta de regeneração autoritária, nacionalista e corporativa» (Leal, 1994: 50). Fernando Rosas, por seu turno, conclui que «o Salazar que emerge das entrevistas e dos comentários de Ferro é uma obra sua na completa acepção do termo» (Rosas, 2007: xxix), do que resulta uma abrangente forma de propaganda do regime que começa a impor-se, bem como a «prova irrefutável» de que a «Revolução Nacional» se encontrava em marcha. Como também refere Rosas, estas «entrevistas» tiveram ainda o objetivo de dar a conhecer a toda a «Nação», primeiro através da publicação num meio de comunicação social de grande tiragem à época, o *Diário de Notícias*, e depois na compilação mais elaborada do SPN, o chefe do regime português que admirava ideologicamente outros líderes carismáticos seus contemporâneos, mas com os quais pouco se identificava em termos de comportamento e atitude perante as multidões (vd. *ibidem*: xxix).

1.1.2. «Discursos e notas políticas»

A partir da década de trinta do século XX, a Coimbra Editora, Lda., reuniu todos os «discursos e notas políticas» que António de Oliveira Salazar proferiu em momentos emblemáticos do regime, entre 1928 e 1966. Essas coletâneas incluem, por exemplo, as alocuções apresentadas na inauguração do Secretariado de Propaganda Nacional, em 1933, no I Congresso da União Nacional, em 1934, nas inúmeras comemorações anuais da designada «Revolução Nacional» ou nas manifestações de apoio ao regime, como aquela ocorrida a 28 de abril de 1941, no Terreiro do Paço, em Lisboa. A compilação e a publicação de todas estas preleções representaram, sem dúvida, mais uma ferramenta para divulgar as principais *lições ideológicas* que Salazar pretendia transmitir à «Nação». À imagem do sucedido no livro que reúne as «entrevistas» concedidas a Ferro, cada um destes volumes de «discursos e notas políticas» começava com um prefácio redigido pelo político e que, tal como referido a propósito das «conversas», parece tão ou mais pertinente do que os textos que compõem os seis compêndios. Devido aos limites temporais do presente estudo, a pesquisa realizada contemplou apenas os quatro primeiros números dos *Discursos e Notas Políticas* que incluem comunicações datadas do período que decorre entre 1928 e 1950.

De forma mais ou menos velada, tal como se verificou acontecer ao longo das «conversas» com Ferro, Salazar sempre pretendeu transmitir de si próprio a imagem do *mestre* que educava a «Nação». A edição dos seus discursos e notas políticas ter-lhe-á permitido agrupar todas as suas *lições ideológicas*, tendo daí resultado um manual programático pronto para ser estudado e assimilado pela sociedade que pretendia educar. No prefácio ao primeiro volume, Salazar destacou precisamente a «feição predominantemente doutrinal» (Salazar, 1961 [1935]: xi) das suas preleções, justificando a premência das publicações ao afirmar que

> a história ver-se-á sèriamente embaraçada para desenvencilhar um dia tam importantes questões. Por isso me lembrei de poupar aos futuros investigadores muitos trabalhos e erros, deixando escrito o que eu mesmo posso saber acêrca da matéria.
>
> *ibidem*: xxv

Na introdução do segundo volume, o político retomou o assunto, referindo que esse preâmbulo seria «um estudo tão largo quanto possível da [sua] experiência política» (Salazar, 1945 [1937]: vii). Esta faceta de educador que Salazar se autoatribuía era difundida e aparentemente aceite, como se pode constatar, por exemplo, através da referência feita por um número da publicação *Escola Portuguesa – Boletim do Ensino Primário Oficial*, que refere que o «Sr. Dr. Oliveira Salazar é não só o maior estadista, mas o maior educador do nosso tempo» (*Escola Portuguesa – Boletim do Ensino Primário Oficial*, de 6 de fevereiro de 1936, n.º 69: 118), ou ainda pela alusão de António Ferro, que, no discurso comemorativo do décimo ano do Secretariado de Propaganda Nacional, aludiu a Salazar como o «professor de Coimbra que se transformara em professor de Portugal» (Ferro, 1943: 11–12).

Salazar vislumbrava igualmente nas funções que desempenhava no governo um laivo de predestinação, que evocava com alguma recorrência, tal como se constata na introdução ao primeiro volume dos seus discursos intitulada «Para Servir de Prefácio», onde se exibia como *porta-voz e condutor* da «Nação» no processo desencadeado pela «Revolução Nacional»:

> [...] apertado pela obrigação e pelo tempo, verdadeiramente orador à fôrça, sem estímulo interior nem possibilidade de longa preparação [...]. As ideas dêstes discursos são geralmente conhecidas: posso mesmo dizer que não são minhas, mas da colectividade, ou porque as fui beber às profundezas da consciência nacional ou porque, correspondendo ao estado de espírito do País, êste as adoptou e fez suas.
>
> Salazar, 1961 [1935]: x, xvi

Estes temas foram desenvolvidos nos diversos textos que compõem as compilações de «discursos e notas políticas», principalmente naqueles que foram produzidos até ao final da década de quarenta e que terão servido para descrever a «Nação» com base numa missão histórica que lhe conferia um papel raro e único no mundo, replicado nas tradições que a especificavam. Outra condição válida que parecia justificar aos olhos do regime salazarista a singularidade do país era, tal como declarado nas «conversas» com o futuro diretor do SPN, a singularidade da «raça lusitana», endeusada por atos heroicos passados e pelas tradições enraizadas que possuía:

UM REGIME «NACIONALIZANTE»

Nem sei em que o trabalho de reaportuguesamento das nossas instituições sociais e políticas, e o culto das boas, sãs, fecundas tradições nacionais, tam próprias para nos darem originalidade e carácter, hão-de levantar dificuldades de monta e não ser preferidos à cópia servil de quanto se pensa e faz em país estrangeiro, inspirador máximo da nossa actividade desde há muito tempo. Além do mais, êste esforço é homenagem ao espírito criador da raça lusitana e ao seu poder de iniciativa, que será fecundo se o trabalho persistente da descoberta «interior» não ceder o passo à preguiçosa imitação de estranhas criações.

ibidem: xviii–xix

São incontáveis as vezes em que o presidente do Conselho utilizou *argumentos históricos* para justificar o estado coevo da «Nação Portuguesa». De facto, o país era invariavelmente descrito como portador de um passado glorioso que lhe conferia uma missão que deveria continuar a ser internacional e que impelia Salazar a afirmar a certeza de que «o povo tem a intuição duma época decisiva da nossa vida e de que por êste caminho se retoma o velho rumo da história pátria» (Salazar, 1945 [1937]: 53). Este tema foi exposto inúmeras vezes[2], entre outros, no discurso «Propaganda Nacional», proferido a 26 de outubro de 1933, na inauguração do Secretariado de Propaganda Nacional[3], nas comemorações do Ano X da «Revolução Nacional»[4], ou ainda quando Salazar se dirigiu aos Sindicatos, Casas do Povo e Casas dos Pescadores no Terreiro do Paço, em fevereiro de 1939, afirmando ter a convicção de

havermos regenerado a Nação e conscientes do papel que ainda lhe está reservado no mundo, poderemos inclinar nossas bandeiras ante a memória dos que fizeram Portugal e dizer-lhes orgulhosamente: – nós somos bem os filhos do vosso sangue e os legítimos continuadores da vossa História!

Salazar, 1945 [1937]: 133

---

[2] Vd. Salazar, 1961 [1935]: 74, 315, 324; Salazar, 1945 [1937]: 19, 25, 178; Salazar, 1943: viii, 37, 258, 298.

[3] Vd. Salazar, 1961 [1935]: 261, 263 e Parte II do presente estudo.

[4] Vd. Salazar, 1945 [1937]: 131.

A BEM DA NAÇÃO

A antiguidade da «Nação», bem como a sua missão histórica no mundo([5]), surgiriam concretizadas na extensão territorial que ocupava no continente europeu e fora dele, tal como evocado por Salazar em «Aljubarrota, Festa de Mocidade», o texto destinado a ser lido nas escolas no dia 14 de agosto de 1935, por altura das comemorações da Batalha de Aljubarrota:

> Podemos orgulhar-nos de ser na Europa o único país cujas fronteiras se podem dizer imutáveis desde há séculos; e, facto curioso! uma vez talhada pelos primeiros reis na faixa atlântica, nem mesmo se notou a preocupação de alargar na península as fronteiras da Pátria. Ia noutra direcção a força expansiva da raça, o seu génio descobridor e de colonização: pelo Atlântico, pelo Indico se expandiu o povo português, descobriu as terras e os mares, abriu os outros povos novos caminhos e caminhos de novos mundos, levando e deixando por toda a parte o traço característico da sua dominação – o humanitarismo da sua alma latina, o apostolado da sua civilização cristã.
>
> Salazar, 1945 [1937]: 51

Como resultado de todos estes argumentos tantas vezes repetidos, expostos e divulgados, Portugal seria inevitavelmente, nas palavras do «benfeitor» e «abnegado» Salazar, uma «Nação» poupada às turbulências que assolavam o resto da Europa nas décadas de trinta e quarenta([6]), apresentando-se «no meio das convulsões presentes [como] uma irmandade de povos, cimentada por séculos de vida pacífica e compreensão cristã» (Salazar, 1951: 282), e

> por alto desígnio da Providência que rege o mundo, Portugal não precisa hoje de guerras, usurpações ou conquistas, e está fora do domínio das competições internacionais. Para a sua existência equilibrada e segura, em convívio amigavel com os outros Estados, precisa apenas de dar novo vigor às ideas e institüições que estão nos seus alicerces antigos.
>
> Salazar, 1961 [1935]: 327

([5]) Vd. Salazar, 1961 [1935]: 315–316; Salazar, 1943: 35.

([6]) Vd. Salazar, 1961 [1935]: 70, 71, 72, 131, 232, 315; Salazar, 1945 [1937]: viii, x.

UM REGIME «NACIONALIZANTE»

Os «discursos e notas políticas» permitem ainda compreender o modo como o Estado Novo aderiu a outra vocação dos regimes tendencialmente nacionalistas, designadamente quando apelou ao restauro patrimonial. Salazar considerava que o património construído representava um valioso e indiscutível capital simbólico da grandeza da «Nação», destacando as regiões de Aljubarrota e da Batalha:

> [O]s sítios de Aljubarrota e a Batalha devem ser os lugares de entre todos eleitos para as grandes peregrinações patrióticas, e eu quisera que no próximo ano ali acorressem de todos os cantos de Portugal milhares, centos de milhares dos portugueses de hoje, sobretudo a mocidade, para verificar e robustecer, ao calor dum passado heróico, a sua devoção patriótica. [...] [A]li repousam os que consolidaram a independência de Portugal e assentaram as bases da sua grandeza futura.
>
> Salazar, 1945 [1937]: 55–56

Apesar de não hesitar em nomear determinados paradigmas governativos europeus como «bons exemplos» a admirar, como já verificámos, Salazar anunciava amiúde que a «Nação» portuguesa resultante da «Revolução Nacional» de 1926 seguia «à margem dos moldes estrangeiros»[7] e personificava uma lógica política única, tal como afirmou num Comunicado da Presidência do Conselho publicado nos jornais a 3 de setembro de 1940. Esta mesma ideia foi retomada pelo político numa reunião da União Nacional, realizada no Palácio da Bolsa, no Porto, em fevereiro de 1949, na qual explicou «Nação» como

> uma entidade moral, que se formou através de séculos pelo trabalho e solidariedade de sucessivas gerações, ligadas por afinidades de sangue e de espírito, e a que nada repugna crer esteja atribuída no plano providencial uma missão específica no conjunto humano. Só esse peso dos sacrifícios sem conta, da cooperação de esforços, da identidade de origem, só esse património colectivo, só essa comunhão espiritual podem moralmente alicerçar o dever de servi-la e dar a vida por ela.
>
> Salazar, 1951: 354–355

---

[7] Vd. Salazar, 1961 [1935]: 47, 73, 117, 220, 221, 234, 316, 332; Salazar, 1945 [1937]: viii; Salazar, 1943: 199, 269.

A BEM DA NAÇÃO

Também no discurso «A Educação Política, Garantia da Continuidade Revolucionária», proferido na sede da União Nacional, a 22 de março de 1938, Salazar discorrera acerca do tópico «Nação», para afirmar que «se torna necessário intensificar a educação política do povo português para garantia da continuidade revolucionária» (Salazar, 1943: 37). A (re)educação dos portugueses à luz da cartilha do Estado Novo visava fundamentalmente a inculcação das «verdades nacionais» inquestionáveis e perenes que justificavam a «Nação» tal como era encarada e arquitetada durante os anos trinta do século xx.

A lógica governativa do Estado Novo, erigido como instrumento institucional de reconstrução nacional, teria, pois, como propósito «bem formar», esclarecer e orientar a opinião pública e «nada lhe esconder do que importa à vida colectiva e à solução dos problemas nacionais» (Salazar, 1961 [1935]: 24). Este regime que denunciava a existência de partidos políticos como fator de quebra do interesse comunitário e nacional([8]) era apresentado por Salazar como um «nacionalismo moderado e equilibrado» (vd. *ibidem*: 88, 233), decorrente da especificidade da «História Lusitana», e por isso mesmo original e único([9]):

> O nacionalismo do Estado Novo não é e não poderá ser nunca uma doutrina de isolamento agressivo – ideológico ou político – porque se integra, como afinal toda a nossa história, na vida e na obra de cooperação amigável com os outros povos. Consideramo-lo tão afastado do liberalismo individualista, nascido no estrangeiro, e do internacionalismo da esquerda como de outros sistemas teóricos e práticos aparecidos lá fora como reacção contra eles.
>
> *ibidem*: 333–334

A expressão «totalitário» também não agradaria a Salazar para descrever a sua forma de governação, tendo publicamente rejeitado o adjetivo quando, por exemplo, referiu ser

> preciso afastar de nós o impulso tendente à formação do que poderia chamar-se o Estado totalitário. O Estado que subordinasse tudo

---

([8]) Vd. Salazar, 1961 [1935]: 35, 75; Salazar, 1945 [1937]: 4, 128; Salazar, 1951: 360, 361.

([9]) Vd. Salazar, 1961 [1935]: 334, 335.

sem excepção à ideia de nação ou de raça por êle representada, na moral, no direito, na política e na economia, apresentar-se-ia como ser omnipotente, princípio e fim de si mesmo.

ibidem: 336–337

«Autoridade» foi outro dos termos evocados pelo chefe do Governo para explicar o seu regime político. Esta expressão significava para Salazar um anseio e uma necessidade nacionais[10] com vista a uma consequente garantia da «ordem, da tranquilidade, do progresso e da prosperidade comum» (vd. *ibidem*: 134). A «autoridade» era o objetivo da «Revolução Nacional» e uma premissa indiscutível para o político (Salazar, 1945 [1937]: 136).

1.1.3. As *lições* de Salazar

Os textos supramencionados refletem de forma clara o empenho em *(re)educar a sociedade portuguesa* nos vários níveis de sociabilidades públicas e privadas (vd. Rosas, 2001: 1037), incluindo na área dos lazeres, como se verá suceder, por exemplo, com a criação da Fundação Nacional da Alegria no Trabalho (vd. Parte III deste trabalho). A este propósito, refere Fernando Rosas que o salazarismo

tentou [...] «resgatar as almas» dos portugueses, integrá-los, sob a orientação unívoca de organismos estatais de orientação ideológica, «no pensamento moral que dirige a Nação», «educar politicamente o povo português» num contexto de rigorosa unicidade ideológica e política definida e aplicada pelos aparelhos de propaganda e inculcação do regime e de acordo com o ideário da revolução nacional.

ibidem: 1032

As inúmeras *lições* de Salazar faziam a apologia do ser renovado e integrado pela ação «tutelar e condutora do Estado» (vd. *ibidem*: 1037), de que já aqui se falou, e que seria um fiel servidor do regime e da «Nação», feliz na sua infelicidade, entendida como «honrada modéstia». Esta lógica educativa do regime optou por criar ou reformar organizações já existentes para melhor poder cuidar do «carácter», do «gosto», da «cultura» e do «ideário» dos portugueses.

---

[10] Vd. 1961 [1935]: 118 e Salazar, 1937: 133.

O programa seguido por esta educação insistia em valores como a «cultura popular», divulgada pela máquina propagandística do regime, que recuperava, criava e evidenciava a todo o custo elementos exibidos como genuinamente nacionais, rurais e etnográficos (vd. *ibidem*: 1040).

Seis anos depois de Salazar ter recordado a António Ferro que o povo português é «facilmente educável» (Ferro, 2007 [1933]: 11–12), mais concretamente no ano de 1938, foi publicada pelo Secretariado de Propaganda Nacional uma coleção de sete cartazes intitulada *A Lição de Salazar*, que expunha e associava de forma incontornável o político ao seu papel de *educador dos valores e das verdades do regime*. Esta série, divulgada essencialmente nas escolas e nas Casas do Povo, foi editada para comemorar uma década da chegada de Salazar ao poder e surgia como mais um instrumento programático do chefe do Governo na «pose de lente de Coimbra, severo, mas paternal, sério no seu saber e na sua prática» (Torgal, 2009a: 149). A propósito desta edição, Helena Matos explica que

> compostos à semelhança duma banda desenhada, estes quadros fazem o confronto entre o passado – o tempo em que Salazar não estava no Governo – e o presente. A sua eloquência resulta exacta-mente do facto de plasmarem uma mensagem política sob as cores e os traços de deliciosas ilustrações infantis.
>
> Matos, 2003: 258

Com a publicação destas lições, pretendia-se divulgar de forma clara, simples e acessível, até para os mais jovens ou iletrados, os triunfos obtidos nessa década de intervenção salazarista através de uma comparação fácil entre aquilo que o Estado Novo concretizara e o que o desregramento da I República não conseguira, ou não permi-tira, realizar.

À exceção do cartaz «Deus, Pátria, Família», cada um dos outros seis era composto por duas imagens contrastivas – um «antes» e um «depois» –, por um texto perfeitamente dispensável, devido às mensagens óbvias das gravuras, incluindo ainda um título, a saber, «Finanças», «Estradas», «Obras», «Tropa», «Trabalho» e «Portos». Como os títulos deixam antever, a recuperação financeira e a tran-quilidade da população e do «império» ocupavam os sumários destas lições, a par do grande investimento estatal nas obras públicas.

O cartaz «Deus, Pátria, Família», eventualmente o mais divulgado de toda a coleção, ilustra a principal e a mais importante lição a divulgar por ser aquela que ensinava a essência do verdadeiro bem-estar que o povo devia e podia ambicionar. Este postal mostra um singelo e perfeitamente harmonioso quadro familiar, localizado em ambiente rural e protagonizado por uma família trabalhadora, religiosa e bem estruturada, onde todos os elementos parecem ter papéis bem definidos e claros.

A presente pesquisa foi confrontada com uma publicação do Secretariado de Propaganda Nacional, não datada, intitulada *Cadernos da Revolução Nacional. Portugal de ontem. Portugal de hoje. Portugal de amanhã*. A temática abordada por este opúsculo e a estrutura usada levam a evocar de imediato a série de postais referida. Esta última reflexão/lição produzida pelo regime foi, no âmbito do corrente estudo, entendida como uma teorização mais formal e académica do que aquela que fora vislumbrada nos sete cartazes mencionados, coincidência temática que permite datá-la do final da década de trinta. Esse opúsculo apresenta também uma comparação, mas desta feita em formato quase panfletário, entre a «Nação» anterior à «Revolução Nacional» e aquela que lhe sucedeu. A primeira seria uma realidade «refugiada no mêdo ou na apatia e no desalento» (*Cadernos da Revolução Nacional*, s/d: 8), que era liderada por governos relâmpago, resultantes de «lutas partidárias, travadas menos em volta de princípios que de interêsses e ambições» (vd. *ibidem*: 9). A segunda apresentava-se aos olhos de todos de uma forma incontestavelmente diferente e, por isso mesmo, permitia e promovia um desenvolvimento comunitário, simbolizado na construção de estradas, na recuperação financeira e na estabilidade social. «A Nação confiou. Salazar realizou», afirmava-se a dado passo (vd. *ibidem*: 40), e, neste sentido, é fácil entender que o opúsculo termine com a previsão de um futuro estável e tranquilo, como resultado natural da essência portuguesa recuperada com a «Revolução Nacional», ou seja, com Salazar:

> Sabemos donde viemos, sabemos para onde vamos, ou, pelo menos, para onde queremos ir. Os antecedentes dêste País no decurso da História animam-nos a crer nas virtudes dum povo, que no transcorrer de oito séculos venceu tantas dificuldades e adquiriu tanta experiência de crer e realizar. [...] Os homens, que empreenderam e realizaram, sob o signo dum alto pensamento e sob

uma firme direcção, a renovação de Portugal e conseguiram carrilar a Nação dentro dos seus destinos e das suas tradições fundamentais de doutrina e de acção, merecem de todos os portugueses a **continuação duma cooperação**, sem hesitações nem restrições.

ibidem, s/d: 71

1.2. *Outras vozes: de António Ferro aos Painéis de São Vicente*

Depois de se ter escutado a opinião do próprio Salazar acerca da «Nação» e do papel que lhe estaria destinado enquanto chefe do Governo, ouçam-se agora outras vozes autorizadas que também se pronunciaram sobre a realidade governativa portuguesa nos primeiros anos do Estado Novo e que participaram, dessa forma, na construção e na propagação de uma representação identitária nacional una, indiscutível e abrangente.

A primeira figura que cumpre aqui evocar é a de António Ferro, o homem que teria insistido na aproximação (possível) de Salazar à «Nação» e que apresentou o político à sociedade portuguesa. Na compilação das primeiras «entrevistas» a Salazar, por exemplo, existem alguns anexos do «entrevistador» – «Notas de Reportagem de um Repórter», «O Ditador e a Multidão» e «A Política de Espírito» –, também divulgados no *Diário de Notícias*([11]), que lhe permitiram pronunciar-se publicamente acerca do sistema político português e das suas especificidades. A atividade jornalística de Ferro ligara-o ao mundo da política no início do século XX, quando realizou e publicou entrevistas a estadistas de relevo na altura, como Benito Mussolini, cujas vias de governação comentava e elogiava. António Ferro, porém, nunca deixou de recordar a originalidade que caracterizava o regime político implantado em Portugal, realçando as particularidades próprias do Estado Novo.

A introdução que preparou para as «entrevistas» a Salazar, ou mesmo os comentários que foi tecendo ao longo das mesmas, permitem entender inequivocamente as crenças políticas do «entrevistador». Reencontra-se em Ferro a afirmação da continuidade que Salazar representaria na «História nacional», quando referiu, por exemplo, que «o perfil do dr. Oliveira Salazar se perdera na bruma como o

---

([11]) «O Ditador e a Multidão», publicado a 31 de outubro de 1932, e «Política do Espírito», a 21 de novembro desse mesmo ano.

UM REGIME «NACIONALIZANTE»

Desejado quando uma onda da revolução, ainda em movimento, o trouxe, de novo, ao Terreiro do Paço, ao Ministério das Finanças» (Ferro, 2007 [1932]a: 4). O argumento da «contiguidade histórica» era, de facto, um dos favoritos de Ferro, que, noutra ocasião, evocou o homem que recebera o governo, em vez de o ter conquistado (vd. Entrada de 12/janeiro/1933, Trabulo, 2008: 91), ou que, no artigo «Salazar e o Infante», descreveu o político como «a figura portuguesa que mais se aproxima do Infante D. Henrique» (Ferro, 2002 [s/d]: 21):

> Como o Infante D. Henrique, na escola de Sagres, debruçado sobre mapas e cartas [...], ele debruça-se, igualmente, no seu escritório modesto da Rua do Funchal, ajudado pelos seus ministros, sobre as contas do Estado, sobre esse Orçamento que já foi um mar tenebroso e que vai clareando, lentamente, ano a ano, verba a verba... A época é outra, as caravelas, hoje, são transatlânticos, pontes, escolas, portos, oficinas, creches, bairros operários... [...]
> Diz-se que ele está fora da raça, que não a compreende. Talvez tenham razão, mas será isso um defeito? Não teria sido essa distância da maré-baixa da raça, distância natural ou premeditada, que deu possibilidades a D. Henrique para a realização do seu sonho? [...] Não estariam D. Henrique, D. João I, Nun'Álvares, Afonso de Albuquerque, fora da raça ou dentro dela, com poucos pelas novas directrizes que lhe impuseram, pelas novas rotas que lhe traçaram?
>
> *ibidem*: 21–22

Estas analogias históricas repetem-se nos regimes de cariz nacionalista com o intuito de justificar o poder recebido por um político, neste caso por Salazar, e fundamentam-se em eventuais «semelhanças» encontradas entre figuras pertencentes a determinada comunidade nacional, reafirmando o carácter essencialista e natural de um dado grupo. No caso do Estado Novo português, essa estratégia está presente nas comparações feitas entre Salazar e o Infante D. Henrique, ou entre Salazar e D. Sebastião, o Desejado. A naturalidade da comparação é tal que a narrativa parece inequivocamente harmoniosa, como refere Roland Barthes (vd. Barthes, 2000 [1957]: 156), tornando-se «fácil» encontrar uma espécie de «fio invisível» (vd. Nora, 1989: 73) que une Salazar a outras figuras tidas como ilustres pela história portuguesa, como Afonso Henriques, o Infante D. Henrique ou D. Sebastião. A Salazar não parecem ter desagradado estas comparações, que ele

A BEM DA NAÇÃO

próprio afinal também tecia, embora sem aludir a nomes, pois, como refere Hyland, Salazar «não renegou as inferências sebastianistas acerca da sua pessoa: também ele parecia austero, [...] tinha uma visão de um destino nacional sublime, o seu nome começava com S. Mais uma vez, como em todos os períodos de mudança, D. Sebastião pairava no ar» (Hyland, 1997: 109–110).

Num dos vários momentos em que interveio para comentar o contexto das «entrevistas», António Ferro discorreu, tal como Salazar fizera, acerca da «área mais genuína da Nação» e que seria, também para ele, aquela que se localizava para além dos limites urbanos.

> Estamos em plena estrada saloia. Passam, de quando em quando, figurinhas ingénuas e toscas, que parecem recortadas dos presépios de Machado de Castro: lavadeiras, leiteirinhas, mulheres da praça ajoujadas com cestos de frutas e de criação, saloias de Caneças, de Odivelas, da Malveira, que voltam de fazer as suas compras na cidade e que regressam aos seus lugares, cavalgando os seus machos pacientes, conduzindo as suas alimárias teimosas que parecem brinquedos...
>
> Ferro, 2007 [1933]: 27

Também em «O Ditador e a Multidão» Ferro exprimiu as suas opiniões ideológicas, proferindo um claro elogio às políticas salazaristas quando referiu que

> O homem que se isola, heroicamente, no seu gabinete, diante da sua Pátria, para lhe refazer o Tesouro, para a cortar de estradas, para a munir de portos, para povoar os mares, para acudir ao desemprego, para renovar a máquina do Estado, para limpar e arejar as suas engrenagens e roldanas, bem merece a gratidão, o respeito, a admiração fervorosa, a devoção dos seus compatriotas.
>
> Ferro, 2007 [1932]a: 221–222

Importa ainda evocar Manuel Múrias, que «teve um papel significativo na Revolução Nacional de 28 de maio» (vd. Torgal, 2009b: 73) e que foi perentório na sua definição de «Nação», quando advogou o seguinte:

> Define-se Nação assim: – *um território, uma raça e uma língua*. Verdadeiramente, uma Nação – é a sua *História*. [...] A história de

UM REGIME «NACIONALIZANTE»

uma nação é a sua vida; e não apenas a sua vida no passado – a sua
missão: no passado, no presente, no futuro; a sua vocação.

Múrias, 1939: 7

No prefácio à antologia de textos de Salazar *Não Discutimos a
Pátria*, Eduardo Freitas da Costa, outra voz autorizada do regime
e que organizou com Thomaz de Mello e Manuel Lapa a exposição
«14 Anos de Política de Espírito», indicou que «o que refere uma
Nação é, com efeito e sobretudo, a sua missão no Mundo» (Costa, 2002
[s/d]: 10), particularizando relativamente ao caso português que

> o espírito de missão, afã de levar mais além no espaço o con-
> ceito de vida de que se é portador; não é o desejo de um Império
> económico ou terreno, não é sequer a ânsia de domínio político – é
> a vocação de transmitir a outros a Verdade de que se está possuído.
> E é assim que Portugal se tem definido como unidade espiritual,
> independente da unidade geográfica; melhor – Portugal só se define
> inteiramente, sob o ponto de vista material, quando essa unidade
> espiritual, para realizar-se em Nação (a missão que é consubstancial
> à Nação), se reparte geograficamente por territórios distantes uns
> dos outros, quando se chega a ter a «vida pelo mundo em peda-
> ços repartida».Quer dizer, ainda: Portugal só é inteiro quando é
> mundial.

ibidem: 12

Este enunciado de Freitas da Costa convida a recordar justificativos existentes nos textos de Salazar e Ferro citados anteriormente,
porquanto neste texto são evocados como sinais distintivos de uma
«Nação» o seu cariz essencialista, bem como as missões pedagoga e
unificadora que lhe são inerentes e que devem ser exercidas publicamente. O final do prefácio de Freitas da Costa serviu ainda para
enaltecer a faceta de continuidade que as vozes autorizadas diziam
caracterizar o regime de António de Oliveira Salazar, «mestre de energia e fé» (vd. *ibidem*: 14) e um «digno herdeiro do ínclito Príncipe de
Aviz» (vd. *ibidem*: 14).

Como que para justificar esta tomada de decisão, Freitas da Costa
optou por incluir nesta coletânea, entre o seu prefácio e os textos de
Salazar, o artigo de António Ferro de 1932 «Salazar e o Infante», com
que o jornalista encerrou as «entrevistas» anteriormente analisadas.

A BEM DA NAÇÃO

Contudo, a maior «prova» da contiguidade histórica da «Nação» portuguesa foi revelada precisamente por altura da publicação das cinco primeiras «entrevistas» de Salazar, em dezembro de 1932. *O Notícias Ilustrado* do dia de Natal surpreendia nas páginas 12 e 13 com a empolgante notícia de que um sósia de Salazar estaria retratado nos Painéis de São Vicente, do pintor Nuno Gonçalves, datados do século XV. Este facto foi naturalmente entendido como mais um sinal da predestinação histórica que distinguia o líder do regime português. Intitulado «A expressão de Salazar está nos painéis de Nuno Gonçalves», o artigo do dramaturgo e cineasta Leitão de Barros anunciava que eventualmente a fonte mais credível e avalizada para emitir este tipo de parecer, José de Figueiredo, diretor do Museu de Arte Antiga e cronista de arte, teria comentado e confirmado «a extraordinária semelhança que existe entre a fisionomia do Presidente do Ministério e uma cabeça dos Painéis de Nuno Gonçalves. E, caso curioso, a figura representa, também, um financeiro» (*O Notícias Ilustrado*, 25 de dezembro de 1932: 12). O grupo de figuras representado no Painel dos Pescadores exibia seis dos fundadores da Companhia de Lagos. Deles fazia parte um nobre, Estêvão Afonso, que estivera envolvido nas explorações dos descobrimentos portugueses e sobre o qual se afirmava ser um sósia de António de Oliveira Salazar. O artigo, inesperadamente – ou não – ilustrado com fotografias que exibiam alguns momentos das «entrevistas» que o político concedera a Ferro, e com imagens do painel que retratava Estêvão Afonso, terminava com a frágil conclusão de que

> estamos em presença duma figura que tem dois pontos de contacto com o actual presidente do Ministério: a semelhança dos traços fisionómicos e o exercício de idêntico mister – ambos administradores da fazenda; Estêvão Afonso, da Companhia de Lagos e Oliveira Salazar, da governação pública. Extraordinária coincidencia a uma distancia de quinhentos anos!
>
> *ibidem*, p. 13

O momento em que este «acaso» foi notado não poderia ter sido mais apropriado, pois, como referido, coincidiu com a publicação das «conversas» que faziam chegar à população os fundamentos políticos de Salazar, de entre os quais fazia parte a predestinação que lhe coubera de «reerguer» Portugal.

1.3. Propaganda nacional, censura e atividade turística

> Salazar
> Um cadáver emotivo, artificialmente galvanizado
> por uma propaganda...
>
> Pessoa, 2008 [1935]: 125

Tal como sucedia em paradigmas governativos coevos de cariz igualmente nacionalista, o regime de Salazar tinha nos mecanismos de propaganda uma ferramenta basilar para se promover interna e externamente. Datava já de fevereiro de 1906 a criação de um órgão que tinha por principal incumbência a «propaganda do paiz». Esta referência alude à Sociedade de Propaganda de Portugal, cujos estatutos, aprovados em julho do mesmo ano, destacavam a sua vocação para «promover o desenvolvimento intelectual, moral e material do paiz e, principalmente, esforçar-se por que elle seja visitado, admirado e amado por nacionaes e estrangeiros» (*Sociedade de Propaganda de Portugal*, 1914: 3), ao mesmo tempo que se declarava «absolutamente alheia, no desempenho dos seus fins patrioticos, a questões politicas e religiosas» (vd. *ibidem*: 3).

Com sede em Lisboa, mas com algumas delegações regionais dispersas pelo país, a Sociedade Propaganda de Portugal nomeava a atividade turística como uma das áreas de que deveria ocupar-se. Assim, fariam parte dos seus objetivos

> 1. [o]rganizar e divulgar o inventario de todos os monumentos, riquezas artísticas, curiosidades e logares pittorescos do paiz; 2. publicar itinerarios, guias e cartas roteiros de Portugal.
>
> *Sociedade de Propaganda de Portugal*, s/d: s/p

Caberia ainda à Sociedade de Propaganda de Portugal a organização de exposições e festas que dinamizassem o turismo estrangeiro e nacional, bem como as ações necessárias para melhorar as instalações turísticas e hoteleiras em território português. Era igualmente propósito desta sociedade «valorisar as bellezas naturaes do paiz, conservar o seu patrimonio artistico» (vd. *ibidem*: s/p) e promover uma cooperação com entidades similares estrangeiras de forma a desencadear uma «larga propaganda no estrangeiro a favor do paiz» (vd. *ibidem*: s/p). Todas estas intervenções, sublinhava-se, deveriam ocorrer em colaboração com o Estado.

A Sociedade de Propaganda de Portugal foi progressivamente perdendo terreno no âmbito do sector turístico à medida que o Secretariado de Propaganda Nacional se ia impondo nesse domínio, tal como evidenciou o declínio da publicação de documentos de divulgação turística, que, a partir dos anos trinta, foi sendo cada vez mais escassa. Importa, porém, destacar algumas publicações da Sociedade de Propaganda de Portugal, como o *Manual do viajante em Portugal*, de Mendonça e Costa e Carlos de Ornelas, com sete edições entre 1907 e 1930, e o *Manual do viajante em Portugal: com itenerario de excursões em todo o paiz e para Madrid, Paris, Vigo, Monddariz, Sant'Iago, Salamanca, Badajoz e Sevilha*, um conjunto de textos com cerca de trezentas páginas que incluíam mapas desdobráveis. A publicação *Portugal. Clima, Paisagens, Estações Thermaes, etc.*, provavelmente datada do período da Primeira Guerra Mundial, pela referência à «terrível conflagração» (vd. *ibidem*: 3) que se fazia sentir na Europa, e também editada pela Sociedade de Propaganda de Portugal, era composta por um longo texto recheado de pormenores turísticos e históricos que enaltecia o território nacional. Nos parágrafos introdutórios, são claros os indícios do protagonismo atribuído ao sector turístico, enquanto domínio de exaltação nacionalista, tal como acontecerá de modo bem mais efusivo durante o Estado Novo, assim como uma clara alusão à importância atribuída aos visitantes estrangeiros.

> Neste resumido opusculo, «Portugal», encontrará o leitor informações exactas, documentadas com escrupuloso critério, ácêrca dos aspectos e vida portuguesa, que podem interessar ao visitante estrangeiro. E' uma obra de propaganda patriotica, a que não falta absoluto respeito pela verdade.
>
> *ibidem*: 3

Paulo Pina destaca o «conjunto de acções de divulgação e de sensibilização para a problemática turística, através de artigos na imprensa e de conferências proferidas pelos seus sócios, espalhados pelo país» (Pina, 1988: 15) levado a cabo pela Sociedade de Propaganda de Portugal com o objetivo de fomentar o turismo, manter o património e, em suma, divulgar todo o sector turístico, como sucedeu por altura da organização do IV Congresso Internacional de Turismo, realizado na Sociedade de Geografia de Lisboa, em maio de 1911, e considerado como o momento que marcou a institucionalização do sector em Portugal. Além disso, é de destacar a inegável colagem feita pela Sociedade de Propaganda de Portugal entre a «divulgação patriótica do país» e o sector turístico, tema que será recuperado e analisado mais pormenorizadamente no contexto dos primeiros anos do Estado Novo português, ocasião em que Salazar, através de inúmeras ações e iniciativas implementadas por António Ferro, «vai colocar o turismo ao serviço do processo propagandístico moderno através duma multiplicidade de meios» (Melo, 1997: 266).

O grande impulsionador da propaganda da «Nação» foi, porém, António Ferro, bem como a direção que fez dos dois secretariados, criados para arquitetar as representações mais adequadas para mostrar Portugal. As suas mãos criativas e românticas terão marcado indelevelmente as imagens que ainda hoje são criadas para exibir o país. Segundo Fernando Rosas, António Ferro parecia entender a necessidade de conceber a propaganda num sentido mais vasto, profundo, diversificado e totalizante para que mais facilmente toda a sociedade portuguesa e os visitantes estrangeiros absorvessem a «verdadeira» identidade nacional, materializada e validada em infinitas manifestações de «cultura popular» (Rosas, 2008: 35). Neste âmbito, e em mais um momento de clara e franca bajulação do regime, Ferro afirmou o seguinte:

> Salazar, porém, na paz da sua consciência, sem complexo de inferioridade de certos governantes que hesitam em chamar às coisas os seus verdadeiros nomes, não hesitou em chamar propaganda à sua propaganda, como não hesitou em chamar autoridade à sua autoridade ou nacionalismo ao seu nacionalismo. É que teve antes o cuidado de despir a palavra de tôdas as suas aderências para a deixar apenas com o seu velho sentido místico, com a sua pureza original.
>
> Ferro, 1943: 14

Criado para este efeito, o Secretariado de Propaganda Nacional terá cumprido todas as metas que lhe foram atribuídas pelo chefe do regime para que o povo pudesse ter conhecimento daquilo que «realmente existia» – falha aliás referida pelo político no discurso com que inaugurou o secretariado e que teria sido, afinal, a causa para a sua criação. A inauguração oficial do SPN, em outubro de 1933, foi usada por Salazar para explicar claramente o que o Estado Novo entendia por propaganda e que basicamente seria a «ciência» de mostrar a verdade e ajudar a ver além daquilo que se vê da «janela do nosso quarto» (Salazar, 1961 [1935]: 263).

A pertinência da máquina propagandística tão omnipresente e determinante na lógica (de sobrevivência) do governo salazarista é naturalmente alvo de inúmeras referências feitas por diversas vozes autorizadas ao longo das décadas em que o salazarismo vingou. Nesta fase, convém recuperar o discurso que lhe foi dedicado em fevereiro de 1940, quando, numa reunião das comissões da União Nacional de Lisboa, Salazar proferiu a comunicação «Fins e Necessidade da Propaganda Política». Nesta reunião, o chefe do Governo repetiu a sua convicção de que a propaganda surgia sempre ligada «à educação política do povo português [aliada a] duas funções – informação, primeiro; formação política, depois» (Salazar, 1943: 195). Salazar não se esqueceu também de reiterar os argumentos-chave que justificavam tão grande empenho na atividade propagandística, e que já mencionara no discurso de 1933, na inauguração da sede do SPN, repetindo que «politicamente só existe o que se sabe que existe» e «politicamente o que parece é» (vd. *ibidem*: 196). A propaganda deveria permitir ao regime fazer o povo tomar consciência de todos os progressos realizados, como a criação de «bairros alegres e higiénicos» ou a melhoria «da sorte dos infelizes» (vd. *ibidem*: 196), eliminando a ingratidão causada pelo desconhecimento e formando assim uma «consciência pública» necessária (vd. *ibidem*: 197).

Arlindo Manuel Caldeira refere que a propaganda do regime salazarista se encontrava «recheada de lugares-comuns do imaginário histórico universal» (Caldeira, 1995: 127), divulgados, por exemplo, através da Emissora Nacional, o que acabou por ser objeto de delicioso poema de Pessoa([12]).

Fernando Rosas acredita que a propaganda se encontrava claramente dirigida à rotina das famílias, das escolas e das empresas para que, desse modo, houvesse um enquadramento ideológico dos lazeres, da educação e da cultura. Ou seja, havia um trabalho intensivo no sentido de moldar o gosto e o carácter dos portugueses (vd. Rosas, 2007:

([12]) A propósito da importância da rádio na complexa e sub-reptícia lógica dos mecanismos de propaganda do Estado Novo, cite-se um poema de Fernando Pessoa de 1935, ano em que *Mensagem* foi distinguido com um prémio pelo SPN. Pessoa, 2008 [1935]: 29.

UM REGIME «NACIONALIZANTE»

xlvii), independentemente dos círculos em que se moviam. O mesmo historiador defende ainda que o Estado terá chamado a si a tarefa de selecionar todos os agentes de «formação espiritual», concluindo que

> a partir de 1933, com a criação do SPN, mas sobretudo desde meados dessa década, [terá montado e orientado] um vasto e diversificado sistema de propaganda e inculcação ideológica autoritária e monolítica, assente no Estado e desdobrando-se diversamente sobre o quotidiano das pessoas, na família, nas escolas, no trabalho ou nas «horas livres».
>
> Rosas, 2008: 38

Luís Reis Torgal alerta para outra forma de entender a orgânica propagandística do regime salazarista, quando refere que o principal elemento para a formação e sustentabilidade do Estado Novo não terá sido tanto a repressão, mas antes a «reprodução ideológica» (Torgal, 2009a: 198), o que em Portugal sucedeu através dos vários tipos de manifestações organizadas pela União Nacional, através dos jornais, da rádio e do cinema e sobretudo pela ação mais agressiva do SPN e do SNI.

Outra via seguida pelo SPN para desenvolver a propaganda da «Nação» consistia na tradução, principalmente para francês, inglês e espanhol, de alguns discursos de Salazar e do livro de António Ferro acerca do chefe do Governo português, bem como nos convites endereçados a escritores e jornalistas estrangeiros que deveriam escrever favoravelmente acerca da realidade portuguesa quando voltassem aos seus países. Neste âmbito, Luís Reis Torgal refere que existem mais de cento e cinquenta livros e artigos de autores estrangeiros dedicados a Salazar, ao salazarismo e ao Estado Novo (vd. Torgal, 2008: 19).

Naturalmente que uma das estratégias que determinou o sucesso da máquina propagandística terá sido a censura, como o próprio Salazar admitiu e defendeu numa das «conversas» tidas com Ferro:

> [...] A não revogação da censura deve-se ao facto de «não [ser] legítimo, por exemplo, que se deturpem os factos, por ignorancia ou por má fé, para fundamentar ataques injustificados à obra dum Govêrno, com prejuízos para os interêsses do País. Seria o mesmo que reconhecer o direito à calúnia [...]».
>
> Ferro, 2007 [1933]: 46

Em 1944 o Secretariado Nacional de Propaganda mudará de designação, deixando cair a expressão «propaganda» do seu nome original. Talvez as indicações do que iria suceder no final do conflito mundial e o adivinhar de uma consequente democratização de Estados anteriormente totalitários tenham originado a alteração da designação do Secretariado, onde Ferro preparava as estratégias de propaganda do regime salazarista.

A nova estrutura propagandística do Estado Novo passará a ser reconhecida por Secretariado Nacional de Informação, Cultura Popular e *Turismo* e a continuar a cumprir os objetivos anunciados em outubro de 1933, durante a cerimónia de inauguração do SPN. Não se deve, contudo, deixar de referir o *quão curioso é constatar que um dos termos que substitui a desaparecida «propaganda» é precisamente o termo «turismo»*.

2. Os (mitos dos) nacionalismos segundo vozes neutras

> Nação, nacionalidade, nacionalismo –
> todos estes conceitos são difíceis de definir, resta-nos analisá-los.
>
> Anderson, 2006: 3

A citação de Benedict Anderson parece afastar-se das certezas proferidas por Salazar e por outras vozes do seu regime, quando se pronunciaram sobre a «Nação» e o nacionalismo portugueses. Para melhor apreender os fundamentos ideológicos que justificavam o regime salazarista, é pertinente evocar os entendimentos que diversos pensadores fazem do conceito de «nação» e de «nacionalismo», ou seja, de termos que são privilegiados nas retóricas políticas do Estado Novo, bem como dos indispensáveis coadjuvantes mitos e propaganda.

Ernest Renan explica *nação* como um «*facto histórico* originado por uma série de factos convergentes» (Renan, 2006: 11–12). Mais do que uma imposição conceptual resultante de imperativos eventualmente obsoletos como raça, geografia, língua ou religião, a «nação» de Renan surge como a concretização da partilha de um legado transmitido sob a forma de memórias e que desencadeia a vontade de uma vivência comunitária que será, em última análise, o modo mais eficaz de perpetuar essa herança (vd. *ibidem*: 19) e, por isso, essa nação.

Homi Bhabha também ilustra a importância do passado para o entendimento geral de *nação*, quando refere que as «nações [...] perdem as suas origens nos mitos do tempo» (Bhabha, 2006: 1), reforçando, deste modo, a ideia de que as nações são legitimadas pela sua antiguidade. O autor considera que esta é uma perceção «impossivelmente romântica e excessivamente metafórica» (vd. *ibidem*: 1), mas admite que no Ocidente o termo continua ainda a emergir e a fazer sentido a partir de motivações históricas.

Tal como Benedict Anderson, Lowell W. Barrington afirma-se ciente das divergências de entendimento dos conceitos de *nação* e *nacionalismo* por serem frequentemente alvo de confusão com outras expressões. Barrington entende nação como um conjunto de pessoas ligadas pela vontade de controlar um território que considera a pátria do seu grupo (nacional). Este estudioso considera ainda que tão importante como a partilha cultural referida por outros teóricos é o propósito de controlar um território de que todos os membros da comunidade acreditam ser donos (vd. Barrington, 1997: 713). Os nacionalismos serão, então, movimentos de procura de direitos para todos os que afirmam ser membros da nação. Esses direitos incluem, entre outros, autonomia e soberania territoriais, e lealdade entre todos os elementos que formam o coletivo. Lowell W. Barrington conclui o seu argumento com a afirmação de que todas as formas de nacionalismo têm como objetivo último descrever claramente os limites que a nação pode controlar e definir que elementos têm o direito de fazer parte do grupo deste controlo territorial (vd. *ibidem*: 714).

Raymond Williams, por sua vez, entende *nação* como o conjunto de «toda a população de um determinado país, muitas vezes em contraste [...] com qualquer grupo nele existente» (Williams, 1988: 213). A propósito dos movimentos nacionalistas fundamentados em comunidades linguísticas ou raciais, o autor explica «nacionalismo» como «uma busca egoísta dos interesses de uma nação contra os interesses de outra» (vd. *ibidem*: 214).

Na introdução a *Nationalism*, Ernest Gellner afirma que as «nações não são dadas, mas antes criadas pelos estados e pelos nacionalistas» (Gellner, 1998: viii), afastando-se, desta forma, de explicações eventualmente redutoras que compreendem «nação» como um mero e quase inevitável aglomerado de pessoas que dizem partilhar uma cultura ou um território. Tal não significa, porém, que este autor não atribua um considerável protagonismo ao papel desempenhado pelo conceito de cultura sempre que se discute «nação» ou «nacionalismo». Na verdade, Gellner é perentório na afirmação de que para os nacionalismos «a semelhança cultural é o elo social básico» (vd. *ibidem*: 3) que legitima a pertença a uma determinada comunidade, porquanto a cultura decide quem pode e quem tem o dever de se juntar ao grupo (vd. *ibidem*: 4). O mesmo teórico evoca ainda a perenidade e a universalidade que aparentemente caracterizam todas as nações que são observadas e justificadas sob um ponto de vista nacionalista, designadamente ao afirmar que os regimes tendencialmente nacionalistas se apresentam com a afirmação de uma «nacionalidade individual» que alegadamente sempre terá existido (vd. Gellner, 2001: 49). Pretensas heranças culturais e históricas de uma era pré-nacionalista, materializadas, por exemplo, em tradições e em modelos de uma vida saudável e pura, validam e ajudam a divulgar a «nação» e a fidelizar os seus membros (vd. *ibidem*: 49).

O historiador Eric Hobsbawm destaca igualmente o reconhecimento apriorístico de *nação* pelos regimes nacionalistas (Hobsbawm, 2007: 9), bem como o papel primordial desempenhado pelos mecanismos da propaganda tão necessários à validação desses regimes. A presença homogeneizante desses instrumentos tem por objetivo a reprodução ininterrupta dos ícones considerados como sendo os mais representativos do grupo nacional. Dentro desta lógica, fazia todo o sentido recuperar símbolos alegadamente negligenciados, que passariam a ser entendidos como exemplos da perenidade nacional por todos os membros do grupo. Hobsbawm considera que a situação vivida pela Europa no período entre as duas guerras do século XX seria um *habitat* privilegiado para a disseminação de regimes nacionalistas, que forçavam os nacionais a identificarem-se com a «nação», tal como era prescrita pelos seus chefes e porta-vozes (vd. *ibidem*: 132–135).

Qualquer discussão sobre *nação* e *nacionalismo* tem necessariamente de contemplar o canónico *Comunidades Imaginadas*, no qual Benedict Anderson argumenta que as nacionalidades e os nacionalismos são nada mais nada menos do que o resultado de determinados «artefactos» (vd. Anderson, 2006: 4). Anderson evoca igualmente as origens remotas e imemoriais das nações e conclui com a afirmação de que uma «nação» é uma

UM REGIME «NACIONALIZANTE»

comunidade política imaginada [...] porque até os membros da mais pequena nação jamais se conhecerão, encontrarão ou ouvirão a maior parte dos seus compatriotas. Contudo, nas mentes de cada um deles reside a imagem da sua comunhão. [...] [A]s comunidades são distinguidas [...] pelo formato pelo qual são imaginadas.

ibidem: 6

Michael Ignatieff sugere uma abordagem curiosa ao fenómeno dos nacionalismos, quando refere ser possível entender o nacionalismo como uma espécie de narcisismo. Para o autor, as retóricas nacionalistas servem-se de elementos neutros de um determinado grupo, como a língua, a cultura ou a tradição, e transformam-nos numa narrativa, cujo objetivo é iluminar a autoconsciência de uma comunidade, obrigando-a a pensar em si própria como uma nação com direito à autodeterminação. As ideologias nacionalistas surgem, assim, como «um espelho que distorce a realidade, permitindo, ou forçando, os seus seguidores a ver todas as suas características étnicas, religiosas ou territoriais transformadas em atributos e qualidades gloriosas» (Ignatieff, 1999: 79–80).

As abordagens de «nação», «nacionalismo» ou até mais concretamente do Estado Novo português acabam invariavelmente por aludir, como já se verificou neste capítulo, à importância dos *mitos* na construção das suas retóricas de validação. Importa, por isso, compreender agora o modo como alguns pensadores têm discutido e explicado o papel atribuído aos mitos por regimes semelhantes àquele implantado por Salazar em Portugal no século passado.

Defende Raymond Williams que, até ao século XIX, os mitos eram considerados como meras fábulas ou alegorias (vd. Williams, 1988: 211). O autor prossegue, afirmando que o desenvolvimento da antropologia promoveu o entendimento do mito como uma história de origens que, como tal, acabou por desempenhar um papel fundamental na organização social de inúmeras comunidades. Em determinados contextos, os mitos acabam por ser mais valorizados do que as informações históricas, porquanto utilizam referências e dados tidos como intemporais, que soam, por isso, de forma mais apelativa e convincente (vd. *ibidem*: 212).

Roland Barthes advoga que um mito é um sistema de comunicação que surge materializado num discurso (vd. Barthes, 2000 [1957]: 109). O significado do mito tem um valor próprio e pertence a uma história una e completa em si própria, que «divulga um tipo de saber, um passado, uma memória, uma ordem comparativa de factos, ideias, decisões» (vd. *ibidem*: 117). Barthes acredita ainda que as narrativas míticas não têm de ser forçosamente fixas, uma vez que podem surgir quando são necessárias, podendo também passar por alterações, desintegrar-se ou desaparecer por completo (vd. *ibidem*: 120). Por essa razão, o autor entende-as como distorções ou inflexões adaptadas a necessidades concretas, e não propriamente como mentiras que transformam um significado em forma (vd. *ibidem*: 129). As aferições de Roland Barthes conduzem-no à pertinente conclusão de que o mito é formalmente o instrumento mais adequado para a inversão ideológica que define a sociedade atual (vd. *ibidem*: 142), pois o seu significado nunca é arbitrário, mas antes motivado por um determinado tipo de poder, logrando, por isso, atingir e corromper qualquer realidade (cf. *ibidem*: 132). Barthes destaca quão essencial o mito é para as ideologias de direita, que devem grande parte da sua sobrevivência a processos contínuos de (re)invenção de mitos (vd. *ibidem*: 148). Através das narrativas míticas, a memória real e histórica tende a desaparecer, tornando-se os objetos mitificados lugares inocentes, naturais e eternos (vd. *ibidem*: 142).

A este propósito, Alessandro Portelli alerta para o facto de que, em diversas narrativas e representações, a história parece ter sido substituída por mitos que são compostos por acontecimentos imaginados e por falsas memórias (cf. Portelli, 2007: 29). Esta distorção do passado resulta, para este estudioso, de «uma série de mal-entendidos politicamente motivados, miticamente motivados, humanamente motivados e naturalmente ideologicamente motivados» (vd. *ibidem*: 33). As memórias sociais aparentam derivar de memórias coletivas partilhadas por todos os membros da comunidade, mas são quase sempre meras construções ideológicas preparadas por agentes de poder que negoceiam, num jogo de escondidas nem sempre dissimulado, materiais que vão buscar ao passado para arquitetar mitos prementes para a manutenção das atuais identidades de poder.

O carácter vital que a propaganda adquire em regimes como o Estado Novo português leva a relembrar Pascal Ory, quando declara que o termo «propaganda» terá surgido nos inícios do século XX, precisamente como resultado das necessidades de divulgação dos governos totalitários e nacionalistas/nacionalizantes. Ao contrário do que sucedeu em Portugal, onde o Estado Novo apenas instituiu um

UM REGIME «NACIONALIZANTE»

secretariado para se ocupar da propaganda do regime, outros países europeus criaram ministérios, cujo protagonismo e importância eram incontornáveis. Independentemente da nomenclatura atribuída (secretariado ou ministério), as atividades desenvolvidas por estes órgãos visavam difundir a ideologia oficial vigente através da organização de uma série de iniciativas públicas e populares e de eventos patrocinados e chancelados pelos governos, como a implementação de festividades, feiras, comemorações ou mostras expositivas que incluíam também a projeção de filmes e documentários (vd. Ory, 2004: 39–40).

Oliver Thomson, por seu turno, refere a definição de propaganda apresentada, no ano de 1937, pelo Instituto Norte-Americano de Análise de Propaganda, que explica o fenómeno como «a expressão de opinião ou ações de indivíduos ou grupos com o objetivo claro de influenciar as opiniões ou ações de outros indivíduos ou grupos relativamente a determinados fins» (Thomson, 1999: 2). O autor chama a atenção para uma aparente e curiosa coincidência conceptual que parece existir sempre que se torna necessário apresentar as interpretações oficiais de «propaganda» e «educação». No seu entender, tal deve-se ao facto de, de uma forma mais ou menos velada, ambas serem encaradas pelos poderes como estratégias para produzir cidadãos que possam vir a ser úteis ao Estado, cooperando e obedecendo aos seus padrões morais (vd. *ibidem*: 4). Ou seja, o objetivo último dos mecanismos de propaganda é a alteração da atitude ou do comportamento de um grupo de pessoas, por decisão de outro grupo, que invariavelmente detém a autoridade e o poder necessários para estabelecer padrões que apresenta como sendo os únicos válidos. Thomson argumenta que as estratégias utilizadas dependem de um uso intensivo de todos os meios de comunicação disponíveis e da gestão dos eventos que ocorrem numa dada comunidade, onde valores como lealdade política, patriotismo, nacionalismo ou respeito pelas autoridades são simultaneamente instrumentos e fins (vd. *ibidem*: 5). Em termos de conteúdos, esta dinâmica opta quase sempre pela construção e pela divulgação de mitos e símbolos que pretendem atribuir uma autoridade inquestionável a um indivíduo ou a um grupo, a quem será permitido exigir apoio e solidariedade (vd. *ibidem*: 7).

Toby Clark também estudou a expressão «propaganda» e destaca o tom sinistro que normalmente lhe está associado por, no seu entender, o termo surgir, desde as lutas ideológicas do século xx, aliado a estratégias de persuasão, manipulação, intimidação e engano (vd. Clark, 1997: 7)[13]. Terá sido, porém, durante a Primeira Guerra Mundial, quando os governos envolvidos no conflito entenderam o verdadeiro poder da opinião pública, que os meios de comunicação social de massas começaram a ser usados para divulgar regularmente mensagens institucionais, dando início às poderosas armadilhas propagandísticas, que irão ser recuperadas, anos mais tarde, em sede de regimes políticos nacionalistas e totalitários (vd. *ibidem*: 7). A este propósito, o autor destaca a diversificação de meios de propaganda usados pelos Estados essencialmente fascistas, para, dessa forma, conseguir atingir as diferentes áreas de interesse de toda a população, argumentando ainda que as mensagens divulgadas por essa propaganda prometiam principalmente a reintegração dos indivíduos na alma coletiva da nação (vd. *ibidem*: 48).

A corrente pesquisa permite concluir que as retóricas de propaganda serviam para promover todo o tipo de discursos superlativos de exaltação do melhor chefe, da mais pura raça ou da mais legítima nação. Na época abrangida por esse estudo, tais discursos eram usados por regimes «totalizantes» e «nacionalizantes» (vd. Rosas, 1994: 281–283) em registos que iam além do âmbito político e que fundiam os conceitos atualmente distintos de «publicidade» e «propaganda».

Na senda daquilo que se afirmou, não é intenção deste estudo discutir a nomenclatura mais adequada para designar o regime político português monitorizado durante décadas por António de Oliveira Salazar; muito menos se pretende sugerir qualquer rótulo que o descreva, tarefa essa que caberá a outros muitíssimo mais avalizados para o efeito. Este capítulo pretendeu antes entender a forma como o chefe do regime, bem como as vozes por ele autorizadas, discorriam acerca de um paradigma de governação que classificavam como próprio e que agregava padrões comuns a ideologias coevas consideradas como fascistas, nacionalistas ou totalitárias. Por outro lado, foi ainda objetivo deste capítulo compreender como autores e teóricos afastados temporal e espacialmente do Estado Novo português lidam com o rótulo de «nacionalista» tão recorrentemente citado por Salazar e pelos seus porta-vozes.

---

[13] Na obra *Art and Propaganda*, Clark declara que a expressão «propaganda» já seria usada no século XVII para designar uma «propagação sistemática de crenças, valores e práticas» (Clark, 1997: 7). Nos séculos XVIII e XIX, contudo, o termo apresentava uma conotação neutra, pois referia, não só a disseminação de crenças políticas e religiosas, mas também a publicidade comercial.

Essas duas fases permitiram concluir com Filipe Ribeiro de Meneses que Salazar fazia uma leitura nacionalista do passado e do presente portugueses (vd. Meneses, 2010:107). Como o político inúmeras vezes explicou, o «bem da Nação» constituía o verdadeiro móbil de tudo o que era permitido. Era ainda indispensável manter os cidadãos agregados em torno de um ideal que valorizasse e promovesse a existência de um destino nacional inquestionável e de exceção. A afirmação comprovada de uma «História» antiga e partilhada por uma vasta mas concreta comunidade surgia como prova suficiente da legitimidade da «Nação» e parecia ter o poder para tudo justificar.

A extrapolação de que foi alvo terá elevado a alegada herança histórica nacional a um tal nível determinista que António de Oliveira Salazar acabou por adquirir simultaneamente o papel do *mártir empurrado para o serviço público por uma força inexplicável que regia a «Nação», e de herói reencarnado de outras eras*. O regime *arquitetado* e *ensinado* por Salazar apresentava-se como uma versão única e peculiar de governação, que insistia sempre na singularidade resultante de especificidades da realidade portuguesa, que o afastavam de influências estrangeiras que, apesar disso, acabavam por ser referidas como modelos a seguir.

Após a pesquisa efetuada para este capítulo, optou-se por usar as classificações de *nacionalizante* ou de *salazarista* para designar o ambiente político e social que contextualiza o objeto deste estudo. Tal acontece em virtude de se identificar nas fontes referidas um óbvio protagonismo de justificativos marcadamente nacionalistas. Contudo, com Filipe Ribeiro de Meneses, este estudo defende que tais argumentos não são suficientes para apelidar o regime de nacionalista, na medida em que se advogava mais a diferença da «Nação», e não tanto uma eventual superioridade da mesma, como sucedia em outras realidades políticas coevas (vd. Meneses, 2010).

Capítulo 2

Ser turista

A atenção deste estudo dirige-se agora para os discursos aprovados pelo Estado Novo português para, com eles, se compreender o significado atribuído pelo regime salazarista à atividade turística. Serão, para o efeito, retomados os textos e discursos de Salazar e de António Ferro, bem como a figura de Joaquim Roque da Fonseca, um homem cuja carreira profissional esteve sempre relacionada com o sector do lazer. Numa época em que Portugal começava a recuperar da crise financeira resultante da quebra de fluxos económicos provenientes do Brasil, era óbvia e esperada a importância atribuída aos lucros e ganhos resultantes do turismo. Interessa, porém, entender um pouco mais do que as consequências do sector no aumento do produto interno bruto português. Pretende-se averiguar se existem, além destas, outras vantagens enumeradas pelo regime e quais são.

1. De que se fala quando se fala de turismo

Antes de dar a palavra às vozes do regime, há que evocar alguns autores cujos estudos têm abordado a especificidade e a dinâmica de uma atividade tão antiga como o turismo. Na verdade, certos teóricos detetam já na Antiguidade Clássica indícios deste sector, mas terão sido, porém, as deslocações ocorridas durante os séculos XVII e XVIII, no âmbito do designado *Grand Tour*, que deram origem ao turismo tal como é conhecido e definido atualmente. Essas movimentações eram efetuadas pelos filhos de nobres e de grandes negociantes, bem como por estudiosos que viajavam até Paris, Roma ou Florença, onde passavam períodos de três a quatro anos com o objetivo de estudar e de adquirir novos conhecimentos. As inovações tecnológicas e as alterações sociolaborais resultantes da Revolução Industrial, assim como a aplicação dos desenvolvimentos da indústria aeronáutica ocorridos durante a Segunda Guerra Mundial à aviação comercial após 1945, possibilitaram, como é sabido, outro passo decisivo para o progresso do sector turístico.

Robert McIntosh e Charles Goeldner admitem a dificuldade em definir de forma conclusiva aquela que é uma atividade tão vulgarizada no início do século XXI e que abrange inúmeros sectores da sociedade. Apesar disso, ousam propor a seguinte definição de turismo:

> O turismo engloba uma série de actividades, serviços e indústrias que proporcionam uma experiência de viagem, que inclui transporte, alojamento, alimentação e bebidas, compras, entretenimento, e outros serviços hoteleiros disponibilizados a pessoas individuais ou a grupos em viagem a decorrer fora do seu domicílio habitual.
>
> McIntosh e Goeldner, 1990: 4

A consciência da transversalidade da indústria turística justifica a diversidade de abordagens académicas a que a atividade está atualmente sujeita, e nas quais predominam os estudos de teor económico e, cada vez mais, os enfoques de cariz ambiental. Em número mais reduzido, existem ensaios e outros tipos de análise, produzidos por sociólogos e antropólogos, cujas preocupações se aproximam mais das motivações desta tese, e que serão de seguida enunciados.

A diferença mais ou menos extrema e frequentemente intransponível entre «grupos culturais» desiguais continua a ser indicada como uma das principais motivações que condiciona os turistas a optarem por um destino em detrimento de outro. A «especificidade cultural» da comunidade visitada é representada como um conjunto de características e rotinas, tidas como essenciais, perenes e sólidas, com origem num passado remoto e que não poderão ser encontradas em qualquer outro local por se afirmarem exclusivas daquela identidade regional ou nacional específica.

Uma das provas da autenticidade cultural da comunidade de acolhimento é quase sempre simbolicamente representada pelos patrimónios construído, natural ou intangível, que parecem deter o poder necessário para validar e justificar as narrativas que explicam o destino turístico. Festividades locais, hábitos gastronómicos ou mesmo características físicas ou psicológicas associadas a um determinado grupo étnico servem igualmente para mostrar a verdadeira comunidade regional ou nacional aos visitantes. A designada especificidade cultural referida não permite, por exemplo, a presença de qualquer elemento híbrido ou estranho/estrangeiro nas representações preparadas para forasteiros, designadamente nas narrativas de *marketing* turístico.

Conforme demonstrado noutro estudo, o entendimento turístico de cultura impõe às narrativas concebidas para atrair a atenção de visitantes representações que devem forçosamente incluir, por exemplo, a presença de habitantes «nativos» e a (quase) ausência de elementos estranhos nas imagens divulgadas nos folhetos ou brochuras dos operadores turísticos como forma de garantir *a priori* a autenticidade do local a visitar (vd. Cadavez, 2006). Essa solidez cultural é veiculada através de textos e imagens que, segundo Graham Dann, «definem o que é belo, o que deve ser experimentado e com quem se deve interagir» (Dann, 1996: 79) e resulta de um claro recurso a estratégias de descontextualização, transposição e manipulação de elementos para, dessa forma, corresponder às expectativas estáticas dos turistas. Cada um destes fragmentos descontextualizados é entendido pelos visitantes como a expressão real e verdadeira do local visitado (vd. Edwards, 1996: 200).

David Brown indica outra perspetiva interessante acerca do que significa ser turista, designadamente quando refere que «os turistas verdadeiros são falsos peregrinos» (Brown, 1996: 34). Pode entender-se esta afirmação de Brown como uma alusão ao comportamento generalizado dos turistas, que procuram experimentar e observar os designados ícones regionais ou nacionais que reforçam as crenças que possuem acerca de determinadas culturas. Além disso, os percursos e as rotas seguidos pelos visitantes, como se de um ritual religioso se tratasse, surgem tão restritivos como os que determinam as peregrinações religiosas, pois são constituídos por caminhos arquitetados, não só com o intuito de mostrar, mas, principalmente, com o objetivo de esconder, pois só assim se conseguem manter as essências e perenidades anunciadas.

Se se aceitar que os fluxos turísticos decorrem da procura de diferenças culturais, talvez se consiga entender o receio de alguns autores que alertam para o risco de que tal possa forçar à permanência de práticas e rotinas culturais obsoletas devido à exigência dos forasteiros. A ser verdade, a insistência na busca de uma autenticidade cultural regional ou nacional perderá toda a sua razão de ser. Contudo, segundo Lickorish e Jenkins, tal não parece preocupar as comunidades de acolhimento, que continuam a acreditar que o turismo pode renovar tradições, desde que as especificidades regionais, a herança ancestral e o ambiente cultural sejam respeitados (vd. Lickorish e Jenkins, 1997: 80).

No canónico *The Tourist Gaze*, John Urry também destaca a importância do convívio entre diferenças, que é estimulado e proporcionado pelo sector turístico, quando afirma que «parte da experiência [turística] consiste em olhar fixamente ou em ver um conjunto de cenas diferentes, paisagens rurais ou urbanas que são fora do comum» (Urry, 2002: 1). O mesmo autor advoga, porém, que esta não é uma contemplação inocente, mas antes um olhar socialmente organizado e sistematizado, resultante de estratégias (ideológicas) do poder vigente (vd. *ibidem*: 1). Ou seja, o turista é atraído para momentos de observação construídos e permitidos por agentes autorizados da comunidade de acolhimento, seja ela regional ou nacional, responsáveis por moldar os únicos discursos válidos para apresentar a «verdadeira» identidade do destino. O estudo de Urry manifesta uma vastíssima preocupação em entender a forma como este olhar é preparado, e muitas vezes reforçado antecipadamente, através da reprodução de símbolos que irão ser posteriormente recolhidos e colecionados pelo viajante.

O mesmo sociólogo acredita que a atividade turística se desenvolve em torno de alguns pares que a justificam e motivam, como, por exemplo, a básica divisão binária entre normal/quotidiano *versus* extraordinário, responsável pela vontade de se observar algo diferente do habitual (vd. *ibidem*: 12). Outra das dicotomias presentes nas representações turísticas é aquela que opõe os designados quadros autênticos às representações não autênticas, dependendo esta validação de um alegado carácter histórico e, por isso, promotor dessa mesma autenticidade. O fenómeno, que Urry designa como uma epidemia contemporânea da doença da nostalgia existente no século XVII (vd. *ibidem*: 95), incentiva a proteção patrimonial com o propósito de permitir que os forasteiros continuem a visitar e a conhecer «marcos históricos» que simbolizam a identidade local ou nacional (vd. *ibidem*: 100) e que surgem invariavelmente ancorados a textos, cuja missão é guiar o olhar dos visitantes, os quais, como também refere Urry, «vêem aquilo que lhes é dito» (vd. *ibidem*, 2003: 117–118).

Dean MacCannel reforça a ideia de que a autenticidade turística se localiza noutro espaço, noutro tempo e naturalmente noutra cultura, materializada em modos de vida mais puros e mais simples (vd. MacCannell, 1999: 3). As «tradições autênticas» veiculadas pelas representações turísticas parecem surgir como pedaços concretos e válidos de uma cultura passada ou distante, pautada pela coesão e pela unidade, que evocam, em última análise, o combate da frustração e do sentimento de perda que a modernidade líquida teorizada por Zygmunt Bauman nos indica (vd. Bauman, 2000).

É ainda MacCannell que menciona a obsessão por representações turísticas autênticas, o que convida a argumentar que talvez possa ser essa a origem do uso exagerado de expressões como «típico», «real», «original» ou «tradicional» nas retóricas de divulgação turística (vd. MacCannell, 1999: 14).

Pode, pois, concluir-se que a indústria turística continua a ser uma atividade motivada pela busca da *constatação de uma alegada diferença entre comunidades necessariamente desiguais, autênticas e genuínas*. Morgan e Pritchard advogam que as imagens e as representações turísticas que exibem esses grupos acabam por formar ideias, valores e significados à custa das formas alternativas que sugerem para ver o mundo (vd. Morgan e Pritchard, 2000: 5). Para os mesmos autores, estas estratégias «revelam tanto sobre as relações de poder que moldam a sua construção, como sobre o produto turístico específico ou o país que divulgam» (vd. *ibidem*, 1998: 6).

1.1. *Promoção turística*

Enquanto indústria que alia a oferta de serviços e de produtos, o turismo tem no *marketing* ferramentas imprescindíveis para se dar a conhecer e para cativar seguidores. Os técnicos do *marketing* turístico insistem na existência de rótulos únicos aplicados a destinos apresentados como ímpares, e, nessa lógica, defendem que tais classificações se baseiam em valores genuínos que os visitantes acabam por reconhecer como autênticos (vd. Middleton e Clarke, 2007: 336–337).

Morgan e Pritchard defendem mesmo que o «*marketing* turístico se preocupa com algo mais do que as atracções e os produtos turísticos, pois também tem a ver com a representação de sociedades completas ou de determinadas comunidades existentes nessas sociedades» (Morgan e Pritchard, 2000: 219).

A publicidade tem sido uma ferramenta imprescindível do *marketing* turístico e continua a ser alimentada pela insistência nas diferenças que distinguem culturalmente os visitantes e as comunidades de acolhimento. Na lógica promocional turística, as histórias veiculadas pelas narrativas incluídas em folhetos ou em sítios eletrónicos (con)vencem sempre que mostram e prometem ao futuro visitante as partilhas e as experiências culturais que correspondem às narrativas que sempre ouviu contar. Existe no universo deste tipo de promoção, como, aliás, na publicidade e na propaganda, em geral, uma necessária e permanente negociação entre aquilo que o consumidor pretende experimentar e os valores ideológicos e económicos dos agentes produtores dos textos de divulgação.

Tal como Victor Middleton e Jackie Clarke admitem, o sucesso na sedução dos potenciais turistas advém de se conseguir «determinar as necessidades e vontades dos mercados alvo e em proporcionar as satisfações pretendidas» (Middleton e Clarke, 2007: 23). Este jogo das escondidas entre aquilo que se quer mostrar e o que não pode ser revelado constitui, na promoção turística, um dos instrumentos responsáveis pela criação dos estímulos que condicionam a preferência por determinados destinos. O presente estudo defende que as retóricas engendradas pela publicidade alimentam a insatisfação constante do turista consumidor, que só pode ser preenchida pela adesão e pelo consumo daquele quadro cultural e que, além disso, como foi demonstrado noutro estudo (vd. Cadavez, 2006), se encontra tendencialmente na promoção turística uma visão linear e evolucionista da «História» e da «Cultura», que aparecem como inevitáveis e compostas por elementos perpétuos que apresentam entre eles relações de coerência inquestionáveis.

2. Ser turista no Estado Novo

> Uma organização «totalitária» do turismo nacional poderá conduzir a resultados magníficos; e pela minha parte, dado o caminho que as coisas vão levando, com firmeza creio que dentro de poucos anos serão os portugueses justamente os primeiros beneficiários do turismo nacional.
>
> Costa, 1940: 2

Mas afinal como é que o regime salazarista entendia a atividade turística e de que forma se pronunciava acerca dos benefícios que dela poderia eventualmente retirar? Atente-se, para isso, nos comentários proferidos por três figuras que, em diversos momentos, se pronunciaram sobre o turismo em Portugal. São elas António de Oliveira Salazar e António Ferro, naturalmente, e ainda Joaquim Roque da Fonseca.

Estas referências demonstram, de modo inequívoco, a importância atribuída pelo regime ao sector turístico, que ia aumentando a sua implementação em Portugal, ao contrário do que se via suceder em outros países, como Espanha, França e Suíça. Esse fenómeno vem, de certa forma, ao encontro da afirmação de Michael Collin Hall, de acordo com a qual a «estabilidade política constitui um dos principais pré-requisitos para atrair turistas estrangeiros para um dado destino» (Hall, 1996: 92–93). Os turistas que visitaram Portugal durante as décadas de trinta e quarenta do século passado parecem confirmar esta tese, pois a aparente estabilidade e a falsa tranquilidade, tantas vezes divulgadas nas narrativas do regime, ganhavam pontos face ao lado mais oculto e violento do salazarismo. Além disso, como se verificará na abordagem ao I Congresso da União Nacional e ao I Congresso Nacional de Turismo, as escaramuças e os confrontos sentidos no resto da Europa, bem como o descontentamento social generalizado que resultou em greves, por exemplo, em França, terão servido para incentivar ainda mais a necessidade de promover e melhorar as infraestruturas hoteleiras e turísticas na pacífica «Nação» portuguesa.

2.1. Salazar

De forma mais ou menos direta, em contextos mais ou menos relacionados com o sector, o presidente do Conselho emitiu diversos pareceres sobre a atividade turística e os benefícios que dela o regime poderia retirar. Citado por António Trabulo, a 12 de fevereiro de 1928, Salazar ter-se-á pronunciado sobre as vantagens da indústria, quando, a propósito das peregrinações religiosas a Fátima, afirmou que «Deus sabe da necessidade que temos de desenvolver o nosso incipiente turismo» (Trabulo, 2008: 63).

Nas «entrevistas» aludidas no capítulo anterior, o político referiu, ainda que brevemente, a simpatia que a indústria portuguesa, em geral, lhe merecia por «trabalhar à margem de toda a política, de toda a baixa política, orientada num alto e claro sentido nacionalista» (Salazar, 2007 [1933]: 123). Essa explicação preparou o terreno para que Salazar, respondendo a uma questão de António Ferro, esclarecesse que

> O turismo é um problema a estudar cuidadosamente. Mas há que fazer uma experiencia, fazer um estudo, para lhe colher os resultados e para fizer as directrizes dum plano mais vasto. O Estoril, pelas suas condições naturais e pelo trabalho já feito, parece-me indicado para base dêsse estudo...

ibidem: 124

Este comentário não deixa ainda transparecer um grande entusiasmo pelos lucros que poderiam advir da atividade turística, nomeadamente no que respeita ao seu eventual uso para fins de propaganda ideológica do regime, o que, como será demonstrado ao longo desta reflexão, viria a acontecer. É, contudo, de destacar a alusão feita por Salazar à diferença de rotinas turísticas que, já nessa altura, era permitida na zona do Estoril, um espaço em (quase) tudo oposto à «verdadeira Nação» apregoada por Salazar.

Mesmo sem se referir diretamente ao turismo, Salazar relembrava regularmente a necessidade de se conhecer o território português – a «Nação», entenda-se –, como fez no prefácio das conversas com Ferro. Evocando a função que assumiu enquanto *mestre*, Salazar ensinou que o renascimento em curso

> tem de partir dum acto de fé na Pátria portuguesa e inspirar-se num são nacionalismo. É preciso amar e conhecer Portugal – no seu passado de

grandeza heróica, no seu presente de possibilidades materiais e morais, adivinhá-lo no seu futuro de progresso, de beleza, de harmonia. Só se ama o que se conhece, mas para se conhecer é já necessário um princípio de amor. Repito: é preciso amar e conhecer Portugal.

Salazar, 2007 [1933]: xxxv–xxxvi

Como verificado aquando da referência aos seus «discursos e notas políticas», Salazar enaltecia a recuperação patrimonial que vinha a ser realizada pelo regime, nomeadamente em Mafra e na Batalha (vd. Trabulo, 2008: 130), não parecendo temer o intercâmbio cultural inerente às movimentações turísticas:

> Temo-nos mantido abertos ao conhecimento das instituições, ideias e modos de ser dos outros povos civilizados. [...] Só haveria que recear se o intercâmbio cultural pusesse em risco a nossa personalidade própria ou a plena independência com que queremos definir o interesse português. Mas temos suficiente carácter para manter através de tudo a primeira e bastante força para garantir a segunda.
>
> *ibidem*: 132

Mais do que demonstrar receio por um hipotético hibridismo cultural resultante das movimentações turísticas, esta declaração de Salazar surge como uma inequívoca afirmação de um regime político de cariz nacionalizante, porquanto nela se vislumbra a evocação de uma determinada *superioridade cultural* claramente assumida e elogiada. Nesse sentido, não parece que «intercâmbio» fosse de facto a palavra que o político pretenderia utilizar. Aliás, em nenhum momento desta pesquisa foram identificados elementos que indicassem que o regime do Estado Novo desejaria realmente promover um contacto entre a população nativa e a população visitante. As intenções seriam claramente outras, como será demonstrado na Parte III deste trabalho.

Durante a segunda «entrevista» concedida a António Ferro, a paisagem percorrida e comentada não pode deixar de ser associada à indústria turística, que constituiu tema de diálogo entre Ferro e Salazar. O turismo começava assim, lentamente, a imiscuir-se na arena das preocupações nacionais pela voz do seu líder, que falava da «Nação» real – representada pelo espaço não urbano, como se sabe – como um lugar que convidava ao passeio:

A BEM DA NAÇÃO

Estamos na estrada que vai dar a Montachique, à povoação de Lousa, estrada que o nosso turismo desdenha, que não conhece, mas que é uma fita graciosa com lugarejos timidos que se abrigam e escondem na asa da paisagem. A beleza do panorama faz-nos descer do carro e convida-nos a um passeio na estrada.

Ferro, 2007 [1933]: 55

No decorrer da última das sete conversas programáticas que teve com António Ferro, Salazar terá vivido uma situação *sui generis* e inesperada quando, em passeio com o jornalista pelo Bairro Social da Ajuda, encontrou

alguns excursionistas, ingleses, alemães, franceses, desembarcados certamente daquela gigante cor de espuma que se desenha no Tejo, [e que] passeiam, conduzidos por um guia português, nas ruas do florido bairrozinho. Alguém lhes revela a presença de Salazar porque todos se descobrem respeitosamente quando passam diante dele.

Ferro, 2007 [1935]: 170

É interessante a inclusão deste *fait-divers* nas «entrevistas» concedidas pelo estadista, e esta só pode ser entendida como uma alusão àquilo que o regime pretendia obter com a dedicação e o empenho atribuídos ao mercado turístico externo, isto é, estimular a admiração do estrangeiro pela sua forma de governação.

2.2. *António Ferro*

Portugal será considerado, dentro desse curto prazo, o filme vivo da Europa, o seu melhor filme colorido, o único filme onde se poderá viajar dentro do *écran*, onde a vida de cada dia, meus senhores, será mais bela do que o sonho de cada noite.

Ferro, 1949: 61

Não seria possível compreender o sentido de ser turista em Portugal, durante os primeiros anos do salazarismo, sem evocar o nome e a atividade do diretor do Secretariado de Propaganda Nacional e do Secretariado Nacional de Informação, Cultura Popular e Turismo, António Joaquim Tavares Ferro. Na Parte III deste trabalho, serão pormenorizados eventos turísticos e iniciativas dos quais Ferro foi o principal encenador, mas por ora lembremos algumas das declarações em que ele mais claramente explicou o papel atribuído ao sector turístico durante o início do Estado Novo português. Servirão de referência, para esse efeito, duas publicações que reúnem textos bem explícitos acerca do significado da indústria do lazer para Ferro, e naturalmente para o regime – esses títulos são *Dez Anos de Política do Espírito*, de 1943, e *Turismo, Fonte de Riqueza e de Poesia*, de 1949, ambos com a chancela SPN/SNI.

A publicação de 1943 contém o discurso proferido por António Ferro na homenagem de que foi alvo por ocasião do décimo aniversário do Secretariado de Propaganda Nacional, e nele o orador reiterou da forma eloquente que o caracterizava quer as suas motivações para o cargo que ocupava, quer a admiração sentida pela figura do presidente do Conselho. Como era hábito, a dissertação resultou num claro momento de apoio ao regime, quando referiu a sua veia «nacionalista» (vd. Ferro, 1943: 3), e na evocação de conceitos-chave dessa ideologia, com a alusão, por exemplo, ao «Brasil, obra-prima da nossa raça» (vd. *ibidem*: 11). Nesse discurso, Ferro assumia claramente o *compromisso entre propaganda ideológica e turismo* quando relatou que

> realizámos muitas viagens, convidámos muitos estrangeiros a vir a Portugal sem os forçar a olhar para isto ou para aquilo, fizemos o possível por esclarecer a opinião pública internacional sôbre o caso português.
>
> *ibidem*: 14–15

Além das referências explícitas à atividade turística, existem neste discurso outros argumentos que consubstanciam a tese deste estudo, segundo a qual o sector era tido pelo regime salazarista como um veículo privilegiado para se legitimar e divulgar a sua ideologia. Desta forma, entende-se a profunda preocupação com o restauro patrimonial (vd. *ibidem*: 16, 26), bem como as alusões a um conjunto de iniciativas de animação e de lazer, como a participação em feiras internacionais, a organização da Exposição do Mundo Português e «dos

A BEM DA NAÇÃO

nossos bailados» (vd. *ibidem*: 26), todos eles tidos como mostras de «nacionalismo» (vd. *ibidem*: 17–18).

Todas estas iniciativas foram apresentadas por Ferro enquanto instrumentos utilizados para prestigiar Portugal, fora e dentro do país, e ainda como estratégias para a «ressurreição esplêndida do nosso folclore como fonte vivificadora do carácter nacional» (vd. *ibidem*: 22). O discurso proferido na sede do SPN louvou a criação de uma «consciência turística» (vd. *ibidem*: 22), tendo igualmente elogiado um conjunto de iniciativas relacionadas com o mesmo sector, como

> o começo da resolução do problema hoteleiro através das nossas brigadas de hóteis, das Pousadas e da assistência técnica que prestamos aos estabelecimentos que no-la pedem; abertura de agências de turismo e de postos fronteiriços; concursos de monografias, estações floridas, montras, etc., etc.; estudos para a criação do Museu do Povo Português que será, em breve, uma realidade; infinitas informações dadas, verbalmente e por escrito, sôbre a obra do Estado Novo e sôbre tôdas as coisas portuguesas, a nacionais e estrangeiros.
>
> *ibidem*: 22

Este discurso foi incluído cinco anos mais tarde no catálogo *Catorze Anos de Política do Espírito. Apontamentos para uma exposição apresentados no S.N.I. (Palácio Foz) em Janeiro de 1948*, editado por ocasião de uma exposição realizada pelo Secretariado Nacional de Informação, Cultura Popular e Turismo.

Turismo, Fonte de Riqueza e de Poesia foi publicado em 1949, o ano em que António Ferro se afastou do SNI e enveredou por uma curta carreira diplomática, em circunstâncias ainda não totalmente esclarecidas. Esta edição do SNI inclui alguns dos discursos pronunciados por Ferro entre 1939 e 1947 e que são claros em emitir o entendimento que o regime fazia do sector turístico e de como o utilizava para a prossecução de objetivos que iam muito além de meros benefícios económicos.

As alocuções proferidas por Ferro na inauguração de postos de turismo fronteiriços, bem como em hotéis ou em estalagens, tinham como destinatários membros dirigentes das juntas e comissões de turismo. O turismo, «essa caixa de lápis-de-cores» (Ferro, 1949: 10), foi o mote para que, ao longo de todos os textos que compõem esta coletânea, António Ferro repetisse as condições naturais existentes em

Portugal para o desenvolvimento do sector, a necessidade de legislação e regulamentação adequadas às atividades turística e hoteleira, e ainda a falta de conforto e de higiene (vd. *ibidem*: 7, 10, 14, 16, 33, 36, 39, 40, 82). Surgia como prioritária a criação de uma *consciência turística* (vd. *ibidem*: 97), assim como a melhoria da *propaganda turística* em território nacional e estrangeiro (vd. *ibidem*: 17, 36–37, 58–59, 82), pois Portugal tinha todo o interesse em ser visitado por outros povos (vd. *ibidem*: 15).

Estas preleções evocavam ainda o cariz «pitoresco» e o património cultural de cada povo como sendo o principal motor que desencadeava os movimentos turísticos, valorizando-se, nesse âmbito, os museus ou os monumentos, isto é, as principais montras do *pitoresco* e do *típico* da «Nação» (vd. *ibidem*: 16, 35, 36, 84). De forma mais ou menos ostensiva, todos os textos se orientavam no sentido de mostrar a legitimidade e os «bons atos» do regime do Estado Novo, replicados nos espaços visitados por turistas (vd. *ibidem*: 20).

É incontornável para o presente estudo a referência ao discurso intitulado «Boas Vindas» que António Ferro proferiu no Posto de Turismo de Vilar Formoso, em novembro de 1939, ano que datou o início da Segunda Guerra Mundial. Nele identifica-se de forma pouco velada e (aparentemente) inocente um despudorado elogio ao sector turístico, bem como a constatação da existência de um vínculo inato entre a atividade turística e os regimes políticos dos respetivos países onde ela se desenvolvia. Por essa razão, transcreve-se de seguida um passo um tudo-nada extenso, mas que se afigura de extrema pertinência, não só para justificar o propósito desta investigação, mas também enquanto trecho justificativo do título da coletânea que o inclui, isto é, *Turismo, Fonte de Riqueza e de Poesia*:

> O sorriso! Eis qual deveria ser a palavra de ordem para as fronteiras dos países amáveis, calmos, dos países que são refúgios. [...] O que falta ainda para chegar à capital, ou a qualquer outra cidade, é conveniente passar-se já numa atmosfera de sonho, de encantamento, na capa tentadora, sugestiva do país visitado...
>
> [...] Mas nós atravessamos uma hora de ressurgimento em que se deve fazer sempre mais e melhor. Se Portugal, nobremente, não tenta sequer fazer negócios com esta nova grande guerra, não deve porém repelir algumas vantagens que a sua neutralidade lhe oferece. Entre estas avulta, como primeira, a de estarmos sendo olhados, por toda a

A BEM DA NAÇÃO

parte, como uma zona de refúgio, de paz, como o verdadeiro oásis da
Europa atormentada, devastada... Se consolidarmos essa impressão,
se soubermos receber bem, logo no vestíbulo, os que nos baterem à
porta, teremos realizado, aproveitando esta rara oportunidade, uma
obra séria de turismo e uma obra indiscutível de boa propaganda
nacional.

[...] Os postos fronteiriços deverão m]aterializar e espiritualizar
as boas-vindas aos turistas estrangeiros, aos próprios portugueses que
regressam ao seu país, através duma pequena lembrança, da visão
dum trajo regional, do simples desabrochar dum sorriso feminino...
Coisa pouca, sem dúvida, mas bastante para olhos que vêm sedentos,
esfomeados de beleza. O comboio pára; uma forma gentil, embru-
lhada na própria terra portuguesa, aproxima-se, sobe às carruagens,
enche de graça e de perfume rústico os corredores monótonos do
comboio de luxo.

ibidem: 26–28

Nestas palavras de *propaganda turística* existem alguns dos mais
recorrentes chavões do regime do Estado Novo português. Por um
lado, o facto de se estar perante uma «Nação» diferente que soube
escapar ao flagelo bélico mundial e que é, por isso mesmo, admirada pelo resto do mundo pela singularidade essencial que representa
num território de sonho. Por outro lado, é sugerido, sem qualquer
escrúpulo, que este encontro entre o luxo estrangeiro e a humildade
rural nacional servirão de eficaz estratégia propagandística no exterior. Noutra ocasião, Ferro desenvolveria esta ideia, afirmando que
o «turismo, é portanto, além dum indiscutível factor de riqueza e de
civilização, um meio seguríssimo não só de lata propaganda nacional
como de simples propaganda política» (vd. *ibidem*: 35).

Em fevereiro de 1940, o diretor do Secretariado de Propaganda
Nacional discorria sobre «A Palavra Turismo», título do discurso
apresentado numa reunião com membros das comissões municipais
de turismo, afirmando que o «nacionalismo essencial, inevitável, dessa
indústria, justifica, só por si, o seu excepcional interesse. É uma indústria que, na sua evolução, só pode favorecer Portugal e os Portugueses»
(vd. *ibidem* 35). Ferro acabaria por concluir que o

turismo perde assim o seu carácter de pequena e frívola indústria
para desempenhar o altíssimo papel de encenador e decorador da

SER TURISTA

própria Nação. É que todas as obras públicas resultarão apagadas, frias, inexpressivas, se não forem animadas pelo turismo, pela graça feminina do turismo.

ibidem: 35

A mesma ocasião permitiu-lhe também insistir nas referências ao restabelecimento da ordem nacional e nas melhorias feitas no sector, enquanto recordava que

em matéria de turismo, sem que talvez os próprios interessados se tenham apercebido, os homens novos que nos governam têm vindo a realizar lentamente, sem espalhafatos, uma obra notável, monumental.

Depois de ter resolvido o problema da ordem pública (não se faz turismo sobre vulcões), depois de ter acabado com o espantalho das revoluções que afastava de nós todos os estrangeiros, o Governo do Estado Novo empreendeu uma extraordinária obra de fomento que foi, pouco a pouco, desbravando o terreno das nossas possibilidades turísticas.

ibidem: 37–38

Outro dos discursos de Ferro presentes nesta antologia, «A Primeira Pousada», evocava mais um tema preferido da retórica turística salazarista, isto é, o interesse em atrair visitantes externos que serviriam para fazer propaganda do regime, quando voltassem aos seus países. Em abril de 1942, Ferro afirmava que se deveria começar «desde já a montar a peça a ser representada, mais tarde, diante dos turistas estrangeiros» (vd. *ibidem*: 66), que acabariam por recorrer a este espaço de paz e diferença:

Quase todas as construções, na hora presente, são construções de guerra... As nossas, porém, continuam a ser, teimosamente, forta-lezas de paz, parêntesis de graça e de sossego. Teremos razão? Não teremos? É possível que não tenhamos razão, mas temos, com cer-teza, alguma poesia, reservas de poesia... E muito mais depressa do que se julga, senhoras e senhores, o mundo há-de recorrer a nós, porque lhe será difícil continuar a viver, por muito mais tempo, sem poesia e sem amor!

ibidem: 66

A BEM DA NAÇÃO

Das inúmeras vezes em que Ferro referiu a paz nacional, destaque-se a alusão feita em 1943 quando enunciou que

> entre as vantagens que devemos à paz (em si própria o maior benefício) podemos e devemos contar, como uma das maiores, a propaganda natural que obtivemos a nosso favor através da passagem forçada pela nossa terra, que constituiu, para muitos, autêntica revelação, de estrangeiros de todas as qualidades e de todos os países.
>
> *ibidem*: 76

Relembre-se ainda que, na altura das conversas com Salazar, e a propósito das obras realizadas pelo regime no âmbito da Política do Espírito, António Ferro enumerou uma série de feitos claramente direcionados para o lazer e para o turismo. Nessa conversa ocorrida em 1938, o diretor do SPN referiu as atividades do Teatro do Povo, o renascimento do folclore nacional, o concurso da Aldeia Mais Portuguesa de Portugal e as participações em feiras nacionais e estrangeiras (vd. Ferro, 2007 [1935]: 155–156, 175), que constituíam momentos de forte divulgação propagandística do regime, como será demonstrado na Parte III deste estudo.

2.3. *Roque da Fonseca*

Roque da Fonseca, orador na sessão inaugural do I Congresso Nacional de Turismo, foi uma das vozes que mais se fez ouvir na lógica estado-novense de exaltação de uma

> indústria que, alem das formidáveis vantagens de ordem material, nos traz as de ordem moral, como sejam a de mostrar ao estrangeiro tôdas as belezas naturais e artísticas da nossa terra, e a de dar a conhecer, mais e mais, ao Mundo – que bastante nos ignora ainda – as virtudes inatas da raça portuguesa!
>
> Fonseca, 1936: 50

Tal protagonismo ficou a dever-se aos cargos que ocupou no Automóvel Club de Portugal, onde foi diretor e presidente da comissão de turismo, e às funções desempenhadas enquanto membro da Comissão de Turismo do Ministério dos Negócios Estrangeiros. Os eventos que este homem do regime organizou e em que participou foram tantos que é impossível não o nomear neste estudo, pelo que se evocam de seguida três das inúmeras comunicações que pronunciou para referir o significado atribuído pela «Nação» à indústria do lazer nas décadas de trinta e quarenta do século XX.

Foi na condição de membro da direção do Automóvel Club de Portugal e da Comissão de Turismo do Ministério dos Negócios Estrangeiros que em 1933, na Semana de Portugal organizada no Rio de Janeiro pelo jornal *O Seculo*, Roque da Fonseca proferiu a comunicação «Portugal, paiz de turismo», mais tarde editada pelo ACP. Fonseca iniciou a sua palestra de forma eloquente e agregadora, referindo que «Portugal é um grande País de turismo – eis a grande verdade em que todos os portugueses devem *crêr!*» (Fonseca, 1933: 7), o que o levou a concluir ser esta uma atividade que deveria congregar em seu redor o empenho e a boa vontade de todos os portugueses. Tratava-se de uma

> verdade tão profunda, quanto é certo sermos bem pequenos nos seculos XV e XVI – tão pequenos como agora – e termos, contudo, assombrado o mundo como descobridores, como mariantes, como colonisadores, como guerreiros, como mercadores!
>
> *ibidem*: 8

Mais uma vez, os feitos históricos do passado eram o primeiro tópico discutido numa comunicação acerca da indústria turística. Numa época em que «não há novos mundos a dar ao mundo» (vd. *ibidem*: 8), a «Nação» poderia ter neste sector um motivo para brilhar e ser pioneira. Enquanto destino turístico, Portugal era indicado como um espaço digno de rivalizar com outras paragens europeias, não só segundo Roque da Fonseca, mas também na opinião de importantes vozes estrangeiras que o orador evocou nessa ocasião.

No discurso proferido no I Congresso Nacional de Turismo em 1936 Fonseca repetiu os benefícios económicos que um desenvolvimento turístico regrado traria ao país, sem, porém, deixar de encontrar espaço para enaltecer a figura do grande mentor do Estado Novo, que deveria orgulhar-se por ter criado o ambiente necessário e imprescindível ao desenvolvimento turístico (Fonseca, 1936: 61).

No ano de 1937, em «O Problema do Turismo em Portugal», texto apresentado no II Congresso Nacional de Automobilismo e de Aviação Civil, Roque da Fonseca retomou a asserção que apresentara dois anos antes no I Congresso Nacional de Automobilismo e de Aviação Civil e referiu que, para que Portugal pudesse tirar todo o partido das raras condições que possuía para a implementação da atividade turística, era «indispensável que o Estado organize o turismo nacional dentro dum largo plano de conjunto, começando por dar ao País uma entidade superintendente capaz de dirigir, orientar e coordenar a grande obra que se impõe levar a efeito» (Fonseca, 1937: 3). O orador repetia os temas que expusera no discurso antes referido, não se esquecendo de reiterar como habitualmente a «homenagem às actuais instituições orientadoras do Turismo em Portugal» (vd. *ibidem*: 3), bem como a necessidade de um organismo central autorizado que monitorizasse toda a atividade.

2.4. *A promoção turística no Estado Novo*

O historiador Paulo Pina destaca o papel decisivo da publicidade na indústria turística e, particularizando o panorama específico do turismo na época salazarista, refere o tardio aparecimento da «propaganda turística», que também era usada por alguns grupos para alertar contra os malefícios aliados ao turismo. Pina cita um médico e conferencista portuense, Arnaldo Veiga Pires, que, no ano de 1930, advogava que o sector

> era uma ideia, que satisfazia totalmente a preguiça nacional: – viver à custa alheia na degradação de *lazzaroni* sem vergonha, mas também sem maçadas, e isto é o que importa. [...]
>
> Como podemos acreditar que alguém se interesse por nós, que temos dois terços da população analfabeta, e, do outro terço, a enorme maioria limita a sua cultura a soletrar dificilmente o periódico da terra?
>
> Desejamos o turismo. Mas qual? O da curiosidade desdenhosa e impertinente do visitador da Palestina ou Marrocos; ou do interesse atento e administrativo com que se viaja na França e na Alemanha?
>
> Pina, 1988: 65–66

Rui Estrela esclarece que, na maioria da década de trinta, a atividade publicitária em Portugal se caracterizou pelo «reduzido volume de negócio; o seu carácter pouco organizado, predominando a relação directa entre o anunciante e o meio; débil grau de profissionalização da actividade» (Estrela, 2005: 138). Contudo, apesar disso, o cartaz ia beneficiando dos investimentos estatais, tornando-se um veículo poderoso de divulgação ideológica.

Recorde-se a este propósito a pertinência de alguns estudos que se ocupam precisamente da problemática dos cartazes produzidos em Portugal à época, a saber, o trabalho de Maria José Aurindo intitulado O *Cartaz Turístico em Portugal,* o artigo «The Poster of the New State» de Theresa Beco de Lobo e o catálogo *Cartazes de Propaganda Política do Estado Novo (1933–1949)* de Helena Pinto Janeiro e Isabel Alarcão e Silva.

Será igualmente de referir que um descomprometido folhear dos jornais de maior tiragem em Portugal nas décadas de trinta e quarenta do século XX mostra inúmeras referências, mais ou menos pormenorizadas, que visavam difundir e publicitar produtos e serviços turísticos. Os jornais iam, assim, dando conta do fenómeno turístico, divulgando atividades e discutindo aquilo que o regime parecia pretender ao fomentar o sector. Se se considerar, por exemplo, os jornais *Diario de Lisbôa, Diário de Notícias* e *O Seculo,* dos anos trinta, constata-se que é vasta a alusão a atividades de lazer, hotéis e pensões, e também a excursões e «passeios mistério», notando-se já a preferência que começa a ser atribuída a determinadas zonas que se vão vocacionando cada vez mais para o sector, como a Costa do Sol, o Algarve e a serra da Estrela.

Em 1933, o ano de todos os começos para o regime, podia ler-se, na primeira página do *Diario de Lisbôa,* o seguinte texto, assinado por Irene Vasconcelos, que resumia as preocupações e prioridades de então relativas a mais um «sector antigo» na sociedade portuguesa e a todas as lacunas de que padecia. O turismo nacional surgia aqui definido como o espaço de repouso de que António Ferro falaria alguns anos depois (vd. Ferro, 1949: 26), sendo igualmente referido que a animação era um fator inerente ao turismo praticado pelos nacionais e pelos visitantes estrangeiros:

> [O turismo] não é um fenómeno moderno. [...] . Parece que foi Petrarca quem primeiro se decidiu a viajar, a subir a montanha sem intuitos religiosos ou utilitarios. Apenas para descansar e contemplar a Natureza. Alguns seculos mais tarde, Jean Jacques Rosseau [...] descobre o prazer da viagem e os beneficios do ar da montanha sobre os espiritos fatigados e doentes. Pode dizer-se que ele foi o precursor

A BEM DA NAÇÃO

do turismo moderno, deste turismo que tem por fim o divertimento,
a cura de repouso e o desejo de descobrir novas terras e novas civi-
lizações. E se o espírito religioso que conduzia os turistas de tempos
idos fazia esquecer as necessidades de conforto e de elegancia, já o
mesmo não sucede nos nossos dias, até pelas próprias condições da
vida moderna. [...] Mas a economia não exclui a limpeza, o conforto,
a elegancia. E exigem-se divertimentos, distracções, musica, alegria.

Diario de Lisbôa, 4 de janeiro de 1933: 1

Estes mesmos temas são retomados com alguma recorrência em
diversos artigos jornalísticos, que repetem o carácter nacional(izante)
da indústria, em comentários como «[r]eputamos optimo aproveitar a
lição dos estranhos, mas sem os copiarmos servilmente. O turismo em
Portugal ha de ser condicionado por exigencias que são nossas e não
de outros» (*Diario de Lisbôa*, 14 de janeiro de 1933: 1) ou em menções que parecem pretender transpor para as deslocações turísticas da
época a essência das viagens dos descobrimentos:

> Viajar dentro do país, descobrir nas suas paisagens, nos seus
> monumentos, no labor humilde dos seus filhos ou nas criações ano-
> nimas da musa popular as pulsações da Patria tem a vantagem de nos
> habilitar a maiores roteiros – áquem e além mar.
>
> *ibidem*: 1

Quase sempre estas alusões a atividades turísticas empregavam a
palavra «propaganda»[14] em detrimento de expressões mais comummente usadas à época, em contextos semelhantes, como «reclame»
ou «reclamo»[15] ou até «publicidade», quando divulgavam iniciativas do sector do lazer ou comentavam a desadequada «propaganda
turística». Também no I Congresso Nacional de Turismo de 1936
foram vários os delegados que nomearam a urgência de uma nova
e eficaz publicidade turística, a qual era quase sempre designada

---

[14] Vd. por exemplo *Diario de Lisbôa*, Ano 13.º, n.º 3911, 1 de outubro de
1933: 3; *Diario de Lisbôa*, Ano 13.º, n.º 3943, 3 de Novembro de 1933: 4; *Diário
de Notícias*, Ano 71.º, n.º 25014, 23 de setembro de 1935; *Diário de Notícias*,
Ano 71.º, n.º 25119, 10 de Janeiro de 1936: 4.

[15] Vd., por exemplo; *Diário de Notícias*, Ano 72.º, n.º 23126, 17 de janeiro
de 1926: 1; *Diario de Lisbôa*, Ano 13.º, n.º 3828, 10 de julho de 1933: 5; *Diário
de Notícias*, Ano 72.º, n.º 23126, 17 de janeiro de 1926.

por «propaganda». A (con)fusão entre estes conceitos, propaganda e reclame/reclamo/publicidade, que na altura já eram usados com sentidos distintos, poderá ser compreendida como uma *forma de ilustrar a omnipresença do aparelho propagandístico do Estado Novo e como uma evidência da intenção do regime em usar a indústria turística como instrumento de divulgação ideológica.*

Parte II

A institucionalização do turismo nos primeiros anos do Estado Novo

O historiador João Paulo Avelãs Nunes refere uma série de acontecimentos de vária ordem que fazem entender a década de trinta como uma época fulcral para a consolidação e acreditação do Estado Novo em toda a sociedade portuguesa (vd. Nunes, 1994: 305). No mesmo âmbito, Luís Reis Torgal afirma que o novo regime terá sido «ideológica e institucionalmente construído a partir de 1930, ou de 1928, mas fundado como regime em 1932–1933» (Torgal, 2009a: 56).

Não se pode omitir que foi na década de trinta que, por exemplo, o papel repressor do governo de Salazar teve as suas primeiras formalizações através da redação do decreto n.º 20:125, que remodelava a Polícia Internacional Portuguesa, atribuindo-lhe como «principais missões a detecção, prevenção e repressão de iniciativas contrárias aos "interesses do Estado e da Nação"» (Nunes, 1994: 319), ou da criação da Polícia de Vigilância e Defesa do Estado, em agosto de 1933. Em abril desse mesmo ano, entrou em vigor a Constituição Política da República Portuguesa, tendo sido com esse instrumento jurídico instituído claramente os atributos do governo e dos governados, terminando, assim, formalmente, o período designado por Ditadura Militar. Três anos depois, em outubro de 1936, os primeiros prisioneiros políticos chegaram ao Campo de Concentração do Tarrafal, e, no ano de 1939, na data da comemoração da Revolução Nacional, realizou-se o I Congresso da Mocidade Portuguesa.

É curioso constatar que, a par destas ocorrências de cariz marcadamente político, os anos trinta portugueses tenham também assistido

A BEM DA NAÇÃO

ao incentivo do gosto pelas atividades de lazer e de turismo, naturalmente sob a monitorização do regime e de uma forma que obedecia a objetivos concretos, que abarcavam interesses que iam além da mera divulgação de um destino turístico, como se verificará na Parte III deste estudo. Destaque-se apenas, por agora, a criação, em 1935, da Federação Nacional para a Alegria no Trabalho e o constante envolvimento do país na participação e na organização de feiras e exposições nacionais e internacionais.

Perante isso, é notório que a atividade turística desempenhou uma função tão relevante como qualquer outra área da sociedade civil portuguesa na validação da ideologia do Estado Novo, restando, por esse motivo, poucas dúvidas de que se pretendia que o turismo fosse um sector igualmente contemplado pela reorganização e pela reforma apregoadas por Salazar. Tal como referia um jornal diário de então,

> [v]ive-se hoje uma hora de renovação nos usos e costumes portugueses. O estrangeiro acostumou-se mais a ver-nos de perto e visita-nos com frequencia, quer isoladamente, quer em excursões. Quando parte leva sempre do nosso País uma impressão agradável, que nos consola. Para embelezar a nossa paisagem e dar comodidade à sua apresentação, tem-se ultimamente feito entre nós obras de vulto que valorizam extraordináriamente as nossas possibilidades turísticas. Cidades, praias, montanhas esforçam-se por apresentar aos estrangeiros que nos visitam o máximo confôrto para o seu deambular de perscrutor de emoções novas.
>
> *Diário de Notícias*, 27 de maio de 1936: 2

Apesar de não mencionar o sector, vislumbra-se na própria *Constituição Política da República Portuguesa* de 1933 uma alusão ao vínculo existente entre o regime e o turismo, quando, no seu artigo 52.º, o texto referia a primazia atribuída ao património nacional, ao declarar que «estão sob a protecção do Estado os monumentos artísticos, históricos e naturais, e os objetos artísticos oficialmente reconhecidos como tais». Tendo em conta as considerações tecidas na Parte I desta investigação, pode afirmar-se que este excerto daquele que é considerado o mais importante documento legislativo do Estado Novo poderá fazer antever uma relação muito próxima e pragmática entre o regime de Salazar e a indústria turística.

A INSTITUCIONALIZAÇÃO DO TURISMO NOS PRIMEIROS ANOS DO ESTADO NOVO

Parece, assim, pertinente para esta tese verificar que a mesma década que assistiu à consolidação do regime tenha igualmente colocado tanta ênfase na discussão de uma atividade aparentemente tão despretensiosa como a turística, como se constatará de seguida.

Capítulo 1

Propaganda e União Nacional

Neste capítulo serão evocados dois momentos-chave para a apresentação (e imposição) do novo regime político que ia pouco a pouco, mas com firmeza, ocupando um lugar inabalável na sociedade portuguesa – são eles a inauguração do Secretariado de Propaganda Nacional, em 1933, e o I Congresso da União Nacional, em 1934, cujos programas revelavam a importância da presença mais ou menos velada, mas inequívoca, do sector turístico na orgânica do regime salazarista.

1. Secretariado de Propaganda Nacional

À semelhança do que sucedia na época em regimes políticos que, pelo menos em matéria de turismo, o Estado Novo assumia como exemplos a seguir, também em Portugal se sentiu a necessidade de criar um órgão que se dedicasse plenamente à arte da propaganda. Não pretendendo argumentar a afirmação de Fernando Rosas, citada por Isabel Braga, de acordo com a qual a «criação do SPN [Secretariado de Propaganda Nacional] obedece a um desígnio absolutamente totalitário» (Braga, 2008: 52), importa antes verificar as funções atribuídas a este secretariado na década da consolidação do regime e principalmente averiguar quais as atribuições que lhe cabiam em termos da indústria turística que passaria a tutelar a partir do ano de 1940.

A Presidência do Conselho criou, através do decreto-lei n.º 23:054, publicado no número 218 do *Diário do Govêrno* de 25 de setembro de 1933, I Série, o Secretariado de Propaganda Nacional, justificando-o ao considerar, logo no sumário do texto legislativo, «que todos os países novos ou renascentes têm sentido a necessidade de organizar e centralizar a propaganda interna e externa da sua actividade». Ao contrário do que sucedia em Itália ou na Alemanha, por exemplo, onde chegaram mesmo a ser criados ministérios da propaganda, por cá um secretariado pareceu bastar para «integrar os portugueses no pensamento moral que deve dirigir a Nação» (Decreto-lei n.º 23:054, 25 de setembro de 1933). Isto é, o regime entendeu que esta repartição seria instrumento suficiente para divulgar as lições sobre Portugal que Salazar pretendia que nacionais e estrangeiros aprendessem. Talvez se possa mais facilmente entender esta «modesta» versão nacional, se se recordar as inúmeras vezes em que o chefe do Governo afirmou a sua vontade em estruturar e regulamentar o novo regime de forma «humilde» e de acordo com a dimensão do país. Não deve igualmente esquecer-se a relutância inicial de Salazar em aceitar a sugestão de António Ferro para a criação deste Secretariado, que era entendido pelo seu futuro diretor como uma necessária via de aproximação entre o político e a população.

A principal atenção do decreto-lei que estabelecia o SPN estava focada na propaganda nacional e nos instrumentos que deveriam ser usados de forma a torná-la eficaz. O secretariado dividir-se-ia numa secção interna e numa secção externa e, apesar de não haver qualquer menção ao sector turístico, em muitas das referências que compunham o texto legislativo promulgado por Salazar a 25 de setembro de 1933 podem identificar-se já diversas alíneas que dão a conhecer ferramentas que virão a ser, algum tempo depois, utilizadas no âmbito da atividade turística.

O natural objeto da propaganda que o SPN deveria realizar seria «o espírito de unidade que preside à obra realizada e a realizar pelo Estado Português», conforme o artigo 2.º do decreto-lei referido. Essa divulgação, interna e externa, seria veiculada através de publicações feitas por uma imprensa regulada, e que não difundisse «quaisquer ideias perturbadoras e dissolventes da unidade e interêsse nacional» (Decreto-lei n.º 23:054, artigo 4.º, alínea f, e artigo 5.º, alínea b), bem como por diversos outros tipos de edições que «se destinem a fazer conhecer a atividade do Estado e da Nação Portuguesa» (Decreto-lei n.º 23:054, artigo 4.º, alínea b).

Além disso, quase logo após a sua criação, o SPN iniciou uma atividade que em muito contribuiu para que a propaganda pretendida se concretizasse. Assim, logo em janeiro de 1934, o Secretariado de Propaganda Nacional deu início à organização das inúmeras palestras e conferências que realizaria com oradores portugueses e estrangeiros, sobre as mais variadas temáticas culturais, políticas, económicas e outras. Muitos dos visitantes conferencistas eram jornalistas e escritores que, de regresso ao seu país de origem, escreviam e publicavam sobre o Estado Novo português, servindo, assim, de veículo de propaganda do regime de Salazar.

No decreto-lei que deu origem ao SPN, parecem ainda particularmente prenunciadoras as alíneas e) do artigo 4.º e a) do artigo 5.º, que anunciavam, nomeadamente, a organização de «manifestações nacionais e festas públicas com intuito educativo ou de propaganda» e a colaboração «com todos os organismos portugueses de propaganda existentes no estrangeiro». Como irá constatar-se na Parte III deste estudo, o Secretariado de Propaganda Nacional, bem como o seu sucessor, o Secretariado Nacional de Informação, Cultura Popular e Turismo, estiveram inúmeras vezes envolvidos na participação e na organização de exposições e feiras, tendo igualmente sido os principais precursores de diversas atividades de propaganda implementadas pelas Casas de Portugal existentes à época.

A inauguração das instalações do SPN fez jus às disposições presentes no decreto-lei que tem vindo a ser referido, pois a cobertura realizada pela imprensa escrita e pela Emissora Nacional foi rigorosa. A última página do vespertino *Diario de Lisbôa* publicado no dia 26 de outubro de 1933 exibia um extenso título que encimava as quatro colunas do único artigo que ocupava essa folha: «Uma Nova Repartição do Estado. O Chefe do Governo instalou hoje na sua sede o Secretariado de Propaganda Nacional explicando as razões por que criou este organismo». O jornal referia a chegada pontual do presidente do Conselho às novas «dependências do Secretariado, que se encontram elegantemente decoradas, embora com simplicidade modernista» (*Diario de Lisbôa*, 26 de outubro de 1933: 8), onde foi recebido pelo diretor do novo órgão, António Ferro. Nesta cerimónia participaram diversos membros do governo, diplomatas e académicos. Os discursos feitos pelos dois únicos oradores da inauguração, Salazar e Ferro, foram retransmitidos pela Rádio Club Português e divulgados em longos excertos jornalísticos.

A BEM DA NAÇÃO

O pormenorizado título do *Diario de Lisbôa* não parece exagerado, visto que «Propaganda Nacional», título da comunicação proferida na ocasião por Salazar, foi emblemático e pretendeu realmente justificar a criação desta repartição como uma necessidade dos novos rumos políticos nacionais. Esse texto, editado anos mais tarde no primeiro volume de *Discursos* de Salazar (Salazar, 1961 [1935]: 259-268), poderá eventualmente ser considerado como uma das mais assertivas e explícitas lições do político relativamente ao papel monitorizador do Estado e ao significado de «propaganda» no âmbito do ainda jovem regime do Estado Novo.

Salazar apresentou-se como o porta-voz institucional ponderado e sábio que, depois da criação do secretariado, delegava o cuidado da sua obra a outrem:

> E nós, os que pensamos maduramente as coisas e as realizamos com pertinácia, os que temos ideias, convicções, propósitos mais firmes que as folhas que os ventos do Outono volteiam no ar, que ideia fazemos do Secretariado? Por mim aproveito a oportunidade de dizer singelamente o que me ia na alma ao criar o novo serviço e ao entregá-lo aos seus actuais directores.
>
> *ibidem*: 261-262

O orador prosseguiu, enunciando e justificando a razão do nome da nova repartição, e aproveitou a ocasião para esmiuçar o significado que os mecanismos de propaganda deveriam ter para o seu regime, enquanto instrumentos de governo adequados ao contexto específico português:

> O Secretariado denomina-se da *propaganda nacional*. [...] [É] um instrumento *de governo* [não *do* governo] no mais alto significado que a expressão pode ter. [...] Vamos abstrair de serviços idênticos noutros países, dos exaltados nacionalismos que os dominam, dos teatrais efeitos a tirar no tablado internacional. Tratemos do nosso caso comezinho.
>
> *ibidem*: 262-263

Considerando que, como o próprio chefe do Governo afirmou nesta ocasião, «politicamente só existe o que o público sabe que existe» (vd. *ibidem*: 263), uma propaganda nacional eficaz seria aquela que,

PROPAGANDA E UNIÃO NACIONAL

ao serviço da governação, permitiria corrigir os erros e as ignorâncias que pudessem denegrir a imagem que nacionais e estrangeiros possuíssem de Portugal. Ao Secretariado de *Propaganda Nacional* cabia, então, a nobre tarefa, atribuída pelo chefe do Governo, de mostrar e divulgar o que de benéfico e de bom existia para além «da janela do nosso quarto» (vd. *ibidem*: 263), ao promover uma propaganda correta e verdadeira. Por incumbência superior, competiria também ao secretariado usar, na justa medida, os instrumentos de mediação necessários, tendo por finalidade o interesse nacional:

> Se há uma nação, esta é uma realidade muito mais lata que a nossa casa, a nossa rua, a nossa terra, a nossa estrada, a nossa escola. Mas é preciso que alguém tenha a preocupação constante de contrapor ao facto singular a universalidade dos factos, ao caso pessoal e local o caso nacional, de corrigir a ideia que cada um involuntàriamente forme das realidades nacionais, filosofando à soleira da porta, com o que todos devem conhecer dos mesmos factos no conjunto da vida da Nação. Os homens, os grupos, as classes vêem, observam as coisas, estudam os acontecimentos à luz do seu interesse. Só uma entidade, por dever e posição, tudo tem de ver à luz do interesse de todos.
>
> *ibidem*: 264

Os conteúdos e instrumentos para a plena prossecução deste objetivo foram igualmente apresentados neste momento de didática salazarista com a ajuda de um discurso vincadamente nacionalizante pela referência óbvia e recorrente a «Nação» e às características intrínsecas do «grupo étnico» português.

O passo que se segue do discurso de Salazar parece ter sido um dos favoritos, ou talvez dos mais importantes, já que é citado e comentado nos jornais *Diário de Notícias*, de 26 de outubro de 1933, e *O Seculo*, do dia seguinte à inauguração. O tema apresentado neste excerto de «Propaganda Nacional» alertava já para a valorização de que a indústria turística iria ser alvo enquanto instrumento de propaganda ao regime, principalmente junto de públicos estrangeiros. Ao enumerar os constrangimentos necessários a uma propaganda nacional eficaz e correta, as palavras de Salazar recordam, em simultâneo, narrativas nacionalistas e narrativas turísticas. De acordo com o político, a falha que antes existia na mecânica do

Estado Novo, corporizada pela falta de um organismo exclusivamente dedicado a propagandear o regime e que acabou por conduzir à criação do SPN, derivava de

> não haver acessíveis boas colectâneas de tudo o que mais interessa à vida da Nação, à sua história, aos seus monumentos, à sua actividade presente nos domínios do ensino, da ciência, da literatura, da arte, da economia, da finança e da política. Estão abertas, de par em par, as fronteiras e a nossa vida pública; é além disso sempre obsequiosa a hospitalidade portuguesa, mas muitos dos que falam e escrevem sobre Portugal não visitaram nunca o País: deve haver ao dispor de uns e outros elementos bastantes para que inconscientemente não deturpem a verdade e se não dê o caso de até a doce amabilidade com que os recebemos aparecer nos seus escritos como prova de inferioridade moral. [...]
> Grande missão tem sobre si o Secretariado, ainda que só lhe toque o que é nacional, porque tudo o que é nacional lhe há-de interessar. Elevar o espírito da gente portuguesa no conhecimento do que realmente é e vale, como grupo étnico, como meio cultural, como força de produção, como capacidade civilizadora, como unidade independente no concerto das nações.
> Salazar, 1961 [1935]: 265

Este trecho quase faz prever, de facto, que, anos depois, em 1940, a atividade turística em Portugal passasse a ser tutelada pelo SPN, que a usaria como um dos veículos preferenciais na sua política de propaganda. *Apenas sob este prisma se entende a súbita referência de Salazar à hospitalidade portuguesa, aos visitantes estrangeiros e às qualidades anfitriãs do povo português.*

O segundo orador da sessão inaugural do SPN foi naturalmente António Ferro, o único diretor que o secretariado teve e que desempenhou funções idênticas no órgão que veio a substituir esta repartição em 1944, o SNI. Talvez se possa pressentir na atribuição destas funções a Ferro uma forma de retribuição pelos contributos do «intelectual modernista» (Nunes, 1994: 323) para a divulgação interna e externa da figura de Oliveira Salazar, assim como de outros chefes de políticas europeias e mundiais com ideologias semelhantes e que Ferro dava a conhecer aos portugueses através das diversas entrevistas que realizava e publicava. Contudo, o próprio António Ferro, na sessão de abertura do SPN, justificou a sua nomeação como um desafio lançado por Salazar face às repetidas críticas em que Ferro acusava o chefe de Estado de estar afastado do povo (*Diario de Lisbôa*, 26 de outubro de 1933: 8) enquanto não fosse criada uma repartição como o SPN.

Ao relatar e comentar o discurso do recém-empossado diretor do secretariado, o *Diario de Lisbôa* optou por dar destaque a um dos temas que Ferro viria a repetir até à exaustão, enquanto se manteve na direção do SPN e do SNI, ou seja, o constante realçar da paz social existente em Portugal por oposição ao clima de instabilidade e violência sentido no resto da Europa. Ao mesmo tempo que os outros sofriam, Portugal avançava com passos determinados e determinantes «que ficarão eternamente gravados, impressos, na [História de Portugal]» (vd. *ibidem*: 8). Esses passos eram evidentemente a obra realizada pela ditadura.

A criação atempada do SPN, acrescentou Ferro, fora a resposta legítima e exigida a uma falta «apontada como a principal deficiência do Estado novo, como o obstáculo mais sério á criação da mística necessária ás grandes horas nacionais» (vd. *ibidem*: 8). A missão do SPN seria, pois, para o seu diretor, grandiosa, visto que «mais do que uma obra, cumpre [ao secretariado] fazer a propaganda moral duma obra» (*Diario de Lisbôa*, 26 de outubro de 1933: 8). A fundação do secretariado foi tida, aos olhos de Ferro, como o início de «uma cruzada nacional [...] que já principiou e não acabará mais» (*O Seculo*, 27 de outubro de 1933: 2).

Tal como ficou prenunciado através dos dois discursos proferidos na inauguração do SPN, *essa cruzada deveria construir e utilizar as representações e narrativas preparadas para o sector turístico como um instrumento dissimulado de divulgação ideológica dos dogmas do Estado Novo.*

2. I Congresso da União Nacional

Em julho de 1930, os representantes de todos os distritos e concelhos do país foram convocados pelo governo para a Sala do Conselho de Estado, onde ficaram a conhecer as «bases da liga patriótica União Nacional» (Nunes, 1994: 317), o único agrupamento semelhante a um partido, embora nunca designado como tal, autorizado pelo

Estado Novo, e que deveria representar «o apoio civil ao regime nascido da Revolução de 28 de Maio de 1926» (*Dicionário de História de Portugal Ilustrado*, 1982: 169). Nesse âmbito, viria a caber à União Nacional promover incontáveis ações populares de propaganda do regime por todo o país.

Relembre-se, a este propósito, um artigo de António Simões do Paço, pela pertinência de nele se identificar, de forma inequívoca e contada pelo próprio Salazar, os moldes em que o poder executivo deveria ser desempenhado. De facto, para o político, esse poder deveria ser «exercido pelo Chefe de Estado, com os ministros nomeados livremente por ele, sem dependência de quaisquer indicações parlamentaristas» (Paço, 2008: 19). Além de outros considerandos políticos importantes, como a exaltação do corporativismo e a rejeição da democracia, Salazar tornou claro que a União Nacional «não pode [...] imbuir-se do espírito de partido porque seria criminoso e, além de criminoso, ridículo, acrescentar, aos que já existem, o partido dos que não querem partido» (vd. *ibidem*: 20). O governante pretendia que a União Nacional fosse encarada como um elemento agregador de toda a sociedade, ao contrário do que dizia acontecer perante a existência de múltiplos partidos. O decreto-lei n.º 21:608 aprovou os estatutos da União Nacional que, em abril de 1931, foi dotada de um órgão oficioso de expansão nacional, o jornal *Diário da Manhã*. Permanentemente controlado pelo presidente do Conselho até à sua dissolução, em 1971, tornou-se o único agrupamento político a concorrer às eleições para a Assembleia Nacional.

A União Nacional reuniu os seus membros em congressos apenas por quatro vezes (1934, 1944, 1951 e 1956) e invariavelmente para seguir uma ordem de trabalhos cujas atenções visavam enaltecer o regime político do Estado Novo e o seu chefe, Oliveira Salazar. Considerando o papel que desempenhava na validação das regras e normas que emanavam do governo, é pertinente rever a justificação para a realização do seu primeiro congresso, realizado em Lisboa por ocasião das comemorações do oitavo aniversário da «Revolução Nacional», em maio de 1934. Importa averiguar o que foi postulado por este primeiro grande encontro dos membros do *não partido* de Salazar e, naturalmente, procurar eventuais alusões e pareceres tecidos a propósito do sector turístico.

Evidentemente que não surpreende que Salazar tenha sido orador nas sessões inaugural e de encerramento com as comunicações

PROPAGANDA E UNIÃO NACIONAL

«O Estado Novo português na evolução política europeia» e «O IX ano – unidade, coesão, homogeneidade», nem que fosse o alvo preferido da cobertura jornalística realizada a propósito do congresso, apresentado como um momento fulcral e de consolidação do regime resultante da «Revolução Nacional» de 1926. Assim, o *Diario de Lisbôa* editado no primeiro dia do encontro, 26 de maio de 1934, publicou o seguinte texto para justificar a pertinência da realização do I Congresso da União Nacional:

> A União Nacional representa já um enorme labor – aspirações, princípios, programas, realizações e perspectivas sobre o futuro – que urge filtrar, definir, aproximar dos factos, assentar em bases solidas, consoante o pensamento do homem que lhe deu o ser, animando os tíbios, acordando os indiferentes e congregando as simpatias distantes e dispersas.
>
> Cremos não errar dizendo que chegou a sua hora oficial de produzir-se perante o pais, com todas as responsabilidades que cabem á força politica que se propõe inaugurar um novo modo de ser nos processos e metodos, quer governativos, quer administrativos, sob a designação de «Estado Novo».
>
> [...] A União Nacional declara-se, sem quaisquer rodeios, disposta a ser o interprete e o defensor das classes, irmanadas, qualquer que seja a sua situação economica, no culto ferveroso da Patria que nos abriga e alenta contra as procelas que vêm de fora ou contra as que as paixões geram, cá dentro.
>
> *Diario de Lisbôa*, 26 de maio de 1934:1

O encontro anunciava-se, pois, como um evento de extrema relevância, cujos propósitos seriam a redefinição desta agremiação para que melhor pudesse corresponder ao pensamento de Salazar e fosse incontestavelmente proclamada como suporte do novo regime. A escolha da data para este evento não terá seguramente sido aleatória, e deve entender-se a sua coincidência com as comemorações da «Revolução Nacional» como uma opção simbólica, exercida pelo poder, com a finalidade de forçar no país a naturalidade da consolidação do novo regime e da ascensão de Salazar.

Tal como se constata acontecer com muitos outros eventos organizados pelo governo, também esta ocasião deu azo a que a imprensa escrita a usasse como um pretexto eficaz para intensificar a propaganda ideológica do regime. A primeira grande reunião da União Nacional foi relatada e divulgada até à exaustão, através de longos textos jornalísticos e de inúmeras imagens, que precisavam os momentos mais significativos do congresso. Os jornais *Diário de Notícias*, *O Seculo* e *Diario de Lisbôa* de 26 de maio de 1934 mencionaram, logo na primeira página, o encontro dos principais membros da União Nacional, descrevendo, com mais ou menos pormenores, o dia que marcou o início dos trabalhos, e em que estiveram presentes quase todos os membros do governo. Enquanto o *Diario de Lisbôa* chamava a atenção dos leitores para as lições aprendidas ao longo dos oito anos passados sobre a revolução (vd. *Diario de Lisbôa*, 26 de maio de 1934: 6, 7), *O Seculo* referia a presença de Salazar na cerimónia religiosa da manhã, ocorrida na Igreja de São Domingos, em Lisboa, assim como a cerimónia de abertura a que o chefe do Governo presidiu e na qual proferiu um discurso. A sua palestra inaugural foi elogiada e longamente citada nas primeiras duas páginas do *Diário de Notícias* do segundo dia do congresso, que também não se esqueceu de recordar todas as ovações de que Salazar foi alvo. *O Seculo* da mesma data enfatizou igualmente os elogios feitos ao presidente do Conselho e publicou longos excertos de algumas apresentações, resumindo, da seguinte forma, o teor das comunicações apresentadas:

> Nos discursos ali pronunciados, afirmou-se que se torna preciso que a Nação realize a sua unidade espiritual e a dos esforços no campo economico para que se fortaleça e prospere, convicta das graves responsabilidades que lhe incumbem a civilização.
>
> *O Seculo*, 27 de maio de 1934:1

O *Diário de Notícias* de 29 de maio, por seu turno, afirmou que a «sessão de encerramento do I Congresso da União Nacional constituiu uma entusiástica afirmação de fé nos destinos da Patria» (*Diário de Notícias*, 29 de maio de 1934:1).

Como demonstra a imprensa escrita consultada, o I Congresso da União Nacional representou, sem dúvida, um marco importante de consolidação ideológica nos primeiros anos do novo regime. Com esta reunião, o Estado Novo, na pessoa de Oliveira Salazar, criou uma oportunidade para reafirmar e divulgar o esperado balanço favorável dos seus oito anos de vida. Essa autoconsagração tornava o regime incontestavelmente indispensável para que, no futuro, o país continuasse a impor-se graças a uma diferença intrínseca que o distinguia havia séculos, como é ressalvado pelo próprio chefe de Governo na sessão de encerramento, ao aludir à paz e tranquilidade encontradas em Portugal e ausentes no resto da Europa:

> Todos vivemos hora magnificas de paz, de fraternidade, de comunhão moral. E o segrêdo único desta profunda transformação é apenas que a Nação une o que o partido divide, e não há maior garantia para a liberdade do bem que a autoridade dos govêrnos fortes.
>
> Salazar, 1961 [1935]: 130

Mais do que a «Revolução Nacional», este encontro celebrou e firmou as crenças e estratégias do regime, ou o «evangelho do Estado Novo», como afirmou Salazar (vd. *ibidem*: 67), através das inúmeras comunicações proferidas por oradores vinculados a diversos sectores da vida política, económica e social do Portugal da década de trinta. Todos os discursos, teses e comunicações apresentados a este congresso foram publicados pela União Nacional em 1935, e no primeiro dos oito volumes que os reúnem pode ler-se, numa «Nota Prévia», a seguinte constatação do economista Araújo Correia:

> [O] Congresso da União Nacional foi a primeira reünião do Estado Novo, organizada com cêrca de dois mezes de preparação apenas, em país de amargas tradições políticas.
> [...] Não podia a nova ordem estabelecida em Portugal desde 1926, imitar os costumes seguidos nas reüniões politicas dos velhos partidos, mas convinha mostrar bem claramente, em acto solene e fecundo em esforços realizadores, que a União Nacional «era uma fôrça e tinha uma doutrina».
>
> Correia, 1935: 7, 8

Face à importância atribuída pelo regime a este I Congresso da União Nacional, é deveras significativo e pertinente que sete das comunicações reproduzidas nas atas do mesmo tenham versado temas associáveis às práticas de lazer, o que poderá contribuir para legitimar a tese de que a indústria turística também faria parte dos principais focos de atenção do Estado Novo. Foram as seguintes as comunicações apresentadas sobre turismo:

A BEM DA NAÇÃO

- «Bases do desenvolvimento e organização do turismo nacional», engenheiro Manito Torres;
- «O porto de Lisboa e a Nação», engenheiro Salvador Sá Nogueira;
- «Caminhos de Ferro», engenheiro Joaquim Abranches;
- «Monumentos Nacionais – Orientação técnica a seguir no seu restaúro», engenheiro Henrique G. da Silva;
- «A Indústria de Turismo», engenheiro José Duarte Ferreira;
- «Turismo», engenheiro Carlos dos Santos;
- «Necessidade de criação de cursos hoteleiros», António Maria de Oliveira Belo.

Todas estas apresentações concordaram que o turismo era uma das principais fontes de riqueza do país e que deveria rapidamente ser sujeito a uma renovação, à imagem do que sucedia com os restantes sectores da sociedade portuguesa. Num contexto de exaltação nacionalista criado por afirmações que destacam Portugal do resto do mundo, não é difícil entender a afirmação de Manito Torres, segundo a qual o sector representava mais do que uma mera fonte de rendimento nacional, materializando igualmente um valioso instrumento de revivalismo histórico e tradicional, «fixador das riquezas materiais e morais do património [...] duma consciência nacional do passado, do presente e do futuro» (Torres, 1935: 71), e adivinhá-lo como um útil veículo de propaganda.

As comunicações insistiam igualmente no louvor aos intervenientes mais pró-ativos e dinâmicos na indústria turística nacional, como o Automóvel Club de Portugal ou os Caminhos de Ferro, e alertavam para necessidades e alterações prementes, sem as quais o sector turístico corria o risco de estagnar. Também Manito Torres, por exemplo, discorreu sobre este tema, num subcapítulo da sua comunicação que intitulou «Síntese da situação turística nacional no momento presente» (vd. *ibidem*: 73).

Outra preocupação comum às sete comunicações era a necessidade de uma formação mais adequada para os profissionais do sector turístico, especialmente para aqueles que iriam lidar com os visitantes estrangeiros. Na apresentação que tem vindo a ser referida, Manito Torres chegou a sugerir a criação da disciplina «Elementos de Turismo» no ensino técnico (vd. *ibidem*: 75). Não se pense, porém, que apenas os funcionários do sector deveriam ter esta formação. Também a educação pública, em geral, deveria contemplar estas novas movimentações para que todos soubessem lidar com as «correntes turísticas oriundas [...]

de sociedades perfeita e tradicionalmente educadas» (vd. *ibidem*: 79, 83) com gostos e padrões de referência cada vez mais exigentes. Estas palavras evocavam uma ideia veiculada por Salazar na inauguração do Secretariado de Propaganda Nacional, e deve compreender-se a sua reprodução e explicitação neste contexto como mais uma evidência de que este era um sector fundamental para o sucesso das estratégias do Estado Novo e que, por essa razão, era necessário que toda a população se envolvesse nas dinâmicas turísticas nacionais.

A intervenção direta do governo no sector foi sistematicamente apresentada como indispensável, defendendo-se, ainda, que deveria ser a mais adequada possível à realidade concreta nacional. Apesar disso, e como irá verificar-se de seguida, não eram postos de parte modelos de gestão turística vigentes em outros países.

> Encarando assim o turismo como função do Estado, existe a necessidade, de facto, de criar um organismo, como existe em quási tôdos os países, para obter e praticar um conjunto de providências, concorrendo para que os atractivos nacionais se valorisem, interferindo em quási todos os sectores da actividade nacional. [...] Em Portugal, disse-o o nosso Presidente, tudo tem que ser pequeno e proporcional à população do Continente. A mania das grandêsas tem de desaparecer do cérebro do português. Os Palaces de Berlim, Londres e Nova York estariam vasíos em Lisboa. Para desenvolver e impulsionar o turismo, dois factores são primordiais. Boas estradas, duma maneira geral, boas comunicações e bons hoteis. Mas o nosso País não necessita senão de hoteis de reduzida lotação, com asseio, servidos por um pessoal competente e com um cunho caraterísticamente nacional. Servirá assim o nacional, e servirá o estrangeiro a quem nós devemos oferecer pratos e confortos com caraterísticas nossas.
>
> Santos, 1935: 391

2.1. *As sete teses*

Importa destacar um conjunto de assuntos abordados pelas sete teses apresentadas acerca da indústria turística no I Congresso da União Nacional por aludirem diretamente ao papel desempenhado pelo turismo nos primeiros anos do Estado Novo. Esses textos recordam aquilo que foi discutido na Parte I deste estudo, ou seja, questões e conceitos apropriados pelo sector turístico que fazem recordar suportes-chave das narrativas nacionalizantes e que, por isso, ajudam a compreender o apoio dispensado pelo regime do Estado Novo à indústria em causa; porém, mais do que isso, a insistência em apresentar determinados modelos de desempenho turístico indica igualmente os exemplos políticos que o governo de Salazar pretendia tomar como referência, também na área da atividade turística.

Na comunicação intitulada «Turismo», Carlos Santos lamentou que o Conselho Nacional de Turismo, «ao contrário do que sucede nos organismos similares do estrangeiro, [seja] exclusivamente composto por burocratas, que, por muito ilustres que sejam, não podem substituir-se aos representantes das grandes atividades nacionais» (vd. *ibidem*: 382). Várias foram as queixas semelhantes, com as quais os oradores solicitavam a intervenção direta do governo nas atividades turísticas, indicando como exemplos a seguir as estratégias usadas e bem-sucedidas em Espanha, Itália ou Alemanha. Era crença comum de que ao Conselho Nacional de Turismo, criado no âmbito da participação na Feira Internacional de Sevilha de 1929, deveria seguir-se um órgão monitorizado pelo Estado, tal como já sucedia em Espanha ou em Itália, através do *Patronato Nacional de Turismo Espanhol* e do *Ente Nazionale Italiano per il Turismo*, respetivamente (vd. Torres, 1935: 111). Outro modelo a seguir a partir de Espanha seria a construção de infraestruturas semelhantes aos *paradores* e *albergues* erigidos pelo PNT (vd. Ferreira, 1935: 361, 362).

Carlos Santos comparou ainda a intervenção estatal de uma série de países no desenvolvimento das respetivas indústrias turísticas, mas numa secção intitulada «O que se faz nos países onde se tomou a sério o Turismo» acabou por referir a Itália como o destino turístico que melhor soube contornar as adversidades resultantes do contexto europeu:

> A Italia, vendo em perigo as suas indústrias turísticas, pelo reflexo da situação económica mundial, faz os mais louvaveis esforços para, simultâneamente, manter o intercâmbio de natureza cultural, que tanto tem concorrido para o seu prestigio através do mundo, e uma importante fonte de receita, que quere conservar a tôdo o transe.
>
> Santos, 1935: 390

Manito Torres aludiu recordou a relação existente, em Itália, entre o turismo e seu *duce*, ao afirmar que

a Itália – a peregrina e dôce Itália – deve quási tanto o seu nome turístico actual à beleza imorredoira de terra, mar e céu, como à auto-
-estrada, á «via direttissima» e à tranquilidade social que Mussolini
lhe outorgou!

Em contrapartida – pondere-se – a aura de Mussolini não deve
menos ao turismo italiano, que ao mundo inteiro revela, a par da
natureza e da arte insuperáveis dum país predestinado, a garra aqui-
lína que o suspendeu, a tempo, sôbre o abismo!

Torres, 1935: 70

Esta é uma afirmação pertinente, pois, não só relaciona de forma
muito clara política e turismo, como o faz servindo-se de um ambiente
político particularmente caro ao regime do Estado Novo, a Itália
de Mussolini. A comunicação de José Duarte Ferreira, «A Indústria
de Turismo», parece complementar esta declaração, ao referir que
só «depois da Ditadura está portanto o país em condições de poder
exercer o *turismo*» (Ferreira, 1935: 347).

Existe mais uma linha temática comum a quase todas as sete
comunicações aqui destacadas e que valoriza a tradição, o passado e
os costumes *tipicamente portugueses*. Mais uma vez, está-se perante
conceitos que se sabe serem comuns às narrativas nacionalizantes e
turísticas, que os usam e repetem como forma de justificar as suas
representações, designadamente quanto à necessidade de preservar o
património construído. Na já citada comunicação de Manito Torres,
o orador mais uma vez fundiu esses dois discursos, quando referiu a
tradição como instrumento de um sector que sabia conservar e usar o
passado lado a lado com o progresso:

De modo que é a tradição – mais cheia de encantos, quanto mais
se exhuma e revéla, mais prenhe de ensinamentos, quanto mais recúa
e a civilização avança na sua desilusão diária – o único atractivo
turístico que resiste, incolume, ao tempo, ganhando, ao contrário,
com êle, novo interêsse!

[...] Cada vez mais cheios de prestígio o passado e a tradição,
servidos em tôdo o mundo por museus e reconstituições cada dia
mais numerosos e magníficos, o turismo tomou-os à sua conta e dêles
fez o seu mais resistente e irresistível atractivo!

[...] O turismo sabe isto muito bem e assim, ao lado da antiguidade provecta, surge, tão matemáticamente como a sombra segue a

vara, o hotel moderníssimo, com ascensor, água corrente e guarda-
-portão de barba frizada!

Torres, 1935: 93

Nesta perspetiva, a atenção dada ao restauro dos monumentos e
do restante património construído era apresentada como uma estratégia que devia ser valorizada, enquanto instrumento de recuperação
das glórias passadas e de correção dos erros feitos antes da «Revolução
Nacional». Na comunicação intitulada «Monumentos Nacionais –
Orientação técnica a seguir no seu restauro», Henrique G. da Silva
reforçou essa mesma importância, quando referiu que

> a obra realizada nos últimos anos é das que afirmam que o País,
> sem deixar de acalentar os naturais anceios pelas conquistas da civi-
> lização moderna, voltou ao Passado no culto dos seus Monumentos,
> restaurando uns, conservando outros, dando, enfim, a todos a pureza
> da sua traça primitiva.

Silva, 1935: 55

O clima de paz social que o regime dizia existir em Portugal, e
que as comunicações dos oradores do I Congresso da União Nacional
faziam por ecoar, seria o resultado da existência de um regime político
próprio que, entre outros benefícios, permitia que a atividade do lazer
vingasse, ao contrário do que sucedia nos demais destinos turísticos
europeus. Esse ambiente estável e acolhedor atraía visitantes estrangeiros, que seriam cada vez mais os principais destinatários das narrativas turísticas portuguesas. José Duarte Ferreira referira, como antes
indicado, que só depois de instaurada a ditadura tinha sido possível
desenvolver o turismo, e Manito Torres corroborou essa afirmação da
seguinte forma:

> a confiança, a tranquilidade, a segurança, a paz públicas – eis os fac-
> tores principais, quasi únicos, da prosperidade turística que ora nos
> beneficia; eis, juntamente com os atractivos e condições naturais, os
> fundamentos sôbre que precisa apoiar-se qualquer obra ou organiza-
> ção turística, para ser útil e duradoura.

Torres, 1935: 70

Os fluxos de turismo internacional, compostos por «revoadas de americanos, inglêses e saxões» (vd. *ibidem*: 71), começaram a considerar a Itália como destino preferencial, tendo incluído também Portugal, em detrimento de «uma França sombria e preocupada e [de] uma Espanha agitada» (vd. *ibidem*: 71). Eram a «plena paz» (vd. *ibidem*: 72) e o espírito de renovação social que atraíam visitantes, em busca de descanso de espírito. Por oposição ao que sucedia em Portugal, Torres referiu ainda o fracasso do Carnaval de Nice, em 1933, devido a uma greve de funcionários, e as perturbações políticas na Turquia e nos Balcãs que teriam acabado por prejudicar o turismo nessas regiões (vd. *ibidem*: 79, 88).

Também a necessidade de usar algumas estratégias de mediação na construção de representações turísticas foi admitida neste encontro da União Nacional. Manito Torres justificou a urgência de «ocultar do turista os males, fraquezas e fealdades, para realçar as vantagens, virtudes e belezas, desviá-lo, insensivelmente, das impressões desagradáveis para lhe proporcionar, amplificadas, as bôas» (vd. *ibidem*: 87), referindo igualmente ser necessário calar tudo

> quanto perturbe a sensibilidade do turista, [pondo] em evidência quanto o tranquilize e lhe agrade e percâmos o amor à «caixinha» jornalística do crime, da revolução, da gréve, da epidemia, que vão sendo cada vez menos dignas do nosso tempo, da nossa época e dos nossos instintos inteligentes.
>
> *ibidem*: 87

A apologia da mediação aconteceu de novo, quando o mesmo orador narrou um episódio por que passara, enquanto turista em Itália, e que é particularmente esclarecedor do fascínio nacional sentido pelo modelo transalpino, quer na política, quer no turismo:

> Se as [paixões políticas] não pudermos calar de tôdo – escalracho latino difícil de expurgar! – façâmos como o velho cocheiro anti--fascista de Genova que, conduzindo-me em 1933, através as ruas gloriosas do seu burgo, a cavaleiro do magno pôrto de actividade fabríl, agora em ordem após a anarquia de 1922, me dizia, brandindo o seu cachimbo à altura do nariz vermelho:
>
> – Ah! meu senhor! Tudo fingido! Nem liberdade, nem parlamento, nem nada! O que há é socêgo e paz e trabalho e... estrangeiros! Nunca houve tantos em Itália! Já comprei outro carro...

Lá trabalhinho, sim, isso há! Mas o mais, creia, tudo fingido! Tudo fingido!! – e tocava o nédio cavalo, testemunha adiposa do bem-estar do seu patrão...

E com isto, êste símbolo de carne e ôsso, tranquilizava o seu turista, servia a sua Itália e fazia o gostinho ao seu dêdo... anti-fascista! Assim, sim!!

Se se consegue em Portugal o estado de espírito e o bom senso do cocheiro de Génova – acomodar a paixão dum latino ao raciocínio frio dum scandínavo – então temos turismo em Portugal!!

ibidem: 89

Um dos temas preferidos do regime, a propaganda, foi também apresentado neste congresso da União Nacional, concretamente em algumas das comunicações acerca de turismo. Além da assumida falta de uma propaganda uniforme para o sector, alguns dos oradores antes citados, como, mais uma vez, Manito Torres, discorreram ainda um pouco mais sobre o assunto, referindo especificamente que essa uniformização era ainda mais prioritária na propaganda turística desenvolvida em destinos estrangeiros, por só assim ser possível a criação de uma imagem «patriótica» de Portugal:

[P]ermito-me sugerir a vantagem nacional que haveria em estabelecer superiormente um padrão único de propaganda, em formato e características gerais, dos elementos de turismo a editar. [...] Mas, a vantagem residiria em que a propaganda de todo o país ficaria, deste modo, além de orientada num espírito artístico e patriótico de conjunto, representada por uma colecção d'elementos análogos, do mesmo tipo e formato, que, decididamente, valorizaría melhor do que a dispersão actual o objectivo local e nacional que se pretende atingir.

ibidem: 114

Além disso, reiterou-se que a situação única que o país vivia, e que lhe permitia continuar a receber visitantes estrangeiros, deveria ser aproveitada, pois dessa sinergia resultaria um excelente veículo para a divulgação do Estado Novo português no estrangeiro:

Tal como se concebe hoje, tal como começa a estar montado por tôda a parte, o turismo é ainda um maquinismo vasto e benéfico, de marcha por vezes lenta mas sempre regular, que acorda e

PROPAGANDA E UNIÃO NACIONAL

garante a tradição, preserva o património das arremetidas do ignário, promove, na justa medida, o progresso material e moral dos povos, abre-os ao convívio geral e constitue elemento seguro – e irresistível mais que nenhum outro – de influxo e **propaganda** externos, não exclusivamente sob o ponto de vista das belezas artísticas e naturais, mas ainda através do prisma cultural político e nacionalista.

ibidem: 69

A exuberância com que o sector turístico foi apresentado no I Congresso da União Nacional permite concluir que, já no ano de 1934, o regime de Salazar parecia, de facto, começar a encará-lo como algo mais do que a mera fonte de riqueza que tantos lhe chamavam. Devem merecer destaque o pormenor e o rigor das comunicações de Manito Torres, Duarte Ferreira e Henrique Silva sobre turismo, bem como os seus discursos claramente evocativos de narrativas nacionalizantes, a propósito da mesma atividade. Pelo exposto, *deve entender- -se a relevância atribuída à rotina turística pelo I Congresso da União Nacional como uma prova evidente e irrefutável de que, para o regime do Estado Novo, este sector poderia constituir mais um poderoso instrumento de propaganda ideológica.*

Capítulo 2

I Congresso Nacional de Turismo

Em janeiro de1936, realizou-se em Lisboa o I Congresso Nacional de Turismo. Pretende-se neste momento investigar os objetivos oficiais que justificaram a sua organização, bem como o impacto do mesmo e a cobertura jornalística de que foi alvo. Esta abordagem servirá para averiguar, mais uma vez, a relação que o Estado Novo pretendia manter com o sector turístico e assinalar as principais preocupações dos participantes no congresso relativamente ao «problema do turismo», expressão recorrentemente usada pelos mesmos.

Se se consultarem os jornais *Diário de Notícias* e *O Seculo* dos anos de 1935 e de 1936, prontamente se conclui que 1936 terá sido um ano significativo para a indústria turística portuguesa. Na verdade, são quase diárias as reportagens que descrevem os movimentos de excursões estrangeiras em território nacional, a divulgação de passeios organizados pelos Caminhos de Ferro Portugueses, principalmente ao Algarve e à serra da Estrela, a publicidade a infraestruturas hoteleiras, localizadas quase sempre na Costa do Sol, e ainda a cobertura de reuniões e encontros relacionados com o sector, como iremos, de seguida, demonstrar.

Neste âmbito, pode destacar-se, por exemplo, que, depois de nomear o Automóvel Club de Portugal para a sua vice-presidência, a Alliance Internationale de Tourisme – AIT anunciou que a sua assembleia anual, designada por Congresso Internacional de Turismo, iria decorrer em Portugal. A Alliance Internationale de Tourisme, que fora fundada em Paris a 30 de maio de 1919 e tinha na altura oito milhões de associados internacionais, ocupava-se do «estudo das

A BEM DA NAÇÃO

questões internacionais de turismo e de circulação; no desenvolvimento do turismo internacional; e, sôbretudo, na coordenação de iniciativas que facilitem a execução da obra internacional das associações de turismo» («*O SECULO*» *e o Congresso*, suplemento de O Seculo, 13 de janeiro de 1936: 4).

A realização do Congresso Internacional de Turismo em Portugal implicaria a deslocação de delegados provenientes de cerca de quarenta e oito países, e, provavelmente por esse motivo, resultou em mais um acontecimento visivelmente apadrinhado pelo regime político português. A sua realização parecia constituir uma ocasião ímpar para divulgar a «Nação», pelo que se deveria aproveitar e «colher o fruto que nos é oferecido em benefício da nossa propaganda no estrangeiro» (*Diário de Notícias*, 23 de setembro de 1935: 3).

O anúncio público deste encontro foi feito por Roque da Fonseca, em nome do Automóvel Club Português, de que era diretor, e serviu para que a singularidade da «Nação» portuguesa fosse, de novo, enaltecida a pretexto do comportamento da população portuguesa face à indústria turística:

> Os delegados dos organismos filiados na A.I.T. [...] serão recebidos em Portugal, não só com as honras devidas á sua alta categoria, mas tambem com o carinho que a gente portuguesa sabe dispensar aos estrangeiros amigos, com quem comungam e lutam, dedicada e esforçosamente, por causas comuns. [...] A Assembleia da A.I.T. de 1936 [...] [terá] o patrocinio e a colaboração oficial do Governo português, a que preside a alta figura do sr. dr. Oliveira Salazar, a quem Portugal, em plena actividade reconstrutiva, deve o poder apresentar-se ante o Mundo [...] como um país onde há ordem publica, estabilidade governativa, regeneração financeira e progresso económico.
>
> *Diário de Notícias*, 19 de setembro de 1935: 7

Este congresso, que afinal foi uma mera reunião preparatória para a grande assembleia internacional que veio a ocorrer em Itália em setembro do mesmo ano, aconteceu, então, em Lisboa em abril de 1936, tendo sido objeto de alguma atenção por parte da imprensa portuguesa. Foram divulgados relatos dos trabalhos, das visitas efetuadas pelos delegados (vd. *Diário de Notícias*, 13 de abril de 1936: 1) e do banquete de gala (vd. *Diário de Notícias*, 15 de abril de 1936: 2), havendo ainda espaço para recordar os «notáveis» obreiros da «Nação», como

I CONGRESSO NACIONAL DE TURISMO

António de Oliveira Salazar (vd. *ibidem*: 2). No dia 23 de abril, a página 13 do mesmo diário sumariava da seguinte forma as vantagens resultantes desta reunião:

> RESULTOU UMA UTIL JORNADA DE PROPAGANDA NACIONAL a «Assembleia da Primavera» dos Automoveis Clubs Reconhecidos. Importante reunião internacional patrioticamente promovida pelo ACP. [...] A simples aquiescencia e aplauso do sr. dr. Oliveira Salazar só por si bastaram para nos animar... Para o facto da escolha de Lisboa [...] contribuiu poderosa e decididamente o sentimento da admiração e interesse pelo nosso País e pelo momento actual da politica e vida social portuguesa, e a posição excepcional que Portugal está marcando como povo que sabe o que quere e para onde vai, com uma politica interna e externa firme e bem ordenada, que todos admiram e invejam.
>
> *Diário de Notícias*, 23 de abril de 1936: 13

O Seculo também mencionou este encontro internacional e, à semelhança do que sucedeu com a cobertura efetuada pelo *Diário de Notícias*, não usou demasiado espaço para comentar as reuniões. Apenas as edições de 14 e 15 de abril de 1936 do jornal referiam as sessões de trabalho, sem que houvesse, no entanto, um grande desenvolvimento dessas notícias, optando-se antes por enaltecer o ambiente político e social que permitira a realização do evento, como podemos constatar no excerto de uma entrevista concedida por Joaquim Roque da Fonseca:

> Tem tambem o congresso outro aspecto interessante [...] – que é o de possuirmos a casa arrumada, para quando reunir em Lisboa o grande Congresso Internacional do Turismo, que é sempre a assembléa anual da Aliança Internacional do Turismo, e que, pelo convite que, como delegado do A.C.P., tive a honra de apresentar, no ano findo, em Budapeste, se realizará em Lisboa em Abril próximo.
>
> «O SECULO» e o Congresso, suplemento de *O Seculo*, 13 de janeiro de 1936: 3

Ainda no mesmo ano, em finais de abril, realizou-se outra cimeira importante para a indústria. Desta feita tratou-se de uma reunião magna do Conselho Nacional de Turismo. O evento apenas foi anunciado numa página interior da edição de dia 17 de abril de *O Seculo*

127

(vd. *O Seculo*, 17 de abril de 1936: 13) e referido posteriormente na edição publicada no último dia do encontro (vd. *O Seculo*, 29 de abril de 1936: 9).

1. O primeiro encontro nacional sobre turismo

O grande acontecimento turístico institucional foi, sem dúvida, o I Congresso Nacional de Turismo que representa um marco incontornável para a atividade turística portuguesado século XX. Como se irá verificar de seguida, o seu impacto na sociedade foi grandioso. Por um lado, tratou-se da reunião que, até à década de trinta, atraiu um maior número de altos dirigentes envolvidos em diversos tipos de instituições turísticas e hoteleiras portuguesas. Por outro lado, deve realçar-se a participação no mesmo de inúmeras figuras com importantes cargos políticos no Estado Novo, como o presidente da República, o presidente do Conselho e até alguns ministros.

É de salientar a exaustiva cobertura jornalística que acompanhou este congresso desde que foi anunciado, em meados de 1935, até cerca de quatro meses após a sua conclusão. Durante todos estes meses, a imprensa portuguesa apresentava invariavelmente a atividade turística como uma causa de verdadeiro interesse nacional, à qual dedicava, por isso, uma vasta atenção. Parece, pois, interessante perceber até que ponto esta seria uma afirmação meramente gratuita ou se, pelo contrário, se tratava do mote que pautava a forma como o regime pretendia fazer uso da atividade turística.

Cumpre igualmente assinalar como pertinente e curioso o facto de Portugal se ocupar da organização de um evento deste teor, enquanto o resto da Europa vivia um crescente clima de instabilidade que acabaria por conduzir a uma guerra mundial apenas três anos depois. No prefácio ao livro de Christine Garnier *Férias com Salazar*, Fernando Rosas fala do chefe de Estado português como alguém que, na década de cinquenta, devido ao afastamento dos conflitos europeus, se «sente mais seguro do que nunca nas suas certezas. Acha que pode e deve dar lições ao mundo decadente, perturbado e ameaçado do pós-guerra» (Rosas, 2002:19). Essa seria talvez a atitude oficial do regime quando, cerca de quinze anos antes, ou seja, por ocasião destas jornadas sobre turismo, se pretendeu afirmar e mostrar Portugal como um destino turístiço privilegiado, o que, nas palavras do regime, só era possível devido à existência da atitude política claramente diferente que o caracterizava e distinguia.

O anúncio da realização do I Congresso Nacional de Turismo constituiu assunto suficientemente importante para ocupar parte da primeira página da edição do dia 22 de julho de 1935 do jornal *O Seculo*. O artigo comunicava que o encontro iria acontecer no mês de novembro, em Lisboa ou no Porto, e anunciava os nomes dos membros da comissão organizadora. As expectativas acerca deste evento eram elevadas e sugeriam que a reunião iria, de facto, ocupar-se de uma atividade de interesse nacional:

> Depois de cuidadoso estudo, foram elaborados o programa e o regulamento que hão-de orientar o Congresso para que os seus resultados sejam uteis, dentro das realidades actuais, e as conclusões que vierem a ser votadas representem, de facto, o aproveitamento de uma análise, tão profunda quanto possível, de todos os problemas que, directa ou indirectamente, interessam ao turismo, que é uma causa de verdadeiro interesse nacional.
>
> O Seculo, 22 de julho de 1935: 1

Apesar de diversos ajustes feitos ao programa das jornadas ao longo dos meses que antecederam o congresso, mantiveram-se unânimes as convicções de que dele sairiam importantes e úteis conclusões para a situação específica da realidade turística portuguesa. Como se verificará posteriormente, estes terão sido chavões por demais repetidos no decurso dos quatro dias de congresso. Toda a sua organização foi motivo de entrevistas, reportagens e artigos quase diários na imprensa portuguesa, mas, apesar disso, não foram divulgadas as razões que determinaram que o encontro tivesse sido adiado para os dias 12 a 16 de janeiro de 1936.

A ideia da realização de um congresso dedicado exclusivamente à indústria turística portuguesa foi proposta por Raul da Costa Couvreur, o representante da Sociedade de Propaganda de Portugal no Congresso de Automobilismo e Aviação Civil, que teve lugar no Porto, no ano de 1934. Segundo Couvreur, esse encontro teria como propósito analisar o turismo nacional e reunir um conjunto de planos e estratégias, que seria, no final, entregue aos representantes do regime para que o avaliassem e implantassem, se tal resultasse «a bem da nação», como referiu Roque da Fonseca (vd. Fonseca, 1937).

A BEM DA NAÇÃO

Uma das razões que justificava, aos olhos do poder, o crescente sucesso do sector turístico em Portugal, e, por isso, a realização deste encontro, fora já evocada por alguns dos elementos presentes no I Congresso da União Nacional ao aludir às alegadas ordem e estabilidade sociais ausentes do resto da Europa, que acabavam por atrair mais visitantes para este destino, ao contrário daquilo que começava a suceder em locais tradicionalmente mais ligados à atividade, como França ou Suíça, por exemplo. Joaquim Roque da Fonseca, o orador oficial do I Congresso Nacional de Turismo, referiu na respetiva sessão de abertura que ocorreu no Salão Nobre da Câmara Municipal de Lisboa que:

> Portugal é hoje, sob êsse ponto de vista [ordem pública], quási um país excepcional, é sabido, por um lado, que sem ordem pública não pode haver Turismo, e que, por outro, bem raros são os países que se encontram na situação do nosso – as conclusões são fáceis de tirar.
>
> Fonseca, 1936: 61

A Comissão Organizadora do I Congresso Nacional de Turismo parecia determinada em tornar este encontro um «movimento colectivo e nacional sôbre o Turismo» (*Congresso Nacional de Turismo. Relatórios*, 1936: 82) A divulgação e os comentários quase diários feitos pela imprensa, bem como o número de atividades que compunham o programa do congresso, evidenciam esse objetivo e demonstram o empenho oficial para um sucesso, à partida, garantido. Além das reuniões de trabalho, o programa incluía, ainda, passeios a Sintra, Cascais e «Estoris», bem como um jantar de gala no Hotel Palácio do Estoril.

Ainda antes da sessão inaugural do encontro, os congressistas tiveram acesso a um programa pormenorizado que puderam recolher na Sociedade de Geografia de Lisboa. Sob o título *Programa, horário e indicações úteis*, este folheto listava os locais onde iriam decorrer as diversas sessões, como o Salão Nobre da Câmara Municipal de Lisboa ou a Sociedade de Geografia, e os espaços de recreio, como Sintra, Cascais ou o Hotel Palácio do Estoril. Os participantes eram ainda informados acerca das presenças de alguns representantes do governo, como o chefe de Estado ou o ministro do Interior, bem como sobre os trajes e condecorações que deveriam enverger em determinadas ocasiões.

O documento anunciava igualmente que, na sessão de encerramento, seria redigida uma mensagem final que relataria as conclusões destinadas a serem remetidas ao governo, o que se terá efetivamente concretizado, conforme notícia de *O Seculo* (vd. *O Seculo*, 20 de fevereiro de 1936: 1). Este livrete facultava também uma série de informações que permitiam aos delegados saber quais as vantagens de que poderiam usufruir durante os cinco dias de duração das jornadas, tais como descontos em hotéis ou nos Caminhos de Ferro Portugueses.

As diferentes sessões do I Congresso Nacional de Turismo acolheram cento e setenta e nove participantes. Este elevado número de congressistas incluía profissionais de várias áreas da hotelaria e do turismo, nomeadamente presidentes de comissões de iniciativa e de turismo, ou edis com responsabilidades no sector. A presidência de honra foi atribuída ao presidente da República, Óscar Carmona, e as comissões de honra e de patrocínio incluíam importantes figuras da cena política de década de trinta. Assim, da Comissão de Honra faziam parte os ministros do Interior, da Justiça e dos Cultos, da Guerra, da Marinha, dos Negócios Estrangeiros, das Obras Públicas e Comunicações, das Colónias, da Instrução Pública, do Comércio e Indústria e da Agricultura. Da Comissão de Patrocínio, por seu turno, faziam parte o diretor do Secretariado de Propaganda Nacional, António Ferro, o presidente da Comissão de Propaganda de Portugal no Estrangeiro, o presidente do Conselho Nacional de Turismo, o presidente da Sociedade Propaganda da Costa do Sol e o presidente da Direcção da Sociedade de Portugal. Contudo, os elementos que constituíam as duas comissões apenas terão contribuído com o eventual prestígio associado aos seus nomes e às suas funções, já que a sua participação ativa no congresso se resumiu à presença no jantar de encerramento no Hotel Palácio do Estoril. *A inclusão de todos estes representantes do Estado não deixará naturalmente qualquer dúvida quanto à intenção de tornar mais óbvio e incontornável o vínculo que se pretendia estabelecer entre o Estado Novo e a indústria turística.*

O presidente da Comissão Organizadora do congresso, João Antunes Guimarães, antigo Ministro do Comércio e Comunicações e deputado à Assembleia Nacional na década de trinta, iniciou a sessão solene inaugural, difundida pela Emissora Nacional, a partir do Salão Nobre da Câmara Municipal de Lisboa, presidida pelo chefe de Estado, com «palavras de saudação e homenagem», evocando o prestígio pátrio recuperado com a revolução de 1926 e o nacionalismo português que guiava os atuais governantes:

Luz que dimana da estrêla que surgiu em 28 de Maio de 1926 no firmamento da Pátria, ou melhor, se reacendeu, porque ela já brilhára noutras épocas e com brilho tão fulgente que logrou dissipar as trevas que envolviam mundos imensos até então desconhecidos, e aos milhões de almas que os habitavam, alumiou francamente o caminho da espiritualidade.

É a estrêla de Portugal! É a mesma que agora guia os nossos governantes no rumo do Nacionalismo Português, desviando-se de veredas traiçoeiras ou de perturbadoras influências estranhas.

Guimarãis, 1936: 46

Considerando todos os rumores em torno deste evento, não será de estranhar que este deputado tenha usado ainda o seu discurso para deixar bem claras as verdadeiras motivações para a realização do congresso. Partindo do pressuposto êxito inerente ao encontro, Antunes Guimarãis referiu o desejo de «bem servir» que movia «os portugueses, que obedecem à mais harmónica e equilibrada cooperação – cada um no seu lugar e aí exercendo devotamente as respectivas funções» (vd. *ibidem*: 46). Esta alusão inicial, evocadora do teor corporativista que pautava o regime, tornava as palavras de Antunes Guimarãis uma óbvia palestra ideológica, facilmente adaptável a qualquer temática e não apenas ao turismo. Continuou, no mesmo tom, referindo a «estrela» surgida a 28 de maio de 1926 que «guia os [...] governantes no rumo do Nacionalismo Português, desviando-se de veredas traiçoeiras ou de perturbadoras influências estranhas» (vd. *ibidem*: 46). Somente após este claro introito ideológico parece ter surgido a altura certa para dissertar acerca do motivo da reunião. Apesar de todo o trabalho feito em prol do turismo pela Sociedade de Propaganda de Portugal – criadora das comissões de iniciativa, das Casas de Portugal, das primeiras classificações hoteleiras e das primeiras escolas de intérpretes –, pelo Automóvel Club de Portugal, pelo Conselho Superior de Turismo, pelo Secretariado de Propaganda Nacional, pelos grémios regionais, pelas Casas de Portugal, pela Sociedade Estoril e pelas Comissões de Iniciativa, Antunes Guimarãis justificava a pertinência do congresso com a necessidade de harmonizar a indústria com o espírito do Estado Novo, a cujos representantes seriam entregues

os relatórios finais, conclusões, votos e teses aprovados no Congresso confiados em que a obra patriótica do Govêrno se confirmará mais uma

I CONGRESSO NACIONAL DE TURISMO

vez dentro da remodelação e organização do Turismo Nacional, pela mesma forma alevantada e tão profícua por que se tem afirmado em todos os aspectos da vida social portuguesa e do renascimento da Nação.

ibidem: 7

Apenas no final do discurso foi abordada a temática da reunião, mas, mesmo assim, o orador não deixou de enumerar alguns dos grandes feitos do regime, como as alegadas recuperações financeira e patrimonial. Portugal, afirmou, tornar-se-ia um destino turístico preferido graças a uma política diferente que promovia a paz e a ordem, e que agradava igualmente a todos os nacionais e estrangeiros que pretendessem conhecer uma «Nação» com uma história ímpar. O discurso de Antunes Guimarãis terminou com a referência a alguns bordões nacionalizantes, presentes, por exemplo, nas insistentes alusões a «raça» ou ao património edificado que evocava o passado «glorioso», datado, como sempre, dos descobrimentos renascentistas e da colonização. As suas palavras finais não hesitaram em conferir uma essência religiosa à raça e ao espaço lusitanos, ao referir as romagens a Portugal, os lugares sagrados da pátria e até as relíquias do passado. Nesta fase do discurso, é difícil entender se o orador aludia àquilo que atraía movimentações turísticas ou se, por outro lado, estaria mais interessado em repetir os valores que regiam a política do regime nacionalizante de Salazar.

Não resisto, contudo, a afirmar a V. Ex.ª que, acima das importantes vantagens materiais que a Nação há-de auferir do turismo, eu coloco, entre as preocupações que me assoberbam o espírito, a ânsia de que Portugal, continuando a grande politica que restabeleceu a ordem nas ruas e a paz entre os portugueses, que restaurou as finanças e os monumentos nacionais, que vai compensando com numerosas obras da maior utilidade o tempo que perderamos no caminho do progresso, seja o solar nobilíssimo da raça lusíada. [...] É comovidamente que eu antevejo, mais do que as excursões de turistas estrangeiros, as romagens de portugueses e de todos os povos oriundos da nossa raça, espalhados na América, na África, na Ásia, em todo o Mundo, ao solar dos lusíadas, aos lugares sagrados da Pátria, aos monumentos que perpetuam as façanhas dos nossos avoengos, e aos museus e arquivos que guardam as relíquias da nossa História gloriosa!

ibidem: 48–49

1.1. As sessões

As sessões de trabalho do I Congresso Nacional de Turismo decorreram na Sociedade de Geografia de Lisboa e foram inauguradas com o discurso do orador oficial do congresso, Roque da Fonseca, que sugeriu «um voto de saüdação e louvor a Suas Excelências o Senhor General Carmona, Doutor Oliveira Salazar e Tenente-coronel Linhares de Lima [antigo presidente da Câmara Municipal de Lisboa], e ainda à Imprensa» (Fonseca, 1936: 65).

Também para Roque da Fonseca a ordem pública inexistente em outros países justificava a oportunidade da realização do I Congresso Nacional de Turismo em Portugal. O orador enfatizou, igualmente, a necessidade de se construir hotéis modestos, económicos e regionais, a par de grandes hotéis de luxo, infraestruturas imprescindíveis nos grandes centros turísticos como Lisboa, Porto, «Estoris», Buçaco e nas zonas de praias ou termas. Apesar de toda a obra já feita em prol da atividade turística, nomeadamente pelos organismos referidos por Antunes Guimarãis, afigurava-se-lhe como necessário adequar ainda mais a propaganda turística à realidade portuguesa contemporânea e investir no sector, não perdendo nunca a noção de que Portugal era uma «Nação» diferente das outras. A «capital do Império», como referiu, e as zonas costeiras não apresentavam a grandiosidade e opulência de outras paragens, mas, na sua humildade, seriam também capazes de atrair visitantes. Esta tónica de modéstia e despretensão fazia parte dos valores e qualidades atribuídos ao povo português e seria permanentemente enaltecida pelo regime do Estado Novo, nomeadamente na imagética usada na coleção de postais *A Lição de Salazar*, publicada dois anos depois (vd. Parte I), ou nos textos de António Ferro sobre a indústria do lazer.

Depois de cumprida a necessidade de discorrer sobre o objeto do congresso, Roque da Fonseca não deixou de alargar os tópicos da sua preleção a uma temática menos turística, e mais política e nacionalizante. Assim, a propósito da profusão nacional de «matéria prima excelente, variada e inexgotável» (vd. *ibidem*: 50) para a atividade em causa, referiu que o sector permitiria ao mundo conhecer «as virtudes inatas da raça portuguesa» (vd. *ibidem*: 50). O passado heroico português também foi, como seria de esperar, evocado num momento em que, segundo Roque da Fonseca, já se vivia um tempo pleno de ressurgimento de prestígios antigos, do qual o presidente do Conselho Oliveira Salazar seria o legítimo e natural «timoneiro dessa nau caprichosa, nem sempre vogando em águas bonançosas» (vd. *ibidem*: 60).

I CONGRESSO NACIONAL DE TURISMO

É que ter optimismo, é crêr no futuro da Pátria, confiar num Portugal renovado e progressivo, cujo ressurgimento seja uma aurora magnífica de côres triunfais, à claridade da qual comecem a desenhar-se os contôrnos do novo caminho a percorrer, que há de ser em tudo digno do passado glorioso dêste Povo, eterno crédor do Mundo e da Civilização!

ibidem: 62

A Comissão Organizadora do congresso anunciou antecipadamente a forma como iria decorrer esta grande reunião sobre turismo. Antes do início do congresso, os delegados podiam ter acesso às cópias de todas as comunicações que iriam ser apresentadas na Sociedade de Geografia. Cada uma das sessões de trabalho teria o seu próprio relator-geral, cuja função consistiria em expor aos participantes dessa mesma sessão um resumo comentado de todas as comunicações nela inscritas, pelo que os participantes não ouviriam nunca as teses dos demais congressistas pela voz do próprio autor. Como resultado desta metodologia, apresentada e justificada como sendo o modelo adotado em reuniões estrangeiras idênticas, nas sessões de trabalho discutiam-se apenas essas conclusões já mediadas pelo respetivo relator-geral, tendo, porém, os autores dos textos a possibilidade de intervir para focar pontos que considerassem mais interessantes ou pertinentes. Esta orgânica permitia que um mesmo congressista tivesse oportunidade de apresentar comunicações em mais do que uma sessão e originou situações caricatas, visto ter havido resumos mais extensos do que a própria comunicação original (depois de mediada), como sucedeu na terceira sessão relatada pelo engenheiro Couvreur.

Procurou verificar-se até que ponto a mediação dos relatores-gerais teria ou não deformado os conteúdos das teses originais. Apesar desta interferência, não foram encontradas diferenças significativas entre os resumos expostos e as comunicações apresentadas ao congresso. Aparentemente, na sua maioria, terão mantido os conteúdos técnicos inalterados em grande parte, reproduzindo, também sem alterações de maior, os comentários de enaltecimento ideológico. Na verdade, quando tudo já estava dito nas apresentações dos congressistas, e depois de todos os elogios proferidos, pouco mais haveria que os relatores-gerais pudessem ter acrescentado ou modificado...

Apenas as conclusões expostas pelos diversos relatores-gerais eram sujeitas a votação, e consequentemente incluídas nas atas finais

135

A BEM DA NAÇÃO

a apresentar aos órgãos competentes, na pessoa do presidente do Conselho. Em comunicado, a Comissão Organizadora do congresso acrescentou que as conclusões expostas pelos relatores-gerais apresentavam o benefício de veicular unicamente o resultado final mais conveniente para os propósitos do congresso.

As comunicações apresentadas foram repartidas por cinco sessões de trabalho, com os seguintes títulos e relatores-gerais:

1.ª Sessão – *Organização do Turismo em Portugal*. Relator-geral: Dr. Armando Gonçalves Pereira, catedrático do Instituto Superior de Ciências Económicas e Financeiras da Academia das Ciências de Lisboa;

2.ª Sessão – *Turismo Nacional e Internacional*. Relator-geral: Joaquim Roque da Fonseca, procurador à Câmara Corporativa e vogal do Conselho Técnico Aduaneiro;

3.ª Sessão – *Transportes e Comunicações*. Relator-geral: engenheiro Raúl da Costa Couvreur, secretário-geral do Ministério das Obras Públicas e Comunicações, inspetor superior de Obras Públicas, diretor da Sociedade Propaganda de Portugal e presidente da Associação dos Arqueólogos Portugueses;

4.ª Sessão – *Acomodações e Atrações*. Relator-geral: engenheiro Carlos Manito Torres, professor da Escola Industrial João Vaz, antigo engenheiro dos Caminhos de Ferro do Estado, presidente da Comissão de Iniciativa e Turismo de Setúbal;

5.ª Sessão – *Problemas vários*. Relator-geral: Dr. Mário de Gusmão Madeira, advogado e diretor do Automóvel Club de Portugal.

Se bem que a nível formal algumas das palestras seguissem uma estrutura simples que as levava somente a fazer uma apologia ideológica do salazarismo, e a referir descritivamente problemas ou projetos concretos próprios de determinados polos de atração turística, outras havia que se revelaram documentos extremamente bem conceptualizados e verdadeiramente académicos. Refira-se, a título de exemplo, a comunicação de José de Penha Garcia, que discorreu acerca de conceitos-chave da economia turística, como «economia de deslocação» ou «economia de permanência» (Garcia, 1936: 8), aplicados ao sector turístico. Ricardo Spratley, por seu turno, apresentou uma análise casuística de diferentes países emissores de visitantes, que revelou uma abordagem ponderada e erudita da

I CONGRESSO NACIONAL DE TURISMO

problemática do turismo (Spratley, 1936: 6). Fausto de Figueiredo, o grande impulsionador do turismo na Costa do Sol, preparou uma comunicação também deveras académica, «Organização do Turismo», cujo enquadramento inicial fornecia informação precisa e exaustiva proveniente do Banco de Portugal e que aludia também à tese sobre turismo apresentada por Duarte Ferreira no Congresso da União Nacional de 1934. Alguns dos delegados anunciaram, ainda, a necessidade de se fazer prospeção de mercados externos, devendo ser os resultados convertidos em estatísticas a usar para melhor delinear estratégias de implementação turística.

A leitura das atas do I Congresso Nacional de Turismo, bem como de todas as teses nele apresentadas, leva a concluir que houve uma óbvia coincidência de temáticas em muitas das exposições apresentadas. Assim, independentemente do assunto discutido, muitos foram os textos que procuraram dar ênfase a questões urgentes e de carácter mais prático, como a necessidade de construir hotéis, aos quais seria aplicada de imediato uma escala de classificação, a premência de urbanizar as zonas turísticas ou de construir «estradas de turismo», a importância de delimitar zonas de turismo ou a urgência de melhorar radicalmente a higiene das infraestruturas turísticas e hoteleiras. Foi igualmente comum a constatação da existência de um património nacional cultural ou imaterial que cativava o interesse dos turistas, mas que precisaria de continuar a ser recuperado e melhorado, sobretudo ao nível da higiene, como referiram Ricardo Spratley (vd. Spratley, 1936: 5) ou Fausto de Figueiredo (vd. Figueiredo, 1936: 11). A necessidade de aperfeiçoar a formação dos profissionais do sector foi discutida pela tese apresentada pelo Secretariado da Direção do Sindicato Nacional dos Profissionais na Indústria Hoteleira e Similares do Distrito de Lisboa, em «Escolas Profissionais da Indústria Hoteleira» (vd. Secretariado da Direção do Sindicato Nacional dos Profissionais na Indústria Hoteleira e Similares do Distrito de Lisboa; 1936: 2), e por Domingos Pepulim, na tese «Estradas, hotéis e hospedarias» (vd. Pepulim, 1936b). Algumas das teses ecoavam já uma preocupação geral com a falta de diversificação de produtos turísticos, o que parece indicar algo como o embrião dos atuais nichos do mercado turístico. Deve, porém, salientar-se o facto de todas *estas preocupações serem dirigidas fundamentalmente aos turistas estrangeiros, um mercado que ocupava um nítido lugar de destaque em inúmeras das exposições apresentadas*:

A BEM DA NAÇÃO

> Reputo de maior importância que o Congresso solicite do Estado a realização de iniciativas que não sendo aparentemente turísticas podem provocar grande afluência de estrangeiros, dando por conseqüência os mesmos resultados. Assim para *as classes intelectuais* os congressos, as conferências, os cursos de férias, as missões de estudo, as excursões escolares; para *as classes económicas* as feiras de amostras, as exposições indústriais, os cursos de expansão comercial; *para os literatos, escritores e artistas* a realização de exposições de arte, concursos, festas regionais e da cidade; *para os cultores de educação física*, de competições desportivas; *para as pessoas religiosas* as peregrinações.
>
> Pepulim, 1936a: 97

Aconteceu, principalmente com os autores das teses apresentadas na segunda sessão, haver longas e pormenorizadas descrições geográficas e históricas de áreas turísticas que deveriam ser intervencionadas. Esses textos recordavam fundamentalmente memórias longínquas nacionais, relatadas através das típicas e adjetivadas narrativas turísticas, que evocavam, em simultâneo, justificativos importantes para regimes políticos semelhantes ao Estado Novo, como eram as referências a um passado heroico e nobre e a alusão constante à essência da raça portuguesa.

Contudo, não foram apenas estes os assuntos que congregaram a atenção e a preocupação dos participantes. O tema da presente pesquisa dirige a atenção para outras questões igualmente preferidas pelos autores das teses, e que foram repetidas e enfatizadas pelos relatores-gerais, bem como pelos oradores das sessões inaugurais e de encerramento. De forma mais ou menos explícita, consta de todas as atas finais, e da grande maioria das teses, a declaração de que o Estado deveria ser o principal agente regulador da atividade turística, exaustivamente referida como sector relevante para as vidas política e económica do país. Foram propostos diversos mecanismos de intervenção que, apesar das diferentes denominações, deveriam, num futuro próximo, permitir uma ingerência oficial mais assertiva em todos os domínios do sector. Sugeriu-se a criação de uma Federação Nacional de Turismo, «segundo as normas corporativas, agrupando todas as atividades ligadas ao Turismo» (Pereira, 1936: 98), que deveria ficar adstrita à Presidência do Conselho, e de um Código de Turismo que reunisse toda a legislação turística em vigor. Outras propostas indicavam a necessidade de um Plano Nacional de Turismo, a

138

ser revisto periodicamente, e Domingos Pepulim advogou a constituição da Grande Comissão Central de Turismo Nacional, em «Zonas de Turismo das Beiras» (Pepulim, 1936a: 3). Fosse qual fosse a designação, a crença comum pode ser resumida através da seguinte afirmação de Fausto de Figueiredo:

> Nada se fará de útil, no nosso País, sôbre organização de turismo, sem a criação dum comissariado, dependente da Presidência do Conselho.
>
> Figueiredo, 1936: 11

Importa, contudo, destacar algumas teses que, de forma ainda mais explícita do que outras, associaram a indústria turística à ideologia de cariz nacionalizante promovida pelo regime do Estado Novo. Uma delas terá sido a comunicação de Júlio Pinto, «Valorização Turística do Norte», apresentada na segunda sessão. A defesa de uma valorização turística do Norte de Portugal foi o pretexto para manifestos elogios ao grande mentor da mudança, Oliveira Salazar, e a

> esta hora, desempoeirada da renovação, uma hora em que velhas estruturas sociais enferrujadas pelo tempo e gastas pelos homens entraram a caducar, sendo substituídas por outras – instituições e regimes – que procuram obter um mais eficiente rendimento humano, dentro de critérios de utilidade, justiça e aperfeiçoamento.
>
> Pinto, 1936: 3

Ao contrário daquilo que sucedia um pouco por todo o mundo, e apesar dos seus parcos recursos, Portugal havia ingressado num novo regime político que o levaria rumo à riqueza de outrora, o que encantava e espantava os (visitantes) estrangeiros. Júlio Pinto comentou também a diversidade da «pequena casa lusitana» (vd. *ibidem*: 6), sistematizando de vez a convergência entre as narrativas do regime e as representações turísticas, nas quais Portugal seria um país pobre e humilde, mas hospitaleiro, depositário de uma história ilustre e antiga, e que, ao contrário dos outros, encontrara um caminho digno e próprio. O congressista não terminou a sua palestra sem se referir a Lisboa, «a capital do império», e ainda a Alcobaça e à Batalha, «poemas de pedra que cantam feitos dos nossos heróis, santuários da raça onde todos os verdadeiros patriotas vibram de emoção» (vd. *ibidem*: 6).

A BEM DA NAÇÃO

Da segunda sessão evoque-se também o texto de Álvaro Viana de Lemos, «Excursionismo Popular. Turismo Médio», no qual, depois de sugerir a construção de campos de aviação, de uma estrada marginal entre Lisboa e os Estoris e daquilo que designava por estalagens-albergues, o orador reiterou o diferente enfoque que o regime político coevo pretendia atribuir ao sector turístico, que deveria ser um «turismo civilizado, resultante de movimentações sociáveis, de tolerância, de asseio e de higiene» (Lemos, 1936: 4). Além disso, caberia ao mesmo sector conseguir «proporcionar às classes menos abastadas deslocarem-se dentro do País em pequenas viagens de alto interêsse cultural nacionalista» (vd. *ibidem*: 5). *Esta comunicação parece particularmente clara quanto àquilo que se pretendia proporcionar aos turistas nacionais, e que estava muito distante do luxo e da sofisticação que se desejava oferecer aos mercados turísticos externos que visitavam Portugal*, como se verá no capítulo 1 da Parte III.

Além das questões mais pragmáticas anteriormente referidas, pode concluir-se que existe ainda um conjunto de outros temas comuns a quase todas as teses e que se encontra mais vinculado às eventuais mensagens ideológicas que a organização do I Congresso Nacional de Turismo pretenderia transmitir. A saber,

- a especificidade do turismo em Portugal,
- a propaganda turística,
- turismo internacional *versus* turismo doméstico,
- comparação de portugal com outros países,
- a coincidência dos justificativos nacionalizantes e dos justificativos turísticos.

A leitura das atas e das teses apresentadas a este congresso permite inferir que, *para o regime do Estado Novo, o turismo seria uma atividade que poderia, e deveria, congregar em seu redor um esforço nacional concertado, cujo objetivo primeiro seria uma melhoria radical do sector, de forma a tirar o melhor proveito possível da situação conturbada que afligia outros povos e, assim, atrair um número cada vez maior de visitantes estrangeiros*. Nesse âmbito, as zonas que mereceram a principal atenção dos congressistas foram a região Norte e Alto Vouga, a Figueira da Foz, Coimbra e Buçaco, S. Martinho do Porto, Lousã, serra da Estrela, Vila do Conde e Póvoa, Tomar, Nazaré, Sintra, Estoris, Costa da Caparica, Arrábida e Sado e ainda a

Praia da Rocha, por já constituírem na época razoáveis polos de atração turística com oferta mais ou menos diversificada e cujo potencial era reconhecido por todos.

Na senda daquilo que o regime promovia, a indústria de lazer deveria igualmente continuar a divulgar a imagem de um país humilde, preenchido por uma modéstia nobre que o diferenciava de qualquer outro destino turístico. Para manter a sua essência, não deveria nunca esquecer-se disso, o que, contudo, não o podia impedir de querer (re)assumir a sua grandeza ancestral. A «Nação» explicada, dois anos depois, em *A Lição de Salazar* antecipava-se, assim, nas narrativas turísticas, pois, enquanto destino turístico, Portugal deveria a ser despretensioso e pobre, mas, ao mesmo tempo, nobre e imaculado.

> Portugal [...] não pode alimentar a pretensão de ser uma grande Nação. Mas pode e deve aspirar a ser uma pequena grande Nação, um País decente, digno de aprêço e de visita pelas suas belezas naturais, pelo seu pitoresco e pelo seu asseio
>
> Guedes, 1936: 9

A necessidade de atrair mais visitantes estrangeiros, principalmente numa altura em que os mercados emissores atravessavam graves problemas de insegurança, constituía outra preocupação geral dos delegados ao I Congresso Nacional de Turismo. Essa questão fundamentava-se, não só na mais-valia económica que tais afluxos representariam para as finanças portuguesas, mas também porque um crescente número de visitantes estrangeiros significava, aos olhos do Estado Novo português, um valioso instrumento de divulgação e promoção das ideologias nacionais que permitiam a existência de um oásis de paz na Europa da década de trinta. Correia dos Santos e Ricardo Spratley foram dois dos oradores que exaltaram esta faceta do regime de Salazar, evocando referências escutadas em Londres e que davam conta de Portugal como o «refúgio da Europa» (Santos, 1936: 4) ou aludindo à visita de estrangeiros como fator de valorização e de propaganda (vd. Spratley, 1936: 5). As estratégias para atrair visitantes do resto da Europa incluíam um eventual acolhimento especial nas fronteiras (Santos e Perfeito de Magalhães, 1936: 3) ou cuidados melhorados de higiene em locais particularmente visitados por estrangeiros (Leitão, 1936: 3, Lopes, 1936: 4).

A BEM DA NAÇÃO

Tais planos compreendiam ainda um aumento significativo de propaganda nos principais centros europeus através das Casas de Portugal. Além disso, a propaganda turística nacional, produzida pela Sociedade de Propaganda de Portugal, deveria ser alvo de uma reestruturação que a adequasse às exigências e especificidades do contexto sociopolítico português (vd. Santos, 1936: 1), e, também neste aspeto, os exemplos de outros países, como Espanha e França, eram tidos como referências a seguir, como indica António Russel de Sousa na sua comunicação intitulada «Publicidade e Turismo» (vd. Sousa, 1936: 4).

Como se constatou, algumas das estratégias institucionais ou logísticas que poderiam vir a ser adotadas para a melhoria do sector em Portugal já haviam sido criadas e implementadas em outros países, nomeadamente em regimes políticos admirados pelo Estado Novo. Na análise contrastiva que fez com outros nove países, Penha Garcia destacou o exemplo da Itália, que, por «viver sob um regime corporativo, bastante próximo do nosso», seria um bom modelo de enquadramento do sector turístico «dentro da organisação estadoal» (Garcia, 1936: 8). Ainda no mesmo âmbito, Ricardo Spratley referiu os *paradores* espanhóis como uma tipologia de alojamento conveniente para Portugal (Spratley, 1936: 5).

As comunicações acerca dos polos de atração turística repetiram invariavelmente momentos tidos como emblemáticos da história portuguesa, como aconteceu, por exemplo, em «O Caminho de Ferro de Tomar à Nazaret ou Alcobaça, Batalha e Tomar perante o Turismo», de Vieira Guimarãis (vd. Guimarãis, 1936: 1). Também na comunicação «O Estado e o Turismo», Domingos Pepulim advogava que

> cada país, organizando a exploração colectiva e particular do turismo, valoriza, ao mesmo passo, internacionalmente, a nação, preparando potencialmente a *mise en valeur* dos seus valôres morais e materiais melhor do que o poderia fazer a mais inteligente diplomacia, estabelece contactos de observação, estudo e simpatias, que são o melhor veiculo para o intercâmbio sumptuário das nações e acôrdos oficiais de permuta entre dois países.
>
> Pepulim, 1936c: 3

A organização de feiras típicas e a abertura de museus regionais, que funcionariam como oficinas de divulgação das culturas locais e nacional, bem como a criação de cursos de língua e de «assuntos portugueses», seriam uma estratégia válida para alertar nacionais e estrangeiros para o real valor da «Nação» portuguesa (vd. *Congresso Nacional de Turismo. Relatórios*, 1936: 96).

2. A imprensa e o congresso

> O Congresso de Turismo tem sido um sucesso. Tem sido admiradíssimas as vendedeiras ambulantes de bolos com moscas a fazer turismo por cima dos pasteis.
>
> *Sempre Fixe*, 6 de fevereiro de 1936: 2

A nota acima transcrita foi retirada da edição do semanário satírico *Sempre Fixe*, publicado alguns dias após o encerramento do I Congresso Nacional de Turismo. Apesar do seu tom jocoso, é uma amostra da rigorosa cobertura jornalística de que o congresso foi alvo e que terá levado a que toda a comunidade com acesso à imprensa escrita tivesse sido coagida a participar no longo processo de preparação e realização do mesmo.

A imprensa «mais séria» do regime seguia naturalmente uma via diferente nos comentários feitos a propósito da realização do congresso. Foram analisadas as publicações sobre a matéria disponíveis em dois jornais diários, o *Diário de Notícias* e *O Seculo*, que, pela sua tiragem, difusão e relação com o regime, parecem objetos de estudo fidedignos para os propósitos desta pesquisa. Foram consultados todos os números de *O Seculo*, «o jornal de maior circulação em Portugal», publicados entre 3 de julho de 1935 e 27 de maio de 1936, assim como as edições do *Diário de Notícias*, divulgadas entre 1 de junho de 1935 e 31 de maio de 1936.

Ao longo destes meses, aconteceram naturalmente outros congressos e reuniões importantes em Portugal. Porém, a cobertura do I Congresso Nacional de Turismo suplantou qualquer outra realizada durante o mesmo período de tempo. A partir do anúncio do encontro, divulgado pela edição do dia 22 de julho de 1935, os leitores de *O Seculo* e *Diário de Notícias* foram acompanhando todo o processo de preparação do congresso. A profusão de artigos informativos sobre o evento foi aumentando, passando rapidamente de

A BEM DA NAÇÃO

pequenas caixas de texto a artigos de primeira página, com continuação no interior dos jornais, e até à publicação, por *O Seculo*, de um suplemento de dez páginas exclusivamente dedicado ao congresso.

Apesar de *O Seculo* ter sido nomeado a publicação oficial do congresso, o *Diário de Notícias* fez igualmente uma ativa cobertura das jornadas. Sobretudo a partir de setembro de 1935, este periódico foi publicando quase diariamente pequenos textos sobre o I Congresso Nacional de Turismo com informações sobre as inscrições, os títulos das teses já apresentadas e a preparação do programa. Com a aproximação da data da reunião, as notícias foram-se tornando mais extensas e regulares. Assim, em janeiro de 1936, o *Diário de Notícias* publicou uma série de entrevistas e reportagens com alguns membros da organização do congresso, como o ministro do Interior, Linhares de Lima (vd. *Diário de Notícias*, 5 de janeiro de 1936: 1), Raul Couvreur, diretor da Sociedade de Propaganda de Portugal (vd. *Diário de Notícias*, 8 de janeiro de 1936: 6), Carlos Manito Torres (vd. *Diário de Notícias*, 10 de janeiro de 1936: 4) ou o conde de Penha Garcia, também da Sociedade de Propaganda de Portugal (vd. *Diário de Notícias*, 11 de janeiro de 1936: 1). Todos os depoimentos destacavam a oportunidade do congresso, a predestinação de Portugal para se tornar um destino turístico preferencial no atual contexto social e político mundial e o papel desempenhado pelo Estado Novo para que esse objetivo pudesse ser concretizado. As palavras de Linhares de Lima sintetizam as opiniões dos outros entrevistados referidos no que respeita à justificação da participação do governo no congresso, à intervenção que vinha tendo na indústria turística e à utilização do sector para promover o regime português internacionalmente:

> O Governo acompanhará, com o maior interesse, os trabalhos do Congresso, por esta ser a primeira ideia a fixar no estudo do problema turistico: – a de que a indústria do turismo, tendo por base a maior expansão, sobretudo no estrangeiro, do conhecimento do Pais, despertando o culto pelos seus atractivos, no aspecto artistico, tradicional, étnico, cultural e até politico e social, envolve fortemente a dignidade do Estado pelo conceito queda vida portuguesa possam levar os turistas e, em consequencia, pela opinião que no Mundo se divulgue a nosso respeito. [...]
> E' que a reconstrução e a ampliação da nossa rêde de estradas, as ligações telefonicas, a actividade municipal – embelezando cidades,

144

vilas e aldeias – a restauração dos monumentos nacionais, as novas leis que favorecem a construção de hoteis de luxo, as facilidades concedidas ao embarque e desembarque de viajantes, o melhoramento dos portos e sua aparelhagem, toda a acção renovadora do Estado Novo tem, na verdade, contribuido para preparar o campo propicio á resolução do problema turistico.

Por outro lado, a tranquilidade, a ordem, a disciplina social, o exemplo financeiro e a experiencia politica vêm interessando fortemente os meios internacionais chamando a curiosidade e a atenção pelo nosso País.

Diário de Notícias, 5 de janeiro de 1936: 1

A partir de 13 de janeiro de 1936, este jornal foi relatando minuciosamente todas as atividades do congresso, sob títulos sugestivos como «Iniciativa patriótica o I Congresso Nacional de Turismo» (vd. *Diário de Notícias*, 13 de janeiro de 1936: 1), que narrava como a sessão inaugural acontecera ao som do hino nacional, anunciando-se, também, a intenção manifesta por todos os participantes do congresso de bem servir a pátria. Por seu turno, o artigo «A Bem da Nação o I Congresso Nacional de Turismo» (vd. *Diário de Notícias*, 14 de janeiro de 1936: 1) afirmava ter-se assistido a «sessões realizadas com entusiasmo e esperança». As informações difundidas pelo *Diário de Notícias* transcreviam quase em formato de ata as sessões de trabalho, como se verifica na edição do dia 15 de janeiro, mas incluíam também o relato das atividades recreativas, havendo, por isso, descrições da excursão a Sintra e aos Estoris (vd. *Diário de Notícias*, 15 de janeiro de 1936: 6) e do jantar de gala no Hotel Palácio do Estoril (vd. *Diário de Notícias*, 17 de janeiro de 1936: 6). A repercussão do sucesso do I Congresso Nacional de Turismo foi ainda motivo de júbilo na página 7 da edição de 18 de janeiro, devido aos comentários publicados no *Daily Mail* e em jornais brasileiros e norte-americanos.

Parecia ser de todo o interesse para o regime divulgar de modo tão exaustivo as atividades e conclusões deste encontro, pelo que cedo começou a cativar audiências e a mantê-las a par de todo o processo que levaria à concretização do congresso, e, desta forma, pelo menos a sociedade leitora de jornais diários terá participado virtualmente em todos os momentos que constituíram o I Congresso Nacional de Turismo, desde que o mesmo foi anunciado até aos seus resquícios, através, por

A BEM DA NAÇÃO

exemplo, da exposição fotográfica organizada por *O Seculo*, em maio de 1936. Porém, também a população iletrada era alvo desta campanha, pois os jornais publicavam grandes fotografias das diversas sessões do congresso, das atividades suplementares e das imagens a concurso na referida exposição. *De uma forma ou de outra, era necessário incutir em toda a sociedade a importância da indústria turística e, principalmente, o sentimento de comunhão e de pertença a uma mesma raça ímpar e herdeira de um passado digno e único, a qual deveria ser mostrada aos visitantes que vinham de fora e recordada aos nacionais.*

Como foi mencionado, a primeira página de *O Seculo* de 22 de julho de 1935 anunciava que se trabalhava «activamente na realização do Congresso Nacional de Turismo que se realizaria em Novembro em Lisboa ou no Porto» (*O Seculo*, 22 julho de 1935: 1). A notícia continuava com a referência dos membros já nomeados para a comissão organizadora([16]), os quais eram apresentados pelo jornal à população através um quadro composto de dez fotografias. Referiam-se, ainda, dados objetivos acerca do congresso e o necessário envolvimento da imprensa para a divulgação das metas propostas:

> Depois de cuidadoso estudo, foram elaborados o programa e o regulamento que hão de orientar o Congresso para que os seus resultados sejam uteis, dentro das realidades actuais, e as conclusões que vierem a ser votadas representem, de facto, o aproveitamento de uma análise, tão profunda quanto possível, de todos os problemas que, directa ou indirectamente, interessam ao turismo, que é uma causa de verdadeiro interesse nacional. [...] Aquela comissão conta com o apoio decidido e entusiástico da Imprensa para a realização dos seus objectivos.
>
> *O Seculo*, 22 julho de 1935: 1

Logo um dia após o anúncio do congresso, e também na primeira página, o jornal comentava o grande interesse despertado pelo mesmo, o que era tido como revelador da «ansiedade geral dos que se interessam pelo progresso e desenvolvimento do país» (*O Seculo*, 23 julho de 1935: 1). Cerca de um mês depois, foi divulgado o convite

---

([16]) A comissão organizadora incluía as dez personalidades seguintes: João Antunes Guimarães, Carlos Santos, Raul da Costa Couvreur, Caetano Beirão da Veiga, Conde de Penha Garcia, Fausto de Figueiredo, Joaquim Manso, Joaquim Roque da Fonseca, Dr. Manuel Maia e Luiz C. Lupi.

feito ao presidente da República e ao presidente do Conselho, bem como a outros membros do governo, para fazer parte da Comissão de Honra do encontro (vd. *O Seculo*, 20 de agosto de 1935:1). A partir desta data, também *O Seculo* atualizaria regularmente o número de inscrições, os títulos das comunicações a apresentar e os acertos no programa (vd., por exemplo, *O Seculo*, 3 de outubro de 1935: 2, *O Seculo*, 10 de dezembro de 1935: 2, *O Seculo*, 20 de dezembro de 1935: 6, e *O Seculo*, 10 de janeiro de 1936: 1).

Tal como se verificou acontecer com o *Diário de Notícias*, com a aproximação da data do congresso, *O Seculo* começou a publicar extensas entrevistas, na primeira página, com elementos da Comissão Organizadora do evento, ou seja, com os porta-vozes do regime para a indústria turística. Assim, a edição do dia 11 de dezembro do ano que antecede as jornadas apresentava na primeira página uma entrevista com Antunes Guimarãis, o presidente da Comissão Organizadora do encontro. Nessa entrevista, que continuava na página 4, o deputado justificava a oportunidade do I Congresso Nacional de Turismo por acontecer «na hora propria. Corresponde ao espirito de renovação que informa o País, sob a égide do Estado Novo» (*O Seculo*, 11 de dezembro de 1935: 1). Mais adiante na entrevista, Antunes Guimarãis não surpreende ao recuperar uma temática cara às narrativas nacionalizantes e às narrativas turísticas, isto é, o restauro patrimonial, para prosseguir com a alusão à «grande» obra do regime sobre o povo, ou seja, o restabelecimento da ordem:

> A restauração dos monumentos nacionais é outra grande obra do Estado Novo em prol do turismo. A principal de todas, porém, foi o restabelecimento da ordem e a influencia exercida na mentalidade do povo cuja educação lhe permite, hoje, encarar o turismo sob as suas diversas vantagens de ordem moral e material.
>
> *ibidem*: 4

A edição de 5 de janeiro de 1936 apresentou as opiniões do ministro do Interior, Linhares de Lima, que destacou a atenção que o governo daria aos trabalhos dos congressistas. Também neste depoimento a indústria turística surgia como um pretexto para se falar de algo eventualmente mais importante, uma vez que prontamente se opinou acerca da imagem de Portugal no estrangeiro, da «dignidade do Estado» e do bom exemplo português:

A BEM DA NAÇÃO

O Govêrno acompanhará com a maior atenção os trabalhos do Congresso. Fá-lo-á por muitos motivos, mas um é primacial: a indústria do turismo, com base na propaganda do nosso País, sobretudo no estrangeiro, e o objectivo de despertar interêsse pelos seus aspectos artisticos, étnicos, tradicionais e até políticos e sociais, envolve a dignidade do Estado, pelo conceito que da vida portuguesa possam levar os turistas. Assim, cumpre ao Estado zelar pela opinião que pelo mundo se divulgue a nosso respeito.

O Seculo, 5 de janeiro de 1936: 1

O vice-presidente da Comissão Executiva do Congresso e presidente do Automóvel Club de Portugal, Carlos Santos, foi entrevistado para a edição de 7 de janeiro de *O Seculo*, tendo utilizado a ocasião para repetir, como seria de esperar, o êxito previsto para a reunião e o papel primordial do Estado, personificado na figura de Salazar (vd. *O Seculo*, 7 de janeiro de 1936: 1–2).

O último entrevistado, antes do início do congresso, foi Fausto de Figueiredo, que, no jornal *O Seculo* de 9 de janeiro de 1936, classificou o congresso como um «acontecimento na vida nacional» (*O Seculo*, 9 de janeiro de 1936:1).

No decorrer das jornadas, *O Seculo* intensificou as publicações acerca das mesmas, divulgando artigos longos e pormenorizados sobre cada sessão. Em todas as primeiras páginas das edições de 12 a 15 de janeiro de 1936 começavam artigos que continuavam nas páginas interiores do jornal e que descreviam pormenorizadamente as atividades do congresso, incluindo, ainda, extensos trechos das comunicações apresentadas.

Os artigos publicados por *O Seculo* também preferiram repetir a oportunidade da realização do congresso e o êxito que dele se esperava, evocando com regularidade as condições particulares de Portugal que permitiam e fomentavam a expansão da indústria turística nacional:

Com a larga obra de fomento iniciada há dez anos – construção e reconstrução de estradas, de portos, de caminhos de ferro e de hoteis – e o acêrto de certos serviços publicos ao turismo ligados, como a fiscalização na fronteira, as alfandegas, a viação e o transito, devidos, respectivamente ao Govêrno e ao Automovel Club de Portugal surgiram possibilidades de montar definitivamente a indústria. [...] E o

I CONGRESSO NACIONAL DE TURISMO

Conselho Nacional de Turismo, apesar das suas exiguas receitas, foi acudindo onde era possível, a animar as iniciativas felizes e práticas.

O Seculo, 12 de janeiro de 1936: 1

Cumpre agora destacar o seguinte excerto do discurso de Linhares de Lima, citado por *O Seculo* de 13 de janeiro, ou seja, a edição que relatava a abertura do congresso. Estas palavras representarão eventualmente *a essência de tudo o que estaria em jogo com a realização destas jornadas*, pois Linhares de Lima abordou alguns dos conceitos-chave das ideologias nacionalizantes, quando mencionou a especificidade de uma raça oriunda de um espaço sagrado, o orgulho no passado e no domínio colonial e o esplendor do regime político coevo, ao referir-se a Portugal.

Queremos tornar Portugal o solar da raça lusíada, o verdadeiro sacrario dos nossos feitos historicos. Os estrangeiros, ao pisar a terra portuguesa, hão-de fazê-lo com respeito religioso, e admirar o nosso passado de gloria. Os portugueses das Colonias hão-de, tambem, sentir ainda maior orgulho de Portugal. Sentem-no hoje. Amanhã, ainda será maior êsse sentimento guiado pela luz do Estado Novo.

O Seculo, 13 de janeiro de 1936: 2

Relativamente às sessões do dia anterior, *O Seculo* de 15 de janeiro não se limitou a publicar os resumos das comunicações, fazendo igualmente referência aos aplausos de que foram alvo e prometendo para o dia seguinte uma reportagem pormenorizada sobre a excursão que os congressistas iriam realizar nessa tarde a Sintra, Cascais e Estoris. Assim, na página 1 do jornal do dia 15, pode ver-se uma fotografia dos delegados em pleno Castelo dos Mouros, em Sintra, no momento em que participavam numa visita semelhante àquelas que eram proporcionadas aos turistas estrangeiros «com os mesmos guias e interpretes para que se avaliasse como tudo se passa» (*O Seculo*, 15 de janeiro de 1936: 1). Também as refeições, servidas em três hotéis diferentes e oferecidas pela Comissão de Iniciativa e Turismo de Sintra, privilegiaram as ementas consumidas pelos visitantes que acorriam normalmente àquela região.

No dia 16 de janeiro de 1936, ficar-se-iam a saber alguns pormenores do jantar de encerramento, ocorrido no Hotel Palácio do Estoril (*O Seculo*, 16 de janeiro de 1936: 2), tornar-se-ia a ouvir dizer

A BEM DA NAÇÃO

que a propaganda de Portugal feita na altura «nos deixa mal vistos no estrangeiro» (vd. *ibidem*: 6) e que a indústria turística necessitava de um órgão nacional único que a tutelasse (vd. *ibidem*: 7). Um dia depois, o mesmo jornal citou a mensagem final de Antunes Guimarãis, que reiterava o êxito do evento e agradecia a cobertura feita pela imprensa:

> [O]sr. dr. Antunes Guimarães [...] afirmou que o Congresso constituiu um verdadeiro êxito e referiu-se, depois, á Sociedade de Propaganda de Portugal e Automovel Club de Portugal e ás indi-vidualidades que dirigem estes organismos. Referiu-se tambem á colaboração dada pela Imprensa, saudando *O Seculo*, que muito contribuiu para o brilhantismo do Congresso.
>
> *O Seculo*, 17 de janeiro de 1936: 6

Além das notas informativas diárias, *O Seculo* preparou, no dia 13 de janeiro, um suplemento de dez páginas intitulado «*O SECULO*» *e o Congresso de Turismo*, que era dedicado exclusivamente a estas jornadas. A primeira página deste apêndice, encimada por uma esfera armilar, era ilustrada com duas faixas laterais que incluíam imagens de atrações turísticas canónicas (o claustro do Mosteiro dos Jerónimos, uma vista parcial do Sabugal, o claustro e o zimbório da Sé de Évora e o altar-mor da Igreja de Jesus). A grande mancha gráfica que ocupava o espaço central da página apresentava mais um artigo que recordava a grande «renovação portuguesa», o êxito resultante da intensa ade-são ao I Congresso Nacional de Turismo e excertos de uma entrevista com Roque da Fonseca, que reiterava os objetivos do encontro.

As restantes nove páginas, decoradas com gravuras «tipicamente» portuguesas (varinas, minhotas, pescadores e pastores, castelos e igre-jas, e também alguns meios de transporte e perfis de turistas), mos-travam outros depoimentos e trechos das entrevistas feitas a figuras proeminentes do congresso, como o seu secretário-geral, Luiz Lupi (vd. «*O SECULO*» *e o Congresso*, suplemento de *O Seculo*, 13 de janeiro de 1936: 2), que discutiam os temas de sempre. Ou seja, os textos publicados neste suplemento aludiam à importância de atrair mercados estrangeiros para Portugal, como sugerido na referência à realização do Congresso Internacional de Turismo, cujos participantes estrangeiros seriam os «juizes da nossa vida em actividade, progresso e florescimento» (vd. *ibidem*: 1), e, na página 3 do anexo, Luiz Lupi,

num texto intitulado «Turismo Consciente, Indústria Elegante», referiu a necessidade da criação de uma «consciência turística» (vd. *ibi-*
dem: 3) que se refletiria no bom acolhimento popular dos estrangeiros
oriundos de zonas em conflito:

> Uma terra que tenha condições naturais de turismo e queira
> aproveitar-se do manancial de ouro que essa indústria lhe pode pro-
> porcionar haverá que educar-se cuidadosamente para poder receber
> com elegancia quem a visita [...] procurando adivinhar e satisfazer os
> gôstos e respeitar os hábitos da pessoa que convidámos, para que ela
> em tudo se sinta tão bem estando em casa alheia como se estivesse na
> sua própria casa. E isto é fácil de conseguir numa terra como a nossa,
> habitada por um povo como o nosso [...] [pronto a] receber quem
> quer que venha procurar, na amenidade do nosso clima e do nosso
> convivio o que – tantas vezes! – lhes falta na propria casa.
>
> *ibidem*: 3

Ainda neste suplemento, Roque da Fonseca sistematizou as grandes questões práticas e logísticas que preocuparam o congresso, como
a necessidade de formação profissional, de novas estradas e hotéis e
de melhorar a propaganda no estrangeiro, até então quase apenas nas
mãos das Casas de Portugal em Paris e em Londres. A página 4 era
inteiramente dedicada ao Automóvel Club de Portugal e à atividade
que vinha desenvolvendo em prol da indústria turística ao longo de
trinta e três anos, enquanto a página 6 continha um artigo sobre o
Conselho Nacional de Turismo, cuja «obra, enorme de alcance nacionalista, tem dado os maiores resultados praticos» (vd. *ibidem*: 6).
   O suplemento incluía, também, uma série de textos sobre alguns
dos destinos turísticos mais procurados em Portugal, como Coimbra,
Tomar, Leixões, Guarda, Vidago, Pedras Salgadas, Melgaço, Sintra,
Santo Tirso, Termas de Caldelas, Póvoa de Varzim, Barcelos, Cascais,
Alcobaça ou Torres Vedras, acompanhados de fotografias que mostravam património natural e edificado. As informações sobre estas
localidades surgiam através de artigos evocativos de lendas, personagens e episódios históricos, como os de Pedro e Inês ou do Mestre
de Avis, e nomeavam ainda algumas características geográficas e planos esboçados para intervenção nessas regiões. A imagem veiculada
comum a todas estas regiões continuava a ser a de sempre, ou seja, a
de um país humilde e tradicional, mas rico em património e história.

A página 8 exibia onze caixas publicitárias que divulgavam infraestruturas hoteleiras e turísticas localizadas nos Estoris, como o sumptuoso Hotel Palácio do Estoril ou o Hotel de Inglaterra. Havia referências a atividades recreativas como o casino, o golfe, o ténis e o hipismo, bem como às termas, à praia e à piscina do Tamariz. Também a existência de uma livraria inglesa e de uma loja de lãs estrangeiras, que vendia artigos regionais e fatos de banho, pareciam ser importantes chamarizes para os turistas, tendo, por isso, sido chamadas a figurar neste anexo. Era igualmente publicitada a existência de comboios elétricos, que, de meia em meia hora, chegavam ao Estoril, e as páginas 9 e 10 mostravam textos publicitários alusivos a empresas de camionagem, cargueiros, agências e companhias de navegação, carreiras aéreas entre Lisboa e Londres e naturalmente às ligações a Madrid e a Paris através do *Sud Express*.

Os comentários que compunham o suplemento «*O SECULO e o Congresso*», sejam aqueles redigidos pelo jornal, sejam os proferidos pelas figuras organizadoras das jornadas, repetiam as principais linhas que orientaram as comunicações proferidas em todas as sessões, ou seja, a oportunidade do congresso e os fatores históricos e raciais portugueses que permitiam o seu êxito, bem como o sucesso da indústria turística em Portugal.

3. *Uma viagem através de Portugal*

No final do mês de janeiro de 1936, continuavam a ser publicados artigos sobre o I Congresso Nacional de Turismo, apesar de este ter terminado cerca de duas semanas antes. As edições de *O Seculo* de 25 e de 29 de janeiro, ou as de 5, 11, 18 e 19 de fevereiro, por exemplo, apresentaram ainda conclusões de sessões de trabalho, e o jornal de 8 de abril referia, na primeira página, a publicação em «elegante separata» da comunicação de Roque da Fonseca, «O Turismo e a Economia Nacional». A 5 de maio ainda se divulgava que os congressistas poderiam solicitar as atas oficiais do congresso, tendo-se os resquícios deste encontro prolongado ainda mais devido à exposição e ao concurso nacional de fotografias, organizado por *O Seculo* e anunciado por esse jornal no dia da sessão de abertura das jornadas.

Tal como sucedeu com o congresso, esta exposição fotográfica também foi sempre referida como um evento bem-sucedido, que «conseguiu interessar todos os sectores da vida portuguesa, mais ou menos

I CONGRESSO NACIONAL DE TURISMO

ligados á propaganda do turismo» (*O Seculo*, 28 de março de 1936: 2), tendo sido ao longo desses meses diversas vezes tema de primeira página do jornal que a concebeu. A edição de 30 de março de 1936 indicava que o elevado número de fotografias recebidas forçara a organização a uma nova seriação das mesmas, nas classes amadores, profissionais e trabalhos expostos fora do concurso, o que resultou no adiamento da exposição para a segunda quinzena de abril.

As fotografias seriam apresentadas numa grande exposição a organizar em Lisboa e serviriam posteriormente para renovar as decorações das carruagens e das salas de espera das estações dos Caminhos de Ferros. No dia 5 de fevereiro, a primeira página de *O Seculo* confirmou a realização da grande exposição nacional e do concurso de fotografias. Alguns dias depois, a 12 de fevereiro, a propósito deste certame, o diário anunciava que

> vão ser organizados um catalogo e um arquivo das belezas picturais dos aspectos monumentais e artisticos. [...] O Conselho Nacional de Turismo e o Secretariado de Propaganda Nacional [...] estão como nós, empenhados em que êste certame, de caracter nacional, assuma uma importancia e um aspecto até hoje sem precedentes em materia de exposição de fotografias.
>
> *O Seculo*, 12 de fevereiro de 1936: 1

O jornal afirmava que aceitaria fotos que retratassem os «monumentos mais interessantes e os trechos mais pitorescos da paisagem portuguesa» (*O Seculo*, 14 de fevereiro de 1936:2) e que divulgassem grandes estabelecimentos e centros de turismo, como hotéis, casinos ou termas. As fotos premiadas seriam exibidas no Catálogo da Exposição Nacional e Concurso de Fotografias com o título *Uma Viagem através de Portugal*, publicado pela editorial de *O Seculo* em abril de 1936 e descrito como «um verdadeiro dicionario geografico das belezas picturais e da riqueza monumental historica e artistica das varias regiões do País» (*O Seculo*, 23 de abril de 1936: 1).

O regulamento do concurso, apresentado em *O Seculo* de 19 de fevereiro de 1936, reiterava a intenção de «desenvolver e fomentar os progressos do Turismo Nacional» (*O Seculo*, 19 de fevereiro de 1936: 9), bem como o propósito de «fornecer aos organismos que superintendem no Turismo, tais como Conselho Nacional de Turismo, Secretariado de Propaganda Nacional, Sociedade Propaganda de

A BEM DA NAÇÃO

Portugal, Comissões locais de Iniciativa, etc., as provas que necessitem para os seus arquivos» (vd. *ibidem*: 9). Este certame incluiria duas secções diferentes, apesar de ambas terem como objetivo comum o «interesse turístico». A primeira era designada por *Aspectos Artísticos, Monumentais, Historicos e Picturais* e a segunda por *Turismo Comercial (casinos, hotéis, termas…)*.

Todas as fotografias deveriam apresentar «belos motivos picturais, arquitectonicos e historicos que possam interessar o visitante nacional e, sobretudo, os estrangeiros que nos visitam, no desejo de conhecer as decantadas belezas de Portugal e as suas gloriosas tradições históricas» (*O Seculo*, 26 de março de 1936: 1). A poucos dias da inauguração da exposição, que seria primeiro visitada por «altas individualidades e só depois aberta ao público» (*O Seculo*, 22 de abril 1936: 2), a Comissão Organizadora declarou-se uma vez mais orgulhosa da iniciativa e confiante de que esta era uma causa de verdadeira utilidade nacional, pois

> todas as regiões portuguesas estarão representadas na Grande Exposição Nacional de Fotografia, todas as cidades, todas as vilas interessantes, nos seus aspectos gerais e também nos inumeros documentos fotográficos referentes á vida aldeã e campezina, a faina do mar e do campo, á indumentária caracteristica de cada provincia portuguesa, do continente, das ilhas adjacentes, e até das nossas colonias africanas, da costa oriental e ocidental. [...]
>
> Em qualquer das «Casas de Portugal», em Londres, Paris ou Rio de Janeiro, se poderão organizar com uma parte minima os trabalhos que vamos expôr, museus fotográficos da maior utilidade sob o ponto de vista da Propaganda do Turismo.
>
> *O Seculo*, 17 de abril de 1936: 1

Finalmente, no dia 25 de abril de 1936, a exposição foi inaugurada, tendo a abertura oficial, tal como a do I Congresso Nacional de Turismo, sido presenciada pelo presidente da República. A edição desse dia de *O Seculo* evocava, da seguinte forma, a abertura do certame:

> E' hoje um dia de festa para *O Seculo* [...]. Quere assim, o mais alto magistrado da Nação [...] significar a sua simpatia pela nossa iniciativa, a que atribuimos uma finalidade altamente nacionalista e patriotica.
>
> *O Seculo*, 25 de abril de 1936: 1

À imagem do que sucedera também no congresso, o presidente da República, retratado numa fotografia em companhia dos ministros da Educação Nacional e do Comércio e do diretor de O Seculo, manifestou-se satisfeito com a mostra e com aquilo que ela representaria para a persecução do bem da «Nação», tendo, a esse propósito, referido que a

> Exposição que acabo de percorrer com o mais crescente agrado e simpatia, não é só uma demonstração de arte e de turismo: é um acontecimento do maior interêsse nacional. [...] Tudo o que define o País, os distritos, as regiões, os concelhos; a beleza do ceu e da luz; o desenho corografico e orografico da linda terra de Portugal; os costumes; a harmonia e sedução das paisagens; os tipos e expressões mais populares; os monumentos que resumem a gloriosa Historia Portuguesa – palpitam e vivem na Exposição.
>
> O Seculo, 26 de abril de 1936: 1

As notícias alusivas à exposição foram quase sempre acompanhadas de algumas das fotografias apresentadas a concurso. Os títulos das imagens escolhidas por O Seculo para ilustrar esses artigos e informações correspondiam em pleno, mais uma vez, à imagem de identidade nacional que o Estado Novo começou a difundir na década de trinta. Se se atentar a essas legendas, verifica-se que todas elas proporcionam diversas pistas para construir a imagem de *um país substancialmente rural, humilde e religioso, mas com um marcante passado histórico, representado em diversos exemplos de património construído*, como evidencia a seguinte listagem:

- «A fonte do claustro em Vila do Conde», 5 de fevereiro de 1936: 1.
- «Lavagem de peixe», 4 de março de 1936: 2.
- «Portalegre – descendo a serra», 6 de março de 1936: 2.
- «Entrada para Mouchão, em Tomar», 10 de março de 1936: 2.
- «Castelo e Torre de Menagem em Beja», 11 de março de 1936: 2.
- «O relicário da montanha da Penha, em Guimarães», 13 de março de 1936: 1.
- «O claustro de Celas, Coimbra», 16 de março de 1936: 1.
- «Ponte romana sôbre o rio Tamega», 17 de março de 1936: 1.
- «Depois da chuva – Castelo de Leiria», 19 de março de 1936: 2.

A BEM DA NAÇÃO

- «Açude e vista parcial de Caldas de Vizela», 20 de março de 1936: 1.
- «A igreja da Oliveirinha», 22 de março de 1936: 2.
- «Aspecto geral de S. Martinho do Porto, tomado de Oeste», 24 de março de 1936: 2.
- «Faina da Pesca», 26 de março de 1936: 1.
- «O forte e o Tennis Club, na Figueira da Foz», 27 de março de 1936: 2.
- «Barco rabêlo – Douro-Régua», 29 de março de 1936: 2.
- «A sala do Capitulo do mosteiro da Batalha», 31 de março de 1936: 2.
- «O Castelo de Obidos», 1 de abril de 1936: 1.
- «A igreja de Leça do Balio», 3 de abril de 1936: 2.
- «Mertola – Ponte sôbre a ribeira Oeiras», 6 de abril de 1936: 1.
- «Uma rua de Alfama – Lisboa», 12 de abril de 1936: 2.
- «Fuzeta – Algarves», 13 de abril de 1936: 1.
- «Rio Dejebe – Arredores de Evora», 14 de abril de 1936: 2.
- «Margens do Mondego», 15 de abril de 1936: 1.
- «Faina do campo – Minho», 16 de abril de 1936: 1.
- «Feira de S. Pedro – Sintra», 17 de abril de 1936: 1.
- «Condução saloia», 18 de abril de 1936: 2.
- «O Templo de Diana», 20 de abril de 1936: 1.
- «Basílica da Estrela», 21 de abril de 1936: 2.
- «Estatua do Infante de Sagres – S. Miguel», 22 de abril de 1936: 2.
- «Boi minhoto – Minho», 23 de abril de 1936: 1.
- «Margens do rio Ceira, arredores de Coimbra», 24 de abril de 1936: 1.

Como se pode constatar, o jornal optou pela publicação de fotografias feitas em meios rurais e preferencialmente durante a execução de tarefas campestres ou piscatórias. Outro padrão seletivo agrupava as imagens em motivos associados a monumentos existentes em espaços urbanos. As fotografias premiadas retratavam, como seria de esperar, um país rural, mas, ao mesmo tempo, palco de um imponente património construído:

1.º e 2.º prémios – da categoria «Profissionais» fotógrafo portuense «Alvão» – uma paisagem da *Lousã* e o interior dos *Jerónimos*,
3.º prémio – reporter-fotográfico Horacio Novais – *Campinos* de

Vila Franca de Xira «um quadro precioso de movimento, de alegria, de vigor.».

1.º – «Amadores» *Ponte de D. Luiz I*, 2.º – *Um Mirante* – trecho de Olhão, 3.º – *Automovel soterrado pela neve*, 4.º – *Na Ribeirinha* «flagrante e luminoso quadro da vida das peixeiras e dos pescadores, na descarga á beira do rio».

O Seculo, 26 de abril de 1936: 2

*

Todos estes encontros realizados no ano de 1936, particularmente o I Congresso Nacional de Turismo, serviram para discutir questões gerais inerentes à melhoria do sector turístico em Portugal, como a construção de mais hotéis e de melhores estradas. Contudo, o declarado interesse do Estado Novo pelo sector e a intensa cobertura jornalística dos eventos alertam para que os verdadeiros objetivos dessas reuniões poderão ter ido além das generalidades próprias da indústria turística.

Após a leitura das atas do I Congresso Nacional de Turismo e de artigos publicados em diários de destaque na sociedade portuguesa da época, é impossível não reparar na repetição de algumas ideias que fazem repensar acerca da verdadeira pertinência do certame. As constantes alusões à especificidade da realidade e da raça portuguesas, admiradas e invejadas por estrangeiros, ou a uma história nacional repleta de heróis passados e presentes trazem, de novo, à memória narrativas nacionalizantes.

Os textos consultados indicam que um *sentimento patriótico deveria reger todos aqueles que estavam envolvidos no sector turístico, uma atividade de verdadeiro interesse nacional, não só pelos lucros económicos que gerava, mas também por permitir mostrar a diferença de uma «Nação» que, por ser bem dirigida, se renovou ao ponto de recuperar o prestígio do passado*. Era necessário divulgar este Estado novo e diferente, e as representações turísticas surgiam como um instrumento auxiliar precioso para esse propósito. As suas narrativas e atividades poderiam ser usadas como *instrumentos de promoção ideológica*, especialmente junto dos públicos estrangeiros, que ficariam, por seu intermédio, a conhecer a recente ordem social, omissa no resto da Europa, e que se devia ao novo herói lusitano, António de Oliveira Salazar, o reconstrutor da pátria. As lições que Salazar pretendia transmitir surgem, assim, também no sector turístico.

Parte III

Arquiteturas turísticas ou nacionalizantes?

> Portugal tem todas as condições para ser um grande
> País de Turismo. Tudo se reune para isso: um clima ideal
> cujas temperaturas são superiores às das mais afamadas
> estações do estrangeiro; paisagens deslumbrantes
> e variadas, das mais lindas e pitorescas da Europa;
> monumentos e tesouros artísticos de imensa beleza e
> insuperável valôr histórico.
>
> Fonseca, 1935: 3

Depois da análise dos pressupostos oficiais que discutiam a atividade turística portuguesa nos primeiros anos do Estado Novo, pretende-se com a última parte desta tese verificar como os mesmos concretizavam na prática a máxima, tão frequentemente pronunciada, por exemplo, no I Congresso Nacional de Turismo e, também, por António Ferro, que declarava Portugal como sendo um verdadeiro *paiz de turismo*.

No capítulo que segue, porém, contesta-se esse aforismo e procura-se demonstrar que será eventualmente mais correto afirmar que *o Portugal turístico dos anos trinta do século XX era composto por dois países distintos que se complementavam e, assim, contribuíam para divulgar a identidade (ideológica) que o Estado Novo construíra para a «Nação».* O argumento para tal fundamenta-se na convivência defendida e promovida oficialmente entre o designado «turismo médio», destinado aos grupos mais populares da sociedade, e o luxo e a ousadia permitidos na zona da Costa do Sol.

A BEM DA NAÇÃO

Conclui-se a presente reflexão, dedicando o último capítulo a uma figura incontornável em qualquer estudo que se ocupe da atividade turística portuguesa entre 1933 e 1940, ou seja, a António Ferro, cuja intervenção no sector turístico foi já inúmeras vezes mencionada. Escrever acerca do diretor do Secretariado de Propaganda Nacional e do Secretariado Nacional de Informação, Cultura Popular e Turismo, até ao ano de 1949, e da sua associação ao turismo significa falar de *um sem-número de atividades e de iniciativas que influenciaram as representações turísticas até aos dias de hoje.*

Não se pode naturalmente afastar o facto de Ferro ter sido, pelo menos nos primeiros anos do salazarismo, a face mais visível da sua propaganda. Porém, igualmente difícil seria o alheamento da intervenção em prol do turismo desta figura multifacetada e empreendedora, *avant la lettre*. Por tal motivo, entende-se dever concluir o presente estudo com um capítulo que abordará alguns marcos da história do turismo português da década de trinta, para o sucesso dos quais a ação e o empenho de António Ferro terão sido determinantes. Essa evocação tem o propósito de demonstrar como *essas criações, que ainda hoje perduram na memória nacional e nas atividades turísticas praticadas, constituíram momentos de exaltação da «Nação» e de divulgação ideológica disfarçadas de simples rotinas turísticas.*

Figura 1 – Porto de Honra oferecido pelo Automóvel Club de Portugal aos concorrentes da 2.ª Prova de Resistência e Turismo, 1933.
(ANTT PT/TT/EPJS/SF/001-001/0026/0711H)

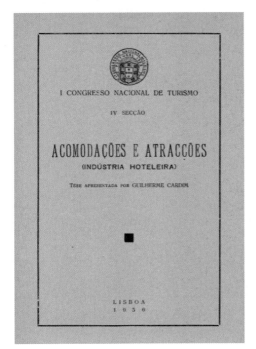

Figura 2 – Capa da tese *Acomodações e Atracções (Indústria Hoteleira)* apresentada por Guilherme Cardim ao I Congresso Nacional de Turismo, em 1936.

Figura 3 – O Presidente Óscar Carmona presidindo à inauguração do I Congresso Nacional de Turismo, nos Paços do Concelho, Lisboa, 1936.
(ANTT PT/TT/EPJS/SF/001-001/0039/0065K)

Figura 4 – O Presidente Óscar Carmona a ler o número especial que O *Seculo* dedicou ao I Congresso Nacional de Turismo, 1936.
(ANTT PT/TT/EPJS/SF/001-001/0039/0066K)

Figura 5 – Última sessão do I Congresso Nacional de Turismo, Sociedade de Geografia de Lisboa, 1936.
(ANTT PT/TT/EPJS/SF/001-001/0039/0113K)

Figura 6 – Visita de Salazar ao Hotel do Parque, no Estoril, anos 30.
(*O Seculo*, 19 de agosto de 1936: 4)

Figura 7 – Cartaz promocional da Costa do Sol, anos 30.

Figura 8 – A chegada do comboio Sud Expresso ao Estoril, vindo de Paris, anos 30.
(A.C.P. *Revista Ilustrada de Automobilismo e Turismo*, outubro de 1935: 5)

Figura 9 – Cartaz *Estoril – Costa do Sol*.
Sociedade Propaganda da Costa do Sol, s/d

Figura 10 – Interior do Hotel Palácio, Estoril, anos 30.
(https://www.flickr.com/photos/biblarte/sets/72157608235763198)

Figura 11 – A Mocidade Portuguesa a desfilar na praia do Estoril, 1938.
(ANTT PT/TT/EPJS/SF/001-001/0059/3240M)

Figura 12 – Contracapa de autor desconhecido para a brochura *Guia-Álbum da Costa do Sol – Os Estoris-Cascais*.

Figura 13 – Etiqueta de bagagem do Aviz Hotel.
(Muvitur-Museu Virtual do Turismo, Escola Superior de Hotelaria e Turismo do Estoril).

Figura 14 – Concurso Aldeia Mais Portuguesa de Portugal, 1938.
(O Seculo Ilustrado, 18 de junho de 1938: 9)

Figura 15 – António Ferro e outros elementos do júri do concurso Aldeia Mais Portuguesa de Portugal, 1938.
(ANTT PT/TT/EPJS/SF/001-001/0059/3160M)

Figura 16 – Festas da Cidade, Lisboa, 1935.
(https://www.flickr.com/photos/biblarte/6871122360/in/album-72157622905257752/)

Figura 17 – Salazar com a Comissão Organizadora das Festas dos Centenários, que incluía, entre outros, António Ferro, Linhares de Lima, Nobre Guedes, Pardal Monteiro, Cottinelli Telmo, Duarte Pacheco, Eça de Queirós, Henrique Galvão, Raul Lino e Júlio Dantas, 1938.
(ANTT PT/TT/EPJS/SF/001-001/0053/1155M)

Figura 18 – Salazar com o Presidente Óscar Carmona na Exposição do Mundo Português, Junqueira, Lisboa, 1940.
(https://www.flickr.com/photos/biblarte/3787640875/in/album-72157621817098955/)

Figura 19 – Salazar e Duarte Pacheco na Exposição do Mundo Português, Junqueira, Lisboa, 1940.
(https://www.flickr.com/photos/biblarte/3787640875/in/album-72157621817098955/)

Figura 20 – O Presidente Óscar Carmona e António Ferro na Exposição do Mundo Português, Junqueira, Lisboa, 1940.
(https://www.flickr.com/photos/biblarte/3787640875/in/album-72157621817098955/)

Figura 21 – Salazar na inauguração da Exposição de Arte Popular no Secretariado da Propaganda Nacional, 1936.
(ANTT PT/TT/EPJS/SF/001-001/0041/0928K)

Figura 22 – António Ferro na praia, s/d.
(Fundação António Quadros – Cultura e Pensamento)

Figura 23 – António Ferro e Fernanda de Castro recebendo, entre outros, os intelectuais François Mauriac, Georges Duhamel e Jérôme Tharaud na estação do Rossio, 1935.
(ANTT PT/TT/EPJS/SF/001-001/0034/0980J)

Figura 24 – António Ferro e Eça de Queirós de visita à Estalagem do Lidador, em Óbidos, anos 40.
(Fundação António Quadros – Cultura e Pensamento)

Figura 25 – Pousada de Santa Luzia, em Elvas, anos 40.
(https://www.flickr.com/photos/biblarte/sets/72157607485553949/with/6619433197/)

Figura 26 – Salazar e António Ferro nos preparativos para a participação de Portugal na Exposição Internacional de Paris, 1937.
(ANTT PT/TT/EPJS/SF/001-001/0042/0274L)

Figura 27 – Exposição Internacional de Paris, 1937.
(https://www.flickr.com/photos/biblarte/sets/72157624844432503)

Figura 28 – Preparação da excursão ao Porto, organizada pela Federação das Sociedades de Recreio, 1934.
(ANTT PT/TT/EPJS/SF/001-001/0030/1600I)

Figura 29 – Chegada de Salazar à Colónia Balnear Infantil de O *Seculo*, 1935.
(ANTT PT/TT/EPJS/SF/001-001/0037/1914J)

Figura 30 – Turistas alemães da *Kraft Durch Freude* em visita à Madeira, 1936.
(Biallas, Hans (1936) *Der Sonne Entgegen!*. Berlin: Freiheitsverlag: 85)

Figura 31 – O Governador Civil de Lisboa assistindo à partida da primeira excursão de crianças para a praia de São Julião da Barra, 1937.
(ANTT PT/TT/EPJS/SF/001-001/0046/1983L)

Figura 32 – Capa da *Cartilha da Hospedagem Portuguesa: adágios novos para servirem a toda a hospedaria que não quiser perder a freguesia*, Edição do Secretariado da Propaganda Nacional, 1941.

Capítulo 1

Portugal, *paiz de turismo*.
Ou Portugal, países de turismo?

1. O estado do turismo e o turismo do Estado Novo

É importante recuar até ao início do século XX, mais propriamente até ao ano de 1906, para melhor se dar conta de como a atividade turística se vai tornando uma rotina social cada vez mais em voga na «Nação». A criação de novos órgãos oficiais, assim como a redação de instrumentos legislativos que se ocupariam de regular a prática turística, comprovam essa tendência.

1.1. *O estado do turismo*

A Sociedade de Propaganda de Portugal, criada em fevereiro de 1906 (vd. Parte I, capítulo 1), terá sido a primeira entidade oficial a envolver-se nas atividades turísticas que por cá aconteciam (vd. Pina, 1988: 15). Por um lado, esta sociedade impulsionou o debate público do sector através da publicação de artigos em jornais e da organização de conferências; por outro, promoveu a proteção e a divulgação patrimoniais, tendo, para tal, manifestado o seu interesse em elaborar um inventário de todos os monumentos, riquezas artísticas e lugares pitorescos portugueses (vd. Cunha, 2006: 79). Foi a Sociedade de Propaganda de Portugal que fomentou o primeiro curso profissional de hotelaria, tendo sido também quem pressionou as autoridades para que as ligações a Portugal melhorassem, o que se enquadrava numa estratégia de promoção internacional, que incluía ações no exterior e a organização de uma «viagem educacional» que, no ano de 1913, trouxe a território continental português um grupo de jornalistas britânicos (vd. Pina, 1988: 15), antecipando, de certa forma, o que António Ferro viria a fazer anos mais tarde, quando promoveu as célebres visitas de intelectuais a Portugal (vd. Parte III, capítulo 2). Foi igualmente competência da Sociedade de Propaganda de Portugal lançar a primeira linha de navegação marítima entre Nova Iorque e Lisboa e impulsionar a ligação diária entre Paris e Lisboa pelo *Sud Express*, conforme se retomará adiante, ainda neste capítulo. Obteve isenções fiscais consideráveis para que mais hotéis fossem construídos em Lisboa e no Porto e, no âmbito da internacionalização que pretendia, defendeu a abolição do uso de passaportes.

A consciência da inferioridade de Portugal enquanto destino de lazer, sempre que comparado com a elegância e com a qualidade das infraestruturas existentes em outros locais turísticos dos inícios do século xx, terá eventualmente sido uma das mais fortes motivações para que fossem surgindo cada vez mais instrumentos legislativos com o objetivo de corrigir essa situação. Logo a partir da institucionalização do sector, por ocasião do IV Congresso Internacional de Turismo, realizado em Lisboa, em maio de 1911, e ainda antes de *o regime resultante da «Revolução Nacional» de 1926 ter adotado o turismo como uma estratégia de afirmação e justificação ideológicas*, foi intensa a produção legislativa que se ocupou do turismo, da hotelaria e do lazer em Portugal. Como refere Licínio Cunha, a primeira metade do século xx representou a verdadeira infância do turismo português, precisamente devido à profusão de diplomas legais que então se publicaram relacionados com a atividade (vd. Cunha, 2006: 78, 80).

Datam de 1911 os decretos eventualmente mais significativos no que respeita ao reconhecimento legal da importância atribuída, ou que se pretendia conferir, ao sector. Assim, a 16 de maio desse ano, foi decretada a criação de uma Repartição do Turismo, que se manteve em regime autónomo administrativo e financeiro até ter sido transferida para a tutela do Ministério do Comércio e Comunicação, antigo Ministério do Fomento, no ano de 1920. Essa repartição, publicamente divulgada no IV Congresso Internacional de Turismo, foi regulamentada por decreto de 12 de agosto do mesmo ano e tinha por missão desenhar estratégias para internacionalizar Portugal como destino turístico e, ainda, criar novos polos de atração de visitantes.

PORTUGAL, *PAIZ DE TURISMO.* OU PORTUGAL, PAÍSES DE TURISMO?

O decreto n.º 1:121 de 2 de dezembro de 1914, cujo propósito central consistia em atribuir vantagens a quem construísse edifícios próprios para a instalação de hotéis nos cinco anos seguintes, indicava já claramente os principais argumentos que, duas décadas passadas, iriam ser usados e repetidos pelos senhores do turismo do Estado Novo português:

> Considerando que Portugal possui, como nenhum outro país, condições de beleza natural para a atracção do turista, pela variedade das suas paisagens, pela doçura do seu clima, que impera, em todas as épocas do ano, [...] pelos monumentos grandiosos, que atestam as nossas glórias passadas, e pelo pitoresco dos costumes trajos regionais;
>
> Considerando que se tornam da mais urgente necessidade adoptar as providências tendentes a introduzir os melhoramentos indispensáveis ao desenvolvimento do turismo para aproveitar os atractivos naturais do país como fonte de riqueza;
>
> Considerando que em Portugal não há em número suficiente grandes hotéis modernos, traçados com elegância, mobilados com bom gôsto, que ofereçam ao turismo abastado o confôrto que exige e que encontra nas estâncias do estrangeiro.
>
> Decreto n.º 1:121, 2 de dezembro de 1914

Como se pode constatar, encontra-se já neste texto a referência ao carácter único do país, aos monumentos evocativos de um passado glorioso e a um pitoresco regional, bem como a menção ao estrangeiro, eterno ponto de comparação e principal alvo a captar pelos mercados turísticos nacionais.

Na década de vinte, a atenção dos legisladores recaiu sobre a organização da Administração Geral das Estradas e do Turismo, a criação das Comissões de Iniciativa, que se tornariam Comissões Municipais e Juntas de Turismo pelo decreto n.º 27:424 de 1936, a classificação de várias localidades como estâncias de turismo e até as especificidades das funções dos guias-intérpretes. A respeito deste último ponto, cumpre indicar que passou a ser obrigatório para estes profissionais o porte de uma licença com a justificação de que, assim, seria possível providenciar um melhor acolhimento aos visitantes vindos de fora do país (vd. decreto n.º 10:292, 14 novembro de 1924). De acordo com a informação contida nesse documento legislativo, os guias-intérpretes deveriam assegurar a nacionais e a estrangeiros as melhores condições de hospitalidade e proporcionar «os informes de que careçam, encaminhando-os nas suas visitas e facultando-lhes cortêsmente e com especial conhecimento tudo quanto a nossa terra de interessante lhes pode prodigalizar», o que, como explicava o artigo 13.º do mesmo decreto, significava mostrar «panoramas» e monumentos. A 17 de outubro de 1920, o decreto n.º 7:037 reconheceu o mau estado das estradas para, a esse propósito, clamar por uma vigilância necessária em prol da comodidade dos viajantes e reorganizou os serviços de propaganda e de desenvolvimento do turismo. O decreto n.º 10:244 de 3 novembro de 1924 regulamentou também acerca do estudo, da conservação, da reparação, da arborização e da vigilância das estradas dos Serviços de Turismo.

A partir de 1926, isto é, logo no ano da «Revolução Nacional», não só aumentou a regulação do sector turístico, como também surgiu legislação que revogou o que estava em vigor na mesma área, nomeadamente, e por exemplo, o decreto n.º 13:700 de 31 de maio de 1927, que determinava a significativa passagem da Repartição de Turismo para a tutela do Ministério do Interior, e o decreto n.º 13:969 de 20 de julho do mesmo ano, que extinguia a Administração Geral das Estradas e Turismo.

No final da década de vinte, constituiu-se o Conselho Nacional de Turismo, nomearam-se os seus membros e fixaram-se as atribuições deste novo órgão de alcance turístico (vd. decreto n.º 16:999, 21 de junho de 1929, portaria de 14 de agosto de 1929, e decreto n.º 17:605, 15 de novembro de 1929, respetivamente). A realização das exposições de Sevilha e de Barcelona foi pretexto para alertar, mais uma vez, para a situação privilegiada do país, que o tornava um singular centro de atração turística. Neste âmbito, chamava-se a atenção para a necessidade imediata de um organismo superior que coordenasse e realizasse «todos os assuntos no campo do turismo oficial» (vd. decreto n.º 16:999, 21 de junho de 1929) e que seria presidido pelo ministro do Interior, igualmente vice-comissário português na Exposição Internacional de Sevilha. O artigo 2.º do mesmo decreto referia a urgência de se unirem esforços na criação de um plano de desenvolvimento turístico nacional e na edição de «publicações apropriadas para dar a máxima expansão e difusão internacional à riqueza turística do nosso País» (vd. *idem*).

Como se tem notado, houve desde muito cedo um assumido interesse em captar a atenção dos mercados turísticos estrangeiros.

PORTUGAL, *PAIZ DE TURISMO*. OU PORTUGAL, PAÍSES DE TURISMO?

Essa tendência, que continuaria a ocupar os cuidados do regime de Salazar, justificava diversas melhorias para os sectores hoteleiro e rodoviário, por exemplo, e a partir da década de vinte motivou a redação de diversos textos legislativos. Assim, em 1929 permitiu--se às autoridades administrativas a prorrogação dos prazos de permanência de estrangeiros nas estações balneares e termais (vd. decreto n.º 16:386, 18 de janeiro de 1929) e, a propósito do fluxo de visitantes esperado na Exposição Internacional de Barcelona, um decreto do Ministério do Interior concedia facilidades de ordem fiscal e administrativa aos turistas que visitassem Portugal durante o período de duração da mesma feira (vd. decreto n.º 16:651, 26 de março de 1929).

Ainda com o intuito de desenvolver Portugal enquanto destino turístico para visitantes externos, o decreto n.º 17:605 de 15 de novembro de 1929 determinava que se evitassem «todos os espectáculos que nos possam deprimir aos olhos de estrangeiros; cortem-se cerce as peias embaraçantes da vinda e demora dos mesmos, garantindo-lhes comodidade de estadia e deslocação dentro do País», abordando assim um tema que viria a ser retomado mais tarde por outras vozes, nomeadamente no I Congresso Nacional de Turismo (vd. Parte II, capítulo 2) e por António Ferro (vd. Parte III, capítulo 2). A vontade de captar visitantes estrangeiros originou igualmente que, em maio de 1934, por exemplo, tivessem sido concedidas isenções fiscais aos veículos que transportassem visitantes para a Exposição Colonial do Porto (vd. decreto n.º 23:901, 25 de maio de 1934) e que, no mês seguinte, se autorizasse a condução, por um período de trinta dias, aos indivíduos munidos de carta de condução dos países de origem (vd. decreto n.º 24:030, 18 de junho de 1934).

1.2. *O turismo do Estado Novo*

> Fazer turismo é esquecer por determinadas temporadas as preocupações cotidianas, as lutas em que os musculos e a inteligencia se consomem, para dar lugar a outras sensações e saturar o espírito de visões, dificeis de apagar. Não há, por certo, meio mais agradável de matar umas férias ou de abrir na existencia

A BEM DA NAÇÃO

monótona de todos os dias clareiras reconfortantes de esquecimento. O nosso País está sendo uma terra de turismo. Quere isto dizer que as caravanas cosmopolitas, vindas de todos os pontos do globo, falando todas as línguas e representando todas as raças, o demandam constantemente, transportadas pelos grandes e luxuosos transatlânticos.

O Seculo, 27 de setembro de 1934: 1

Este excerto da primeira página do jornal *O Seculo* de 27 de setembro de 1934 proporciona uma definição muito curiosa e interessante do significado de turismo. Por um lado, associa a atividade ao esquecimento do quotidiano e a uma atitude que consiste em «saturar o *espírito* de visões, difíceis de apagar», evocando uma expressão inegavelmente relacionada com António Ferro e que será·retomada no capítulo que se segue. Por outro lado, o sector turístico é aqui descrito como palco do encontro de raças, o que não poderia estar mais de acordo com o entendimento que pode fazer-se da *prática turística enquanto espaço de exibição das peculiaridades de uma «Nação», ou de uma raça, em especial num contexto político como aquele que definia o Estado Novo português.*

Como se verá de seguida, o turismo foi um tema favorito da imprensa publicada em Portugal entre 1933 e 1940, que elogiava, explicava e solicitava melhoramentos nos sectores turístico e hoteleiro nacionais. Por outras palavras, mais uma vez, os jornais controlados pelo Estado eram veículos preferenciais de divulgação de uma atividade, à primeira vista inocente e politicamente despretensiosa, que o regime pretendia usar da forma que lhe fosse mais conveniente e com o intuito de daí retirar o maior número possível de mais-valias no campo da divulgação ideológica. Muita da informação referida de seguida foi recolhida na imprensa diária e de especialidade publicada em Portugal, principalmente entre os anos de 1933 e 1940. *Ao escolher esta fonte, pretende-se demonstrar precisamente como a sociedade de então era constantemente apresentada aos debates e aos anúncios de tudo o que se relacionava com o turismo. A par das teses apresentadas no I Congresso Nacional de Turismo de 1936, a imprensa constituirá dos mais significativos recursos para esclarecer acerca das rotinas turísticas seguidas na «Nação» nos primeiros anos do regime do Estado Novo.*

As acessibilidades para Portugal tinham começado a melhorar, pouco a pouco, a partir dos anos vinte, e os comboios, navios e aviões eram reconhecidamente mais potentes e, por isso, mais rápidos. No ano de 1927 foram criados os Serviços Aéreos Portugueses, cujas rotas regulares ligavam Lisboa a Madrid e a Sevilha. Os «novos-ricos», designação surgida por essa época e que descrevia aqueles cujo estatuto resultava de diversos tipos de favorecimentos proporcionados pelo clima de instabilidade, causado pelos sucessivos governos nacionais dos primeiros anos do período republicano, começavam, também, a dar que falar pelo modo de vida que levavam. Pertenciam-lhes os automóveis cada vez mais comuns nas cidades, e eram também eles os espectadores mais assíduos de diversas formas de animação ao ar livre, os visitantes das exposições de arte e os praticantes de desporto. Esta alteração das práticas sociais de uns, aliada a algum progresso que permitia maior mobilidade em território português, parecia ter sido mais um alerta para despertar o país para as potencialidades turísticas que possuía.

No I Congresso Nacional de Turismo, Teotónio Carlos Martins defendeu que se deveria tornar «viável o gôso dumas bem merecidas férias, para serem gozadas em cada ano por períodos de 15 dias, digamos, e das quais mesmo as classes menos favorecidas, e até os operários parcimoniosos e capazes de amealhar, pudessem beneficiar» (Martins, 1936: 6). No final da década de trinta, uma escassa minoria da população tinha já direito a alguns dias de férias pagas, tal como sucedia em França, desde 1936, e a legislação portuguesa indicava que os patrões que tivessem um determinado número de trabalhadores nas suas empresas deveriam conceder quatro, oito ou doze dias de férias remuneradas (vd. lei n.º 1.952, 10 de março de 1937). Também por essa altura o fim de semana, ou pelo menos o domingo, passou a ser entendido como um tempo que deveria ser dedicado ao descanso e às atividades de lazer. Esse dia era consagrado aos passeios pelos parques e aos piqueniques em família. Alguns começaram a frequentar as praias, seguindo a moda trazida pelos visitantes estrangeiros e respondendo, ao mesmo tempo, ao apelo oficial em prol de um *Homem* ideológica e fisicamente *Novo*.

De forma discreta, até os portugueses com menos posses económicas iam tomando contacto com uma indústria em expansão, e que em tudo seguia os ditames de decência e de bom comportamento do regime. Recorde-se, a este propósito, que o Código do Processo Civil de 1939 proibia as mulheres de viajarem sozinhas para o estrangeiro sem autorização dos maridos e que a partir de 1941 o tamanho dos fatos de banho era fiscalizado *in loco*. Havia cartazes de divulgação turística espalhados um pouco por toda a parte, e eram constantes os convites dos Caminhos de Ferro e da Fundação Nacional para a Alegria no Trabalho que apelavam a que todos conhecessem as belezas patrimoniais da «Nação». Como principal resposta aos chamamentos oficiais, os mais endinheirados mudavam-se, por alturas de maio, para os palacetes que possuíam no Minho ou nas Beiras ou alojavam-se na zona de Cascais e Estoris. Para os restantes, os destinos mais acessíveis eram definitivamente os arredores das grandes cidades.

1.2.1. As marchas populares

Segundo afirma José Vala Roberto, o Estado português era assumidamente o grande promotor do espírito festivo do país, preparado para os nacionais, mas sentido igualmente por quem vinha de fora (vd. Roberto, 2010: 42). Evoque-se, por exemplo e meramente a título de curiosidade, o comentário de duas visitantes inglesas, Ann Bridge e Susan Lowndes, que notaram que o país parecia estar permanentemente em festa, rejubilando com acontecimentos que evocavam a sua vertente mais popular, por um lado, e as gloriosas vitórias históricas, por outro (vd. Bridge e Lowndes, 2008 [1949]: 5). Para Vala Roberto, todas as ocasiões pareciam ser adequadas para mobilizar a população em eventos comemorativos, desfiles, paradas e cortejos (vd. Roberto, 2010: 42).

Como irá verificar-se de seguida, *o regime ia cada vez com mais intensidade influenciando e interferindo nos tempos livres da população*, tendo, para isso, feito surgir, por exemplo, as designadas associações e coletividades de recreio. Estas associações e coletividades desempenharam um papel relevante no turismo nacional, pois, além de serem dos principais impulsionadores das excursões populares, organizavam atividades que serviam como atrações turísticas para públicos nacionais e estrangeiros, como sucedeu no caso das Marchas Populares, integradas nas Festas de Lisboa. Em junho de 1932, o *Diário de Notícias* justificava e descrevia esta novidade que entusiasmava a capital, referindo que «animar a cidade, reviver as tradições do povo, cheias de cor e de alegria, criar beleza espontânea,

PORTUGAL, *PAIZ DE TURISMO*. OU PORTUGAL, PAÍSES DE TURISMO?

é uma função das pessoas que têm responsabilidades na vida social»
(*Diário de Notícias*, 6 de junho de 1932: 1). Nesse ano, a direção
do Parque Mayer, em Lisboa, decidiu animar a área mais próxima do
seu recinto, durante o mês de junho, ou seja, durante o período das
Festas da Cidade. Campos Figueira, o homem que estava à frente
desse espaço de diversão, desafiou o cineasta Leitão de Barros, à
época também diretor do jornal *O Notícias Ilustrado* e homem de
confiança de António Ferro, para que orientasse aquilo que inicialmente se pretendia que fosse um mero concurso de ranchos folclóricos. Foram convidadas coletividades de alguns bairros lisboetas para
protagonizar um evento que tinha por base as festas tradicionais
populares e os arraiais que aconteciam um pouco por toda a cidade
nessa altura do ano.

Assim, com o patrocínio dos jornais *Diário de Notícias* e *O Notícias
Ilustrado*, e do Parque Mayer, em junho de 1932, Lisboa assistiu ao que
viria a tornar-se um dos mais emblemáticos momentos destas festas.
Diversos pares, envergando trajes alegóricos que os identificavam profissional ou socialmente e transportando arcos iluminados, marcharam
entre a Praça da Alegria e o Parque Mayer, onde desfilaram no Teatro
Capitólio. A primeira edição das Marchas de Lisboa dividiu-se em dois
momentos. No primeiro, apresentaram-se os bairros de Campo de
Ourique, Bairro Alto e Alto do Pina e, no segundo, Alfama, Alcântara
e Madragoa. Além dos concursos das Marchas Populares, as Festas da
Cidade incluíam atuações de bandas, iluminação de monumentos e a
realização de inúmeros bailes, geralmente ao ar livre. Como veio a ser
referido posteriormente, as Festas de Lisboa terão atraído a Portugal
um grande número de visitantes estrangeiros (vd. Pinto, 1936: 5).

O sucesso das Marchas Populares foi tal que, como refere
Daniel Melo, «o poder político apropria-se desta manifestação
cultural, adequando-a à sua conceção ideológica, historicista, tradicionalista e ruralizante» (Melo, 1997: 300), e a partir de 1934
a organização das marchas passou a ser da responsabilidade da
Câmara Municipal de Lisboa. Como resultado, o número de bairros participantes aumentou, o que se traduziu numa maior diversidade temática nas representações apresentadas, tendo sido nesse
ano, por exemplo, que as coreografias dos marchantes começaram a
evocar também motivos marítimos. A propósito da importância das
Marchas Populares, uma nota no *Diario de Lisbôa* de 17 de junho
de 1935 referia o seguinte:

Urge mantê-las, de modo a integrar nelas o maior número possível de elementos afirmativos do nosso valor. Fazemos ardentes votos, portanto, para que, de ano para ano, elas encerrem esta lição digna de lembrar-se: a alegria estimula a fé nos homens e a colaboração nas iniciativas patrióticas.

Diario de Lisbôa, 17 de junho de 1935: 1

Na verdade, estas animações, que atraíam igualmente a atenção de nacionais e de visitantes estrangeiros, serviam para exibir a alegria do povo e as virtudes dos trabalhadores, que, mesmo nos ambientes mais hostis da cidade, conseguiam continuar a cantar e a bailar. Sara Costa defende que as Marchas Populares surgiram como resposta a uma necessidade de «dar continuidade e aprofundar uma política cultural carregada de simbolismos, reforçando assim a ideia de uma nação ancestral rica em tradições» (Costa, 2008: 162). Estes espectáculos eram divulgados como formas de distração autêntica, desprovida de elementos de degradação moral e, naturalmente, fonte de aprendizagem para quem a eles assistia. *O apadrinhamento desta iniciativa por parte do regime exibe uma das primeiras formas de intervenção oficial e disciplinadora nos escassos tempos de lazer popular.*

Anos mais tarde, António Ferro viria a referir-se às Marchas Populares, incluídas no programa das Festas da Cidade, como sendo um elemento de «reforço da tradição [...] e um excelente cartaz turístico» (Ferro, 1950: 20). Segundo Ferro, a noite de Santo António acabara, por influência deste evento, por se transformar na «noite de outro santo, do bondoso, do Santo Povo Português» (vd. *ibidem*: 12). O entusiasmo do diretor do SPN e do SNI perante as marchas era, de facto, imenso, e a participação das Sociedades de Recreio nas festas do Duplo Centenário, no ano de 1940, entendida como evidência do carácter da pátria e representação do bom humor da «Nação» (vd. *ibidem*: 13), levou-o a afirmar que

quem souber conduzir esse povo já consciente, pô-lo ao serviço da elevação do nosso nível social, terá realizado, efectivamente, uma obra série a bem da Nação, obra que só lhe trará glória.

ibidem: 16

1.2.2. O acolhimento dos estrangeiros

No ano da implementação do Estado Novo, em 1933, a atividade turística era entendida amiúde como uma prática exclusiva dos estrangeiros, como referido por Sacramento Monteiro:

> Só me interessa o turismo internacional, porque é o unico que tem um significado economico directo e que pesa na nossa balança de contas; o turismo interno, as excursões e os comboios-mistério fazem circular apenas magros capitais portugueses. [...] Considero turista o estrangeiro que se fixa em pensões ou hoteis e aqui vive sem necessidade de trabalhar; além de influenciar com a sua presença o nosso povo, cria habitos.
>
> *A.C.P. Revista de Automobilismo e Turismo*, abril de 1933: 26, 28

A imprensa nacional orgulhava-se do crescente número de turistas internacionais que acorriam a Portugal e divulgava quase diariamente informações sobre os mesmos, fornecendo pormenores que mostravam a atividade turística como uma das que mais dinamizava o país e, ao mesmo tempo, das que mais eram acarinhadas pelo regime e pela população. Eram regulares as notícias sobre os cruzeiros que chegavam a Lisboa e ao Funchal, sendo o número de excursionistas atualizado recorrentemente.

Havia grupos que atraíam mais a atenção dos divulgadores do regime, e, por exemplo, as excursões de alemães organizadas pela *Kraft durch Freude*, uma «organização de caracter desportivo e de cultura física» (*Diário de Notícias*, 15 de março de 1935: 1) e uma inspiradora da Fundação Nacional para a Alegria no Trabalho, tinham sempre ampla cobertura jornalística. No ano de 1935, Portugal acolheu um número considerável de trabalhadores germânicos, e o *Diário de Notícias* de 6 de fevereiro desse ano falava de uma projetada excursão que traria cerca de catorze mil alemães a Lisboa, Madeira e Açores, entre maio e agosto, por iniciativa da KdF. No mês seguinte, o mesmo jornal noticiava a presença de mais excursionistas oriundos da Alemanha, alertando para a influência que estas viagens teriam para a propaganda ideológica do nosso país (vd. *ibidem*: 1). O artigo servia também para elogiar a «inteligente propaganda» nazi e o longo e tenaz relacionamento diplomático entre os dois países, reiterando também o seguinte:

A BEM DA NAÇÃO

Como turismo pratico e como propaganda de turismo o plano, lentamente amadurecido entre o sr. dr. Veiga Simões e os dirigentes da organização que nos visita amanhã, é perfeito e de resultados duradoiros.

ibidem: 1

A 17 de março de 1935 o *Diário de Notícias* narrava que, a nível interno, estas excursões aumentavam a solidariedade entre os patrões e os operários, enquanto a nível externo convenciam o estrangeiro de que o nazismo encontrara o caminho da sua prosperidade, uma vez que até os seus mais pobres e humildes cidadãos podiam viajar. A Alemanha deixara de ter greves ou desordens, a ordem pública estava restabelecida, e toda a população admirava Adolf Hitler (vd. *Diário de Notícias*, 17 de março de 1935: 1, 5).

A «Nação» de Salazar atribuía grande valor ao turismo marítimo que trazia estrangeiros até Portugal, como expressou a comunicação de Sá Nogueira, apresentada no congresso nacional sobre turismo de 1936. O orador aludiu ao Porto de Lisboa como a antecâmara do país, que, com a sua beleza e possibilidades naturais, possuía todas as capacidades para acolher navios e, assim, tornar-se um grande porto militar, comercial, industrial, de pesca e de turismo (vd. Nogueira, 1936: 3). Para que as potencialidades deste espaço fossem desenvolvidas, de modo a receber da melhor forma possível os turistas estrangeiros, seria necessário erguer «sóbrias e elegantes estações marítimas» nas zonas do Conde de Óbidos e em Alcântara (vd. *ibidem*: 5–6). Tal preocupação foi discutida igualmente pela tese de Cid Perestrelo (vd. Perestrelo, 1936), numa extensa comunicação que evocava outros portos europeus, como o do Havre ou o de Nápoles, apresentados como casos de sucesso em espaços semelhantes.

A captação de mercados estrangeiros estava necessariamente dependente dos acessos a Portugal. Além da já mencionada melhoria das vias terrestres e da valorização atribuída às entradas marítimas, começou a ser cada vez mais premente e considerada como manifestação de alto interesse nacional a instalação de um aeródromo na zona da Portela, em Lisboa, tanto mais que a localização geográfica de Portugal Continental favorecia o papel que o país poderia vir a desempenhar como escala aérea vital para os transportes aéreos internacionais. A partir de 1934, a Aero Portuguesa, subsidiária da Air France, estabeleceu uma rota regular entre Casablanca, Tânger e Lisboa, que transportava dez passageiros

PORTUGAL, *PAIZ DE TURISMO*. OU PORTUGAL, PAÍSES DE TURISMO?

e que utilizava o Campo Internacional de Alverca. Cinco anos mais tarde, o Yankee Clipper da Pan Am começou a usar Lisboa como ponto de ligação entre a Europa e os Estados Unidos, com uma escala nos Açores. Nesse âmbito, diversa legislação declarava de utilidade pública as expropriações necessárias para a instalação do aeródromo da Portela (vd. por exemplo, lei n.º 1:938, 26 de março de 1936, e decreto-lei n.º 28:892, 30 de julho de 1938), que ficaria para sempre associado aos projetos das grandes comemorações dos Centenários em 1940. Um despacho do Conselho Nacional do Ar, emitido em janeiro de 1939, como resposta a um pedido da Pan Am para instalar os seus serviços em Cabo Ruivo, Lisboa, revelava estar definitivamente assente a construção do aeródromo da Portela e de Sacavém para fins civis e militares e que, nessa altura, já fora aberto concurso para a primeira empreitada (vd. AOS/CO/PC-8E Pt 1 – 5.ª Subsecção).

Todos os esforços eram necessários para embelezar e manter a imagem da «Nação», em especial para os visitantes que vinham de fora. Em carta datada de 27 de outubro de 1936, Alexandre d'Almeida Borges, antigo presidente da União Hoteleira e responsável pelo Palace Hotel do Buçaco, queixava-se ao diretor-geral dos Serviços Florestais e Aquícolas da região por, após sucessivos contactos, ainda não terem sido iniciadas as obras de melhoramento naquele espaço. Este hoteleiro justificava o seu desagrado, afirmando que

> ha que salvaguardar o decôro nacional, pois trata-se de um estabelecimento unico no seu género, frequentado por clientela de todo o mundo, servindo de índice à propaganda de turismo que o próprio Estado, em boa hora, entendeu desenvolver. [...] hotel que constitue sala de bem receber todos os estrangeiros que nos visitam – é uma considerável VERGONHA.
>
> Almeida, 1936

Ainda nesse âmbito, João de Barros declarou, em 1935, que o povo português era conhecido pela sua hospitalidade e por gostar de atrair estrangeiros (vd. *Diario de Lisbôa*, 19 de fevereiro de 1935: 1, vd. também Pinto, 1936: 10). É, por isso, no mínimo interessante constatar que data dessa época o apelo à supressão do uso de passaportes «em defesa do turismo». A 30 de outubro de 1935, Guerra Maio publicou um texto a esse propósito com o longo título «Em defesa do turismo. A supressão dos passaportes era uma medida aconselhável

A BEM DA NAÇÃO

para estreitar as relações entre os povos» (vd. *Diario de Lisbôa*, 30 de outubro de 1935: 1) e, um ano depois, retomou o tema no I Congresso Nacional de Turismo, sugerindo que, à semelhança do que sucedia em alguns países europeus, o passaporte fosse substituído pela carta de identidade, o que iria facilitar as relações económicas e turísticas entre os povos (Maio, 1936: 2).

1.2.3. A imprensa e o turismo

A imprensa publicada entre 1933 e 1940 constituía um importante espaço de debate do estado do turismo nacional. Quase todas as referências jornalísticas ao sector insistiam na oportunidade do seu desenvolvimento e na adequação do país à atividade turística[17]. Assim, a imprensa da especialidade, como, por exemplo, a *A.C.P. Revista Ilustrada de Automobilismo e Turismo*, descrevia o sector como uma arte e uma indústria da paz, garantindo que «com a paz internacional e a paz interna, assegurado estaria, em Portugal, o êxito de um bem orientado e bem intencionado empreendimento de turismo» (*ACP. Revista Ilustrada de Automobilismo e Turismo*, janeiro de 1933: 24). O mesmo artigo concluía com a enunciação das vantagens que o regime do Estado

---

[17] Publicações como o *Sempre Fixe* ofereciam abordagens «diferentes» a uma atividade invariavelmente apresentada como benéfica, perspetivada, aqui, de modo crítico e satírico:

> Nesga da Europa á beira-mar plantado, reune todas as qualidades para que o estrangeiro sedento de ineditismo procure no seu seio o sossego e a paz idilica de uns meses de descanso em camionetas desengonçadas e comboios anti-higienicos. [...]... Hoje, como faltam caravelas [...] o portuguesinho valente limita-se a lançar mão de dois meios de turismo: as romarias e as excursões.
>
> A primeira nasceu da necessidade fisiologicamente nacional de beber vinho e partir os queixos ao compadre, ou vice-versa.
>
> A segunda, mais moderna, importada do estrangeiro, nascendo da necessidade de gastar dinheiro ao domingo e fugir dos grandes centros populacionais onde não se respira e onde o diabo tece mil artimanhas para nos deixar de «tanga».
>
> ... E, assim, a romaria anda ligada á excursão como a excursão á romaria.
>
> Uma, pura, estruturalmente nacional. Outra, identificada com aquilo e já dos domínios das coisas nacionais, como o namoro de gargarejo, o analfabetismo policial ou o elevador da Gloria.
>
> E tudo isto porque Portugal é e será sempre um país de turismo.
>
> *Sempre Fixe*, 30 de maio de 1940: 4

PORTUGAL, *PAIZ DE TURISMO*. OU PORTUGAL, PAÍSES DE TURISMO?

Novo viria a associar, de forma mais ou menos velada, ao sector turístico nacional:

> [...] o turismo, como nós o desejamos, será, simultâneamente, factor do trabalho, da riquêsa, da educação e do prestígio do povo português, fazendo vêr aos estrangeiros que nos visitarem quanto tem de imerecida e injusta a reputação de nação bárbara que uma época de agitações constantes criou.
>
> *ibidem*: 24

A propósito de um sector claramente em fase embrionária, muitas das chamadas de atenção publicadas pela imprensa alertavam para lacunas que poderiam pôr em perigo a desejada expansão da atividade. Por este motivo, era frequente a denúncia de situações como a falta de autocarros de luxo, a desajustada localização de um coletor perto do Porto de Lisboa (vd. *O Seculo*, 27 de setembro de 1934: 1) ou a necessidade de melhorias urgentes para que a «capital do império» atraísse mais visitantes (vd. *Diario de Lisbôa*, 27 de março de 1934: 1). O *Diario de Lisbôa*, por exemplo, indignava-se com a falta de pão fresco aos domingos, e «o domingo é o dia de turismo», nas zonas frequentadas por estrangeiros (vd. *Diario de Lisbôa*, 27 de setembro de 1933: 4), e duas edições da revista *Rádio Nacional* reclamavam acerca da falta de água potável, do amontoado de lixos (vd. *Rádio Nacional*, 19 de dezembro de 1937: 9) e, a pedido da edilidade de Cascais, das pragas de insetos (vd. *Rádio Nacional*, 5 de junho de 1938: 3).

1.2.4. O Automóvel Club de Portugal

As referências já feitas ao Automóvel Club de Portugal e à *A.C.P. Revista Ilustrada de Automobilismo e Turismo* comprovam o papel determinante que este órgão desempenhou na evolução da atividade turística portuguesa na década de trinta. Em 1933, as instalações do Automóvel Club de Portugal terão mesmo sido visitadas por António Ferro para elogiar o trabalho aí desenvolvido em prol do turismo (vd. *A.C.P. Revista Ilustrada de Automobilismo e Turismo*, dezembro de 1933: 8–10).

Ao longo das suas diversas edições, a publicação regular do ACP não hesitava em destacar que em «todos os números da nossa Revista se tem chamado a atenção dos automobilistas para a beleza deslumbrante do nosso país, para os seus principais monumentos e para os mais pitorescos e interessantes costumes do seu povo» (*A.C.P. Revista Ilustrada de Automobilismo e Turismo*, setembro de 1937: 7). Recorde-se que o Automóvel Club de Portugal foi uma das vozes que mais se manifestou a favor do uso do bilhete de identidade como único documento de viagem necessário, por forma a facilitar as movimentações, nomeadamente entre Portugal e Espanha (vd. *A.C.P. Revista Ilustrada de Automobilismo e Turismo*, agosto de 1935: 9–10, e *A.C.P. Revista Ilustrada de Automobilismo e Turismo*, fevereiro de 1939: 9).

No mês de abril de 1936, por exemplo, por alturas da reunião da Commission International de Tourisme, que ocorreu em Lisboa, o ACP chegou a ter um representante seu na «estação-fronteira» de Vilar Formoso com o objetivo de facilitar a revista das bagagens e para entregar «folhetos de propaganda turística», segundo informação que consta numa carta redigida por Carlos Santos, o responsável da instituição à época (vd. Santos, 1936a). Esta reunião, e principalmente a organização cuidada e protagonizada pelo ACP, terão feito com que os delegados tivessem levado consigo uma boa impressão de Portugal, conforme referido em artigo publicado no n.º 38 da *Revue International de l'Automobile*, uma revista distribuída nos quarenta países que participaram no encontro (vd. *Revue Internationale de l'Automobile*, 1 de maio de 1936).

Em carta dirigida a Salazar, Carlos Santos referiu, em junho de 1936, que

> muitos outros automobilistas estrangeiros, impulsionados por idêntica propaganda, virão até nós. O Automovel Club de Portugal, pode Vossa Excelencia estar seguro, não perderá um unico ensejo para conseguir que todos êles saiam de Portugal com a mais lisongeira das impressões e se convertam nos melhores propagandistas do valôr turistico do nosso País.
>
> Santos, 1936b

1.2.5. Para que serve o turismo?

Do ano de todos os princípios para o regime do Estado Novo deve destacar-se um artigo publicado na primeira página do *Diario de Lisbôa* de 14 de janeiro, que, entre outros, admitia a fase embrionária em que o sector se encontrava em Portugal e que, a propósito do valor da nova atividade, comentava a falta de um

PORTUGAL, *PAIZ DE TURISMO*. OU PORTUGAL, PAÍSES DE TURISMO?

impulso ordenado e orientado em que colaborem em justas propor-
ções o dinheiro, a iniciativa, o arrojo e a estetica. Impõe-se, como
sempre, que o Estado intervenha na materia com a sua alta e indis-
cutivel autoridade, criando os competentes e necessarios para se con-
verter em fomento a riquesa o que tantos encaram qual tema propicio
a divagação quimericas ou abstrusas.

Diario de Lisbôa, 14 de janeiro de 1933: 1

Tal como largamente discutido no I Congresso Nacional de
Turismo, este artigo advogava que seguir os exemplos do que se passava em outros países não poderia jamais impedir que a indústria turística se constituísse como uma realidade nacional e própria do povo
português. *O turismo deveria ser, além de uma atividade que ensinava
a essência da «Nação» portuguesa aos estrangeiros, um veículo para
que os nacionais aprendessem e se «espiritualizassem»*, pois a «simples
construção dum hotel acolhedor ou luxuoso exerce influencia no povi-
nho adjacente, ensinando-lhe a higiene, as boas maneiras, a antipatia
pelos hábitos grosseiros no vestuário e na linguagem» (vd. *ibidem*: 1).

Esta vertente didática do sector continuaria a ser valorizada ao
longo do período em estudo e, como seria de esperar, foi reforçada por
algumas comunicações apresentadas no congresso de 1936 (vd. Parte
II, capítulo 2), nomeadamente através da apresentação feita por Vieira
Guimarães (vd. Guimarães, 1936: 3) e pela imprensa:

Nos contentará a certeza de que [o turista] adivinhou, no cenário, casos e personagens da rua, as qualidades do povo ou conseguiu,
através dela, avaliar o estado da nossa mentalidade e o impulso da
nossa ânsia natural de progresso e esfôrço construtivo.

SI, *O Seculo Ilustrado*. 19 de fevereiro de 1938: 10

Joaquim Roque da Fonseca, eventualmente um dos primeiros a
proferir a expressão mil vezes repetida, durante o Estado Novo e não
só, «Portugal, paiz de turismo» (vd. Parte I, capítulo 2), sistematizou
numa comunicação com esse mesmo título algumas das características que a atividade turística partilhava com as retóricas das nações.
Retome-se, por isso, a palestra que Roque da Fonseca apresentou no
Rio de Janeiro no ano de 1933 para evocar importantes argumentos
justificativos do protagonismo atribuído ao sector turístico por um
regime político como o de Salazar. Além da habitual preocupação com

177

os turistas estrangeiros, esclareceu-se que as principais motivações e atrações turísticas seriam *os acontecimentos, as tradições, as lendas e os símbolos históricos*. Os turistas deveriam visitar o que de mais autêntico, mais notável, mais belo e pitoresco existisse no destino de acolhimento. *Estes superlativos turísticos não podem deixar de relembrar os superlativos que justificam as verdades das nações, segundo António de Oliveira Salazar.*

Neste contexto, importa referir uma publicação de abril de 1933 em *A.C.P. Revista Ilustrada de Automobilismo e Turismo*, segundo a qual o turismo seria o «método mais designado para combater a degenerescência da raça» (*A.C.P. Revista Ilustrada de Automobilismo e Turismo*, abril de 1933: 28), e ainda o primeiro número de *Viagem. Revista de Turismo, Divulgação e Cultura*, quando refere o papel do turismo, enquanto elemento esclarecedor das falsas ideias dos portugueses, resultantes da deturpação «dos nossos costumes e da alma da nossa gente» (*Viagem. Revista de Turismo, Divulgação e Turismo*, julho de 1938: 2). Alguns anos mais tarde, a mesma revista declarava que «viajar no nosso país, afinal, vai ser uma arte de nos conhecermos melhor» (*Viagem. Revista de Turismo, Divulgação e Turismo*, junho de 1941: 1).

Por tudo isto, a intervenção do Estado era nomeada como imprescindível, como comprovam, por exemplo, os diversos relatos de visitas efetuadas pelo presidente do Conselho, nomeadamente a locais onde iriam ser construídas unidades de alojamento ou na inauguração das mesmas (vd. por exemplo, *O Seculo*, 6 de abril 1934: 1). Tal como se viu suceder no I Congresso Nacional de Turismo, quando alguns congressistas defenderam a intervenção da mão mediadora do Estado na atividade turística ou à imagem do que António Ferro viria a fazer ao longo da sua vasta ingerência no sector, *a prática turística parecia permitir que um ensinamento superior lhe ditasse as rotinas e classificasse e indicasse o que deveria ser visitado*. O número um de *Viagem. Revista de Turismo, Divulgação e Turismo*, de julho de 1938, reafirmava esta crença com os seguintes argumentos:

> Hoje, neste século de velocidade, é fácil viajar. O que é raro é saber viajar. Auxiliar êsse desideratum, proporcionar ao viadante que percorre Portugal uma maior parcela de encanto, orientá-lo e despertar-lhe o interêsse pelo desconhecido, eis um dos fins a que nos propomos.
> *Viagem. Revista de Turismo, Divulgação e Turismo*, de julho de
> 1938: 2

PORTUGAL, *PAIZ DE TURISMO*. OU PORTUGAL, PAÍSES DE TURISMO?

Apesar do muito que faltava ainda fazer, a década de trinta assistiu a um desenvolvimento significativo do turismo português. Como escrevia o *Diário de Notícias* em novembro de 1935, o turismo incorporara-se naturalmente na vida dos portugueses (vd. *Diário de Notícias*, 5 de novembro de 1935: 1), por obra e graça das políticas de «renovação» do Estado Novo. Como sucedia com as restantes esferas da sociedade portuguesa, fora-lhe atribuída uma função muito específica na orgânica nacionalizante do regime e, por isso, também a este sector cabia demonstrar e ensinar as verdades do salazarismo.

1.3. A divulgação da «pequena casa lusitana»: destinos, publicações e Casas de Portugal

... esta pequena casa lusitana.

Pinto, 1936: 6

Um dos primeiros momentos que manifestou formalmente a necessidade de identificar e inventariar os locais que deveriam ser entendidos como atrações turísticas data de 1918, altura em que foi divulgada a primeira listagem oficial das «terras de turismo», um conjunto de sessenta e cinco lugares, situados sobretudo na região norte de Portugal (vd. Ferreira e Simões, 2011: 82). Esta missão prosseguiu, e entre 1921 e 1923 já se encontravam classificados cento e trinta e cinco lugares turísticos (vd. Lousada, 2011: 68). Anos mais tarde, a atenção dos decisores voltou-se para a necessidade de melhorar os destinos anteriormente selecionados, e, assim, legislação publicada em 1931 determinava que se promovesse «oficialmente o embelezamento dos locais compreendidos entre Lisboa e as zonas de turismo Queluz, Sintra, Cascais e Estoris» (decreto n.º 19:252, 19 de janeiro de 1931).

1.3.1. A pequena casa lusitana
Os jornais até agora referidos constituíam uma eficaz forma de divulgação dos destinos turísticos selecionados pelas vozes acreditadas do regime, que ora indicavam o que faltava fazer, ora elogiavam e convidavam à visita de determinados locais, atrações e alojamentos.

A BEM DA NAÇÃO

De facto, a consulta da imprensa generalista de então, bem como dos guias turísticos com mais tiragem à época, permite concluir quanto às motivações para que certos destinos fossem nitidamente mais aconselhados do que outros.

Assim, locais que evocassem ocasiões tidas como *marcantes para a história da «Nação»* eram frequentemente descritos e indicados como destinos a visitar. Inclui-se nesta categoria, por exemplo, a zona da Batalha e de Alcobaça, Guimarães, Queluz ou Lisboa, apresentados como *verdadeiros museus da «Nação», decorados com o património e os monumentos que melhor demonstravam a essência de Portugal* (vd. *Diario de Lisbôa*, 7 de fevereiro de 1933: 1, *Diario de Lisbôa*, 10 de fevereiro de 1933: 1, *Diario de Lisbôa*, 10 de maio de 1937: 1, ou *Diario de Lisbôa*, 15 de maio de 1937: 1). Os portugueses eram, pelos mesmos motivos, ainda convidados a visitar os «castelos semeados por todo o País, ruínas de um passado de imponência e galhardia, as suas igrejas romanicas, símbolos tão vivos duma fé que foi muito viva!» (Pinto, 1936: 7), tendo o *Diario de Lisbôa* chegado mesmo a afirmar que visitar os castelos portugueses era uma romagem obrigatória de todo o bom português (vd. *Diario de Lisbôa*, 8 de agosto de 1933: 1).

Outro grupo de destinos recomendado albergava espaços não urbanos, onde a *população vivia num estado puro de humildade e simplicidade claramente elucidativo das boas qualidades do povo português*. O Minho bucólico e até o Algarve, pouco desenvolvido até à década de quarenta, cabiam neste conjunto, caracterizado pela beleza do seu património natural quase intocado (vd. *Diario de Lisbôa*, 9 de janeiro de 1933: 1 e *Diario de Lisbôa*, 16 de fevereiro de 1937: 1).

As zonas situadas à beira-mar e as praias, encaradas como *locais que permitiam desenvolver o Homem Novo apregoado pelo regime*, constituíam eventualmente o último grande grupo de destinos turísticos nacionais mais divulgado nos anos trinta. Dele faziam parte, sobretudo, os arredores de Lisboa e, na margem sul, a Costa de Caparica, e ainda as zonas balneares da Nazaré e da Figueira da Foz (vd. *Diario de Lisbôa*, 11 de fevereiro de 1933: 1, e *O Seculo Ilustrado*, 3 de setembro de 1938: 4). Em termos gerais, e apesar de ser um hábito que ia caindo em desuso, as termas de Vidago, Melgaço e Pedras Salgadas continuavam ainda a atrair alguns portugueses, assim como os destinos da serra da Estrela.

1.3.2. Guias turísticos ou manuais de história da «Nação»?

A consulta de diversos guias turísticos, concebidos com o propósito de mostrar a «pequena casa lusitana» a viajantes nacionais e estrangeiros, durante os primeiros anos do Estado Novo, permite concluir que esses documentos em pouco diferem de manuais de história. Na verdade, a par das belíssimas ilustrações que quase todos exibem, a grande maioria insistia em transmitir pormenorizadas lições sobre as origens e o desenvolvimento da «Nação» portuguesa. Entre 1933 e 1940, este tipo de publicações viu a sua tiragem ser aumentada como consequência da já referida valorização oficial do sector turístico. O SPN, por exemplo, intensificou a edição de documentos de divulgação de destinos de lazer, tendo muitas dessas publicações sido traduzidas e distribuídas em outros países europeus.

Porém, a edição de documentos promocionais turísticos foi profusa logo a partir da canónica publicação de *As Praias de Portugal. Guia do Banhista e do Viajante*, de Ramalho Ortigão, no ano de 1876. Em 1905, a Colonial Oil Company lançou a primeira carta automobilística portuguesa e, dois anos depois, surgiu o *Manual do Viajante em Portugal* de Leonildo Mendonça e Costa, seguido, no ano de 1912, de *Carta Excursionista de Portugal*, da Sociedade de Propaganda de Portugal. Em 1924, saiu o primeiro volume do *Guia de Portugal* de Raúl Proença, que, além de fornecer conselhos aos turistas, pretendia inventariar o património português natural e construído.

Refira-se, a título de curiosidade, que em 1925 foi a vez de Fernando Pessoa publicar *What the Tourist Should See*. Maria Amélia Gomes, um dos membros do grupo que trabalhou a famosa arca de Pessoa, traduziu para português um «texto seguido, completo, dactilografado – coisa rara no espólio de pessoano! – que era nem mais nem menos que um guia pronto a ser publicado dessa Lisboa a que Pessoa chamou seu "lar"» (Gomes, 1992: 5). O texto dividia-se em três partes, sendo que a mais extensa se intitulava «What the tourist should see», e as outras duas, bem menores, «Lisbon newspapers» e «A visit to Cintra, via Queluz».

Não pode, igualmente, ser desprezada a elevada quantidade de edições jornalísticas e de comunicações pronunciadas por oradores relacionados com o sector turístico que deve eventualmente ser entendida como uma variante possível de guias turísticos, como se irá constatar de seguida. Retome-se, a esse propósito, o nome de Roque da Fonseca e a comunicação que proferiu no Rio de Janeiro, no ano de

A BEM DA NAÇÃO

1933, intitulada *Portugal, paiz de turismo*, já aludida anteriormente, por ser um dos mais significativos textos de promoção turística do período que ocupa este estudo.

Na verdade, a palestra editada pelo Automóvel Club de Portugal incluía dezassete páginas de texto, profusamente ilustradas com imagens legendadas de destinos turísticos tidos como canónicos, já à época. As vinte e sete fotografias apresentavam polos de atração naturais e construídos, que, mesmo à margem do discurso de Roque da Fonseca, corporizavam a imagem (turística) que o país pretendia transmitir de si próprio. Algumas das figuras que ilustravam essa comunicação mostram os monumentos mais emblemáticos de nove cidades do continente (Lisboa, Leiria, Coimbra, Porto, Braga, Guimarães, Viseu, Évora e Tomar). A apresentação destas cidades é intercalada e complementada com a inclusão de outras fotografias de atrações turísticas, por vezes próximas, outras nem tanto. Assim, por exemplo, a primeira fotografia que representa Lisboa é seguida de outras treze, que deverão ser entendidas como os polos turísticos mais procurados pelos visitantes da capital portuguesa, como o Mosteiro dos Jerónimos, a Torre de Belém, o tríptico de Nuno Gonçalves ou ainda o Parque do Estoril, o Palácio Nacional de Sintra e o Palácio da Pena. Destaque-se igualmente uma reprodução do interior do Mosteiro de Alcobaça, com os inevitáveis túmulos de D. Pedro e de D. Inês de Castro, e uma imagem da fachada principal do Mosteiro de Batalha (Fonseca, 1933: 15). Dignas de referência são, ainda, as duas últimas imagens selecionadas para ilustrar a reprodução impressa da comunicação de Roque da Fonseca e que retratam o «[t]rajo caracteristico do Minho» (vd. *ibidem*: 21) e uma atração turística natural, na serra da Estrela, a Cabeça da Velha (vd. *ibidem*: 23).

Só por si, estas vinte e sete fotografias, bem como a ordenação que se lhes decidiu atribuir, constroem uma narrativa turística naturalmente corroborada pelo texto de Roque da Fonseca. Assim, no topo das prioridades do visitante deverão estar Lisboa e parte da sua zona limítrofe, com justificativos que aludem ao prestígio e à opulência da época dos descobrimentos, representados pelo arsenal da Marinha, pelo Mosteiro dos Jerónimos ou pela Torre de Belém, e às artes, pelas alusões ao estilo manuelino, aos coches ou às pinturas de Nuno Gonçalves. O cosmopolitismo do Estoril e o impulso dado às obras públicas, através de referências à estrada para Sintra e à ponte na cidade do Porto, são também elementos importantes desta história

182

nacional e turística. Os símbolos construídos para ilustrar a vitória de Aljubarrota sobre os castelhanos e a nobreza dos sentimentos do povo surgem igualmente como motivos turísticos a exaltar e que deviam ser dados a conhecer a quem visita o país.

Da exposição de Roque da Fonseca Portugal emergia, ainda, como um local de cultura e saberes antigos e de arreigadas tradições religiosas, simbolizados pelas menções à Universidade de Coimbra e ao Bom Jesus de Braga, respetivamente. A exaltação da «Nação» foi retomada na última fotografia da publicação do ACP, que retrata o Convento de Cristo, em Tomar, primeiramente tido como um símbolo da Reconquista Cristã e, séculos mais tarde, como ícone da abertura do país ao mundo. A lealdade às tradições rurais era comemorada pela imagem de duas raparigas trajadas à minhota, sendo as belezas naturais representadas pela serra da Estrela, que, na época, era já uma importante atração turística para viagens de inverno.

Merecedora do realce é também a edição de ano novo de 1935 de *O Seculo*, por incluir dez páginas totalmente dedicadas às sete províncias em que Portugal Continental estava, então, dividido. A abordagem é claramente turística, a perspetiva é claramente nacionalizante. Tal como em muitos outros documentos e representações, não é tarefa fácil determinar onde acaba e onde se inicia a retórica de cada uma. A propósito do Alentejo, «terra do Pão e das canções dolentes», por exemplo, referia-se a importância histórica de Portalegre (vd. *O Seculo*, 1 de janeiro de 1935: 15). A Estremadura merecia destaque por ter sido «terra de onde saiu a madeira para as caravélas, e onde o campino é a imagem da bravura» (vd. *ibidem*: 16), enquanto o Minho, «canteiro alegre e florido, onde nasceu a primeira roza do Nacionalismo Português», era inevitavelmente aludido como o berço da nacionalidade e a sede dos mais puros e genuínos representantes da nação (vd. *ibidem*: 23). Na página final, dedicada a Portugal, lia-se:

> PORTUGAL terra gloriosa na descoberta, na conquista e colonisação, em qualquer das provincias afirma a unidade espiritual do seu povo.
>
> No fundamento de uma tradição gloriosa, quasi milenária, acrescida, pelo tempo, de novos lances de beleza, de valor e de harmonia, encontram portugueses alicerce firme e duradouro para o largo e nobre edifício da sua fé e da sua honra nacionalista.
>
> ... já fronteiras a Natureza marcara á Nação Portuguesa. [...]

A BEM DA NAÇÃO

Portugal aparecia, de jacto, num verdadeiro milagre, com uma formação e uma unidade política, económica e social, que os seculos consolidaram e engrandeceram.

ibidem: 24

Este e outros jornais não deixaram de incluir nas suas edições diversos textos através dos quais se glosava, além da beleza paisagística, a «incomparável grandeza histórica» das regiões e se enaltecia o «sangue e o sacrifício» populares, entendidos como «os mais robustos alicerces da nossa nacionalidade». Favoritas eram igualmente as descrições de comportamentos e costumes simples e primitivos, tidos como símbolos inquestionáveis das «virtudes lusitanas» (vd., por exemplo, *O Seculo*, 15 de fevereiro de 1935: 12–15).

Por ocasião da reunião em Portugal da Commission International de Tourisme em 1936, o Automóvel Club de Portugal patrocinou a publicação *As Estradas de Portugal. Arredores de Lisboa*, de Raúl Proença, que se destinava a ser oferecida aos participantes do congresso organizado pelo ACP. A edição incluía as habituais imagens de Lisboa, do exterior e do interior do Palácio de Queluz e do Convento de Mafra, da serra, do palácio e do Castelo dos Mouros, em Sintra, da cidadela, da costa e da baía de Cascais, do casino, da praia e do Hotel Palácio do Estoril, da Torre de Belém, da Costa de Caparica e do Castelo de Sesimbra. Para cada um destes destinos, era disponibilizado um conjunto de informações acerca dos pontos de atração turística existentes, como as igrejas e os museus, bem como uma vasta cronologia histórica sobre os mesmos.

O Centenario Turístico da Serra da Louzã de Amorim Girão, Raúl Miranda, Vírgilio Correia e Álvaro V. Lemos, editado em 1938, e o *Guia do Forasteiro em Braga. 1939* são dois guias que reiteram as estratégias que se identifica como sendo usadas nos documentos de divulgação turística. No ano em que a «Nação» se encontrava engalanada para os festejos e celebrações de dois centenários emblemáticos para mais um ato de revalidação ideológica, Sintra tornou a ser tema de uma publicação particularmente bela, *Roteiro Lírico de Sintra*, da autoria de Oliva Guerra. Encontra-se, nas palavras de Oliva Guerra, a informação histórica tão do agrado das retóricas nacionalizante e turística, insistindo-se na apresentação do local com o recurso a constantes evocações de reis, como D. Afonso Henriques, D. Dinis ou D. João V, e de artistas, como Camões, Bernardim Ribeiro ou

PORTUGAL, *PAIZ DE TURISMO*. OU PORTUGAL, PAÍSES DE TURISMO?

Byron (vd. Guerra, 1940: 8–9). Este roteiro sugeria quatro itinerários possíveis([18]), ilustrados com fotos coevas, gravuras antigas e imagens da população local, envergando trajes de trabalho ou de domingo. *Também aqui surgem os superlativos comuns aos textos de divulgação turística e ainda descrições líricas*([19]), *como anuncia o título, das paisagens e dos monumentos históricos.* Não deixa, ainda, de haver oportunidade de introduzir um registo de teor mais nacionalizante com a exaltação dos valores da «raça portuguesa» e com as referências aos mitos da origem de Portugal (vd. *ibidem*: 70).

Data igualmente de 1940 a publicação *Paisagens e Monumentos de Portugal*, de Luiz Reis Santos e Carlos Queiroz, com fotografias de Mário Novaes. A introdução de Reis Santos afirmava o propósito de usar imagens e «trechos evocadores e descritivos» para chamar a atenção para os aspetos mais importantes da pátria (vd. Santos e Queiroz, 1940: 5). O carácter hospitaleiro da população portuguesa foi repetido, mas a ênfase do discurso coube às especificidades essenciais do povo construtor da «Nação», num texto, mais uma vez, evocador da intemporalidade e da singularidade de Portugal:

([18]) I Itinerário – Chegada à Estação – Paços do Conselho – Quinta do Guedes – Estrada do Duche – Parque Municipal – Quinta do Duche – Fonte da Câmara – Hospital da Misericórdia – Paço Real.

II Itinerário – Centro da Vila – Os hotéis – Igreja de S. Martinho – Casa dos Ribrafrias – Os Pisões – Byron e o «Child Harold» – Estrada do Sindicato – Palácio da Pena – Jardins, lagos, mata – Cruz Alta – S. Pedro – O Ramalhão – Convento da Trindade – Castelo dos Mouros – Igreja de Santa Maria – Fonte da Sabuga – Quinta do Saldanha – Regresso à Vila.

III Itinerário – Pisões – Quinta do Relógio – Quinta da Regaleira – Seteais – Penha Verde – Estrada vélha de Colares – Quintas de S. Bento, de S. Tiago e do Pombal – Monserrate – Quinta da Piedade – Colares – Vinhedos e Pomares – O Mar.

IV Itinerário – Costa encantada – Praia Grande, Praia da Adraga, Praia do Cavalo, Fojo, Pedra de Alvidrar, Praia da Ursa, Cabo da Roca, Praia das Maçãs – Dunas, vinhedos e pinhais – Outra vez Colares (história e lenda) – Estrada para Mafra e Ericeira – Solar de Ribafria – Bairro do Casino – Estefânia, a Sintra Moderna – Último olhar de despedida – Regresso. (Guerra, 1940: 13).

([19]) Vd. por exemplo, «Canta nostálgica a bica musical do Pátio do Leão, torna-se mais quieto na sua mudez tranqüila o ambiente evocador do Jardim de Lindaraya e do Pátio dos Tanquinhos. [...] E sob a carícia fulva do sol, o velho alcaçar mourisco, esfumando o seu perfil de lenda no azul claro do céu, lá fica recostado no fundo verde escuro do arvoredo circundante, como uma jóia estranha sôbre o seu escrínio de veludo secular» (Guerra, 1940: 25), «Lançando os olhos para o vale amorosamente desdobrado em amplo panorama» (*ibidem*: 29) ou «O mar não tem carícias de gato enamorado» (*ibidem*: 65).

O povo rústico trabalha, calmo e discreto, quási infantil, mesmo quando sofre e parece, aos olhos d'alguns estranhos, um adulto carregado de explosividade. [...] Atraem-no muito mais as romarias do que o mito das cidades. Vêr o nosso povo folgar, é assistir a um espectáculo de naturalidade e de graça que talvez já não tenha comparação à superfície do Globo. [...]

Tudo [na nossa paisagem campestre] é autêntico e, mesmo quando austero, amável. [...]

A paisagem portuguesa parece esperar – parece esperar por nós. Há muitos séculos.

Santos e Queiroz, 1940: 8

Insistia-se na necessidade de que os portugueses conhecessem as diversas pátrias que compunham a grande pátria (vd. *ibidem*: 11) e, quase a finalizar, *Paisagens e Monumentos de Portugal* incluía uma preleção acerca *da utilidade do património construído para a representação da «Nação»*, concluindo que «os monumentos traduzem melhor as feições íntimas da alma portuguesa do que os factos relatados nos anais da Pátria» (vd. *ibidem*: 33), por deixarem transparecer «traços comuns de pensamento e sentimentos, que imprimem, à mais colectiva de todas as artes, uma expressão inconfundível de consciência, de força e de unidade nacional» (vd. *ibidem*: 34).

1.3.3. As Casas de Portugal

A vontade de atrair visitantes estrangeiros justificava a abundância dos comentários tecidos pela imprensa portuguesa acerca da forma como o país turístico era divulgado no exterior. Essa preocupação era apresentada como mais uma justificação para que o Estado supervisionasse cada vez mais o sector e, apesar de algumas garantias de que a divulgação externa estava a ser feita, as queixas continuavam.

Já no ano de 1917, a Sociedade Propaganda de Portugal encetou esforços em Lisboa e em Paris, junto do governo francês e do Touring Club de França, para que fosse aberto um *bureau de renseignements* que seria gerido pela Sociedade Propaganda de Portugal e cofinanciado pelo Estado português e pela Companhia Portuguesa de Caminhos de Ferro (vd. Pina, 1988: 19). Em 1929, o artigo 13.º do decreto n.º 16:822, de 6 de maio, atribuía à Repartição dos Serviços de Propaganda e Imprensa «as questões de turismo e de propaganda de Portugal no estrangeiro» (vd. decreto n.º 16:822, 6 de maio de 1929), e em 1930 foi criada por decreto do Ministério dos Negócios Estrangeiros, de 16 de julho, a comissão de propaganda de turismo de Portugal no estrangeiro (vd. decreto n.º 18:624, 16 de julho de 1930).

Apesar de tudo aquilo que decorria da promulgação de todo este aparelho legislativo, o papel desempenhado pelas Casas de Portugal na divulgação turística nacional no estrangeiro merece ser destacado. O ano de 1931 assistiu à fundação destas representações em França e em Inglaterra. Assim, o decreto n.º 19:333 de 10 de fevereiro de 1931 criava a Casa de Portugal em Paris com o objetivo de aí agrupar «todos os serviços de propaganda comercial e de turismo» de Portugal. A secção de turismo dessa Casa de Portugal, descrita pelo artigo 5.º, tinha competências para divulgar a «Nação» e promover viagens, assim como para impulsionar o contacto entre as entidades que nos dois países se ocupavam do turismo. O artigo 4.º do decreto n.º 20:140 de 31 de julho do mesmo ano discriminava as capacidades deste novo órgão relativamente à atividade turística, que, entre outros pontos, incluíam a propaganda das belezas naturais e artísticas de Portugal e a organização de itinerários e de programas de excursões por mar e por terra em todo o espaço imperial português. Essa informação poderia compreender, se necessário, esclarecimentos acerca de tarifas e horários de transportes, dados sobre a documentação necessária para os viajantes, preços e condições de hotéis ou ainda a descrição de monumentos e museus. A Casa de Portugal em Paris foi igualmente a sede europeia do SPN e, por isso, palco para a realização de inúmeras conferências e receções organizadas por António Ferro.

Ainda em 1931, decretou-se a constituição da Casa de Portugal em Londres através do decreto n.º 20:104 de 25 de julho, e, dois anos depois, o decreto-lei n.º 22:692 de 16 de junho criava a Casa de Portugal em Antuérpia, com os mesmos intuitos que presidiam às outras duas. Em 1939, no ano da participação portuguesa nas feiras norte-americanas, foi a vez de se abrir uma Casa de Portugal em Nova Iorque «com o objectivo de dar execução prática aos serviços de propaganda nacional e de turismo de Portugal nos Estados Unidos da América» (decreto-lei n.º 29:662, 6 de junho de 1939). À semelhança do que sucedia com as restantes Casas de Portugal, o regulamento da Casa de Portugal em Nova Iorque era claro quanto à missão que deveria desenvolver no campo da divulgação turística.

Assim, o artigo 2.º do decreto n.º 30:030, de 6 de novembro de 1939, esclarecia que as competências desta instituição incluíam

a) Fazer a propaganda das belezas naturais e artísticas de Portugal;

b) Divulgar nos Estados Unidos da América o conhecimento das estações termais de cura e de repouso de Portugal;

c) Informar o Ministério dos Negócios Estrangeiros das referências que em matéria de comércio ou de turismo sejam feitas ao nosso País pela imprensa norte-americana; [...]

e) Organizar itinerários, programas e excursões turísticas a Portugal e seus territórios do ultramar e fornecer ao público e às entidades interessadas todos os esclarecimentos necessários, como tarifas e horários marítimos, ferroviários, de automóveis e *auto-cars*, documentação de que se devem munir os visitantes, preços e condições dos hotéis, discriminação dos monumentos, museus e de tudo quanto tenha interêsse turístico.

Decreto n.º 30:030, 6 de novembro de 1939

1.4. O património

...a História de Portugal está admiràvelmente escrita, dêsde o início da nossa nacionalidade, em todos os monumentos guerreiros ou religiosos que se encontram a cada canto, e tão firmes quási todos êles na terra, que de tão belos parecem desafiar o tempo, e tão vivos que dir-se-ia quererem viver para além da morte.

Viagem. Revista de Turismo, Divulgação e Cultura, fevereiro de 1941: 1

A razão por que o regime de Salazar valorizava tanto o património material, as «páginas vivas da nacionalidade» (*A Cultura Portuguesa e o Estado*, 1945: 50), está bem patente nas palavras em epígrafe. As medidas de recuperação patrimonial foram, ao longo de todo o Estado Novo, enaltecidas e entendidas como uma das principais mudanças trazidas pela «Revolução Nacional» de 1926.

PORTUGAL, *PAIZ DE TURISMO*. OU PORTUGAL, PAÍSES DE TURISMO?

A par da busca da beleza e do conforto estético, tais políticas visavam aumentar o património moral da «Nação», isto é, *recuperar provas da grandeza pátria e, assim, agregar os nacionais em torno de uma identidade inequívoca, com o propósito de transmitir uma imagem coesa e clara de Portugal, quer para o exterior, quer para os próprios portugueses.*

Anos depois de a Sociedade de Propaganda de Portugal ter realizado um inventário do património nacional, e ainda antes da criação do Ministério das Obras Públicas, em 1932, para «dar realidade aos justos anseios do progresso do país, que acabava de sair de um longo período de quase estagnação e abandono» (*Guia da Exposição de Obras...*, 1947: s/p), o Conselho Nacional de Turismo viu referida como uma das suas tarefas mais significativas a «caracterização dos nossos monumentos e a catalogação da nossa riqueza arqueológica e artística, e subvencionando as obras de mérito inconcusso, trasladando-as para outras línguas e fazendo-as circular gratuitamente no estrangeiro» (decreto n.º 17:605, 15 de novembro de 1929).

O *Diario de Lisbôa* de 24 de novembro de 1937 referia que na Direção-Geral dos Edifícios e Monumentos Nacionais existia «uma intenção que não esmorece, um pensamento fecundo que se manifesta no labor patriótico de "reparar" [...] os monumentos que mais padeceram de um certo tipo de vandalismo que durou durante anos» (*Diario de Lisbôa*, 24 de novembro de 1937: 1). Um decreto-lei de fevereiro do ano seguinte reiterava que

> Não podem ser consideradas injustificadas as medidas de defesa do património artístico e histórico da Nação, nem se ignoram os resultados obtidos da firme e criteriosa execução das medidas referidas, nomeadamente nos últimos anos, em que, sob o impulso da Revolução Nacional, se deu desenvolvimento de vulto à obra de conservação e reconstrução de tantos dos nossos principais monumentos.
>
> [...] Estas providências, apesar de impostas principalmente por motivos de ordem estética, vão contribuir para aumentar o património moral da Nação.
>
> Decreto-lei n.º 28:468, 15 de fevereiro de 1938

Data de 1929 a fundação da Direção-Geral dos Edifícios e Monumentos Nacionais, integrada no Ministério do Comércio e Comunicações, que, nas palavras de Margarida Acciaiuoli,

A BEM DA NAÇÃO

materializava a ordem patrimonial que o novo regime instaurara e defendia as práticas de restauro que valorizassem o passado e as características nacionais (vd. Acciaiuoli, 1998: 11). Maria João Neto defende que este organismo servia a necessidade de preservar a memória histórica criada pelo regime, pelo que são alvo de restauro os monumentos que, aos olhos do Estado Novo, melhor «autenticam os momentos de triunfo da Nação secular» (Neto, 2001: 145) pela evocação que fazem de episódios-chave de Portugal, como a descoberta do caminho marítimo para a Índia ou a restauração da independência.

Em 1932, três anos depois de criação desta direção-geral, a Repartição de Jogos e Turismo declarava, através do decreto n.º 21:261, de 20 de maio, a existência de «sítios e locais de turismo e monumentos naturais a que é mester conservar a sua feição pitoresca, adoptando preceitos adequados a subtraí-los ao mau gôsto, intolerância e caprichos da acção humana». Esta parece-nos ter sido uma ferramenta jurídica particularmente importante no âmbito da valorização do património, pois, além do acima exposto, o seu artigo 2.º estipulava que tais espaços e monumentos não poderiam jamais ser intervencionados sem a autorização do Governo, depois de ouvido o Conselho Nacional de Turismo.

Neste âmbito, assiste-se ao longo dos primeiros anos do Estado Novo a uma profusão legislativa que visava classificar monumentos e espaços patrimoniais, dava conta de edifícios que passavam a ser património do Estado, anunciava a construção de monumentos, prestava contas de verbas usadas em restauro e autorizava a Direção-Geral dos Edifícios e Monumentos a celebrar contratos para a execução de obras de conservação, entre outras prorrogativas[20]. O significado atribuído ao património construído e à sua recuperação, segundo os cânones do regime de Salazar, era tal que, a partir de março de 1936, passou a ser permitida a aposição de vinhetas emitidas pelo Conselho Nacional de Turismo que representavam alguns dos principais monumentos nacionais (vd. portaria n.º 8:378 de 6 de março de 1936). No ano seguinte, a portaria n.º 8:682, de 2 de abril, determinava «que fôssem criados e postos a circular bilhetes-postais ilustrados para serviço nacional,

---

[20] Vd. Decretos n.º 26:235 e n.º 26:236, 20 de janeiro de 1936, decreto n.º 26:450 de 24, março de 1936, decreto n.º 26:453, 25 de março de 1936, decreto n.º 26:461, 26 de março de 1936, decretos n.º 26:499 e decreto n.º 26:500, 4 de abril de 1936, decreto-lei n.º 27:878, 21 de julho de 1937, decreto-lei n.º 28:067, 8 de outubro de 1937, decreto-lei n.º 28:129, 3 de novembro de 1937, decreto-lei n.º 28:468, 15 de fevereiro de 1938, e decreto-lei n.º 28:869, 26 de julho de 1938.

PORTUGAL, *PAIZ DE TURISMO*. OU PORTUGAL, PAÍSES DE TURISMO?

reproduzindo cinqüenta desenhos originais de monumentos, costumes regionais e païsagens típicas portuguesas».

Naturalmente que o I Congresso Nacional de Turismo também se ocupou desta questão tão cara ao regime. Destaque-se a tese apresentada por Mário Cardozo intitulada «Museus e monumentos nacionais no desenvolvimento do turismo», que, a propósito das exigências dos turistas coevos e da importância atribuída ao património material, concluiu ser indispensável ao país cuidar «essencialmente das suas instituições culturais e sociais, que são os elementos da mais sólida e verdadeira propaganda, capazes de reter a atenção do viajante que passa» (Cardozo, 1936: 4). Cardozo defendeu ainda que os monumentos e os museus constituíam lições eficazes para os visitantes *aprenderem* acerca do destino, destacando o papel dos castelos, que entendia como símbolos da fundação do país, pelo que deveriam ser classificados como monumentos nacionais (vd. *ibidem*: 4, 6).

Em 1945, numa já usual manobra de recapitulação da obra feita pelo regime do Estado Novo, o SNI editou o livro *A Cultura Portuguesa e o Estado*, no qual se referia o restauro, nos últimos anos, de mais de duas centenas e meia de monumentos de acordo com a traça original, num ato de «devoção patriótica para influir na educação» (*A Cultura Portuguesa e o Estado*, 1945: 53). Poucos anos depois, em 1949, a obra *15 Anos de Obras Públicas 1932–1947* reiterou a certeza de que a conservação dos monumentos nacionais era algo que prestigiava a «Nação» (vd. Comissão Executiva da Exposição de Obras Públicas, 1948: 9).

O opúsculo editado pelo SPN *Cadernos da Revolução Nacional. Portugal de Ontem. Portugal de Hoje. Portugal de Amanhã* denunciou também a preocupação do regime com o património, quando assinalou que os «monumentos nacionais, quási abandonados, muitos quási totalmente em ruínas, receberam do Estado Novo oportuna e benéfica protecção» (*Cadernos da Revolução* Nacional, s/d: 64–65), o que permitiu que os mesmos fossem salvos da ruína, passando a constituir documentos preciosos e venerandos das eras passadas (vd. *ibidem*: 64–65).

Ainda com o intuito de demonstrar a importância atribuída ao património, enquanto símbolo da continuidade e do equilíbrio históricos existentes no regime salazarista, recorde-se o álbum intitulado *Representação A Sua Excelencia O Presidente Do Ministerio Doutor Antonio De Oliveira Salazar Para Que Seja Construido Em Sagres*

A BEM DA NAÇÃO

O Monumento Digno Dos Descobrimentos E Do Infante e que foi publicado em 1935. Incluía mais um dos diversos projetos que vinham sendo elaborados para a realização de um monumento evocativo do Infante D. Henrique, figura, aliás, com quem Salazar era amiúde comparado, como foi visto anteriormente. Do texto que acompanha as imagens das maquetas propostas, optou-se por citar parte de uma longa exposição que legitimaria esta edificação, por nela se encontrar uma clara evidência da vontade que o regime tinha de produzir obras que o eternizassem, tal como acontecera no passado, pois que

> surgem perfeitas e grandes porque nelas colabora um princípio espiritual dirigente, uma fé colectiva e o génio dos artistas, criadores mas integrados, sob uma comum direcção espiritual, num plano mais vasto. [...] A ideia directriz é dada pela fé religiosa e nacional representada pelos próprios Governantes, transmitida por homens de Igreja e de Govêrno. Não deverá de novo o Govêrno da Nação [...] fazer com que realize a obra de arte colectiva que exprima todo o valor criador da Nação Portuguesa na sua época?
>
> [...] O que importa é que o Chefe do Govêrno saiba escolher o que mais e melhor pode engrandecer a Nação. [...] E a grande e nova consagração dos Descobrimentos será perfeita e eterna».
>
> *Representação A Sua Excelencia O Presidente Do Ministerio Doutor Antonio De Oliveira Salazar Para Que Seja Construido Em Sagres O Monumento Digno Dos Descobrimentos E Do Infante,*
> 1935: s/p

Se se recordar o que foi referido na introdução a este estudo acerca da pertinência dos espaços museológicos e expositivos na construção e reprodução das retóricas nacionalizantes e turísticas, é fácil entender que o regime salazarista se tenha igualmente destacado no domínio das obras públicas. A prová-lo cumpre realçar a Exposição de Obras Públicas 1932–1947, cuja comissão executiva foi presidida por Eduardo Rodrigues de Carvalho, engenheiro inspetor superior do Conselho Superior de Obras Públicas. Do catálogo dessa exposição retém-se o louvor feito à política do Estado Novo, por ter sabido criar na população o orgulho de pertencer à «comunidade da Nação» (vd. *Guia da Exposição de Obras...*, 1947: s/p), e o reiterar da crença oficial segundo a qual caberia ao Estado mostrar e recordar aos seus cidadãos aquilo que deviam ver e observar:

PORTUGAL, *PAIZ DE TURISMO*. OU PORTUGAL, PAÍSES DE TURISMO?

> ... o português é, por sua natureza, pouco observador e muito esque-
> cido, nunca será de mais relembrar-lhe o caminho andado, levando-o
> a concentrar a sua atenção, ainda que só por momentos, no extraor-
> dinário esforço despendido, e a poder assim apreciar os benefícios
> que para o país têm resultado da política financeira, económica e
> social que, com firmeza sem precedentes, vem norteando a nossa
> governação pública no período de paz e de progresso dos últimos
> vinte anos da vida nacional.

ibidem: s/p

Noutro passo da introdução ao catálogo desta exposição, Jorge Segurado foi mais longe ao referir que se pretendeu que a mostra «ofereça, com naturalidade, uma "leitura" nítida e sóbria do que pretende contar» (vd. *ibidem*: s/p). Esta assumida mediação convida a evocar o discurso proferido por Salazar por ocasião da abertura do Secretariado de Propaganda Nacional, designadamente quando referiu que só existia aquilo que se sabia existir, a propósito da tarefa primeira da orgânica propagandística do Estado Novo (vd. II Parte, capítulo 1).

O núcleo «Comunicações» desta exposição incluía igualmente, a par de informações sobre as redes rodoviárias e ferroviárias, um espaço designado por «As Obras Públicas no Turismo», organizado sob a direção de A. Tavares de Almeida e que albergava um painel alusivo aos concursos das Estações Floridas, bem como fotografias e maquetas das pousadas de turismo.

Importa também recordar o trabalho de Joaquim Saial *Estatuária Portuguesa dos Anos 30*, por ser particularmente elucidativo do papel simbólico da arte pública na ótica do regime de Salazar e que demonstra como este tipo de construção foi sobremaneira incentivado nos primeiros anos do Estado Novo. Inúmeros foram os projetos elaborados e muitas foram as obras de estatuária realizadas em louvor das personagens preferidas da ideologia salazarista. De todos os projetos apresentados destaca-se o monumento ao Infante D. Henrique e o Padrão dos Descobrimentos, assim como as propostas para a construção de estátuas erigidas em homenagem a estadistas, «heróis» dos descobrimentos e reis, como D. Afonso Henriques, a rainha D. Leonor, D. Fernando II, António José de Almeida, Óscar Carmona e, naturalmente, Salazar, com uma estátua de corpo inteiro produzida propositadamente para a Exposição Internacional de Paris de 1937.

A temática do património material e do seu restauro foi apresentada no I Congresso da União Nacional, tendo sido sempre considerada como um dos mais importantes exemplos da renovação nacional. Além disso, as iniciativas oficiais realizadas em prol da defesa e da recuperação patrimoniais eram tema recorrente na imprensa como forma de divulgar à «Nação» aquilo que o regime resultante da «Revolução Nacional» concretizava para manter as memórias da sua história. A maioria das notícias referia as verbas despendidas, as medidas tomadas, os casos particulares, como foi a conversão do antigo Mosteiro de Santa Engrácia em Panteão Nacional (vd. *Diário de Notícias*, 20 de janeiro de 1935: 1), todos os restauros que seriam exibidos por ocasião do Duplo Centenário (vd. *O Seculo Ilustrado*, 27 de maio de 1939: 16–17) ou a especificidade associada à recuperação do Castelo de São Jorge, em Lisboa, «verdadeira acrópole da nação» (*O Seculo Ilustrado*, 30 de março de 1940: 16).

Os estudiosos da recuperação patrimonial desenvolvida durante o Estado Novo são unânimes no reconhecimento do carácter eminentemente ideológico que motivava tais ações. Daniel de Melo explica que o regime selecionava, sobretudo, «os castelos, as igrejas e outros monumentos nacionais que simbolizavam uma ligação concreta ao passado histórico edificante, um testemunho do espírito patriótico, um marco da sublimação criadora» (Melo, 1997: 58), enquanto Susana Lobo defende que interessava fundamentalmente recuperar os monumentos medievais, entendidos como testemunhos do nascimento e da consolidação da nação (Lobo, 2006: 32). De acordo com a mesma autora, não havia lugar para equívocos, «clarificavam-se os ideais estéticos identificados com o Regime em projectos de marcada simbologia nacionalista» (vd. *ibidem*: 33). Também Domingos Bucho destaca a forte motivação política e a forma como era encarada a recuperação das fortificações medievais, entendidas como a materialização da alma portuguesa (vd. Bucho, 2000: 19). José Rodrigues, por seu turno, recorda que, no meio de tantos ímpetos de recuperação, instigados por motivos fortemente políticos, surgiram inúmeros erros de interpretação artística que acabaram por destruir ou mutilar monumentos de grande significado histórico que foram forçados a adaptar-se a constrangimentos coevos, como foi comum acontecer com a «recuperação» dos templos medievais (vd. Rodrigues, 1999: 75, 76, 79).

PORTUGAL, *PAIZ DE TURISMO*. OU PORTUGAL, PAÍSES DE TURISMO?

Se se pensar na vertente nacionalizante do regime de Salazar, não será difícil compreender a necessidade de *recuperar, conservar e exibir testemunhos reais do passado e artefactos de arte popular como representações válidas da «Nação». Esta estratégia servia simultaneamente para convencer públicos nacionais e visitantes estrangeiros, já que, como se sabe, a observação e a visita de património material são rotinas apreciadas e procuradas por turistas.*

2. O «turismo médio»

> Quem tem dinheiro faz as malas e parte – para a Curia, Praia da Rocha, Vichy ou Aix-les-Bains. Mas os pobres – os que conhecem o prazer por informação e a desventura por experiencia? Esses ficam amarrados á sua tortura.
>
> Mas não haverá maneira de os libertar, encaminhando-os para o oceano, a montanha, a mata, o pomar ou a planicie saturada de humidade, com fortes cheiros a frutas maduras, a milharais embandeirados e a resinas destiladas, não se sabe onde?
>
> *Diario de Lisbôa*, 8 de agosto de 1933: 1

Tal como constatado, nos anos trinta eram recorrentes os apelos dirigidos aos portugueses para que viajassem e, dessa forma, conhecessem a «Nação». A motivação para esse convite, bem como os moldes em que as viagens e os passeios deveriam decorrer, obedeciam a imperativos bem específicos que estavam longe de ser meros desafios a descomprometidos momentos de lazer.

Um texto editado pelo *Diario de Lisbôa* de 18 de janeiro de 1933 intitulado «Portugal para os portugueses...» lamentava que nem sempre se soubesse apreciar aquilo que era português e que, numa atitude de prostração perante o estrangeiro, se desprezasse a «terra que nos foi berço» (*Diario de Lisbôa*, 18 de janeiro de 1933: 1). Era importante, afirmava outra publicação, conhecer «a nossa Terra e a nossa Gente» antes de incorrer em viagens mais longas, para que, aí então, se pudesse constatar «com saüdade e orgulho, a vantagem do que é

195

A BEM DA NAÇÃO

nosso» (vd. *Viagem. Revista de Turismo, Divulgação e Cultura*, julho de 1938: 15).

Considerando estes argumentos, entende-se que *a rotina turística terá eventualmente sido fomentada pelo Estado Novo como uma estratagema para fazer com que a população começasse a conhecer aquilo que o regime pensava ser mais adequado para a sua condição de cidadãos de um país antigo, tradicional e coeso*, e é neste âmbito que se compreende a preocupação oficial com a ocupação dos tempos livres daqueles com mais fracos recursos económicos (vd. *Diario de Lisbôa*, 10 de fevereiro de 1933: 1). Assim, por um lado, pretendia-se, como se irá verificar quando se discutirem as motivações para a criação da Fundação Nacional da Alegria no Trabalho, afastar os populares dos meios que propiciavam comportamentos que não eram bem acolhidos pelo governo; por outro lado, as atividades turísticas eram desenvolvidas e propostas como momentos de pedagogia nacional(izante) que serviriam para melhor arreigar nos grupos populares as lições de Salazar sobre a «Nação». Institucionalmente, defendia-se que viajar «dentro do país, descobrir nas suas paisagens, nos seus monumentos, no labor humilde dos seus filhos ou nas criações anónimas da musa popular as pulsações da Patria tem a vantagem de nos habilitar a maiores roteiros – aquém e além mar» (vd. *ibidem*: 1), pelo que se incentivava a que a paixão pelas viagens se desenvolvesse de modo a abranger «as classes menos abastadas e as profissões menos rendosas» (*Diario de Lisbôa*, 8 de agosto de 1933: 1).

Relembre-se, a este propósito, a comunicação intitulada «Excursionismo Popular. Turismo médio» que Álvaro Viana de Lemos apresentou no I Congresso Nacional de Turismo e na qual explicava o modo como o salazarismo interpretava o tipo de lazer mais adequado aos grupos populares, ou seja, àqueles economicamente mais desfavorecidos. Das palavras de Viana de Lemos interessa destacar também a alusão à *coexistência de dois países turísticos na «Nação» de Salazar*, tal como já foi referido e como será concretizado ao longo deste capítulo.

Viana de Lemos iniciou a sua apresentação desconstruindo a crença de que o turismo seria uma atividade relacionada apenas com os grandes hotéis e as «coisas de luxo» tão favoritas dos estrangeiros ricos, que, deslumbrados pelos monumentos, clima e belezas naturais portuguesas, escolhiam Portugal como destino turístico (vd. Lemos, 1936: 3). O sector turístico deveria ser, no seu entender, muito mais

PORTUGAL, *PAIZ DE TURISMO*. OU PORTUGAL, PAÍSES DE TURISMO?

do que isso e adequar-se a todos, independentemente das capacidades financeiras de cada um, pelo que o orador afirmou:

> Impõe-se portanto em Portugal um TURISMO que o seja para todos os portugueses, em que todos possam colaborar, promovendo e fazendo gostosamente turismo, com naturalidade, calma e método.
>
> *ibidem*: 3–4

A campanha de incitamento ao «turismo médio» encerrava, nas palavras de Viana de Lemos, inúmeras vantagens. Serviria, antes de mais, para permitir a redescoberta da terra portuguesa, mas também para promover momentos de alegria sã e de convivência entre a população, apoiando igualmente as campanhas de captação de mercados estrangeiros. *Todas estas deslocações populares, «modestas e dispersivas» (vd. ibidem: 4), formariam os cenários perfeitos para ajudar a divulgar a «Nação» despretensiosa mas alegre, tão frequentemente apresentada nas narrativas oficiais do regime. Criar-se-iam, assim, quadros e histórias que os visitantes estrangeiros poderiam contemplar, de longe, e, dessa forma, apreender a verdadeira essência da «Nação» lusitana.*

Quanto aos benefícios que os praticantes do «turismo médio» retirariam para si próprios, estes incluíam a assimilação dos bons hábitos de tolerância e de asseio, que lhes permitiriam ser melhores hospedeiros (vd. *ibidem*: 4). Naturalmente que a aprendizagem feita sobre a «Nação», nos locais selecionados pelo regime, constituía um importante argumento usado na defesa deste tipo de turismo, que iria ensinar costumes culturais portugueses associados às gentes, regiões ou indústrias caseiras. Caberia às associações, aos sindicatos, aos grupos recreativos e desportivos ou às organizações locais de turismo, por exemplo, sugerir os comportamentos mais adequados aos «turistas médios» e definir de forma clara e conveniente quais seriam os propósitos de todas as excursões realizadas. Era igualmente importante que fosse considerada a necessária «gradação de preços em hospedagens, transportes e diversões – para todas as bolsas sem exclusão da indispensável higiene, comodidade e bôa alimentação» (vd. *ibidem*: 5), pois só assim poderia aumentar o número de «turistas médios» que participava nestas digressões, animadas pelo regime.

O «turismo médio», entendido como obra patriótica, deveria ser organizado «em simplicidade e elevação» e contar com a colaboração de professores, de médicos, do exército, da polícia, dos escuteiros e de organismos associativos de recreio, uma vez que se acreditava que só dessa forma se faria uma educação turística que abrangesse toda a «Nação». Expostos os argumentos que validariam estas rotinas turísticas mais modestas, Viana de Lemos concluiu a sua tese, rematando tudo aquilo que referira anteriormente da seguinte forma:

> Sendo util assentar-se num nome para designar mais especialmente o turismo resultante do excursionismo e outros deslocamentos populares, não seria descabido chamar-lhe TURISMO MÉDIO ou POPULAR.
>
> *ibidem*: 5

2.1. «Hotéis médios»[21]

> Há Palaces que cheguem – Buçaco, Vidago, Estoril e Curia, e até o Aviz e o Avenida Palace em Lisboa! São salões de visitas para estrangeiros e para poucos afortunados nacionais. Portugal tem diversidade paisagística, monumentos – tudo quase desconhecido por causa da falta de alojamentos.
>
> Lima, 1936b: 4

Já nos anos trinta, os hotéis eram referidos como necessidades modernas, que deviam proporcionar bom gosto e qualidade internacionais aos hóspedes (vd. *Diário de Notícias*, 15 de novembro de 1934: 3). Na mesma altura, começava também a discutir-se, na «Nação», o equilíbrio necessário entre a construção de hotéis de luxo, semelhantes aos que havia pelo resto da Europa, e a edificação de unidades de alojamento mais modestas. Paulo Pina refere que os «grandes e faustosos hotéis que marcaram a *belle époque* e celebrizaram os nomes de *Ritz*, *Claridge*, *Carlton*, *Savoy* ou *Plaza*, não tinham cabimento em Portugal, sem vida económica e social que os comportasse» (Pina, 1988: 53).

---

[21] Vd. Ferreira, 1994, para uma interessante e abrangente análise do desenvolvimento das infraestruturas de alojamento da capital portuguesa na primeira metade do século xx.

PORTUGAL, *PAIZ DE TURISMO*. OU PORTUGAL, PAÍSES DE TURISMO?

Pondo de parte o que se passava nos Estoris, como se irá observar de seguida, constituíam exceções à condição referida por Pina talvez apenas o Avenida Palace de Lisboa e, anos mais tarde, o Hotel Aviz, instalado no Palacete Silva Graça, pertença de um dos diretores do jornal *O Seculo*. A filha e o genro do proprietário procederam às adaptações necessárias para que o espaço se transformasse num pequeno hotel de luxo, que acabou por ser inaugurado em outubro de 1931, sendo, desde logo, reconhecido e recomendado pelo Conselho Nacional de Turismo. O Hotel Aviz ficou famoso por acolher importantes figuras internacionais, como Humberto de Itália, Eduardo VII de Inglaterra, D. Pedro do Brasil, a princesa Margarida de Inglaterra, Marcello Mastroianni, Frank Sinatra, Ava Gardner ou ainda Maria Callas. Calouste Gulbenkian fez deste hotel residência, tendo lá vivido com a família na *suite* D. Filipa de Lencastre, entre 1942 e 1955, o ano da sua morte. A primeira edição de *Panorama. Revista Portuguesa de Arte e Turismo* indicou o Hotel Aviz como sendo de «primeira ordem» (*Panorama. Revista Portuguesa de Arte e Turismo*, junho de 1941: 12), e um número de novembro de 1939 de *Anglo-Portuguese News* apresentou-o como «Portugal's premier hotel» (*The Anglo-Portuguese News*, 11 de novembro de 1939: 8). Por alturas da Segunda Guerra Mundial, o Hotel Aviz começou a sofrer graves problemas financeiros, também devido ao crédito contraído para a sua instalação, e acabou por encerrar em abril de 1961, tendo sido reaberto em 2005.

Como foi referido, a partir dos anos vinte, começou a ser notória a vontade de regulamentar cada vez mais a hotelaria e de diversificar a oferta de alojamento (vd. Henriques e Lousada, 2011: 112). O decreto n.º 14:174 de 29 de agosto de 1927, por exemplo, ditava que os hotéis e os restaurantes executassem as obras de saneamento, higiene e conforto determinadas pela Repartição de Turismo, em conformidade com os recursos que possuíam, e, no ano seguinte, o decreto n.º 16:295 de 27 de dezembro concedia vantagens para a construção de edifícios que viessem a ser usados como hotéis. Legislação de 1930 deliberava as condições dos estabelecimentos que podiam ser usados como unidades de alojamento e, entre outros, aprovava o regulamento e as vistorias aos hotéis (vd. decreto n.º 19:101 de 4 de dezembro e decreto n.º 19:174 de 27 do mesmo mês, por exemplo). Uma portaria de 17 de julho de 1931 constituía uma comissão para propor os requisitos a que deviam obedecer restaurantes, pensões, hospedarias e similares. Nesse mesmo ano, o decreto n.º 19:317 de 30 de janeiro manifestava a intenção de criar um curso de gerência de hotéis e restaurantes na Casa Pia, à imagem do que existia em outros países. Os formandos deveriam saber comunicar em francês e inglês e teriam obrigatoriamente de realizar um estágio. Datam dos anos trinta inúmeros documentos, pareceres, críticas e comentários, produzidos pelas mais diversas fontes, acerca do parque hoteleiro nacional, o que corrobora o argumento de que também este sector fazia parte do grande plano de «renovação» da «Nação» arquitetado pelo regime.

No Arquivo de Oliveira Salazar estão disponíveis diversas provas desta crescente preocupação oficial com a hotelaria nacional. *Regulamentação da construção de grandes hotéis nas cidades de Lisboa, Porto e Funchal*, um documento manuscrito de nove páginas, datado do ano de 1935, alertava para a premência de serem construídos grandes hotéis de turismo nestas três cidades e «noutros pontos adequados do paiz», referindo ainda as reduções e isenções tributárias, que, apesar de terem sido concedidas, não estariam a ser totalmente cumpridas. Novamente, o grande móbil parecia ser a criação de condições favoráveis à atração de mercados estrangeiros para animar a economia nacional (vd. *Regulamentação da construção de grandes hotéis nas cidades de Lisboa, Porto e Funchal*, 1935). Ainda sobre esta matéria, e datado de 1936, existe um rascunho manuscrito de três páginas de mais um despacho que visava fomentar a construção hoteleira (vd. *Despacho sobre as seguintes questões: Turismo. Hotéis*, 1936).

A qualidade das infraestruturas de alojamento ocupara já a atenção de alguns dos participantes no I Congresso Nacional de Turismo (vd. Parte II, capítulo 2). Destaque-se aqui a tese de Teotónio Carlos Martins, «O Problema Hoteleiro em Portugal», que evocou a necessidade da fiscalização das unidades hoteleiras e a falta de uma classificação dos estabelecimentos, criticando, igualmente, um desajuste entre a existência de um luxo deslocado e ridículo face, por exemplo, à ausência de meios sanitários básicos (vd. Martins, 1936: 4). Teotónio Carlos Martins alertou, ainda, para a necessidade de mudar a mentalidade dos hoteleiros e para a carência de uma boa formação profissional (vd. *ibidem*: 6–7).

Anos mais tarde, num texto manuscrito não datado, rabiscado em papel do Secretariado de Propaganda Nacional e que terá sido provavelmente redigido nos finais de trinta, devido às alusões aos grandes festejos dos Centenários (vd. Parte III, capítulo 2), António Ferro confirmava que sem bons hotéis não havia turismo e que as graves lacunas

PORTUGAL, *PAIZ DE TURISMO*. OU PORTUGAL, PAÍSES DE TURISMO?

existentes em Portugal resultavam de os hoteleiros não terem sabido, ou querido saber, acompanhar o progresso internacional da indústria. Como viria a ser tónica nas suas comunicações sobre este assunto, Ferro defendia «a higiene e o simples bom gosto» em detrimento do luxo (vd. Ferro, s/d «Não há turismo possível sem bons hotéis»).

Em 1933, *O Notícias Ilustrado* de 30 de julho publicava o artigo «O Nosso Jornal e o Turismo». Esse texto advogava a construção de hotéis provincianos que deveriam ter «o caracter de grandes pousadas familiares, muito confortaveis, mas destituidos de todo o falso luxo e sem a falsa pretensão de imitar caricatamente os hoteis urbanos de categoria» (*O Notícias Ilustrado*, 30 de julho de 1933: 9). O artigo pormenorizava um conjunto de características que deveriam estar presentes nessas infraestruturas[22], anunciando já algo que reencontraremos nas preleções de António Ferro acerca das pousadas. Na verdade, essa edição de *O Notícias Ilustrado* proclamava, *em total conformidade com aquilo que o regime advogava, a defesa da tradição e de tudo o que era regional*, desta feita na arquitetura hoteleira:

> Buscar-se-ão os motivos arquitectónicos na tradição ou no carácter regional e dar-se-à preferência ao emprêgo de materiais da localidade [...] a propriedade, o confôrto, o apetrechamento moderno se têm de combinar com o respeito pelos elementos da paisagem, da tradição regional, do pitoresco e de tudo o que constitui o interêsse das viagens turisticas.
>
> *ibidem*: 9

A mesma «ideia nacional e regionalista» foi reiterada por este semanário a propósito da inauguração de seis novas unidades de alojamento (vd. *O Notícias Ilustrado*, 13 de agosto de 1933: 4–5) e por Roque da Fonseca, quando referiu a necessidade de se construir pequenos hotéis regionais com conforto, higiene e estilo português (vd. *O Notícias Ilustrado*, 10 de setembro de 1933: 5). Guilherme Cardim,

---

[22] Era aconselhada a existência de vinte e cinco quartos duplos e de dez quartos individuais, dos quais alguns deveriam ter casa de banho privada, com água fria e quente. No átrio deveria ser instalado um «processo de aquecimento usado na região», e cada uma destas unidades teria um refeitório que pudesse receber o dobro da capacidade do hotel, uma cozinha isolada, acomodações para o pessoal e espaço próprio para recolha de carros com quartos para motoristas (vd. *Notícias Ilustrado*, 30 de julho de 1933: 9).

de que voltará a falar-se a propósito das especificações dos Estoris, publicou o texto «Os hoteis e o turismo», no qual defendeu a tese de que o conceito de bom hotel não se aplicava apenas a hotéis de luxo, pois um «hotel ou instalação modesta pode merecer tanto a designação de *bom hotel* como um *palace* luxuoso, desde que satisfaça as necessárias condições de higiene, gosto artístico, e conforto» (Cardim, 1939: 5).

Foi, porém, «Pouzadas», a comunicação de Francisco Lima no congresso de 1936, que mais pormenorizadamente descreveu a necessidade e as características inerentes ao alojamento próprio dos «turistas médios». O orador alertou para a carência de unidades hoteleiras fora dos locais onde existiam os hotéis Palace, defendendo a construção de um tipo de instalação «mais simples e económico, de irrepreensível limpeza, em que o excursionista, o turista, possa ficar, alimentar-se numa atmosfera de repouso, de conforto sóbrio, mas sobretudo, economicamente» (Lima, 1936b: 5). Destinadas a serem usadas pela «grande massa, para o viajante mais modesto, para o empregado público, para o industrial que deseja conhecer o seu país e instruir-se, para o estudante» (vd. *ibidem*: 5), essas pequenas unidades deveriam ter sempre um *cunho nacional e regionalista* (vd. *ibidem*: 5), replicado, por exemplo, na adoção da arquitetura e da decoração típicas da zona, no uso de trajes regionais pelos funcionários e numa oferta gastronómica marcadamente local. A exploração dessas pousadas, semelhantes a alguns modelos de alojamento existentes em Espanha na altura, deveria ser atribuída a «um casal com qualidades idóneas» e fiscalizada pela Comissão de Turismo e pela respetiva Câmara Municipal. Os planos para as comemorações do Duplo Centenário, nos quais António Ferro participou ativamente, viriam a recuperar este conceito de alojamento, como iremos verificar ainda neste capítulo.

2.2. «Hotel Modelo»: um modelo nacional(izante) para os hotéis

A defesa da construção ou da adaptação de espaços de acolhimento de turistas às *estruturas arquitetónicas típicas da «Nação»* fora já aventada pelo arquiteto Raúl Lino no artigo «Memória justificativa e descritiva de um projecto de Hotel Portuguez para ser construído no Sul do Paiz», publicado no n.º 6 do *Boletim da Sociedade de Propaganda Nacional*, em 1917. Depois de considerar a premência de resolver este «problema arquitectonico», Raúl Lino concluiu que a

PORTUGAL, *PAIZ DE TURISMO*. OU PORTUGAL, PAÍSES DE TURISMO?

cópia e a aplicação de exemplos de hotéis estrangeiros, sobretudo de unidades de luxo, impediriam que se *nacionalizassem as construções* em Portugal, pelo que as mesmas acabariam por ser sempre entendidas como elementos intrusos na paisagem (vd. Lino, 1917: 7).

O ponto alto desta *teorização da arquitetura hoteleira ao serviço do regime* terá acontecido no ano de 1933, altura em que O *Notícias Ilustrado* lançou a exposição Hotel Modelo com o apoio do Conselho Nacional de Turismo, o patrocínio da CP e o apoio técnico do *Diário de Notícias*. Com este projeto pretendia-se, como refere Daniel de Melo, «fornecer à iniciativa privada modelos de orientação para a edificação de estruturas hoteleiras segundo o princípio regionalista» (Melo, 1997: 267), os quais viriam a ser usados na construção das pousadas. Susana Lobo defende que a exposição do Hotel Modelo terá sido o «culminar de uma vasta campanha "de difusão de princípios de cultura turística" que abordara, numa série de artigos de forte carácter pedagógico e sentido prático, os principais problemas do turismo nacional» (Lobo, 2006: 22).

A edição de O *Notícias Ilustrado* de 23 de julho de 1933 anunciava, com grande destaque, num artigo intitulado «Uma grande iniciativa: A Exposição do Hotel Modelo», a sugestão dada ao Conselho Nacional de Turismo para que fosse organizada

> uma grande exposição do Hotel Modelo, com caracteristicas regionais, criando-se o Hotel de cada provincia e rodeando a exposição de conselhos e exemplos eminentemente práticos, de forma a torna-la uma lição que atinja o industrial hoteleiro da provincia, ensinando-o e apondo-o na sua missão que, mais do que qualquer outra tão grande importancia tem na viabilidade e desenvolvimento do Turismo Nacional e Internacional.
>
> O *Notícias Ilustrado*, 23 de julho de 1933: 9

Como era prática acontecer com as iniciativas que visavam divulgar os preceitos ideológicos do regime, divulgou-se amplamente que a exposição foi bem acolhida e encarada como um acontecimento da maior oportunidade, tendo sido também afirmado que teria constituído a «primeira realização prática do Turismo, com caracter despretencioso mas de utilidade efectiva» (Almeida, 1933: 14). O presidente da Associação Industrial Portuguesa, José Maria Alvares, reiterou o interesse nacional da iniciativa e a sua importância no âmbito da campanha patriótica que renovava a «Nação», destacando também a vertente regionalista da exposição como forma de propaganda de cada província e dos seus costumes (Alvares, 1933: 9). Em outubro de 1933, foi a vez de Leitão de Barros se pronunciar, indicando a exposição como o «ponto de partida para agitar o estudo duma necessidade inadiável – o hotel provinciano» (*O Notícias Ilustrado*, 10 de setembro de 1933: 3).

O programa do concurso foi da autoria de Raúl Lino, «mestre da arquitetura regional portuguesa» (*O Notícias Ilustrado*, 23 de julho de 1933: 9), e visava a apresentação de projetos para oito modelos de hotel, cada um direcionado para uma província portuguesa continental. As propostas foram elaboradas por igual número de arquitetos bolseiros do Conselho Nacional de Turismo e distribuídas do seguinte modo:

Província	Arquiteto
Minho	Manuel Marques
Douro	Adelino Nunes
Trás-os-Montes	Raul Tojal
Beira Alta	Luís Benavente
Beira Baixa	António Lino
Estremadura	Ernesto Korrodi (Filho)
Alentejo	Jorge Segurado
Algarve	Faria da Costa

Cada unidade deveria ter vinte e cinco quartos (duplos e individuais), dez casas de banho privadas, um átrio ou uma sala de estar com aquecimento, uma sala de leitura e de escrita, um refeitório com capacidade para o dobro da ocupação disponível, uma cozinha, uma copa, arrecadações, locais com acesso independente para funcionários e espaço para recolha de automóveis. Os materiais usados na construção e na decoração de cada pequeno hotel deveriam adequar-se à região e replicar os elementos tradicionais da mesma. Em suma,

PORTUGAL, *PAIZ DE TURISMO*. OU PORTUGAL, PAÍSES DE TURISMO?

repetia-se a máxima de que estas unidades deveriam ser preferidas às luxuosas, valorizando-se o seu aspeto confortável e asseado, destinado a «bolsos médios» (Ferreira, 1933: 529), destacando-se ainda o facto de que eram notáveis representantes das regiões onde estavam localizados.

O apoio dos Caminhos de Ferro Portugueses concretizou-se na divulgação desta exposição, pois o projeto das oito maquetas arquitetónicas que exemplificava aquilo que «devia ser por essa província sem gôsto, a casa momentânea do turista» (vd. *ibidem*: 529) foi transportado pela companhia ferroviária nacional num vagão especialmente concebido para o efeito. Assim, depois de ter estado patente no Cais do Sodré entre 20 e 26 de outubro de 1933, a exposição iniciou o seu périplo no dia 31 do mesmo mês, tendo regressado a Lisboa em dezembro seguinte (vd. *Notícias Ilustrado*, 10 de setembro de 1933: 11).

2.3. Lições para a hotelaria: José d'Athayde e a cartilha de (Salazar para a) hospedagem

No ano de 1939, foi publicado um documento que discutia ao pormenor a problemática hoteleira em Portugal e, ao mesmo tempo, sugeria pertinentes medidas que deveriam ser adotadas pelos profissionais do sector. O título era *Noções de Hotelaria*, e o autor, José d'Athayde, um crítico regular da hotelaria em Portugal.

À imagem de outros autores coevos, José d'Athayde entendia a qualidade dos hotéis na época que ocupa o presente estudo como marca de civilização de um país e algo indispensável para o fomento das relações internacionais (vd. Athayde, 1939: 4, 5). Porém, este estudioso também entendia que aquilo que o Estado tinha vindo a fazer nesse âmbito era insuficiente, nomeadamente no que tocava à construção de infraestruturas de alojamento destinadas aos excursionistas (vd. *ibidem*: 12).

Noções de Hotelaria discutia a necessidade de se classificarem os hotéis situados em locais com significado turístico, como Batalha e Alcobaça, por exemplo, e sugeria um modelo de hotel que em muito se assemelhava ao que viria a ser, dois anos depois, divulgado pela *Cartilha da Hospedagem Portuguesa*. Ou seja, a boa qualidade e o sucesso das unidades destinadas aos «turistas médios» eram medidos pelo bom aspeto, pela higiene e a pela amabilidade dos funcionários, pelo asseio, pelo bom gosto e pelo conforto dos quartos, pela beleza da paisagem circundante e pelas ementas regionais (vd. *ibidem*: 31–32).

Para Athayde, os hotéis eram educadores dos seus hóspedes e das comunidades onde estavam localizados, devendo rentabilizar-se ao máximo o papel que poderiam desempenhar como agentes de propaganda da «Nação»:

> O hotel é um poderoso agente de propaganda. [...] O hotel e, sobretudo, o hotel de província, pode transformar-se num explêndido mostruário da produção regional. Cumpre-lhe exaltar, perante o forasteiro, o que o País e a região produzem de melhor.
>
> *ibidem*: 34, 35

Outro assunto que merece destaque no texto de José d'Athayde é a defesa que faz da criação das pousadas, que considerava «sem dúvida o mais utilitário, e que [...] melhor satisfaz às necessidades turísticas do País» (vd. *ibidem*: 48). Esse tipo de alojamento poderia, de acordo com Athayde, substituir os hotéis, em locais onde o luxo que lhes era inerente não fizesse sentido. Deveriam ser, além disso, espaços polivalentes que poderiam ser simplesmente utilizados como restaurantes ou casas de chá (vd. *ibidem*: 50). Tal como foi sugerido no I Congresso Nacional de Turismo, e à imagem do que viria a ser ponderado para o grande plano das pousadas, Athayde defendia a construção de unidades de alojamento de acordo com o estilo arquitetónico próprio da região e a presença de elementos embelezadores, que facilitassem a vida dos hóspedes, como a existência de estacionamento de automóveis. As refeições seriam tomadas na cozinha ou numa sala de estar com lareira, e o mobiliário usado nos quartos deveria seguir os modelos tradicionais. Em suma, estas unidades deveriam ser pautadas pelo lema: «Rusticidade, sem excluir o conforto indispensável» (vd. *ibidem*: 48).

*

Seguindo o modelo e a estrutura usados na conceção de *A Lição de Salazar*, a que se aludiu na Parte I deste trabalho, em 1941 o Secretariado de Propaganda Nacional editou *Cartilha da Hospedagem Portuguesa: adágios novos para servirem a toda a hospedaria que não quizer perder a freguesia*, com texto de Augusto Pinto e gravuras de Emmério Nunes. Tal como na série de lições comemorativas dos dez

PORTUGAL, *PAIZ DE TURISMO*. OU PORTUGAL, PAÍSES DE TURISMO?

anos da chegada de Oliveira Salazar ao poder, encontra-se nessa cartilha a clareza e a aparente ingenuidade reproduzidas nos postais de 1938 na forma como o «antes» e o «depois» tornaram a ser utilizados. Também para o desempenho hoteleiro existiam um «Assim... não!» e um «Assim... sim!», ilustrados com desenhos e explicados em frases simples, apelativas e de fácil memorização, devido à sua estrutura rítmica. Pretendia-se, desta forma, alertar todos aqueles que trabalhavam no sector sobre a forma mais correta de gerir o negócio, pelo que os conselhos providenciados pela cartilha abrangiam desde a área da receção ao mobiliário, passando pela higiene nos diversos espaços do hotel, até às competências e características do pessoal.

A título meramente ilustrativo, refira-se o que é sugerido a propósito dos espaços de refeições destas unidades de alojamento e a introdução «ligeira» e «popular» feita ao tema:

> Do hotel: diz-me da mesa...
> ... que eu logo te digo, amigo,
> se é bom ou mau com certeza.

O «Assim... sim!», a contrapartida positiva exibida na segunda figura, aconselhava à existência de «...mesa despretenciosa, a utilizar perto de janela aberta sôbre mar ou serra». A ilustração correspondente era explicada de forma elementar e pretensamente inocente para que todos a pudessem compreender e adaptar. A terminar, podia ler-se, à laia de conclusão, a *lição* que deveria ser retirada e seguida:

> De môça bem feita
> e mesa bem posta
> tôda a gente gosta.
> Limpeza – primeiro.
> Beleza – segundo.
> Fartura – terceiro.
> Depois... gentileza.
> E tens meio-mundo
> à volta da mesa,
> estalajadeiro!

A BEM DA NAÇÃO

2.4. FNAT[23], fomentando a nacional alegria dos trabalhadores

> Mencionem-se ainda os cuidados que o recreio do corpo e espírito tem merecido ao Estado Corporativo. Para êsse fim criou a Federação Nacional para a Alegria no Trabalho, a popularizada FNAT.
> *Cadernos da Revolução Nacional. Portugal de Ontem. Portugal de Hoje. Portugal de Amanhã*, s/d: 58

Terá sido no seguimento de uma proposta do Sindicato dos Bancários para a criação de uma colónia de férias para os seus membros e para os Empregados de Escritório, Caixeiros e Empregados de Seguros de Lisboa[24] que, no ano de 1935, surgiu o decreto-lei que regulamentou um dos instrumentos que mais ostensivamente permitiu ao regime de Salazar intervir nos tempos livres de uma grande parte dos portugueses que praticavam o «turismo médio», tal como o apresentado anteriormente. O *Diário do Govêrno* de 13 de junho desse ano discriminava o enquadramento da Fundação Nacional para a Alegria no Trabalho, assim como os objetivos que motivavam o surgimento desse órgão e os métodos que seriam adotados para que os seus propósitos pudessem ser alcançados. Numa clara evocação da Política do Espírito implementada por António Ferro enquanto diretor do Secretariado de Propaganda Nacional (vd. Parte III, capítulo 2), o decreto-lei n.º 25:495 explicava que

> Sem um intenso movimento de espiritualização da vida e sem um forte apêlo aos valores morais, a obra do Estado Novo poderia renovar materialmente a face da terra portuguesa mas não seria conseguida a sua vitória mais alta: a transformação profunda da nossa mentalidade, o revigoramento de todos os laços e de todos os sentimentos que mantêm a comunidade nacional e a perpetuam através dos tempos.
> Decreto-lei n.º 25: 495, 13 de junho de 1935

---

[23] Vd. Valente, 1999, para um valioso estudo acerca das primeiras duas décadas de ação da FNAT e das reais motivações ideológicas da sua criação.

[24] Essa colónia de férias acabaria por ser instalada na mata da Costa de Caparica, em terreno atribuído pelo Governo, ainda antes da publicação do decreto-lei que instituiu a FNAT.

PORTUGAL, *PAIZ DE TURISMO*. OU PORTUGAL, PAÍSES DE TURISMO?

A clareza desta afirmação afastava qualquer dúvida acerca das *reais intenções do regime relativamente ao papel que pretendia atribuir ao sector do turismo. Mais uma vez, trata-se de um ato oficial que reforça a crença de que o turismo seria um aparelho de intervenção que deveria permitir ao Estado divulgar as lições que a população tinha de aprender.* Na verdade, como advoga Fernando Rosas, a FNAT dirigia e integrava política e ideologicamente os lazeres dos trabalhadores, mas também mobilizava e educava essas massas (vd. Rosas, 2001: 1045). Relembre-se, a esse propósito, por exemplo, que a FNAT colaborou com a União Popular e a Legião Portuguesa na organização da «manifestação espontânea» de apoio à decisão de Salazar de suspender oficialmente as relações diplomáticas com o governo republicano democraticamente eleito em Madrid (vd. Nunes, 1994: 329).

Como se irá constatar no próximo capítulo, a Política do Espírito de António Ferro teria também no turismo um veículo para se insinuar e impor às massas populares nacionais com o intuito de lhes recordar os motivos pelos quais permaneciam incontestavelmente unidas, perpetuando, assim, a comunidade imaginada pelo regime. Por esse motivo, a FNAT viria a colaborar em inúmeras atividades promovidas pelo Secretariado de Propaganda Nacional para enquadrar os tempos livres dos trabalhadores de forma a divulgar e a reforçar a imagem do Estado Novo (vd. Rosas, 2001: 1045). O artigo 3.º do decreto-lei que tem vindo a ser referido a propósito da Fundação Nacional da Alegria no Trabalho limitava a intervenção da FNAT aos trabalhadores inscritos nos sindicatos nacionais e nas Casas do Povo e aos seus familiares. Contudo, também os funcionários de outras fundações e empresas viriam a ser englobados nas iniciativas da Fundação, mediante o pagamento de uma cota mensal.

Presidida pelo general Carmona e tendo Oliveira Salazar como um dos seus membros efetivos, a FNAT era apresentada como o elemento que faltava para «acarinhar a existência das camadas mais modestas da população e directamente fortalecer, educar e distrair o corpo e o espírito dos que trabalham» (decreto-lei n.º 25:495, 13 de junho de 1935). As escassas ofertas de lazer disponíveis para os «bolsos médios» ou pobres da sociedade portuguesa de então reduziam-se praticamente às idas ao futebol e às tabernas, bem como a algumas parcas atividades incrementadas pelas associações de recreio. Não seria certamente a insuficiência de ocupações para os tempos livres que incomodava o Estado Novo. Mais preocupante seria, sem dúvida, o facto de este tipo de concentrações conduzir, com alguma regularidade, a atritos e distúrbios que não agradavam ao regime. Importava em igual medida, garantia o decreto que instituía a FNAT, «o maior desenvolvimento físico e a elevação do nível intelectual e moral» (decreto-lei n.º 25:495, 13 de junho de 1935) dos trabalhadores, tal como defendiam as congéneres alemã e italiana, KdF e OND, respetivamente. A inspiração da FNAT nestas duas organizações era óbvia, apesar da intransponível diferença resultante das verbas de que estes órgãos estrangeiros dispunham e que permitia, entre outros, que a instituição germânica disponibilizasse aos trabalhadores alemães navios para cruzeiros, enquanto a portuguesa inicialmente pouco mais conseguia proporcionar além de colónias de férias infantis e eventos desportivos (vd. Sertório, 2008: 141).

A imprensa generalista e as publicações especializadas referiam a KdF e a OND regularmente, bem como as atividades que organizavam. A edição de 23 de julho de 1939 de *Rádio Nacional*, por exemplo, usou um artigo de duas páginas para louvar e explicar as iniciativas da KdF, uma «instituição de carácter cultural, cujo fim é educar o trabalhador alemão, que a rir e a cantar se integrou nas doutrinas hitlerianas, contribuindo para o ressurgimento nacional» (*Rádio Nacional*, 23 de julho de 1939: 8–9). O mesmo artigo comentava ainda a preocupação do regime alemão com as férias dos trabalhadores, que haviam progressivamente adquirido o prazer de viajar e aproveitado esses períodos de tempo para conhecer a Alemanha e outros países, o que lhes permitia reconhecer a grandeza da própria nação (vd. *ibidem*: 9). A ligação entre estes três órgãos que se ocupavam dos tempos livres dos trabalhadores dos respetivos países era próxima, e sabe-se que, assim que foi criada, a FNAT ofereceu uma visita ao Estoril e a Cascais a cerca de oitocentos alemães, tendo-se este tipo de iniciativa repetido com alguma regularidade até ao ano de 1938.

O artigo 4.º do texto legislativo que criou a FNAT clarificava que o desenvolvimento físico que se pretendia para os trabalhadores portugueses adviria da sua participação em colónias de férias, passeios, excursões, desafios atléticos e festas desportivas. Por outro lado, o nível intelectual e moral dos trabalhadores seria «elevado» pelas visitas a museus, monumentos e «outros locais de interêsse histórico, intelectual ou técnico» (artigo 4.º, decreto-lei n.º 25:495, 13 de junho de 1935). A FNAT acabaria por muito rapidamente deter o monopólio da organização dos tempos livres dos trabalhadores da «Nação», tendo como supremo desígnio a função de «aportuguesar os portugueses»

PORTUGAL, *PAIZ DE TURISMO*. OU PORTUGAL, PAÍSES DE TURISMO?

(vd. Rosas, 2001: 1046, Rosas, 2008: 42), levando-os, para isso, a experienciar aquilo que interessava às ambições da política salazarista.

Como acontecia com todas as «grandes obras» do Estado Novo, a institucionalização da Fundação Nacional para a Alegria no Trabalho foi profusamente apresentada à «Nação» através dos jornais. Ainda antes da publicação do decreto-lei que originou a FNAT, o *Diário de Notícias* anunciava a criação de um «organismo destinado a assegurar aos trabalhadores portugueses o maior desenvolvimento físico e a elevação do seu nível intelectual e moral» (vd. *Diário de Notícias*, 29 de maio de 1935: 1, 6), afirmando ainda o seguinte:

> Alegre-se a vida, sobretudo a vida daqueles que trabalham. E como pode a vida alegrar-se? Distraindo o espírito, fortalecendo o corpo, depois de esgotadas as energias nas horas longas consumidas, em prolongados períodos de actividade forçada. [...]
> A vida só é boa quando alegre... O governo Português, animado pelo firme critério de transformar fundamentalmente os nossos hábitos retrógrados e consuetudinários, dispõe-se a cuidar, com devoção e carinho, do aproveitamento das horas de repouso da legião enorme dos nossos trabalhadores em benefício pleno da sua saúde e da sua cultura.
>
> *Diário de Notícias*, 30 de maio de 1935: 1

À imagem do que sucedeu em outras ocasiões, a estratégia da imprensa consistia em repetir a novidade até à exaustão, bem como *todos os benefícios que daí o regime pretendia atribuir à «Nação»*. Nesse âmbito, *O Seculo* de 3 de junho de 1935 referia a FNAT como «uma das mais belas vitorias do espirito que enforma o Estado Novo Corporativo e da fé e do vigor que animam tão notável e fecundo elemento de transformação social» (*O Seculo*, 3 de junho de 1935: 1) e, na edição de 11 de julho do mesmo ano, descrevia o estilo simples e confortável da colónia de férias a construir na Costa de Caparica e de todas as distrações que possuía (vd. *O Seculo*, 11 de julho de 1935: 1).

Um dos primeiros balanços oficiais dos sucessos da instituição encontra-se em *Fundação para a Alegria no Trabalho. 1935–1954. Os princípios, as realizações e as perspectivas*, um documento programático evocativo dos propósitos da Fundação Nacional para a Alegria no Trabalho. Aquela que terá sido uma das melhores criações de Salazar (vd. *Fundação para a Alegria no Trabalho. 1935–1954*.

A BEM DA NAÇÃO

Os princípios, as realizações e as perspectivas, s/d: 7) continuava domi-
nada pela «ideia da melhoria da condição de vida dos que trabalham,
que, a partir de 1935 começaram a ter alternativas às «distracções
baixas» (vd. *ibidem*: 11, 21). As formas de distração e cultura proporcionadas pela FNAT, e que afastavam os trabalhadores daquela que
fora durante muito tempo a sua segunda casa, a taberna (vd. *ibidem*:
21), continuavam a ser vocacionadas para aqueles que praticavam o
«turismo médio». Na verdade, era esta a população a quem o regime
permitia usufruir de ocupações como as «colónias de férias; os passeios e excursões, as demonstrações desportivas; os cursos de ginástica
e educação física; as conferências, horas de música e teatro, sessões de
cinema educativo e palestras radiodifundidas; as visitas de estudos;
as bibliotecas populares; os cursos de cultura profissional ou geral,
música e canto coral» (vd. *ibidem*: 32).

Na década de sessenta, por altura da comemoração do vigésimo
quinto aniversário da FNAT, continuava a insistir-se nestes propósitos iniciais e a repetir-se os objetivos alcançados através da Fundação
Nacional para a Alegria no Trabalho, como o direito ao repouso
(vd. Amaral, 1962 [1961]: 7) que deveria fornecer o «complemento
de desenvolvimento que a actividade diária – do campo, da fábrica,
da oficina ou do escritório – não permite por outra forma obter»
(Proença, 1962 [1961]: 18).

José Gonçalves de Proença, então ministro das Corporações e
Previdência Social, reiterava uma das primeiras motivações oficiais
para a criação da FNAT, afirmando que, se o descanso fosse apenas
ócio ou paragem, poderia resultar em «fautor de deseducação, de desi-
quilibrio ou até de vício; perda de hábitos ou quebra de vontade, amo-
lecimento de energia ou sua canalização para fins menos ajustados ao
objectivo retemperador do repouso» (vd. *ibidem*: 19).

Esta cerimónia comemorativa terá servido ainda para recordar a
obra feita. Gonçalves de Proença recordou que a FNAT soubera cumprir os seus propósitos, bastando para tal evocar as «actividades para o
fomento da cultura física, desenvolvimento moral e cultural dos trabalhadores por bibliotecas, cursos de cultura, excursões, visitas de estudo,
sessões de cinema e de teatro, palestras radiofónicas» (vd. *ibidem*: 20).
Na mesma ocasião, Proença falou da expansão do turismo social e das
excursões promovidas desde 1935 (vd. *ibidem*: 43), e Bento do Amaral,
o presidente da fundação, referiu que a mesma facultara o acesso das
classes trabalhadoras aos benefícios do turismo, promovendo excursões

212

PORTUGAL, *PAIZ DE TURISMO*. OU PORTUGAL, PAÍSES DE TURISMO?

e visitas de estudo a monumentos, a grandes obras de interesse nacional e também ao estrangeiro (vd. Amaral, 1962: 34). Foi ainda reiterada a defesa da FNAT em prol da cultura e das artes populares, expressa, por exemplo, através do folclore, que mantinha o que de mais tradicional e característico pertencia à «Nação» (vd. *ibidem*: 35). A Fundação Nacional para a Alegria no Trabalho teria ajudado a valorizar o excursionismo, que promoveu e impulsionou o designado Turismo Popular, ou «turismo médio», com a redução das tarifas dos Caminhos de Ferro para viagens de férias e bilhetes de fim de semana, que tinham por destino alguns dos locais mais simbólicos da história da «Nação», como a Batalha ou Guimarães, como já foi referido.

Em suma, com a Fundação Nacional para a Alegria no Trabalho, Salazar pretendia, como indica Daniel Melo, fornecer um enquadramento que modelasse os tempos livres (vd. Melo, 2001: 63) dos «turistas médios» da «Nação», ao abrigo do paradigma da «cultura popular» (vd. Rosas, 2008: 42), tal como entendido pelo Estado Novo. Nesta ótica, e como defende Luís Reis Torgal, a FNAT «daria complementarmente corpo a essa "Cultura Popular", numa tendência integrativa do Povo nas ideias fundamentais do regime» (Torgal, 2009b: 121).

2.5. As *excursões* e a alegria do Estado Novo

> Não compete ao Turismo a solução de problemas fundamentais da vida social. Ele pode, porem, ter oportuna intervenção, quando essas questões se exteriorizam em factos e acontecimentos, que contrariam bastante a acção que tem por objectivo conseguir um aspecto geral do país digno de provocar a mais agradável impressão nos excursionistas que nos visitam...
>
> *O Seculo Ilustrado*, 19 de fevereiro de 1938: 10

A intervenção «Excursões», apresentada pela Sociedade Excursões, Comercio Lda. Wagons-Lits/Cook. Safari Lda. e Auto-Cars Buisson no I Congresso Nacional de Turismo, recordava a existência, em território português, de boas estradas e de um razoável número de hotéis e restaurantes recomendáveis. Lamentava, porém, a persistência de uma dada precariedade turística que se refletia, por exemplo, na falta de transportes cómodos e asseados e na escassez de apeadeiros dos Caminhos de Ferro (vd. Sociedade Excursões, Comercio Lda. Wagons-Lits/Cook. Safari Lda. e Auto-Cars Buisson, 1936: 3). Era igualmente impeditiva do aumento de qualidade das excursões a concorrência de motoristas e de intérpretes sem alvará e a falta de inspeções às atividades desenvolvidas no ramo excursionista (vd. *ibidem*: 4, 5).

A já referida ação estatal que impulsionava as deslocações populares, coadjuvada pela expansão da rede viária e pelo consequente desenvolvimento da camionagem e dos caminhos de ferro, transformou as excursões na forma de lazer mais comum entre os praticantes de «turismo médio». Já nos anos cinquenta, António Ferro viria a reafirmar as verdadeiras motivações para que o Estado se empenhasse tanto na organização destes passeios em grupo, destacando a sua finalidade educativa a bem da «Nação»:

> Organização de excursões dentro do País com intuitos recreativos e educativos, que fossem lições vivas de História ou até com o fim de o nosso povo se conhecer mais profundamente a si próprio através das suas imagens naturais, sem o verniz ou o falso verniz das cidades, espalhadas pela nossa terra, pelos nossos campos. Iniciativa também utilíssima para que o povo conheça o seu País, se orgulhe da casa em que habita, ganhe mais consciência da sua natureza íntima através da natureza exterior da sua terra – paisagens, produção, clima, fisionomia, costumes...
>
> Ferro, 1950: 18

Os Caminhos de Ferro desempenharam um papel relevante nesta estratégia do regime, uma vez que organizaram uma série de atividades e eventos cujo objetivo era convidar os «turistas médios» a viajarem para fora das cidades. Essas iniciativas incluíam, por exemplo, os famosos Comboios Mistério e os Comboios Populares e inúmeras outras excursões económicas, amplamente divulgadas nos jornais diários. Os designados Comboios Populares deveriam ser, tal como descrito por um artigo de A. de Melo e Niza publicado numa edição da *Gazeta dos Caminhos de Ferro* do ano de 1933, um modo de permitir que os portugueses pudessem conhecer o país e aprender os hábitos e costumes nacionais. Assim, eram propostas viagens a «preços populares» como forma de contribuir para a educação do povo, que poderia,

PORTUGAL, *PAIZ DE TURISMO*. OU PORTUGAL, PAÍSES DE TURISMO?

com essa oportunidade, observar as belezas nacionais, ao mesmo tempo que se distraía e afastava de eventuais maus hábitos (Niza, 1933: 5).

Os Expressos Populares e os Comboios Turísticos eram duas das iniciativas que mais «turistas médios» cativavam. Os primeiros destinavam-se à «laboriosa população de Lisboa e Pôrto», a quem pretendiam proporcionar «algumas horas de sàdio repouso durante a época vernal», em excursões realizadas aos domingos, a preços «extraordinariamente reduzidos». Para que essas viagens se tornassem, de facto, populares, havia uma tarifa única, para uma classe também única, e cada excursionista poderia transportar consigo até dez quilogramas de farnel (vd. *Viagem. Revista de Turismo, Divulgação e Cultura,* julho de 1938: 9).

As excursões mais prolongadas estavam abrangidas pela segunda designação, «Comboios Turísticos». Esse conceito pretendia fomentar o turismo nacional e o gosto pelas viagens, pelo que promovia, ao longo de todo o ano, excursões em regime de «tudo compreendido». Realizavam-se geralmente aos fins de semana, e delas se dizia serem «organizadas com a maior perfeição dentro dos limitados recursos do país e recomendam-se pelo seu carácter prático e económico, pois, permitem que, por uma importância relativamente pequena, o público visite as mais belas regiões de Portugal» (vd. *ibidem*: 10).

Tal como indicou António Montês, «quando em Portugal se falar em turismo, há-de reconhecer-se que a C.P. tem contribuído poderosamente para o seu desenvolvimento» (Montês, 1941: 4). De facto, já no ano de 1933, a própria *Gazeta dos Caminhos de Ferro* escrevia o seguinte na sua primeira página, a propósito da intervenção da CP na prática turística portuguesa:

> Sol, Vida, Desportos! Bem haja o turismo, indústria da saúde, que exibe aos olhos doentes dos lisboetas, exemplares sádios, corpos ginasticados, em cujas epidermes rosadas nós adivinhamos os efeitos salutares do Sol, dos desportos e da vida.
> *Gazeta dos Caminhos de Ferro*, 1 de fevereiro de 1933: 1.

Joaquim Ferreira de Sousa pronunciou no I Congresso Nacional de Turismo a comunicação «O Turismo e o Caminho de Ferro», na qual enaltecia precisamente a atividade da CP no desenvolvimento turístico, por ser um transporte seguro e divertido que poderia proporcionar «viagens circulatórias» a famílias com menos recursos (vd. Sousa, 1936: 3). Para que as vantagens do transporte ferroviário pudessem ser rentabilizadas ao máximo em prol dos «turistas médios», Ferreira de Sousa sugeriu a redução do número de excursionistas de cem para trinta, a inclusão de carruagens com cinema, bufete e música, bem como a criação de estações, nas quais os viajantes pudessem ter acesso a alimentação e visitar postos de turismo (vd. *ibidem*: 4). A comunicação de Ferreira de Sousa aconselhava igualmente a implementação de reduções tarifárias nos bilhetes de ida e volta usados por famílias e nas tarifas infantis (vd. *ibidem*: 5, 6).

À CP caberia, pois, organizar viagens e excursões, que transportassem as massas que habitavam nos bairros urbanos sem higiene ou conforto para que pudessem admirar paisagens e monumentos que «muito e muito interessam á nossa sensibilidade e ao nosso patriotismo» (*Diario de Lisbôa*, 8 de agosto de 1933: 1). Esta rotina, entendida pelos «turistas médios» como meio recreativa, meio educativa, parecia agradar à população, e, em fevereiro de 1934, o *Diário de Notícias* já comentava que os portugueses faziam excursões com o mesmo entusiasmo e *afición* com que os ingleses jogavam golfe (vd. *Diário de Notícias*, 6 de fevereiro de 1934: 9). Passando algum do exagero e da desadequação contidos neste comentário, tem de se admitir que, nos primeiros anos do Estado Novo português, houve um imenso empenho oficial na produção e na divulgação de atividades turísticas para as quais se pretendia atrair um público de fracos recursos económicos. *Mais do que o cuidado de proporcionar momentos turísticos e de lazer, a verdadeira motivação para todo este empenho seria, sem dúvida, a necessidade, sentida pelo regime, de controlar também os tempos livres das camadas mais desfavorecidas da sociedade portuguesa a bem da «Nação».*

3. Para inglês ver: a exceção dos Estoris

> A Costa do sol é, com justissima razão, um motivo de orgulho para a capital do País, pois rivaliza com as mais celebres estancias de turismo estrangeiras.
> *O Seculo*, 30 de setembro de 1934: 10

Como referido no início deste capítulo, Portugal parecia ser, na década de trinta do século XX, um destino turístico composto por dois países distintos, que, numa simbiose alimentada pelo regime de Salazar, eram usados para demonstrar e divulgar a ideologia do Estado Novo.

Depois de se explorar o conceito de «turismo médio», será agora demonstrado que as diferentes representações turísticas permitidas e incentivadas pelo Estado Novo na Costa do Sol tornaram esta zona um *símbolo propagandístico da neutralidade e da especificidade da «Nação» portuguesa para públicos nacionais e estrangeiros*. As condutas «mundanas», como eram designados os comportamentos tidos nos círculos sociais cosmopolitas, como aqueles que se viviam nos Estoris nas décadas de trinta e quarenta do século XX, eram claramente incitadas e encenadas pelo regime de Salazar, que parecia utilizá-las como mais uma lição acerca das vantagens do seu paradigma ideológico.

Arquitetavam-se para este microespaço ousados padrões sociais e de lazer *para inglês ver* com o intuito de demonstrar ao exterior a imparcialidade nacional, anunciada pelo presidente do Conselho em setembro de 1939. A Linha do Estoril surgia, assim, como um espaço que acolhia a diferença e que funcionava como um bilhete-postal destinado ao público estrangeiro, a quem era transmitida a mensagem de que esta era uma «Nação» tolerante e multifacetada, que aceitava até os hábitos e costumes que destoavam daquilo que apregoava para a população nacional. Para esta última, as encenações observadas nos Estoris apresentavam-se geralmente como lições de comportamentos corruptos a evitar.

3.1. *O início da idade de ouro dos Estoris*

O cenário político da Europa, a partir de meados da década de trinta do século XX, atribuiu à então designada Costa do Sol um marcado protagonismo internacional, enquanto destino turístico de luxo e sofisticação. Essa aura de opulência perdurou ao longo de décadas e ainda hoje é evocada como elemento distintivo da marca Estoril.

Paulo Pina refere que, em 1932, a «notável estância atraíra já 2500 hóspedes estrangeiros para uma média de dezoito dias, dobrando as dormidas registadas no conjunto dos três mais frequentados hotéis lisboetas, o Avenida Palace, o Metrópole e a Europa» (Pina, 1988: 35). Contudo, a zona costeira designada como Estoris, que incluía Monte

A BEM DA NAÇÃO

Estoril, Santo António do Estoril([25]), São João do Estoril e São Pedro do Estoril, ou a designação mais abrangente de Costa do Sol, que aliava o Guincho e Cascais a estas quatro localidades, representava um significativo polo de atração de visitantes havia já algum tempo. As termas, o clima, a proximidade da capital e o prestígio associado a alguns dos seus visitantes fizeram deste espaço um local particularmente procurado.

Para o desenvolvimento inicial dos Estoris terá sido fundamental a tendência crescente à época que defendia o tratamento do corpo e da mente, resultante do movimento higieno-sanitário oitocentista, que parecia encontrar nesta costa o terreno ideal para vingar. Na verdade, data já de 1835 uma Planta de Banhos do Estoril e de 1894 a existência de uma exploração balnear feita pela Santa Casa da Misericórdia de Cascais. A própria Quinta do Viana, de seguida evocada a propósito da emblemática figura de Fausto de Figueiredo, possuía dois balneários, ligação direta aos caminhos de ferro e diversas infraestruturas de alojamento. À imagem do que sucedia no estrangeiro, a maior parte destes espaços termais e de banhos encontrava-se instalada em edifícios sofisticados, que, além das terapias, ofereciam as condições necessárias à prática dos desportos de ar livre, que começavam também a ser divulgados em Portugal, primeiro pelas elites endinheiradas estrangeiras, depois pelas nacionais, como o ténis, a vela, a natação e o remo. Este fator terá sido posteriormente exponenciado durante o Estado Novo por via da promoção feita da prática desportiva como meio para se chegar ao Homem Novo, enquanto símbolo da regeneração moral e física que se pretendia para o povo português.

O culto deste bem-estar físico, que começava a entender a pele bronzeada como um sinal de riqueza, indicativo da abundância de tempo e de recursos financeiros que permitiam despender algum tempo em estâncias de veraneio, foi claramente associado ao espaço dos Estoris no 15.º Congresso Internacional de Higiene, realizado em Lisboa no ano de 1907. Um dos oradores, o médico Daniel Dalgado, promoveu largamente as condições favoráveis existentes no Estoril e, três anos mais tarde, editou em Londres uma publicação

---

([25]) Antiga designação do Estoril que recorda a ironia de Branca Colaço e de Maria Archer num comentário acerca desta alteração toponímica: «Elevado a estância de luxo, de jôgo, de mundanismo internacional, o lugar modesto de Santo António do Estoril deixou-se do costume de andar com o santo na bôca e passou a ser simplesmente "Estoril"» (Colaço e Archer, 1999 [1943]: 287).

PORTUGAL, *PAIZ DE TURISMO*. OU PORTUGAL, PAÍSES DE TURISMO?

intitulada *The Thermal Springs and the Climate of Estoril in Chronic Rheumation and During Winter*, que se revelou de extrema importância para a internacionalização da zona. A propósito do papel crucial deste médico para a divulgação das potencialidades termais e terapêuticas do Estoril, Helena Matos acrescenta que o seu «triunfante discurso científico» (Matos, 2000: 40) enaltecia, não só as virtudes terapêuticas locais, mas também o patriotismo que caracterizava a sociedade portuguesa, que entendia o turismo como um veículo válido para fomentar a admiração pelos patrimónios natural e construído nacionais (vd. *ibidem*: 40).

Também Raúl Proença evocou a zona de Cascais e dos Estoris em *Guia de Portugal* de 1924 para enaltecer as suas «estações balneares e estações de inverno, já com pretensões a paragens civilizadas e com mimos de confôrto e vegetação, e cuja fiada de vivendas, hotéis, casinhas rústicas ou palácios constitui a única estância cosmopolita que temos entre nós» (Proença, 1924: 594). Proença comparava as estações portuguesas às estâncias termais de Monte Catini, em Itália, e de Châtel Guyon, em França.

À medida que a década de vinte avançava, a Costa do Estoril e de Cascais ia-se tornando cada vez mais cosmopolita, atingindo o seu apogeu na altura em que o *Sud Express* ligou Paris ao Estoril através da primeira linha ferroviária elétrica nacional. Passou, assim, a ser mais fácil fazer chegar aos Estoris os turistas estrangeiros atraídos pelo ameno clima local. Tal facto viria a revelar-se particularmente pertinente para permitir que Portugal afirmasse a sua aptidão para o turismo balnear, numa época em que o Algarve ainda não era considerado um lugar de veraneio importante, talvez por não possuir as infraestruturas hoteleiras ou os acessos adequados.

Além dos fatores endémicos, deve igualmente referir-se que o prestígio da Costa do Sol foi também o resultado de ter sido escolhida como destino por alguns visitantes ilustres, nomeadamente figuras reais. A partir de 1867, a rainha D. Amélia começou a frequentar a região durante os meses de verão, o que transformou a zona dos Estoris numa espécie de capital do ócio que atraía mais e mais visitantes e curiosos, e em 1870 o rei D. Luís fez da Cidadela de Cascais a sua residência oficial de verão. Enquanto isso, a praia de Paço d'Arcos era destino rotineiro de ministros, diplomatas e visitantes espanhóis.

Por esta altura, a linha costeira Estoril-Cascais assistia às primeiras tentativas de urbanização com a construção de uma série de palacetes

219

e mansões, como a Casa dos Duques de Palmela ou a Mansão dos Viscondes da Gandarinha. Toda essa movimentação dinamizava já um considerável mercado de arrendamento temporário das casas da população residente, e os clubes de convívio e as casas de jogo proliferavam, apesar de a legislação sobre os jogos de fortuna e de azar só ter sido estabelecida em dezembro de 1927.

Este corrupio social foi naturalmente propício a uma série de outros desenvolvimentos locais, como o lançamento da primeira pedra do casino do Estoril e das termas, ocorrida no ano de 1916, e a exploração conjunta da linha de Cascais pela Companhia Caminhos de Ferro de Portugal e pela Sociedade do Estoril, dois anos mais tarde.

A designação utilizada durante o Estado Novo para aludir a este espaço, Costa do Sol, começara já a ser ouvida no ano de 1928, curiosa coincidência cronológica com a tomada de posse de Salazar como ministro das Finanças. Geograficamente, a expressão remetia para a área costeira situada entre o Forte do Guincho e São Julião da Barra, mas, pouco a pouco, *este rótulo passou a designar um* habitus *de vida e de lazer único no universo das rotinas turísticas autorizadas pelo regime político de Salazar.*

3.1.1. Fausto de Figueiredo

> O progresso da Costa do Sol é obra de alguns homens decididos, optimistas e patriotas, á frente dos quais devemos citar Fausto de Figueiredo [...] que não tem recuado ante as dificuldades.
>
> O Seculo, 30 de setembro de 1934: 10

Não é possível evocar o *glamour* associado ao Estoril sem referir, mesmo que sumariamente, a figura empreendedora de Fausto de Figueiredo, um homem que apoiou a Revolução de 1926 e que o Estado Novo distinguiu com a Grã-cruz da Ordem de Mérito Agrícola e Industrial e com os graus de Comendador da Ordem de Cristo e de Grande Oficial da Ordem de Torre e Espada. Em 1940, recebeu ainda a Medalha de Ouro da Sociedade de Propaganda de Cascais.

PORTUGAL, *PAIZ DE TURISMO*. OU PORTUGAL, PAÍSES DE TURISMO?

Nascido no ano de 1880, ingressou jovem na administração dos Caminhos de Ferro Portugueses e, apesar de ser farmacêutico de formação, cedo começou a envolver-se e a opinar publicamente sobre questões relacionadas com a hotelaria e o turismo. Raquel Henriques da Silva dá conta de pareceres emitidos por Fausto de Figueiredo acerca do sector turístico, nos quais destaca, não só as mais-valias económicas resultantes da atividade turística, como também a necessidade de construir infraestruturas hoteleiras modernas e confortáveis (vd. Silva, 1984: 45).

Sabe-se que, no início do século xx, Fausto de Figueiredo passou longas temporadas em Biarritz com a mulher, usufruindo das alegadas virtudes terapêuticas locais. Terão eventualmente sido estas estadas que o alertaram para o potencial existente na zona dos Estoris. No ano de 1913 fundou com o cunhado, Augusto Carreira de Souza, a Sociedade Figueiredo e Souza Limitada e, dois anos depois, a Sociedade Estoril. Ainda em 1913, adquiriu diversas propriedades, entre elas a Quinta do Viana, uma importante área de pinhal e termas, a Quinta do Machado e a Quinta do Caldas, com o propósito de transformar o Estoril num centro turístico de nível internacional, que fosse atrativo e confortável, também para mercados externos, e que pudesse rivalizar com estâncias europeias semelhantes.

O arquiteto paisagista francês Henri Martinet, presente no IV Congresso Internacional do Turismo, realizado em 1911, e projetista de grande parte dos hotéis de Biarritz, foi convidado a preparar um plano de intervenção para a nova estância portuguesa. Martinet advogou publica e internacionalmente as potencialidades turísticas do Estoril e de Portugal, em geral, e apresentou um megalómano projeto, que acabou por não correr como previsto, devido a pormenores talvez demasiado ambiciosos, à falta de grandes investidores e ao início da Primeira Guerra Mundial. Esse plano inicial, que incluía, por exemplo, a primeira versão do Hotel Palácio do Estoril, o edifício das termas, um grandioso parque e a ligação ferroviária a Sintra, foi posteriormente trabalhado pelo arquiteto Silva Júnior.

A 20 de maio de 1914, Fausto de Figueiredo exibiu na Assembleia Nacional a brochura «Estoril, estação marítima, climática, thermal e sportiva». A divulgação institucional deste projeto de planeamento e desenvolvimento do Estoril serviu igualmente para apresentar a Sociedade Figueiredo e Souza Limitada enquanto entidade dinamizadora da construção e da exploração dos hotéis, casinos, estabelecimentos

A BEM DA NAÇÃO

termais, jardins e parques a construir nos terrenos recentemente adquiridos. Esse documento derrubou qualquer dúvida que pudesse existir quanto à vontade de Fausto de Figueiredo de transformar realmente o Estoril numa estância de renome internacional. O plano foi intensamente promovido junto das embaixadas acreditadas em Portugal e divulgado pela imprensa nacional e estrangeira. Cristina Pacheco sintetiza o espírito e a importância deste momento, quando o sumaria da seguinte forma:

> Recuperando antigos projectos de urbanização da zona do Estoril de fins do século xx – na senda da moda de veraneio – e com os exemplos da Cote d'Azur e da Riviera Italiana em mente, é lançado em 1914 por Fausto Figueiredo, o projecto «Estoril», com a publicação da brochura *Estoril, estação marítima, climatérica, thermal e sportiva* onde se apresenta formalmente o empreendimento turístico de Fausto Figueiredo, personalidade que ficará para a posteridade ligada à criação do Estoril como estância de turismo internacional, num contexto em que se encarava já o Turismo como actividade económica cheia de potencialidades.
>
> Pacheco, 2004: 21

Apesar dos constrangimentos referidos, em 1915 a Sociedade Estoril continuava a acreditar e a manifestar publicamente o seu empenho em criar neste local um espaço único e sofisticado, que pudesse dar resposta aos turistas internacionais vocacionados para momentos requintados de lazer e para as práticas terapêuticas tão em voga por essa altura.

Um ano depois, durante o mandato de Fausto de Figueiredo como presidente da Câmara de Cascais, foi lançada a primeira pedra da construção do Casino Estoril, que, obedecendo à traça de Raoul Jourde, acabou por ser inaugurado apenas em 1931, um ano após a abertura do Hotel Palácio, também com projeto do mesmo arquiteto. Com a chegada de Jorge Segurado ao departamento de urbanismo de Cascais, as novas construções passaram a ser obra de grandes arquitetos modernistas, como o próprio, e também de Pardal Monteiro, Cristino da Silva, António Varela e Adelino Nunes.

3.2. Os Estoris nos anos trinta: reservado o direito de admissão

> Hoje, o Estoril é a capital da linha de Cascais, por ser onde mais capital se tem gasto. E há uma cousa que caracteriza especialmente o Estoril: é o fausto. Façam o que fizerem as outras terras, a verdade é que nenhuma outra tem aquele fausto: largas avenidas asfaltadas, grandes palacetes, hoteis vastos, casinos, parques com palmeiras, é fausto em tudo e por todos os lados.
>
> *Rádio Nacional*, 12 de dezembro de 1937: 5

> Reservado o direito de admissão. Mesmo que não esteja escrito está implícito. Este é um espaço único no Portugal desta época. Pela sua elegância. Pelo seu cosmopolitanismo. Pelo seu estatuto.
>
> Matos, 2000: 78

A denominação «Costa do Sol» atribuída a esta zona, já no final dos anos vinte, como referido, atingiu na década de trinta do século XX a plenitude do seu significado. A expressão que vinha sendo amplamente utilizada nas narrativas de divulgação dos Estoris e de Cascais foi formalizada no ano de 1935, por ocasião da publicação do diploma legal que estabeleceu o Plano de Urbanização da Costa do Sol, da responsabilidade do arquiteto urbanista Alfred Agache. Neste âmbito, o decreto-lei n.º 141/94 de 23 de maio de 1935 reconheceu a necessidade de se proteger a área marginal ao rio Tejo, localizada entre Oeiras e Cascais, e sugeriu um plano de urbanização adequado. Este preciso momento poderá ser entendido como *a expressão formal do compromisso do regime do Estado Novo em investir e transformar os Estoris em algo de profundamente pertinente e válido para a promoção da «Nação» além-fronteiras.*

O que é facto é que este impulso institucional permitiu revalorizar e concretizar o projeto inicial de Fausto de Figueiredo, e ao mesmo tempo catapultar definitivamente a Costa do Sol como destino turístico internacional. Como é referido numa publicação da Câmara Municipal de Cascais, por esta altura o Estoril era a face mais visível e o centro das atividades de um circuito turístico que tudo fazia para se comparar à famosa Côte d'Azur francesa (vd. Câmara Municipal de Cascais, 2007: 17), alimentando um ambiente de fausto em tudo oposto àquilo que se vivia no resto da Europa dos conflitos, dos refugiados e dos bombardeamentos. A partir de então, os ministérios do Interior, do Comércio e Comunicações e da Agricultura passaram a integrar uma equipa cujo objetivo era a melhoria e o embelezamento de uma área que se pretendia que fosse cada vez mais atrativa para turistas, especialmente para aqueles vindos de fora da «Nação».

Os diferentes padrões sociais e de lazer permitidos na Costa do Sol eram tema recorrente na imprensa portuguesa publicada entre 1933 e 1940, que anunciava e relatava ao pormenor os chás-concerto, as grandes festas de Ano Novo e Carnaval, os jantares de gala, as *matinés* infantis, os recitais e as sessões de cinema que aconteciam no Casino e em outros espaços igualmente sofisticados e cosmopolitas.

> A «Noite de Prata» no Estoril será a mais bela festa mundana desta temporada. Um espectaculo de «feérie», no qual lindas mulheres, luz a jorros e flôres magnificas encherão o publico de encantamento. [...]
>
> A «Noite de prata» que vai, dentro em pouco, efectuar-se no ambiente requintado do Estoril – centro de turismo por excelencia – marcará commo uma das festas mais originais e mais sumptuosas destes ultimos tempos. [...] Organizada caprichosamente, dará ao publico elegante e viajado, aos estrangeiros que vivem na Costa do Sol horas de grande deslumbramento de beleza inolvidavel.
>
> *O Seculo*, 8 de setembro de 1934: 1

Imagens como aquelas que se reproduzem de seguida eram publicadas constantemente pelos jornais nacionais e usadas como estratégia para nunca deixar esquecer as diferenças vividas nos Estoris. Igualmente divulgadas eram todas as atividades realizadas ao ar livre, como as provas hípicas e náuticas ou os jogos de praia e os convívios na esplanada do Tamariz, que entretinham a alta sociedade frequentadora da Linha do Estoril. A possibilidade de realizar este tipo de desportos em todas as estações do ano servia ainda para acentuar a diferença climática dos Estoris, cuja promoção tinha nas condições meteorológicas locais uma forte aliada, e constituía um elemento que distinguia este de outros possíveis destinos concorrentes, em França ou em Itália.

PORTUGAL, *PAIZ DE TURISMO*. OU PORTUGAL, PAÍSES DE TURISMO?

Na Costa do Sol tudo parecia ser possível, e a oferta de atividades de lazer era variada, constante e surpreendente ao longo de todo o ano, como comprova a notícia seguinte, publicada em março de 1940:

> Haverá neve, êste Verão, no Estoril!
> Será portuguesa a primeira pista artificial da Peninsula, a mais larga e a mais inclinada do mundo, cuja inauguração se fará antes de concluídas as pistas norte-americans!
> Raparigas e rapazes da nossa terra!... Os desportos de Inverno vão passar o Verão ao Estoril.
> *O Século Ilustrado*, 30 de março de 1940: 1

É particularmente esclarecedor o excerto que se segue por permitir vislumbrar parcialmente a intenção do regime de Salazar ao desenvolver e divulgar a Costa do Sol. Os Estoris, entendidos e apresentados pelo Estado Novo como uma espécie de éden, deslumbrante e ameno, representavam aos olhos do regime também o *espaço ideal para o desenvolvimento do Homem Novo* apregoado pela ideologia vigente. A Costa do Sol era, para esse efeito, mostrada como local de lazer e diversão e, simultaneamente, como zona de recuperação e revitalização para um público que não incluía os praticantes de «turismo médio», cuja regeneração deveria ocorrer nos meios rurais e em espaços menos sofisticados.

> Nos Estoris vive-se com satisfação e com aquela franca alegria de viver, numa tranquilidade absoluta, fortificados pelo sol que tonifica o organismo, produzindo-lhes novos elementos de duração e conservação, porque tudo quanto ali nos rodeia é profundamente belo [...].
> O espaço ideal para o Homem Novo, alegre e saudável. É também o local ideal para o descanso dos colonizadores de Africa, os enfraquecidos e depauperados por longas e demoradas permanências nas regiões insalubres, consumidos e martirisados pelas febras constantes ou abatidos pela demolidora neurastenia.
> *Gazeta dos Caminhos de Ferro*, 16 de junho de 1940: 394

A par da informação acerca das atividades de recreio disponíveis na Linha do Estoril, importa destacar também que essas notícias surgiam quase sempre acompanhadas de publicidade a serviços e produtos, cujas especificidades, mais uma vez, serviam para confirmar a diferença permitida neste microespaço. A título de exemplo, refira-se a página 8 do jornal *O Seculo* de 13 de janeiro de 1936, composta por diversas caixas de publicidade que anunciavam inúmeras infraestruturas de alojamento e respetivos pontos de atração. Entre elas encontravam-se a Casa Mar e Sol, junto ao golfe do Estoril, o Grande Hotel de Itália, no Monte Estoril, com uma livraria inglesa e chás-concerto todas as tardes, o Hotel Miramar, com o American Bar e a Pensão Panorama, ambos no Monte Estoril, o Hotel de Inglaterra, no Estoril, perto do casino, da praia, do golfe, do parque e do correio, ou a Pensão Zenith, no Monte Estoril (vd. *O Seculo*, 13 de janeiro de 1936: 8), bem como lojas de luxo, como a Cordonnerie du Parc, no Estoril, ou a Retrozaria Aurea, no Parque do Estoril, e que vendia lãs estrangeiras, fatos de banho e artigos regionais de Viana do Castelo, Guimarães e Vila do Conde (vd. *ibidem*: 8). *Por oposição aos anúncios publicitários difundidos na década de trinta, que invariavelmente destacavam ofertas nacionais, a referência à Costa do Sol permitia a divulgação de serviços e produtos de inspiração estrangeira e convidava à mesma.*

O protagonismo da Costa do Sol não foi esquecido por alguns dos oradores antes mencionados e que apresentaram teses no I Congresso Nacional de Turismo. Roque da Fonseca, por exemplo, aludiu ao Estoril como a «nossa grande e indiscutível realidade» (Fonseca, 1936: 59), aventando a hipótese de esta ser considerada uma «praia smart por excelência para os anos mais próximos» (vd. *ibidem*: 61). Mário Madeira, por seu turno, aplaudiu a construção de luxuosos hotéis em grandes centros turísticos e nas principais praias como o Estoril, dignos da maior proteção oficial (vd. Madeira, 1936: 70).

Recorde-se ainda que o banquete de encerramento do congresso de 1936, realizado no Hotel Palácio, foi oferecido pela Sociedade Estoril Plage e, segundo consta nas atas da referida reunião, «foi uma festa de elegancia e bom gôsto e uma bela oportunidade para que o Congresso prestasse a merecida homenagem ao grande impulsionador do Estoril e do Turismo em Portugal sr. Fausto de Figueiredo e aos seus ilustres colaboradores» (*Congresso Nacional de Turismo. Relatórios*, 1936: 73).

As atividades sociais e de lazer referidas eram observadas pela maioria dos portugueses, que não faziam parte da reduzida elite endinheirada que frequentava a Linha, com sentimentos mistos de admiração e de repulsa. Na verdade, os comportamentos tidos como ousados, em especial as condutas estrangeiras trazidas pelas

PORTUGAL, *PAIZ DE TURISMO*. OU PORTUGAL, PAÍSES DE TURISMO?

visitantes e, por vezes, adotadas por nacionais, chocavam aqueles que não tinham o estatuto social, nem o poder financeiro, nem tão-pouco disponibilidade de tempo para frequentar os espaços de convívio da Costa do Sol. As novas indumentárias usadas pelos banhistas ou as mulheres que, sozinhas, frequentavam esplanadas e fumavam publicamente fascinavam, ao mesmo tempo que colidiam com atitudes mais recatadas e modestas, conforme documentavam inúmeros jornais da época.

Os Caminhos de Ferro organizavam inúmeras excursões ao designado «Triângulo de Turismo», isto é, Estoril, Sintra e Queluz, que incluíam passeios e refeições em algumas infraestruturas hoteleiras do Estoril e de Sintra. Esses circuitos eram amplamente divulgados na imprensa diária e concorriam com os que a Sociedade Estoril e a Sociedade Propaganda da Costa do Sol planeavam «com apreciavel reducção, comboio, "auto-car" e casino» (*Diário de Notícias*, 17 de junho de 1935: 9). Sabe-se, por isso, que as rotas domingueiras dos lisboetas começaram a ser parcialmente alteradas como resultado do que ia sucedendo no reino maravilhoso dos Estoris. Porém, estes visitantes desempenhavam principalmente um papel de observadores, pois os Estoris não pertenciam ao roteiro daqueles que praticavam o «turismo médio» referido.

Em 1943, Branca de Gonta Colaço e Maria Archer também comentaram, a propósito da importância da linha ferroviária do Estoril, que a mesma desencadeara uma corrida turística para as praias e que «Lisboa, maravilhada, descobriu finalmente os Estoris» (Colaço e Archer, 1999 [1943]: 297). Contudo, o seu relato corrobora a suspeita de que, para a grande maioria dos portugueses que se deslocava até à Costa do Sol, esses passeios permitiam somente vislumbrar de longe mundos distintos e, pouco a pouco, assimilar novos comportamentos, sem, contudo, terem oportunidade de participar nas novas atividades «mundanas»:

> Essa praia de desportistas e inglêses passou a ser olhada pelo burguês nacional como uma caixa de amostras de vida nas civilizações superiores, como um cenário de prazeres novos, modernos, fascinantes, como um palco português onde se representasse, grátis, dia a dia, uma comédia inglêsa. Essa caixa de amostras, êsse cenário, êsse palco, teve profunda e mágica influência na evolução e fixação dos costumes, dos aspectos, da ética – da casca ao cerne, da pele à alma,

do miôlo à côdea – que, no correr destes últimos anos, se desenvol-
veram, se arreigaram, cristalizaram e se enquistaram na população e
no urbanismo da faixa de terreno ribeirinho que vai de São Julião à
cidadela de Cascais.

ibidem: 218

3.3. *Adereços de luxo:* o Hotel Palácio, *o* Sud Express *e a* Estrada Marginal

> O *Palácio Hotel* entrou em construção pela mesma
> época [1916], e só se falava dos seus 200 quartos,
> dos seus salões, com um certo assombro comovido.
> Seguiram-se os outros hotéis [...]. Mais tarde vieram os
> *bars*, as pastelarias, a Garrett do Estoril, o Tamariz, o
> *Deck Bar*, *Wonder Bar*, o *bar* do Pavilhão de Golf, etc.
> Colaço e Archer, 1999 [1943]: 304

Fazia parte dos planos de desenvolvimento turístico da Costa do
Sol a construção de novas, modernas e sumptuosas infraestruturas de
alojamento que fossem dignas da estância de luxo que ali se pretendia implementar. Grande parte das principais cidades europeias possuía, já na década de trinta do século xx, um *Palace Hotel*, designação
comum à época que indicava invariavelmente um local cosmopolita
e sofisticado, frequentado por elites sociais e ricas. A própria capital da «Nação» tinha, já desde finais de 1892, o seu Hotel Avenida
Palace, construído a partir de um projeto de José Luís Monteiro e
estrategicamente situado perto da Estação do Rossio, da autoria do
mesmo arquiteto. Também para o Estoril se projetou uma unidade de
alojamento de características semelhantes até na localização, já que o
Hotel Palácio do Estoril acabou por ser construído a poucos metros
do importante terminal ferroviário que, a partir do ano de 1925, tinha
ligação periódica e direta a Paris.

Devido aos impedimentos indicados, decorreu mais de uma
década até que este adereço essencial para a estância que se pretendia
implementar na Costa do Sol ficasse pronto a ser ocupado por visitantes,
maioritariamente estrangeiros. A inauguração do Hotel Palácio

ocorreu no final de agosto de 1930, e toda a pompa e circunstância da abertura oficial fizeram jus a um espaço de luxo que incluía duzentos quartos, cem casas de banho e luz elétrica, num projeto final de Raoul Jourde e Léonce Reynés. Este passou a ser o lugar de eleição de hóspedes ilustres e endinheirados, sendo frequentado mesmo por aqueles que se encontravam alojados em residências particulares.

O Hotel Palácio terá eventualmente sido o mais famoso e luxuoso espaço de acolhimento de toda a Costa do Sol durante o período de tempo que ocupa este estudo, e a ele continua a estar ligado um imaginário que o remete para vidas paralelas de ficção e mistério. Não se podem, contudo, esquecer outros hotéis que foram igualmente adereços válidos na arquitetura da representação turística dos Estoris na década de trinta. O Grande Hotel, também conhecido por Grande Hotel Estrade, e o Hotel de Itália, ambos do final do século XIX, foram importantes veículos de divulgação do Monte Estoril.

As inaugurações deste tipo de infraestruturas construídas para acolher e entreter visitantes estrangeiros adquiriam o estatuto de atos públicos oficiais relevantes, tendo sido, por diversas vezes, apadrinhadas por destacadas figuras do Estado Novo, como aconteceu, por exemplo, com a inauguração do Hotel do Parque, no Estoril, por Salazar, em expressivo ambiente de exaltação ideológica.

Estas instalações luxuosas serviam outros propósitos que iam muito além de proporcionar locais de pernoita àqueles que os visitavam. Hóspedes e não hóspedes sabiam perfeitamente quem eram os frequentadores dos hotéis mais emblemáticos dos Estoris, além dos turistas ou dos refugiados. Era conhecimento público que os simpatizantes dos alemães optavam por frequentar o Hotel Atlântico e o Hotel do Parque, enquanto os apoiantes dos aliados preferiam o Grande Hotel do Monte Estoril, onde esteve alojado, em 1941, o espião jugoslavo Bocko Christitch, o Hotel Palácio do Estoril e o Grande Hotel da Itália, no Monte Estoril. Além de serem terras de espiões, como as designa Douglas Wheeler (vd. Wheeler, 1993), estes hotéis eram um precioso auxiliar da polícia do Estado, já que todas as unidades hoteleiras tinham obrigatoriamente de fornecer às autoridades locais toda a informação inserida nos formulários de registo de cada hóspede.

O clima, a paisagem e os projetos, já em fase de concretização, de Fausto de Figueiredo terão servido para assinalar a zona, mas o esforço que se seguiu para delinear uma estância que servisse os propósitos propagandísticos do regime salazarista implicou também

A BEM DA NAÇÃO

investimentos adicionais nos acessos à Costa do Sol. Recorde-se, por exemplo, a ligação ferroviária através do *Sud Express* e à Estrada Marginal. Como refere Paulo Pina, «este afunilamento dos transportes internacionais em direcção a Lisboa, aliado às dificuldades de circulação pelo restante território, irá ser responsável, mais do que os seus próprios atractivos, pelo confinamento do turismo português da primeira metade do século ao triângulo Lisboa – Estoril – Sintra» (Pina, 1988: 55). Quer a ligação ferroviária quer a ligação rodoviária foram determinantes para a arquitetura final dos Estoris.

Apesar de o objetivo dos projetos ser claro para todos, a sua concretização nem sempre decorreu sem sobressaltos ou polémicas. A *Gazeta dos Caminhos de Ferro* de 16 de dezembro de 1938, por exemplo, publicou uma interessante e pormenorizada reflexão realizada por António de Almeida Belo, um engenheiro que participara na comissão oficial e que, dez anos antes, estudara os melhoramentos que deveriam ser implementados na ligação entre Lisboa e Cascais. Entre outros constrangimentos e desafios, Almeida Belo enumerou os problemas urbanísticos com que Lisboa teria de se confrontar como resultado da futura construção da «estrada de turismo» entre Santo Amaro de Oeiras e o Cais do Sodré e discutiu a localização dos diversos troços rodoviários em relação à linha férrea já existente. Sabe-se que, por esta altura, haviam sido adquiridos pelo governo à Companhia dos Caminhos de Ferro Portugueses terrenos costeiros «de notável beleza, planos próximos do centro da cidade e de grande valor para a sua expansão» (Belo, 1938: 547) entre Alcântara e Belém e que se defendia a integração da nova estrada no plano geral de urbanização da cidade.

O articulista insistiu, ao longo da sua argumentação, que a existente linha férrea de Cascais era impeditiva do melhor estabelecimento possível da nova estrada, sendo, por isso, contemplada a ideia de se desviarem alguns troços desse percurso ferroviário. A proposta incluía, por exemplo, a construção de viadutos para a passagem das carruagens, a transferência das instalações de algumas empresas e o aterro das docas de Belém e do Bom Sucesso. Este plano permitiria, nas palavras do seu proponente, uma «completa liberdade de acesso da cidade [...]; grande valorização e racional aproveitamento da vasta área de terrenos marginais [...]; construção de um trôço de estrada de inexcedível beleza e grandiosidade, rigorosamente marginal entre Alcântara e a Tôrre de Belém» (vd. *ibidem*: 548).

PORTUGAL, *PAIZ DE TURISMO*. OU PORTUGAL, PAÍSES DE TURISMO?

O ramal entre Cascais e Pedrouços fora inaugurado a 30 de setembro de 1889, no ano de 1890 o trajeto prolongara-se até Alcântara, e, posteriormente, até ao Rossio, e cinco anos depois fora altura para desviar o terminal para o Cais do Sodré. A 14 de novembro de 1914, o decreto-lei n.º 1:046 declarara a importância de dotar a linha férrea de Cascais de tração elétrica para a tornar mais rápida e, assim, a zona litoral cativar mais visitantes e turistas. Em 1923, a Sociedade Estoril passou a explorar a ligação ferroviária entre Lisboa e Cascais, e, em agosto de 1926, foi finalmente inaugurada a eletrificação desta linha férrea. Os Estoris e Cascais ficavam, desta forma, mais acessíveis, e o projeto de Fausto de Figueiredo deixava cada vez mais de parecer uma miragem. O desenvolvimento da ligação ferroviária até à Costa do Sol foi, sem dúvida, essencial para o progresso da atividade turística na zona e, principalmente, para abrir os Estoris aos mercados estrangeiros. O melhoramento e a modernização que a zona sofreu entre 1933 e 1940 são mais uma evidência da vontade do regime do Estado Novo em investir na Costa do Sol.

Contudo, realmente essencial para a transformação da Costa do Sol no destino idealizado por Figueiredo e usurpado pelo regime do Estado Novo foi o momento em que o comboio *Sud Express* passou a chegar ao Estoril, vindo diretamente de Paris, um dia após a inauguração do Hotel Palácio. Essa ligação internacional já unia Paris, Madrid e Lisboa desde 1887, mas o novo terminal, dotado de um posto alfandegário, servia muito melhor as aspirações de Salazar. Devido aos conflitos europeus, como a guerra nas Vascongadas (vd. *Gazeta dos Caminhos de Ferro*, 1 de março de 1937: 133), a linha *Sud Express* sofreu inúmeras interrupções, mas as constantes notícias acerca da sua reposição constituem sempre motivo para júbilo (vd. *Gazeta dos Caminhos de Ferro*, 1 de junho de 1939: 280). Na verdade, as chegadas do *Sud Express* eram ocasiões importantes nos Estoris e, aos olhos do regime, significavam uma das mais claras evidências de que a sua mensagem a propósito da Costa do Sol estaria a ser compreendida. A este propósito, comentava-se à época que o *Sud Express* «despeja no Estoril [...] a sua carga de estrangeiros endinheirados, de mulheres extravagantes» (Colaço e Archer, 1999 [1943]: 37–38).

Data do ano de 1918 uma das primeiras referências à hipótese de se construir uma estrada marginal entre Algés e Caxias. Porém, foi a Junta Autónoma das Estradas, logo por alturas da sua fundação, em 1927, que mais veementemente alertou para as vantagens que

231

resultariam de uma via à beira-mar que unisse Lisboa aos Estoris e a Cascais. Justificavam a proposta os benefícios turísticos e políticos que resultariam de tal construção. Nos anos trinta, o Plano de Urbanização da Costa do Sol referido retomou essa ideia, justificando-a, não só com a necessidade de melhorar e embelezar o acesso entre o Terreiro do Paço, centro político da «Nação», e Cascais, mas também com alusões à necessidade de ajudar a desenvolver o turismo nacional. Recorde-se que nessa década foram construídos cerca de quinhentos quilómetros de estradas nacionais, fenómeno que não terá sido alheio ao início da banalização do automóvel em Portugal por alguns grupos sociais que faziam gáudio em exibir a nova forma de locomoção em voga.

Em 1931, o Automóvel Club de Portugal apresentou o projeto para uma «estrada de turismo» entre Lisboa e Cascais, fundamentando a sugestão na urgência de mostrar as belezas naturais de toda a costa entre a capital e o Guincho. Nesse mesmo ano, em agosto, a proposta tornou-se oficial por alturas da publicação do decreto-lei n.º 19:252, que enumerava argumentos de viabilidade turística e reconhecia, nesse âmbito, a urgência de melhorar e embelezar os acessos mais utilizados pelos turistas:

> Considerando a importância que na economia do País pode representar o desenvolvimento do turismo e a necessidade que para tal fim há em aumentar as riquezas e belezas naturais, especialmente nas zonas que maior frequência podem ter de turistas nacionais e estrangeiros;
>
> Tendo em atenção que o circuito português mais percorrido é o compreendido entre Lisboa e Sintra, Cascais e Estoris, e que devido à facilidade e comodidade da viação automobilística é bastante preferido este meio de condução; observando-se que parte das estradas que servem estes centros turísticos, além de pouco atraentes são perigosas, devido a serem ladeadas por muros altos que principalmente nas curvas, não permitem larga visão [...]; considerando que junto das referidas estradas se encontram muitos terrenos incultos que causam má impressão aos turistas, [...] de presumir é que tenham utilização mais económica, dando assim origem à criação de bosquetes que ornamentariam as estradas e embelezariam a paisagem, proporcionando recreio aos viajantes.
>
> Decreto-lei n.º 19:252, 25 de agosto de 1931

PORTUGAL, *PAIZ DE TURISMO*. OU PORTUGAL, PAÍSES DE TURISMO?

Um ano depois, em 1932, o novo e empreendedor ministro das Obras Públicas e Comunicações, Duarte Pacheco, deu o impulso oficial necessário para que os planos de construção da estrada panorâmica avançassem à luz da necessária urbanização para as zonas dos Estoris e de Cascais. Porém, apenas em setembro de 1938 a publicação periódica do Automóvel Club de Portugal anunciava, da seguinte forma, a edificação da estrada marginal:

A estrada de turismo Algés-Cascais vai ser construída.

Vai, pois, ser construída a estrada de turismo Algés-Cascais, e a notícia não pode deixar de ser recebida com o mais vivo agrado por quantos se interessam pela causa do automobilismo e do turismo.

Bem haja, pois, o sr. engenheiro Duarte Pacheco, ilustre ministro das Obras Públicas e Comunicações, que tão afincadamente se propõe realizar uma das melhores obras do Estado Novo.

A.C.P. Revista Ilustrada de Automobilismo e Turismo,
setembro 1938: 7

O que sucedeu foi que, tal como aconteceu com outras obras públicas pendentes, como o restauro do Palácio de Queluz ou o acabamento da Casa da Moeda, o projeto para a construção desta via foi acelerado no âmbito dos preparativos para a Exposição do Mundo Português. A conclusão deste acesso, que, curiosamente, passaria perto da área ocupada pelo grande evento das comemorações do Duplo Centenário, era mais uma estratégia para mostrar, principalmente ao público estrangeiro, a diferença inerente à pacífica e tranquila «Nação» portuguesa, que, contrariando o cenário de destruição visível por toda a Europa, continuava a crescer e a desenvolver-se. Além disso, a estrada marginal era mais um instrumento a permitir dissimular algumas imagens menos bonitas da «Nação». Como referem Branca Colaço e Maria Archer, era notória a diferença sentida quando se fazia o caminho em direção a Cascais pelas zonas mais pobres e degradadas interiores ou quando o percurso ocorria pela estrada marginal, «apenas enquadrada pelo mar, a praia, as escadarias monumentais, do outro lado os arvoredos e os muros das quintas» (Colaço e Archer, 1999 [1943]: 214).

3.4. *A promoção da Costa do Sol*

> Construam-se hoteis, abram-se pensões confortáveis
> e elegantes e dê-se de imediato inicio a uma propaganda
> activa nos países escandinavos, no norte da Alemanha
> e na America do Norte, onde o nome *Estoril* é ainda
> completamente desconhecido.
>
> *Diario de Lisbôa*, 4 de janeiro de 1933: 1

Como já foi visto, a Sociedade de Propaganda de Portugal desempenhou, no início do século XX, um papel ativo na divulgação da oferta turística nacional. As suas ações contemplavam também os Estoris e Cascais, mas é de ressalvar que a especificidade da Costa do Sol tenha forçado a criação de órgãos com sede local que se dedicavam em exclusivo ao turismo de luxo ali praticado, em detrimento da intervenção de entidades de maior abrangência nacional, como teria sido o caso da mencionada Sociedade de Propaganda de Portugal ou até do Secretariado de Propaganda Nacional, para referir apenas exemplos situados no período de tempo que ocupa o presente trabalho. Em abril de 1921, foi fundada a Comissão de Iniciativa para o Fomento da Indústria do Turismo no Concelho de Cascais, que personificou o primeiro órgão local a ser criado em Portugal para desenvolver turisticamente uma zona específica. Dois anos depois, coube à Sociedade Estoril Plage prosseguir o projeto urbanístico e hoteleiro do Estoril.

Porém, antes de se atentar à promoção efetuada sobre a Costa do Sol entre 1933 e 1940, cumpre referir um curioso e pormenorizado parecer elaborado por Fernando Pessoa, ainda no ano de 1919, precisamente acerca do tipo de «propaganda» necessária para a zona compreendida entre São Pedro do Estoril e Cascais.

> Uma estancia de turismo, como a Costa do Sol, não pode subsistir sem propaganda. [...] A propaganda tem, pois, que ser considerada sob o ponto de vista de se provar: (1) que a Costa do Sol tem vantagem sobre as estancias apparentemente similares de outros países; (2) que a Costa do Sol tem essa vantagem sobre as estancias francezas e hespanholas; (3) que a Costa do Sol tem vantagens sobre as outras estancias portuguesas. Uma vez obtido e focado o interesse da

classe superior (no sentido social), grande parte da propaganda sobre a segunda classe está automaticamente feita, pois o snobismo, ou espírito de imitação irracional dos superiores sociaes, se encarrega de tal.

Pessoa, 1986 [1919]: 172

O documento intitulava-se *Notas para uma Campanha de Propaganda da Costa do Sol*, e nele Pessoa defendia a necessidade de adequar o tipo de propaganda produzida para os Estoris às particularidades daquele espaço. Essas notas apresentavam três tipos diferentes de abordagem do mercado, consoante o segmento a que o convite se dirigia. De acordo com esta lógica de Fernando Pessoa, deveria haver uma promoção destinada ao público estrangeiro, oriundo de países muito distantes, tendo em conta a existência de estâncias semelhantes nesses ou em outros destinos. Em simultâneo, deveria apostar-se numa divulgação para visitantes provenientes de países vizinhos de Portugal, considerando a concorrência presente em destinos igualmente mais próximos ou até em território português. Por último, Pessoa falava da urgência de divulgar a Costa do Sol junto do mercado interno, tendo como referência destinos idênticos. Independentemente do mercado-alvo a captar, deveriam demonstrar-se as vantagens presentes na área, por oposição a destinos aparentemente semelhantes localizados quer em território nacional quer em território internacional, como em França ou em Espanha, por exemplo. Os benefícios divulgados teriam obrigatoriamente de referir as condições climáticas ímpares sentidas nos Estoris, um destino aprazível tanto no verão como no inverno, o fácil acesso e a proximidade a Lisboa e a Sintra.

Fernando Pessoa agrupava em diversas tipologias os visitantes que se deslocavam até à futura Costa do Sol. Assim, europeus e americanos preenchiam uma primeira categoria, enquanto a segunda incluía turistas ricos, remediados ou ainda com menos posses e que geralmente viajavam em excursões organizadas. As diferenças inerentes aos diversos grupos obrigavam a correspondentes divergências no modo de divulgar os Estoris. Para os mais ricos, por exemplo, não bastava que se mencionasse o luxo e o clima do destino. A própria propaganda deveria ser luxuosa e divulgada, não em folhetos ou cartazes, mas em publicações seletas e cuidadas, refletindo, dessa forma, o tipo de atividades oferecidas. As divulgações para os restantes públicos seriam, de acordo com Pessoa, «o natural discorrer desta», uma vez que as classes inferiores gostavam de imitar as outras (vd. *ibidem*: 173).

A BEM DA NAÇÃO

3.4.1. As publicações, os folhetos e os cartazes da Costa do Sol e do Riso

> Tenho a impressão deliciosa de que transponho as fronteiras de Portugal e entro num país qualquer, diferente, onde a gente se diverte, não importa por que preço.
>
> *O Notícias Ilustrado,* 23 de setembro de 1934: 18

Ao contrário daquilo que sucedia nas representações promocionais de outros destinos portugueses, que insistiam em divulgar a «verdadeira essência da Nação» através de cenas de trabalho rural, «típico» e «tradicional», ou por imagens de património construído, emblemático do passado histórico lusitano, a divulgação dos Estoris foi sempre organizada em torno de narrativas alegres que aludiam a ambientes requintados e modernos. A este propósito, a primeira página de *O Seculo* de 4 de agosto de 1936 afirmava que os nacionais preferiam chamar aos Estoris Costa do Sol e do Riso, motivados talvez pelos comportamentos expansivos dos muitos espanhóis que aí se refugiavam da guerra civil.

A consulta de outras edições do mesmo jornal diário faculta diversas referências que corroboram esta designação. *O Século Ilustrado* de 16 de setembro de 1939, por exemplo, aludia ao Estoril da seguinte forma:

> Estoril, A mais linda praia portuguesa!
> A Praia do Estoril é a perola encantada da enseada azul e centro de turismo de elevada categoria, praia deliciosa da mais aprazivél atracção.
>
> *O Seculo Ilustrado,* 16 de setembro de 1939: 32.

Ainda na década de trinta, a Casa de Portugal em Londres, um importante centro europeu de divulgação de Portugal como destino turístico, descrevia assim a Costa do Sol:

> Vistos do mar, os Estoris oferecem uma vista surpreendente, quer pela variedade de tons das suas árvores, quer pela beleza dos seus *chateaux, villas, cottages* ou casas construídas em estilo

PORTUGAL, *PAIZ DE TURISMO*. OU PORTUGAL, PAÍSES DE TURISMO?

genuinamente português. Estas construções surgem por entre uma vegetação alegre e poderosa, no meio de um sol impressionante e por entre uma atmosfera transparente, esta é uma visão desconhecida.

Guia-album da Costa do Sol, s/d: i

Artur Patrício selecionou como imagens representativas do *glamour* da Costa do Sol e do Riso, para ilustrar a sua publicação *Recordação de Portugal*, quadros que inequivocamente sugeriam o requinte e o vanguardismo dos Estoris. Assim, tal como sucedia nas narrativas promocionais escritas, também as representações visuais da Costa do Sol optavam por destacar a zona litoral e as suas construções apalaçadas à beira-mar, bem como os incontornáveis Hotel Palácio e Casino do Estoril.

De todos os folhetos turísticos consultados, optou-se por referir dois, produzidos pela Sociedade de Propaganda da Costa do Sol, por parecerem replicar na íntegra a estrutura e as estratégias de promoção presentes neste tipo de documentos, destinados a mostrar os encantos dos Estoris.

O desdobrável *Costa do Sol, Estoril, Portugal* organizou a sua narrativa a partir de uma das características que, desde sempre, foi evocada como uma vantagem do local: a temperatura, que, logo na primeira página, surge comparada à de outros destinos canónicos potencialmente concorrentes, como Lugano, Neuchatel ou Saint Malo. Imagens que ilustram as novas formas de recreio, como o golfe, o casino e a praia, ou as recentes construções hoteleiras serviram para introduzir informações escritas sobre os comboios elétricos e a semelhança entre os Estoris e a Côte d'Azur ou a Riviera Italiana, sendo o folheto finalizado com o seguinte repto:

Cura os doentes, retempera e tonifica os cansados, alegra e distrai os saudaveis. E' uma região predestinada, onde a terra e o mar parece que se deram as mãos na promessa de a poupar a todos os rigores do tempo e a todos os maleficios da vida, dizendo:
AQUI FICA O PARAIZO
Sociedade de Propaganda da Costa do Sol, *Costa do Sol, Estoril, Portugal*, s/d: s/p

O outro folheto intitula-se *Portugal, Estoril* e foi publicado em inglês e espanhol. Tal como o documento referido, evocava os ilustres frequentadores dos Estoris, aqui designados por Riviera Portuguesa, pretendendo com esta expressão que o local fosse entendido como uma estância de inverno ideal. Os comboios elétricos que viajavam junto ao mar, os hotéis modernos, o casino, as termas, as esplanadas e as festas eram igualmente mencionados como fatores de atração turística. O interior do desdobrável mostrava um mapa da Península Ibérica que evidenciava as rotas ferroviárias que conduziam ao Estoril e indicava as temperaturas de inverno na Costa do Sol, por oposição às de outras estâncias balneares. A enquadrar este mapa, o visitante inglês ou espanhol tinha imagens de outros catorze destinos turísticos nacionais, representados por monumentos de reconhecido valor simbólico para a «Nação», como, por exemplo, os mosteiros de Alcobaça e da Batalha ou o Castelo do Almourol.

As diferenças promocionais encontradas nas referências feitas à Costa do Sol eram igualmente visíveis nos cartazes alusivos apenas aos Estoris e a Cascais. Essa divulgação, dirigida fundamentalmente a um público internacional, replicava sinais de luxo e sofisticação e permitia até, na mesma lógica que autorizava comportamentos ousados e «mundanos», a revelação de corpos femininos mais desnudos.

A Costa do Sol e do Riso estava longe de representar o ambiente turístico que o regime de Salazar pretendia para o seu povo. As ofertas de lazer e as práticas sociais permitidas nos Estoris pouco tinham a ver com aquilo que o Estado Novo preparava para grande parte da sua população através da FNAT ou no âmbito do que cabia no conceito de «turismo médio». *Defende-se, por isso, que, a par de uma imagem de neutralidade, reveladora da alegada especificidade da «Nação», dirigida ao exterior, a Costa do Sol poderia ser igualmente encarada como mais uma lição com a qual os portugueses deveriam aprender algo.*

3.5. Para inglês ver

> Erguem-se no Estoril os hotéis de luxo, constroem-se no Estoril o campo de *golf*, a esplanada sobre a praia e muitas e belas coisas para inglês ver e gozar.
>
> Colaço e Archer, 1999 [1943]: 37

Os conflitos e tumultos que grassavam pela Europa nas décadas de trinta e de quarenta permitiram que o sonho de Fausto de Figueiredo se concretizasse, transformando a Costa do Sol numa estância turística de reputação internacional, procurada, não só por viajantes em busca de alternativas aos destinos mais tradicionais, mas também pelos chamados «turistas à força», na expressão usada por Irene Pimentel no Ciclo de Conferências «O Estoril e as Origens do Turismo em Portugal», realizado a 17 de setembro de 2011, no Espaço Memória dos Exílios, no Estoril, para designar os refugiados que se instalaram na zona dos Estoris e de Cascais.

As mesmas circunstâncias serviram simultaneamente para que Salazar pudesse ostentar para o exterior uma magnífica sala de visitas, que exibia como bandeira ideológica de um regime político que se afirmava único e se representava em narrativas opostas àquelas que eram permitidas na Costa do Sol. Cite-se, a este propósito, um excerto de um artigo publicado em *Viagem. Revista de Turismo, Divulgação e Cultura*, de maio de 1941, e que corrobora a tese da importância do Estoril na orgânica propagandística internacional do Estado Novo:

> Estoril. Sala de Visitas de Portugal, Salão de Festas da Europa
> ... Cidade-jardim de encanto, onde a alegria de viver é uma realidade, ali começa Portugal. E de tal modo começa Portugal, um Portugal renovado, jovem e tão actualisado, que quem vier do outro lado do hemisfério passar, nêste lado de cá, as suas férias de repouso, não precisa passar do Estoril: quando regressar, poderá dizer aos seus amigos que o Estoril não é, apenas, a bela sala de visitas de Portugal, é, também, grande salão de festas de que a Europa dispõe para apresentar as primeiras saudações aos estrangeiros do outro lado do globo.
> *Viagem. Revista de Turismo, Divulgação e Cultura*, maio de
> 1941: 2

O aumento do número de visitantes que procuravam a Costa do Sol foi tal, como demonstra a tabela abaixo, que, no mês da inauguração da Exposição do Mundo Português, o delegado do governo no concelho de Cascais se viu forçado a escrever para o Ministério do Interior, solicitando reforço policial, tamanha era a agitação instalada com a chegada massiva de estrangeiros.

Nacionalidade	Anos	
dos visitantes	1939	1940
Alemães	45	29
Americanos	60	238
Argentinos	16	16
Belgas	17	34
Brasileiros	12	10
Canadianos	03	09
Espanhóis	42	132
Franceses	54	74
Holandeses	31	31
Ingleses	348	139
Italianos	06	21
Jugoslavos	02	07
Suecos	07	11
Suíços	09	33

(Fonte: Pacheco, 2004)

Na verdade, sabe-se que a afluência turística à Costa do Sol mais do que duplicou entre 1938 e 1941, o que terá legitimado a criação de inúmeras infraestruturas turísticas e hoteleiras de apoio, cuja finalidade seria tornar mais fácil a vida destas pessoas. Refira-se, por exemplo, a existência de espaços onde era possível praticar desportos até então desconhecidos em Portugal ou mesmo adquirir produtos provenientes de fora do país.

Para que a estratégia propagandística resultasse em pleno, era necessária uma sintonia de esforços, naturalmente concertada pelo regime, que embelezasse e aperfeiçoasse o melhor possível todos os elementos que compunham esta Costa do Sol e do Riso. Houve, ao longo de toda década de trinta, inúmeras campanhas que visavam chamar a atenção de todos aqueles que estavam ligados aos sectores

PORTUGAL, *PAIZ DE TURISMO*. OU PORTUGAL, PAÍSES DE TURISMO?

turístico e hoteleiro para a necessidade de aperfeiçoar as competências profissionais e as infraestruturas necessárias para que o acolhimento de estrangeiros decorresse da melhor forma possível. Muitas dessas ações eram dedicadas exclusivamente à área dos Estoris e de Cascais, por serem *os* destinos turísticos dos visitantes estrangeiros, enquanto o resto da «Nação» humilde e rural estaria mais vocacionada para os «turistas médios» nacionais que não procuravam a mesma qualidade de serviços.

A formação daqueles que lidavam diretamente com o público estrangeiro era transmitida quer através de instrumentos mais especializados, como a referida *Cartilha de Hospedagem Portuguesa*, ou através da reprodução exaustiva de artigos publicados na imprensa monitorizada por António Ferro e pelo Secretariado de Propaganda Nacional. De facto, eram praticamente diários os textos que anunciavam a importância da Costa do Sol para o desenvolvimento turístico de Portugal e que, por isso, exigiam, num estilo muitas vezes inflamado, visíveis melhorias na qualidade dos hotéis e dos restaurantes frequentados por estrangeiros, dando exemplos de práticas profissionais a seguir.

A grande afluência real de público estrangeiro, bem como a expectativa de que tais valores aumentassem ainda mais, poderá ter sido a motivação para que Armando Gonçalves Pereira considerasse «de grande utilidade que pelo menos nas nossas estações de inverno, freqüentadas predominantemente por estrangeiros, se criem cursos de língua portuguesa e de assuntos portugueses de forma a atrair e interessar o turista pelo país em que está a viver» (Pereira, 1936: 97). O mesmo orador ao I Congresso Nacional de Turismo sugeriu ainda a diversificação na oferta dirigida ao público externo (vd. *ibidem*: 97), bem como a construção de «campos desportivos e estádios para a atracção de estrangeiros» (vd. *ibidem*: 97). Para Ricardo Spratley, os fluxos de visitantes externos eram fator de valorização e de propaganda, pelo que seria necessário revitalizar o turismo vindo de fora (vd. Spratley, 1936: 5). Outros participantes no congresso falaram da importância de proporcionar um acolhimento especial nas fronteiras (vd. Santos e Magalhães, 1936: 3) e da urgência de maior higiene no acolhimento de forasteiros vindos de fora (Leitão, 1936: 3).

Na verdade, tudo parecia concertar-se para que os Estoris, um espaço tornado especial pelo projeto ambicioso de Fausto de Figueiredo, e pela vontade ideológica de Salazar, acolhessem (quase) todos os que quisessem vir de fora, turistas, refugiados e espiões, para descansar, escapar e simultaneamente aprender a lição de neutralidade aqui ensinada pela «Nação» portuguesa.

Refira-se, a este propósito, porém, que a aura um tanto ou quanto hollywoodesca e de mistério associada a este «grande centro de turismo europeu» (*O Seculo Ilustrado*, 7 de agosto de 1938: 8), nas décadas douradas de trinta e quarenta, terá ficado igualmente a dever--se à presença, mais ou menos prolongada, de figuras como os duques de Windsor, os condes de Barcelona, o rei Umberto de Itália, os condes de Paris, o rei Carol II, os arquiduques da Áustria e da Hungria, a família real dinamarquesa, os grão-duques do Luxemburgo, o barão von Rostchild, Stefan Zweig, Herbert Wilcox, Mircea Eliade, Indira Ghandi, Saint-Exupery ou Orson Welles.

3.5.1. O que os visitantes disseram

«Nostalgia for Estoril»

I must return once more to Estoril
To hear the breakers sounding on the sands,
To see the fiery sun surmount the hill;
The moonlight flashes the sea with silver bands.[...]
Hotels, casino, villas stand they still?
The sound of merry laughter comes and goes;
I would go back once more to Estoril, –
One of the exile tide that ebbs and flows.

Ogilvie, 1938: 2

Muitos daqueles que passaram pela Costa do Sol e do Riso registaram por escrito algumas memórias das experiências vividas na «sala de visitas» que Salazar preparara para os receber. Pretende-se com o que se segue compreender de que modo estes visitantes entendiam a mensagem que o Estado Novo português lhes dirigia e até que ponto se apercebiam de tudo o que se passava para além das fronteiras do reino dos Estoris e de Cascais.

PORTUGAL, *PAIZ DE TURISMO*. OU PORTUGAL, PAÍSES DE TURISMO?

Ralph Fox, um jovem britânico que lutara do lado do exército republicano na Guerra Civil Espanhola, visitou Portugal, no final dos anos trinta, para avaliar o modo como o país lidava com as hostilidades que aconteciam na vizinha Espanha. Desta visita resultou o livro *Portugal Now*, no qual comentava também todas as diferenças sentidas no Estoril e em Cascais:

O regime criou recentemente uma estância turística para visitantes estrangeiros. Localiza-se junto ao Oceano Atlântico a trinta quilómetros de Lisboa. A construção desta estância não resultou de qualquer sentimento de hospitalidade. Contudo, já que existe devemos estar gratos por ela.

O Estoril é um local singular, visto ser a única estância turística directamente criada pela crise económica mundial. [...] Portugal é um país pobre que depende para sobreviver dos emigrantes que vivem nos Estados Unidos. [...] Salazar, o brilhante ditador português projetou o Estoril para atrair turistas estrangeiros.

Fox, 2006 [1936]: 66–67

O jornal *The Anglo-Portuguese News*, que teve uma longuíssima tiragem em Portugal, também teceu diversos pareceres à especificidade dos Estoris. A edição de 20 de fevereiro de 1937 publicou um texto intitulado «Portugal e a sua Costa do Sol», que resume tudo aquilo que os Estoris deveriam representar na ótica do Estado Novo e dos interesses ideológicos que aí investia. Além de referir a clara localização e o clima da Riviera Portuguesa, o artigo mencionava o desenvolvimento sentido na zona nos tempos mais recentes. Contudo, o texto é suficientemente lúcido para referir também a existência de camponeses que continuavam a usar os trajes típicos apenas devido aos seus fracos recursos financeiros (vd. *The Anglo-Portuguese News*, 20 de fevereiro de 1937: 2–5).

O romeno Mircea Eliade passou cinco anos em Portugal no desempenho das suas funções de adido de imprensa, entre 1939 e 1945, e também ele acabou por viver em Cascais. Durante esse tempo, escreveu um diário, no qual, entre outros, relatou as viagens feitas por Portugal, que contrastou negativamente com aquelas feitas em Espanha, e ainda um livro sobre António de Oliveira Salazar, político que admirava e cujo exemplo ambicionava ver seguido na Roménia. A propósito dos tempos vividos num país que apresentou

A BEM DA NAÇÃO

como «cada vez mais triste. Prestes a morrer» (Eliade, 2008: 139), Eliade referiu também no diário os momentos de convívio passados em casa da família Ferro, na Quinta da Marinha, em Cascais, bem como as festas que frequentou com «pessoas interessantes» no Monte do Estoril (vd. *ibidem*: 42).

Também Antoine de Saint-Exupéry esteve em Portugal no ano de 1940, a caminho da América, tendo concluído acerca de Lisboa que esta era um paraíso claro e triste (vd. Saint-Exupéry, 1944: 9). Em *Carta a um Refém*, de 1944, comentou o tempo passado em Portugal, destacando as luzes da Exposição do Mundo Português, que lhe pareciam desafiar o que se passava no resto da Europa (vd. *ibidem*: 10, 14). Como não conseguiu alojar-se em Lisboa, o aviador hospedou-se no Estoril, onde os judeus que jogavam no Casino, os *Cadillacs* silenciosos e apressados e o luxo de outros tempos lhe terão causado apenas tristeza (vd. *ibidem*: 14–15).

Duas amigas inglesas, Ann Bridge e Susan Lowndes, foram convidadas pela Editora Evans, na década de quarenta, a escrever um guia sobre Portugal que referisse os locais menos conhecidos pelos turistas. Bridge e Lowndes percorreram o país à procura de informação para o seu livro, tendo ficado surpreendidas com a beleza encontrada, mas desapontadas com o estado das estradas e da maior parte dos alojamentos, o que as fez afirmar que o Hotel Palácio era o único alojamento recomendado para turistas estrangeiros (vd. Vicente, 2008: 8). Apesar de terem concentrado quase toda a atenção, como solicitado, em ambientes rurais e menos intervencionados para fins turísticos, Bridge e Lowndes também escreveram acerca de «uma larga estrada nova que segue pela margem do rio Tejo até Cascais, passando por vários pequenos fortes amarelos construídos pelo rei D. João IV» (Bridge e Lowndes, 2008 [1949]: 104). O Estoril foi apresentado como «uma localidade moderna para banhos de mar, com um grande número de bons hotéis e pensões [...] e um campo de golfe de 18 buracos» (vd. *ibidem*: 106), sendo o único local que as duas escritoras associaram a luxo e a elegância.

Christine Garnier, a amiga francesa de Salazar, também falou da Costa do Sol em *Férias com Salazar*, que resultou de uma série de conversas e passeios com o presidente do Conselho. As longas férias da jornalista terão sido apenas uma desculpa para uma nova lição de propaganda, dissimulada em episódios romanescos e aparentemente banais. Este relato de férias, escrito a pensar no público estrangeiro

PORTUGAL, *PAIZ DE TURISMO*. OU PORTUGAL, PAÍSES DE TURISMO?

que o iria ler, utilizou o pretexto de mostrar o lado mais humano e informal de Salazar para apresentar a obra feita e elogiar quem, pelo trabalho e dedicação honesta, acabara por fazer vingar e impor a verdadeira «Nação» ao povo português. Tal como sucedeu com as «conversas» tidas entre Salazar e António Ferro, também aqui se afirmava não haver assuntos incómodos ou proibidos, e todos os diálogos e comentários convergiam para reafirmar a imagem da «Nação» e do seu líder, apresentada em 1933 pelas «entrevistas» referidas.

Curiosamente, ou talvez não, o primeiro encontro entre Christine Garnier e Salazar decorreu no Forte de Santo António, situado na Costa do Sol. Respondendo a um comentário do político, a propósito do que pensariam os estrangeiros que visitavam o país, Christine Garnier terá afirmado que Portugal lhe transmitia uma impressão de calma excessiva (Garnier, 2002 [1952]: 177).

Estas são vozes esclarecedoras e conscientes dos objetivos mais prementes que terão ditado a arquitetura dos Estoris, nas décadas de trinta e de quarenta. O relato de Fox soa extremamente lúcido quanto aos verdadeiros propósitos da singularidade permitida na Costa do Sol e do Riso. Enquanto isso, o artigo citado de *The Anglo-Portuguese News* e as opiniões de Bridge e Lowndes descortinam o conhecimento da pobreza e da miséria existentes para além do mundo triste e supérfluo que Saint-Exupéry reconhece naquela localidade de aparente *glamour*. Naturalmente que as opiniões de Mircea Eliade e de Christine Garnier são mais contidas e conformadas à situação vigente, apesar de reconhecerem alguma tristeza e calma excessiva.

Capítulo 2

António Ferro: o turismo ao serviço da «Nação»

> Era uma vez um país, todo sol, todo alegria,
> debruçado no Atlântico. *Catálogo da Exposição de Arte*
> *Popular Portuguesa*, 1936: 8

Como referido na introdução a esta Parte III, importa neste estudo-tese evocar e compreender os pareceres e a vasta intervenção de António Ferro no turismo português, considerando, para esse efeito, igualmente a sua ação em domínios correlacionados com o sector turístico, como, por exemplo, nas designadas manifestações da cultura popular.

Jorge Ramos do Ó apresenta António Ferro como o «melhor obreiro da verificação exemplar da identidade nacional» (Ramos do Ó, 1999: 193), enquanto Luís Reis Torgal o considera um intérprete da cultura do regime (vd. Torgal, 2009b: 78–79). É certo que, ainda antes de Ferro ter ganho uma inquestionável notoriedade pública, resultante das «entrevistas» conduzidas a Salazar, a sua rotina intelectual englobava diversos tipos de atividades nos quais se incluía a política, sendo conhecido na sociedade portuguesa como um «genial *jongleur* de ideias e de palavras», como o considera Fernando Guedes (Guedes, 1997: 25). De uma original biografia preparada pelo seu filho António Quadros, a partir de excertos de inúmeros textos de Ferro, destaquem-se algumas afirmações do organizador desse volume por serem o resumo possível do alcance da intervenção do primeiro diretor do SPN/SNI:

A BEM DA NAÇÃO

[António Ferro] criou o bailado português, valorizou a arte popular e as artes decorativas, deu alforria à arte moderna, fundou museus, organizou exposições, despertou o turismo nacional, [...] enfim, intentou uma acção cultural que a perspectiva do tempo nos apresenta gigantesca e que, discutida embora no pormenor, se mantém como dos mais altos padrões espirituais dos últimos trinta anos.

Quadros, 1963: 146

1. António Joaquim Tavares Ferro

Nasceu no ano de 1895 e faleceu em 1956 este filho de comerciantes alentejanos republicanos que cedo terá despertado para a oratória por influência dos muitos discursos que ia ouvindo a António José de Almeida (vd. Guerra, 2002: 46). Alguma da sua obra foi considerada por alguns como um verdadeiro atentado à moral, mas terá sido essa mesma crítica feroz aos seus livros e conferências o primeiro motor para que se tivesse tornado uma figura pública (vd. *ibidem*: 48).

A biografia de António Ferro disponível no sítio eletrónico da Fundação António Quadros – Cultura e Pensamento indica mais de cinquenta títulos que incluem obra publicada e textos inéditos, produzidos a partir do ano de 1912[26]. Das vinte e uma edições datadas até ao ano de 1932, isto é, o ano em que «entrevistou» Salazar e que antecedeu a sua nomeação como diretor do Secretariado de Propaganda Nacional, cumpre destacar três títulos. O primeiro é uma edição de autor de 1918 intitulada *O Ritmo da Paisagem*, na qual são já bem evidentes os exemplos da estética ruralista e popular que será inúmeras vezes repetida por Ferro em contextos de oratória turística. *Viagem à Volta das Ditaduras*, uma publicação do ano de 1927, com prefácio de Filomeno da Câmara, reunia uma série de entrevistas e reportagens feitas em Itália, Espanha e Turquia a figuras como Garibaldi, Mussolini ou Primo de Rivera e poderá ter servido de motivação a Salazar para a realização das «conversas» de 1932. Por último, recordem-se as três edições de *Leviana* (1921, 1923 e 1929), um texto que provocou escândalo à época, devido à ousadia dos temas abordados.

---

(26) Vd. listagem completa da obra de António Ferro, disponível no sítio eletrónico da Fundação António Quadros – Cultura e Pensamento (www.fundacaoantonioquadros.pt).

248

Os dezoito títulos datados do período em que dirigiu o Secretariado de Propaganda de Portugal e o Secretariado Nacional de Informação, Cultura Popular e Turismo, isto é, entre 1933 e 1949, incluem fundamentalmente a edição, pela Empresa Nacional de Publicidade, das «entrevistas» e as suas inúmeras traduções, assim como publicações mais específicas, muitas delas incluídas na coleção «Política do Espírito» lançada pelo SPN e pelo SNI, sobre a Política do Espírito, as artes modernas, o Museu de Arte Popular e ainda a emblemática coletânea *Turismo, Fonte de Riqueza e de Poesia*, que voltará a ser referida por conter uma série de discursos pronunciados por Ferro em diversas ocasiões-chave da evolução do sector turístico português nos anos trinta e quarenta.

Como se constatará a seguir, a vida de António Ferro foi um percurso multifacetado e interventivo, no qual a cultura e a política terão sido motivações sempre constantes. Aos vinte e dois anos, António Ferro era já o editor da revista *Orpheu*, e foi nesse mesmo ano de 1917 que partiu para Angola como oficial miliciano, interrompendo um curso de Direito que não viria a concluir. No ano seguinte, foi nomeado secretário-geral do Governo português em Angola e, em 1919, regressou a Lisboa, tendo-se tornado analista político de *O Jornal*. No início da década de vinte, iniciou carreira como repórter internacional ao serviço de *O Seculo* e foi nesse âmbito que se encontrou com o poeta Gabriele d'Annunzio. A sua atividade jornalística intensificou-se por essa altura e, ainda em 1920, começou a assinar como crítico teatral e literário do jornal *Diario de Lisbôa*.

No ano seguinte, Ferro foi nomeado diretor da revista *Ilustração Portuguesa*, onde evidenciou alguns dos traços que viriam mais tarde a caracterizar a gestão que fez do SPN e do SNI, nomeadamente pelo protagonismo que atribuía a questões relacionadas com a cultura popular portuguesa. No cumprimento desta tarefa, acompanharam-no alguns intelectuais modernistas, como Almada Negreiros, Cottinelli Telmo, Stuart de Carvalhais, Eduardo Viana, Francisco Franco e Henrique Franco. Conviveu também com Sá-Carneiro, Fernando Pessoa e Alfredo Guizado, tendo sido por essa ocasião que retomou as atividades literárias e culturais, em detrimento das tarefas jornalísticas que lhe haviam ocupado os últimos tempos. Assim, em 1925, fundou o Teatro Novo, com a colaboração de Leitão de Barros e de José Pacheco, antigo responsável gráfico da revista *Orpheu* e diretor da revista *Contemporânea*.

A BEM DA NAÇÃO

No mesmo ano em que publicou *Viagem à Volta das Ditaduras*, em 1927, visitou os Estados Unidos, viagem que António Ferro jamais afastaria das suas memórias. Em 1931, fundou o Sindicato Nacional da Crítica e organizou, em Lisboa, o IV Congresso da Crítica Dramática e Musical, que contou com a presença de Pirandello, Robert Kemp, Fabre Lebret e Gerard Bauer, entre outros. Os congressistas foram acolhidos como verdadeiros turistas, tendo-lhes sido proporcionada uma noite de fados em Alfama e um passeio ao Estoril, em comboio fretado para o efeito.

1932 foi inquestionavelmente um ano decisivo no percurso público e político de António Ferro e ficará marcado como o ano da sua rendição ao salazarismo (vd. Guerra, 2002: 58). De acordo com Cidalisa Guerra, essa capitulação, materializada nas «entrevistas» a António de Oliveira Salazar, teria resultado do cansaço decorrente do ambiente sociopolítico que grassava no país no período que se seguiu à morte de Sidónio Pais, de quem Ferro era admirador confesso. O jornalista ter-se-á deixado fascinar por Salazar por vislumbrar no político alguém que conseguiria transmitir aos portugueses os elementos necessários ao renascimento da autoestima perdida, indispensável ao relançamento de sentimentos de glória e orgulho da nação (vd. *ibidem*: 59–60).

A título de agradecimento pela eficácia da difusão feita, ou como resultado de adivinhar neste homem um potencial braço direito que se adequaria ao tipo de divulgação que pretendia para a «Nação», Salazar nomeou António Ferro diretor do órgão oficial da propaganda do Estado Novo por decreto de setembro de 1933. Independentemente da real motivação, é certo que as já referidas «entrevistas» terão servido para que Ferro se tornasse um dos homens de confiança do presidente do Conselho, o qual o terá usado para «a comunicação, para a apresentação e para a decoração do regime» (Portela, 1987: 54). Na verdade, Ferro acabou por manter esta função até 1949, quando o Secretariado de Propaganda Nacional já se tornara o Secretariado Nacional de Informação, Cultura Popular e Turismo havia cinco anos.

Em plena chefia do dispositivo propagandístico que ele próprio terá convencido Salazar a criar, a fim de fomentar a aproximação do chefe político ao povo, em 1935 Ferro convidou um grupo de intelectuais estrangeiros a visitar Portugal, acompanhando-os numa digressão pelo país. Maurice Maeterlink, Pirandello, Gabriela Mistral e Miguel de Unamuno – o único a denunciar as reais intenções do convite –,

ANTÓNIO FERRO: O TURISMO AO SERVIÇO DA «NAÇÃO»

entre outros, aceitaram o desafio. Depois de terem sido recebidos por Fernanda de Castro, mulher de Ferro, na Estação de Santa Apolónia, visitaram os bairros antigos de Lisboa, a Estufa Fria, Sintra, a Curia e Viana do Castelo, sempre na companhia de António Ferro, que lhes servia de guia. O programa incluiu igualmente a reconstituição de um grandioso torneio medieval no Mosteiro dos Jerónimos, bem como visitas a museus e a monumentos e a participação nas Festas de Lisboa e em outros momentos etnográficos e folclóricos. Esta terá sido uma das iniciativas mais simbólicas dos primeiros anos do secretariado e tinha claramente a função de *apresentar a «Nação» a reconhecidos vultos culturais internacionais numa ação que, à partida, parecia ser fundamentalmente turística.*

Aquele tipo de convites repetiu-se, sempre com o mesmo objetivo oficial: mostrar ao mundo a forma como Portugal recuperava de anos de tumultos e instabilidade, enquanto a restante Europa era vítima de conflitos bélicos. Pretendia-se que os convidados replicassem esta informação nos países de origem, em suma, que fossem eles os turistas a propagandear o novo Estado português. Os *Cadernos da Revolução Nacional. Portugal de Ontem. Portugal de Hoje. Portugal de Amanhã* referem as visitas destes intelectuais como sendo «óptimos elementos para que o nosso País, as suas instituições, a sua índole, a sua arte e as suas belezas panorâmicas e riquezas artísticas sejam mais conhecidas, mais justamente apreciadas no Estrangeiro» (*Cadernos da Revolução Nacional. Portugal de Ontem. Portugal de Hoje. Portugal de Amanhã*, s/d: 63). Por seu turno, o próprio António Ferro afirmou que os convites tinham o objetivo de «esclarecer» a opinião política internacional sobre o «caso português» (Ferro, 1943: 14–15). *Independentemente dos fundamentos oficiais para estas visitas, é certo que se terá tratado de momentos durante os quais o turismo esteve claramente ao serviço da propaganda da «Nação».*

O mesmo ano foi palco de *outro tipo de iniciativas que viria a ser repetido e que conjugava de forma indestrinçável lições de turismo e de cultura portuguesa e, ainda, lições sobre a «Nação».* Assim, foi apresentada em Genebra, numa assembleia da Sociedade das Nações, a primeira mostra internacional de arte popular portuguesa. Segundo os relatos da imprensa da época, a exibição de bonecas envergando trajes regionais foi admirada por milhares de visitantes e terá constituído um êxito estrondoso. O comentário que António Ferro preparou para a edição de «Quelques Images de

251

A BEM DA NAÇÃO

l'Art Populaire Portugaise» reiterou a convicção de que esta era a «verdadeira propaganda nacional, a propaganda duma força viva da Nação» (Ferro, 1935).

Essa mostra viria a ser apresentada aos portugueses um ano mais tarde, entre 4 de junho e 1 de outubro de 1936, nas instalações do SPN, em São Pedro de Alcântara, tendo como propósito explícito apresentar «em cenário de arraial bem português, a representação da arte popular com todos os caracteres indígenas de cada região» (vd. *A Voz*, 5 de maio de 1936. Recorte disponível em FAQ, Caixote 004A, Dossiê Exposição de Arte Popular). Nesse sentido, o catálogo da exposição referia que a missão do certame consistia em acordar a população e o Estado para a proteção da arte popular, pois que a mesma representava simultaneamente uma forma de rendimento económico e uma fonte de riqueza espiritual (vd. Chaves, 1936: 2). O SPN, afirmava-se ainda, não poderia ficar indiferente à arte do povo, espelho da sua simplicidade e beleza, cuja exaltação correspondia a fazer autêntica propaganda nacional (vd. *ibidem*: 5–6). Cerca de uma semana antes do início da exibição, *O Seculo* e *A Voz* referiam-na como um acontecimento de verdadeiro significado nacional, e, na véspera da inauguração, a 3 de junho, o *Jornal de Notícias* recordou a intenção de aliar a Política do Espírito, uma ideia tão cara a António Ferro que se retomará mais adiante, ao interesse pelas manifestações etnográficas (vd. Recortes disponíveis em FAQ, Caixote 004A, Dossiê Exposição de Arte Popular).

Em carta datada de 26 de abril de 1936, Luís Chaves, que viria a ser o autor do catálogo da iniciativa, manifestava a António Ferro o seu receio de que a mostra não fizesse jus à qualidade da arte nacional e lamentava que a seleção para o certame tivesse sido imposta pela escassez do espaço disponível. Luís Chaves terminava a missiva, afirmando:

> Ganhamos todos muito mais com a exposição ampla, desde a política do espírito, preconizada pelo Sr. Dr. A. Salazar, até ao seu interêsse intelectual e político da acção do Secretariado, e de nós que ajudamos com toda a boa vontade e até entusiasmo.
>
> Chaves, 1936

Apesar destes receios, a imprensa elogiou a exposição de Lisboa, que descreveu e ilustrou com inúmeras imagens, como forma de evidenciar o sucesso do momento em que Portugal se descobriu a si próprio (vd. *Estado Novo*, 15 de julho de 1936, disponível em FAQ, Caixote 004A, Dossiê Exposição de Arte Popular). A inauguração teve direito à presença de Salazar e dos ministros da Educação Nacional, de Marinha e das Obras Públicas e Comunicações, tendo Ferro conduzido os visitantes ao longo da exposição e afirmado a certeza de que

> Exaltar e cantar o povo português, o povo das nossas vilas, aldeias e lugarejos, das nossas planícies e serrarias, é fazer autêntica propaganda nacional, a propaganda duma força viva da nação que os políticos não conseguiram inquinar, água sempre corrente e jamais turvada.
>
> *Diario de Lisbôa*, 4 de junho de 1936. Recorte disponível em
> FAQ, Caixote 004A, Dossiê Exposição de Arte Popular

Na verdade, à semelhança daquilo que sucedera em Genebra, pretendia-se que os estrangeiros ficassem a entender melhor o povo português após a visita à exposição de Lisboa, pelo que o catálogo referia que as «manifestações de arte popular de um determinado paíz, são as que melhor representam as características étnicas que o enobrecem, estando para êle, como o estilo individual está para a personalidade» (*Catálogo da Exposição de Arte Popular Portuguesa*, 1936: 7).

A exposição de Genebra e a mostra de Lisboa terão eventualmente constituído uma espécie de ensaio para o que viria a observar-se no Centro Regional da Exposição do Mundo Português, em 1940, da responsabilidade do SPN, pois, como explicou Ferro,

> a valorização da arte do povo, dessa arte que pode considerar-se a linguagem espontânea, harmoniosa, das suas mãos, tem sido uma das grandes preocupações do Secretariado de Propaganda Nacional desde a sua fundação. [...] É o agradecimento ao povo pela sua colaboração na obra empreendida, simples homenagem ao seu esforço anónimo, á claridade dos seus olhos, á pureza do seu coração.
>
> *Diário de Notícias*, 7 de junho de 1936: 72

A criação do Teatro do Povo, um teatro ambulante dirigido por Francisco Lage e Francisco Ribeiro e que percorreu o país durante alguns anos, antes de se ter tornado o Teatro Nacional Popular, conferiu a António Ferro mais uma ocasião para louvar este mesmo espírito popular tão caro ao regime. Assim, no discurso inaugural da

A BEM DA NAÇÃO

companhia, proferido a 15 de junho de 1936, Ferro advogou que o teatro fora obra do povo, que, por seu intermédio, exprimia a sua alegria e a sua tristeza. No contexto de renovação do Estado Novo, tal como a FNAT ou as Casas Económicas, por exemplo, o Teatro do Povo era a «própria respiração do regime, porque são os gestos e pensamentos indispensáveis à vida» (Ferro, 1936). Neste discurso de onze páginas rasuradas, pode ler-se ainda acerca das intenções de espalhar *ensinamento*, alegria e poesia pelas aldeias e lugarejos e do modo como esta iniciativa representava uma clara evidência de que os governantes pensavam no povo, «depois do «pão nosso de cada dia» – o sonho vosso de cada noite!» (Ferro, 1936).

A atividade multidirecionada de António Ferro continuou quando, em 1937, usando o pseudónimo de Jorge Afonso, redigiu o argumento do filme *A Revolução de Maio*, em colaboração com António Lopes Ribeiro. Essa película foi estreada no cinema Tivoli, em Lisboa, e passada ao público visitante da Exposição Internacional de Paris, de que foi comissário-geral em 1937. Foi ainda nesse ano que o SPN criou os circuitos de cinema ambulante que haveriam de visitar algumas terreolas e lugarejos portugueses. 1938 ficou identificado como um tempo de grande celebração da cultura popular através do concurso da Aldeia Mais Portuguesa de Portugal, enquanto 1939 trouxe a Ferro mais um cargo de comissário-geral de exposições, desta feita em Nova Iorque e em São Francisco.

Os festejos da «Nação» prosseguiram em 1940 com as Comemorações do Duplo Centenário e com António Ferro a desempenhar o papel de secretário-geral da Comissão Executiva das mesmas. No ano seguinte, o SPN lançou a icónica *Panorama, Revista de Arte e Turismo*, que contava com a direção literária do poeta Carlos Queirós e artística do pintor Bernardo Soares. Em 1941, Ferro acumulou a função de presidente da Emissora Nacional, o que veio a revelar-se favorável à divulgação da política folclorista promovida e incentivada pelo secretariado. 1941 foi ainda o ano dos Concursos das Estações Floridas, da fundação do Círculo Eça de Queiroz e da estreia do grupo Verde Gaio no Teatro de São Carlos, em Lisboa, com o bailado D. Sebastião, de cujo argumento António Ferro fora autor, inspirado na história e no folclore nacionais. Num texto apresentado aos microfones da Emissora Nacional, a 8 de novembro de 1940, intitulado «Apresentação dos Bailados Populares», Ferro defendeu que a dança concentrava em si «tudo quanto de elevado existe em cada povo» (Ferro, 1940a), servindo, por isso, para educar e afinar o gosto e a sensibilidade. O concurso Aldeia Mais Portuguesa de Portugal, recordou Ferro na mesma ocasião, demonstrara a riqueza nacional existente em termos de bailado, e, nesse âmbito, também o grupo Verde Gaio assumia a *criação da tradição em Portugal*. Por oposição à tragédia europeia, que empurrava algumas nações para o desaparecimento, por cá mostrava-se ao mundo que a «Nação» tinha «a sua côr e o seu desenho próprio, côr e desenho eterno [...] mais uma bandeira portuguesa a flutuar, altiva e serena, sôbre as ruinas do velho mundo...» (vd. *ibidem*).

A ação de António Ferro em prol do turismo teve um momento marcante quando, em 1942, foi inaugurada a primeira pousada em Elvas, tendo essa ocasião coincidindo com a apresentação do plano das Pousadas de Turismo. Em 1944, o secretariado de propaganda mudou o seu nome para SNI, mas manteve-se nas mãos de António Ferro, que, quatro anos depois, inaugurou o Museu de Arte Popular, no dia 15 de julho de 1948. Intervieram na implementação deste museu os arquitetos Veloso Reis e Jorge Segurado, os artistas Thomaz de Mello (Tom), Estrela Faria, Carlos Botelho, Manuel Lapa, Paulo Ferreira e Eduardo Anahory e o etnógrafo Francisco Lage. Na sua abertura, Ferro declarou que o espaço representava um «exemplo de soberania espiritual, da nossa profunda diferenciação, retrato da alma de um povo que não quer renunciar nem à sua graça nem ao seu caracter» (Ferro, 1948a), tendo ainda admitido que a ideia da criação de um museu como este tomara novo fôlego com a concretização do Centro Regional na Exposição do Mundo Português. O Museu de Arte Popular surgia como evidência da campanha em defesa de uma arte moderna profundamente nacional e como prova de que o povo era sempre o artista mais novo, mais espontâneo, e mais atual de todas as épocas (vd. *ibidem*). A cultura popular, tal como promovida pelo Estado Novo, era fundamentalmente oriunda do mundo rural e, por conseguinte, algo de espontaneamente ausente das cidades. Nesse âmbito, o novo espaço museológico deve ser entendido como um caminho possível para que se pudesse vislumbrar esse mesmo tesouro distante, aqui representado em estereótipos ideológicos, culturais e turísticos que ainda hoje se reproduzem e parecem ser placidamente aceites.

Curiosamente, um ano depois da abertura de um espaço tão simbólico para a propagação da cultura popular tal como esta era preconizada pelo regime, António Ferro foi nomeado ministro de Portugal

A BEM DA NAÇÃO

em Berna, vendo-se, desta forma, afastado das lides da propaganda e do turismo. Uma curta carreira diplomática levou-o a desempenhar a sua derradeira tarefa ao serviço da «Nação» em Roma, na altura em que a legação portuguesa foi elevada ao estatuto de embaixada.

António Ferro faleceu em Lisboa no ano de 1956, no seguimento de uma cirurgia menor, mas da qual Salazar tentara aparentemente dissuadi-lo.

1.1. A Política do Espírito

> Enganam-se os homens de acção, os orientadores, os governantes, que desprezam ou esquecem as belas-artes e a literatura, atribuindo-lhes uma função meramente decorativa, um papel supérfluo, reduzindo-as a uma espécie de sobremesa da vida social.
>
> Ferro, 2007 [1933]: 226

A expressão «política do espírito», que ficaria para sempre associada a António Ferro, servira como título de uma conferência proferida por Paul Valéry no início da década de trinta, tendo sido igualmente já utilizada por Thomas Mann. Citado por António Quadros, Ferro terá referido que a

> Política do Espírito [...] não é apenas necessária, se bem que indispensável em tal aspecto, ao prestígio exterior da nação: é também necessária ao seu prestígio interior, à sua razão de existir. Um povo que não vê, que não lê, que não ouve, que não vibra, que não sai da sua vida material, do Deve e Haver, torna-se um povo inútil e mal humorado. A Beleza – desde a Beleza moral à Beleza plástica – deve constituir a ambição suprema dos homens e das raças.
>
> Quadros, 1963: 116

António Ferro entendia que, na fase de renovação que o país atravessava, era necessário organizar um combate a tudo o que sujava o espírito para evitar certas pinturas viciosas do ócio que prejudicavam a beleza e a felicidade (vd. *ibidem*: 125–126). É precisamente no

ANTÓNIO FERRO: O TURISMO AO SERVIÇO DA «NAÇÃO»

contexto da implementação do Estado Novo, e de tudo o que o novo regime pretendia significar, que se deve entender a ação desenvolvida por Ferro. Nesse âmbito, procurando não trair os ideais da sua juventude (vd. Guedes, 1997: 24), o diretor do SPN/SNI defendeu a pertinência de um desenvolvimento premeditado e consciente da arte e da literatura, como instrumentos coadjuvantes do progresso da «Nação» e importantes aliados para a projeção da alma nacional, no interior e no exterior da pátria (vd. Ferro, 2007 [1932]b: 226–227).

Assim, a Política do Espírito apelava a uma nova atitude perante as artes, que fosse capaz de derrubar os entraves burocráticos impostos pelos ministérios e que permitisse entender que os problemas do espírito eram tão graves como a carência de certos serviços públicos que o Estado remediava com a prontidão necessária. Entre outros, Ferro lamentava a falta de um teatro de vanguarda e de concertos sinfónicos, bem como o encerramento do Teatro de S. Carlos e a escassa produção literária nacional (vd. *ibidem*: 228–229). O diretor do SPN advogou igualmente que a renascença económica deveria ser acompanhada de uma valorização do espírito, enquanto ideia concreta a ser refletida pela nova «Nação» e como «matéria-prima da alma dos homens e da alma dos povos...» (vd. *ibidem*: 229).

No banquete comemorativo da I Exposição de Arte Moderna, realizada na Sociedade Nacional de Belas Artes, António Ferro recordou que, antes da «Revolução Nacional», o «Estado português vivia à margem dos problemas do espírito, das verdades eternas da Beleza» (Ferro, 1935: 5), pelo que esta nova política se tornava ainda mais premente e necessária. Na mesma ocasião, defendeu a importância que este tipo de eventos tinha enquanto possível palco para manifestações genuínas daquilo que se pretendia alcançar através da Política do Espírito. Além das atividades já referidas, diversas outras iniciativas foram organizadas e exibidas, em Portugal e no exterior, como forma de dar corpo à essência da Política do Espírito, o que permite entendê-la como mais um instrumento para construir e divulgar a nova «Nação» resultante da «Revolução Nacional». De facto, nessa mesma ocasião, Ferro evocou a Exposição de Sevilha, a Exposição Colonial do Porto e a Exposição de Paris, bem como o papel desempenhado pelo restauro de monumentos, pelas Festas da Cidade e, em suma, pela obra geral incentivada pelo Estado Novo com a colaboração de pintores, escultores e arquitetos «de todas as ideologias políticas e artísticas» (vd. *ibidem*: 7). Mais do que tudo, insistia António Ferro, esses eventos

A BEM DA NAÇÃO

serviam para demonstrar como a renovação espiritual era obra já em progresso e destinada a todos os sectores da sociedade.

Ferro alertou ainda para a urgência pontual de recuperar o passado à luz dos imperativos da Política do Espírito, distinguindo que o principal objetivo da propaganda nacional era «incorporar na vida activa da Nação, todos os seus valores desconhecidos, caluniados ou combatidos» (vd. *ibidem*: 13–14). Para que não restassem quaisquer dúvidas, António Ferro resumiu que, do âmbito das incumbências da Política do Espírito, faziam parte a organização de conferências, as publicações em várias línguas e as exposições internacionais, por exemplo (Ferro, 1948b: s/p).

Por ocasião da comemoração do décimo aniversário do SPN e da homenagem que lhe foi então prestada, António Ferro reviu os alicerces que justificavam a Política do Espírito. Assim, após a evocação dos usuais tópicos nacionalizantes com que invariavelmente eram iniciadas as palestras oficiais por esta altura, e que passavam por referências à história e ao papel colonizador de Portugal, ao orgulho pela «Nação» e a diversos elogios a Salazar, recordou a incumbência que recebera do presidente do Conselho, durante a inauguração do secretariado, em 1933, para defender o essencial e proteger o espírito, como aliás era feito em outras grandes nações (vd. Ferro, 1943: 13, 20). Uma década passada sobre a criação oficial da entidade que geria a propaganda da «Nação», Ferro afirmou que a implementação da Política do Espírito teria já permitido uma certa internacionalização de Portugal, materializada através de diversos convites e viagens realizadas por intelectuais e jornalistas estrangeiros para que conhecessem o caso português, num ato que designou por «propaganda sentimental» (vd. *ibidem*: 15).

Na lógica desta argumentação, todo o trabalho e empenho do SPN teriam resultado ineficazes se se tivessem limitado a desenvolver uma atividade exclusivamente política e que não contemplasse uma vertente mais ligada ao espírito (vd. *ibidem*: 16). Para prová-lo, foram evocadas *as grandes obras do Estado Novo, criadas com recurso exclusivo à riqueza da cultura portuguesa e que visavam a construção de uma memória futura* (vd. *ibidem*: 17, 21). Como forma de deixar bem claro o caminho já percorrido pela Política do Espírito, foi ainda ressalvado o elevado nível de bom gosto que caracterizava os novos tempos, o incentivo atribuído aos artistas nacionais e o ressurgimento do folclore nacional.

Ao que tudo indicava, os objetivos da Política do Espírito portuguesa estavam a dar frutos e a ser apreciados por nacionais e estrangeiros. Para evidenciar esse sucesso, refiram-se as inúmeras mensagens de felicitações, sob a forma de cartas e de telegramas, que António Ferro recebeu por ocasião dos quinze anos da Política do Espírito[27] e as diversas referências elogiosas feitas pela imprensa nacional com títulos tão explícitos como «Quinze anos de Arte, de Bom Gosto e de Inteligência» (*O Setubalense*, 3 de novembro de 1948. Recorte disponível em FAQ, Caixote 0004A, Pasta Quinze Anos de Política de Espírito), «15 ANOS DE VIDA SALUTAR» (*Correio do Sul*, 4 de novembro de 1948. Recorte disponível em FAQ, Caixote 0004A, Pasta Quinze Anos de Política do Espírito), «Ao Serviço de uma Bela Causa» (*Diário de Notícias*, 26 de outubro de 1948. Recorte disponível em FAQ, Caixote 0004A, Pasta Quinze Anos de Política do Espírito) ou «Quinze Anos a Serviço da Nação» (*A Voz de Portugal*, 3 de novembro de 1948. Recorte disponível em FAQ, Caixote 0004A, Pasta Quinze Anos de Política do Espírito).

Na senda das constantes e usuais homenagens e evocações, no ano de 1947 o SNI organizou uma exposição comemorativa da Política do Espírito, intitulada precisamente *Catorze Anos de Política do Espírito*. No ano seguinte, publicou-se, em edição da coleção «Política do Espírito», um volume que pretendia divulgar alguns apontamentos acerca dessa mostra. O preâmbulo dessa edição recordava o impulso de «fazer reviver as nossas tradições populares, o nosso folclore, como fonte de soberania espiritual e fonte inspiradora dos nossos artistas, que podem ser modernos sem deixar de ser portugueses» (*Catorze Anos de Política do Espírito*, 1948: introdução). O mesmo texto acrescentava que os festejos populares eram lições de estética, repetindo-se também a urgência de *desenvolver e nacionalizar a indústria hoteleira*, que deveria, seguindo o exemplo das pousadas do SNI, ser acolhedora e convidativa.

Curiosamente iniciada com o discurso proferido por Salazar por ocasião da inauguração do SPN, em outubro de 1933, a mesma publicação incluía um «Plano Geral de Circulação na Exposição» que revelava as diferentes áreas temáticas cobertas por essa exibição. Além de espaços dedicados ao cinema nacional, às bibliotecas itinerantes e às artes gráficas, identificam-se outros atribuídos a recursos estreitamente relacionados com o sector turístico, como a etnografia e o folclore, as exposições no estrangeiro ou os festejos populares. Antes de sair da exposição, o visitante passava por uma área dedicada exclusivamente à indústria turística, na

---

[27] Vd. Espólio disponível na Fundação António Quadros – Cultura e Pensamento, em Caixote 0004A, Pasta Quinze Anos de Política do Espírito.

qual eram referidos os hotéis e as brigadas técnicas, as pousadas e até o programa radiofónico «Conheça a Sua Terra», que noticiava iniciativas turísticas e divulgava paisagens, monumentos, festas típicas e numerosos factos de interesse turístico. Essa rubrica da Emissora Nacional colaborava ainda com o SNI na organização de excursões e visitas, sempre acompanhadas de palestras. Estas são, sem dúvida, evidências que comprovam o *protagonismo não gratuito atribuído pelo Estado Novo ao sector turístico, nomeadamente como veículo promotor e impulsionador da Política do Espírito, o conceito mais importante a ter em linha de conta para efeitos de divulgação da «Nação» portuguesa a nacionais e a estrangeiros.*

Fernando Rosas sintetiza, da seguinte forma, o real propósito da Política do Espírito e o uso que o SPN fazia desse conceito:

> Era a formação e a grande mobilização política (as edições, as conferências, as manifestações de apoio [...]. Era o grande espectáculo político-cultural [...]. Era o «pão e o circo» populares [...]. Era a encenação do fomento harmonioso e equilibrado [...]. Era a evocação da grandeza reencontrada do «império» e dos seus heróis, a reconstrução da História do País.
>
> Rosas, 1994: 293

Luís Reis Torgal, por seu turno, argumenta que a Política do Espírito representava a monolítica cultura oficial (vd. Torgal, 2009a: 79). É precisamente nesse sentido que o historiador deteta como grande objetivo deste programa de ação uma visão idealizada do povo, quer para se aproximar dele com festas que lhe agradassem e o integrassem nos valores do regime, quer com concursos que valorizassem a sua cultura popular (vd. *ibidem*: 79). Ferro, prossegue Torgal, entendia, tal como Salazar, que a cultura podia ser uma arma política (vd. *ibidem*: 82), e é «nesta conformidade que Ferro procurou – e foi esse um dos principais objectivos da sua acção como "intelectual orgânico" do regime – enriquecer e reproduzir a ideia do Mundo Português, através de manifestações culturais de variado tipo» (vd. *ibidem*: 83).

Para Daniel de Melo, os secretariados de Ferro foram os grandes dinamizadores da Política do Espírito (vd. Melo, 2001: 210), tendo sido diversos os espectáculos organizados para o povo, e inúmeras as infraestruturas criadas para oferecer «cultura popular» à população, como o Teatro do Povo e o cinema ambulante.

Meneses Ribeiro, por seu lado, advoga que a Política do Espírito era uma estratégia política em favor da cultura, que incentivava a criação de uma arte nacionalista que defendia o aprimoramento dos padrões estéticos, tal como sucedia em França, Itália, Rússia, Alemanha e Inglaterra (vd. Meneses, 2010: 39). Como refere este estudioso, a Política do Espírito representava tudo o que se opunha ao feio e grosseiro da matéria (vd. *ibidem*: 41), *mesmo que tal significasse o recurso à arquitetura de representações obsoletas e irreais que, por um lado, satisfaziam os objetivos ideológicos das lições do regime e, por outro, eram mensagens de fácil transmissão a turistas nacionais e estrangeiros.*

Apesar de todas as contradições e construções ideológicas, certo é que a «Nação» parecia seguir atentamente as iniciativas programadas no âmbito da Política do Espírito, quer assistindo às atividades, quer através da leitura dos jornais, que não cessavam de elogiar o que a bem da «Nação» ia sendo feito.

António Ferro evocava com alguma recorrência a necessidade de atribuir à vida nacional uma fachada de bom gosto e alegria para elevar o espírito das classes trabalhadoras. A Política do Espírito parecia cumprir plenamente essa tarefa, ao servir e consubstanciar os intuitos da propaganda salazarista, convidando o povo a agregar-se em torno de representações da identidade nacional, que evocavam geralmente episódios relacionados com a pureza e a genuinidade da população rural e construções míticas da época dos descobrimentos.

1.2. *A cultura popular*

> A diferença profunda, abismal, entre o verdadeiro povo e o falso povo [...] é a simplicidade, a fidalguia natural do primeiro e a pretensão, o enfático plebeísmo do segundo. O primeiro, o verdadeiro, é aquele que gosta de ser povo, através das próprias dificuldades do seu viver, mas sem agressividade, sem ódio, sem especular, em tom mais ou menos comicieiro, com essa clarificação de povo que lhe agrada, sem saber porquê, pois o torna depositário, inconscientemente, das principais características da sua Pátria, das qualidades e defeito da sua ração.
>
> Ferro, 1950: 7

A comemoração dos catorze anos da Política do Espírito foi também ocasião para recordar que o SPN sempre se dedicara «à valorização da etnografia e do folclore, fazendo reviver tradições já esquecidas, e conseguindo – pela renovação do interesse e dos estudos da arte popular – abrir novos horizontes às artes decorativas e às artes plásticas do nosso país» (*Catorze Anos de Política do Espírito*, 1948: s/p). Ou seja, este é mais um momento em que António Ferro e o seu secretariado se assumiram de forma inequívoca como os divulgadores da humilde e pura cultura popular portuguesa, que «enternecia» os discursos de Salazar já desde as «conversas» que mantivera com Ferro no ano de 1932.

A grande maioria das iniciativas organizadas por Ferro e pelo seu secretariado no âmbito da Política do Espírito, e mais concretamente do turismo, replicavam a doçura e a inocência rurais, origem, aliás, do presidente do Conselho, que insistia em evocar com certa regularidade. Por esse motivo, não será de estranhar que, à semelhança daquilo que sucedia em regimes políticos coevos apreciados pelo político, se insistisse em representar a «Nação» através de motivos que aludiam ao «verdadeiro» povo construtor da pátria, determinado em lutar e em manter-se alegre, apesar de todas as dificuldades.

As diversas atividades organizadas em torno do tema da designada cultura popular deveriam ser, por isso, entendidas como «o agradecimento ao povo pela sua colaboração na obra empreendida, simples homenagem ao seu esforço anónimo, á claridade dos seus olhos, á pureza do seu coração», como esclareceu Ferro (*Diário de Notícias*, 7 de junho de 1936: 72). Também as palavras de António Ferro em epígrafe, incluídas na publicação de 1950 *Sociedades de Recreio* do SNI, retomavam antigas exposições do diretor dos secretariados, corroborando mensagens e conteúdos encontrados em *A Lição de Salazar*, *Cartilha da Hospedagem Portuguesa* e até nas «entrevistas» de 1932 e de 1935. Mantinha-se a certeza de que o povo era o fiel depositário das características mais genuínas da raça e de que o direito que lhe assistia de se elevar acima da sua classe só deveria acontecer em plena consciência e manutenção da pureza das suas origens (vd. Ferro, 1950: 8). A população portuguesa era, como anteriormente se afirmara, «admirável, aristocrata por instinto, que pode às vezes não saber ler mas que sente e entende como poucos» (Ferro, 1948b: 36).

Quando, em 1948, foi inaugurado o Museu de Arte Popular, António Ferro apresentou, no discurso que então proferiu, aquilo

ANTÓNIO FERRO: O TURISMO AO SERVIÇO DA «NAÇÃO»

que parece ser uma síntese perfeita do sentido que o regime fazia da expressão «arte popular» e de como esta seria útil à divulgação ideológica de sistemas governativos como o Estado Novo português. Nesse discurso, Ferro afirmou que *os povos se interessavam uns pelos outros devido às diferenças que marcavam as diversas nações*. Defendia, nesse âmbito, que os monumentos manuelinos, ou seja, o património erigido num estilo designado como essencialmente português, despertavam sentimentos de pertença à «Nação». Nessa lógica de argumentação, o lugar que estava a ser inaugurado representava um «exemplo de soberania espiritual, da nossa profunda diferenciação, retrato da alma de um povo que não quer renunciar nem à sua raça nem ao seu carácter» (Ferro, 1948b: 5). *A criação do novo espaço museológico integrava-se neste processo de ressurgimento étnico, materializando, por isso, uma evidente estratégia de controlo por parte do poder, que assim decidia quais os artefactos que melhor representariam a «Nação», num espaço tendencialmente preferido pelos viajantes.*

As romarias eram entendidas pelo regime como iniciativas particularmente reveladoras da essência cultural popular e, consequentemente, da «Nação». Em 1933, num artigo de jornal intitulado «A lição das romarias», João de Barros referia que estas constituíam a «mais sincera e límpida expansão da alegria da nossa gente, sendo uma clara evidência das tendências e modalidades essenciais da alma portuguesa (Barros, 1933: 1), distinguindo as genuínas daquelas que acabavam por ser estilizadas. Esses festejos populares eram mais um dispositivo que podia ser utilizado pelo regime com uma dupla função. Por um lado, entretinham e animavam as populações; por outro, permitiam ensinar importantes lições sobre o carácter religioso, trabalhador e patriótico da fatia mais genuína da «Nação». Além disso, as especificidades deste tipo de evento permitiam que os seus propósitos fossem dirigidos simultaneamente a nacionais e a estrangeiros. Sabe-se, por exemplo, que os intelectuais que visitaram Portugal a convite de Ferro assistiram à romaria da Senhora da Agonia, em Viana do Castelo, e que a participação portuguesa nas grandes exposições internacionais incluía quadros habitualmente presentes neste tipo de festejos. Não pode, por isso, deixar de se evocar Pedro Calmon, um académico brasileiro que, anos mais tarde, afirmou que «vir a Portugal sem ir a uma romaria ao norte é não conhecer o que tem o país de mais original, artístico e português!» (Calmon, 1945: 1).

A BEM DA NAÇÃO

Também os ranchos folclóricos se prestavam à divulgação pretendida pelo regime por exibirem o povo trabalhador, identificado pelos trajes e pelas alfaias que transportava, em felizes momentos de canto e dança. O primeiro rancho folclórico de que há notícia em Portugal é o Rancho Regional das Lavradeiras de Carreço, presumivelmente fundado entre 1924 e 1925. Contudo, a década de trinta assistiu à formação de muitos mais grupos, bem como à consagração de outros. A partir de 1933, os ranchos minhotos, por exemplo, começaram a ser entendidos quase como instituições oficiais, vindo a ser divulgados pelas Casas do Povo e por inúmeras iniciativas institucionais. O concurso Aldeia Mais Portuguesa de Portugal convidou ao aparecimento de mais grupos semelhantes, que, a partir de 1940, passaram a ser enquadrados oficialmente, nomeadamente pela FNAT, assumindo um claro papel na propaganda ideológica da «Nação». Porém, os ranchos que existiam por alturas da criação do SPN não correspondiam exatamente ao que o secretariado pretendia, o qual, por isso, acabou por intervir no sentido de *recuperar a autenticidade e a genuinidade dos mesmos*.

Em novembro de 1937, o *Diário de Notícias* publicou um artigo de António Ferro com o título «Defendamos o Nosso Folclore». Após uma referência à grande revelação que a arte popular representava para os portugueses, Ferro anunciou a admiração que sentia por todos quantos visitavam as aldeias nacionais e que, assim, «formalizavam» o reconhecimento da pátria pela recuperação da sua própria autenticidade. A expansão do génio nacional parecia corresponder ao ressurgimento do folclore, que demonstrava o modo como o povo fugia das tristezas e das dificuldades. Urgia, segundo Ferro, não deixar que este folclore morresse ou fosse adulterado, pelo que deveria estudar--se, organizar-se e disciplinar-se o mesmo, de modo a enriquecer-se o pitoresco da vida popular. A ambição última seria a organização de um cancioneiro, bem como a realização de uma feira regional em Lisboa, que registasse e mostrasse esta importante vertente cultural, anteriormente negligenciada (vd. *Diário de Notícias*, 8 de novembro de 1937: s/p. Recorte disponível em FAQ, Caixote 015A, Discursos de AF – Envelope III).

O alcance desta insistência do Estado Novo na exibição de uma cultura popular nacional, tida como o melhor espelho da essência da «Nação», torna-se mais nítido se se considerar o parecer de Nuno Rosmaninho, designadamente quando afirma que aquilo que «particularmente caracteriza os regimes autoritários e totalitários é a imposição de um discurso estético onde, a par da afirmação do poder do Estado, sobressaem tópicos identitários tão poderosos quanto vagos» (Rosmaninho, 2006: 24).

Também para Jorge Ramos do Ó, «o SPN/SNI concentrava em si o essencial da força transformativa do poder: assimilavam-no a uma longa e bem sucedida prática normativa da comunicação de massas, sempre realizada em perfeita ligação com o sistema central de valores e os empreendimentos de poder» (Ramos do Ó, 1999: 54). Isto leva o mesmo autor a concluir que o SPN e o SNI fizeram reviver tradições populares como fonte de *soberania espiritual* (vd. *ibidem*: 194).

Daniel de Melo, por seu turno, advoga que a estética criada e implementada por António Ferro era necessária para erigir e consubstanciar a fachada do «ressurgimento nacional» (Melo, 2001: 55) e defende que no Estado Novo, à semelhança daquilo que sucedia em regimes semelhantes, existiu «uma comunhão de elementos propiciadora da (re)produção de um discurso unificado quanto à questão da cultura popular» (vd. *ibidem*: 43). Como principal linha caracterizadora desta cultura popular, Melo enuncia a evidente diferença entre a cidade e o campo, representada na recriação de uma nostalgia ruralista, em que o regresso às origens é inegavelmente um tema favorito. O mesmo autor denuncia ainda aquilo que designa por «nacionalização da tradição», isto é, uma espécie de lição historicista que apresenta a cultura popular como primeira e original fonte de conhecimento constituída pela história, pela tradição e pela psicologia coletiva do povo (vd. *ibidem*: 45–47). «A tradição é aqui encarada como lição da história» (vd. *ibidem*: 48), em suma, como legitimação ideológica do estado da «Nação» de Salazar (vd. Bragança, 2007: 17).

Esta vontade, ou necessidade, de divulgar a cultura popular validada pelo regime teve uma forte aliada estratégica na mostra insistente de representações pretensamente tradicionais e típicas da essência da «Nação» portuguesa, numa «concepção estática e reducionista», como indica ainda Daniel Melo (Melo, 2001: 59) e como irá encontrar-se de forma flagrante, por exemplo, no concurso da Aldeia Mais Portuguesa de Portugal. Ainda segundo o mesmo autor, o «bom povo, aquele com que o Estado Novo se identifica, é o que se liga directamente aos valores nacionais, genuinamente portugueses, que os conserva e defende, mesmo que de forma inconsciente, contrariando a influência externa e artificial proposta por outros» (vd. *ibidem*: 61).

A BEM DA NAÇÃO

A este propósito, Vera Marques Alves defende que a missão da Política do Espírito seria levar os portugueses a visitarem e a gostarem de Portugal, e os estrangeiros a conhecerem o país (vd. Alves, 2007: 65), para o que a constante divulgação da arte da «Nação» seria um contributo eficaz e aliciante. Para tal, prossegue a autora, os secretariados privilegiaram a encenação da cultura popular com o auxílio de alguns colaboradores que promoveram a visibilidade de um quadro preestabelecido sobre a mesma (vd. Alves, 1997: 241) e, ainda, nas mais diversas áreas sociais, como sucedeu no sector turístico, nomeadamente no designado «turismo médio».

Sabe-se que o SPN usou uma série de concursos e eventos comemorativos para exaltar a cultura popular tão cara ao regime. Como refere Ellen Sapega, o conjunto desses eventos revela uma construção progressiva da consolidação da estética do regime de Salazar. A mesma autora defende que, tendo em vista esse objetivo, o SPN terá destacado determinados elementos familiares da cultura portuguesa, ao mesmo tempo que procurava ultrapassar ou eliminar quaisquer tensões, ambiguidades ou contradições que pudessem fazer perigar a ordem social e moral pretendidas (vd. Sapega, 2008: 11). Segundo a mesma autora, a cultura popular era recriada através de efeitos claramente teatrais e tinha por destinatário o povo, que deveria estruturar através da repetição exaustiva de imagens estereotipadas daquilo que seria a verdadeira essência nacional (vd. *ibidem*: 14). Na verdade, era necessário reformular todas as representações da pátria para que se tornassem adequadas aos públicos nacional e estrangeiro, o que desencadeou, à época, uma procura desesperada por símbolos da «Nação», quase todos relacionados com a cultura rural, a época dos descobrimentos e a fundação de Portugal.

Independentemente das estratégias utilizadas, é certo que António Ferro sempre se assumiu como defensor e embaixador da cultura popular portuguesa, já desde os tempos em que publicou *O Ritmo da Paisagem*, em 1918. *É a este imaginário solidificado de uma «nação» antiga e parada num tempo de pureza que recorre para colorir muitos dos seus discursos acerca da Política do Espírito ou para preparar representações turísticas e regras que forçavam o sector a reproduzir e a divulgar a cultura dos genuínos portugueses.* Note-se que, quando, em 1944, o Secretariado de Propaganda Nacional viu a sua designação alterada, a nova denominação passou a incluir os termos «cultura popular» e «turismo». Na prática, esta alteração não sugere nada de novo; trata-se apenas de um processo que visava afastar o duro termo «propaganda», substituindo-o por expressões mais apelativas e talvez eufemísticas, que, desde 1933, vinham sendo usadas como referências que visavam ajudar a promover o bem da «Nação».

2. António Ferro e o espírito do turismo

> Com o brilho e a vivacidade que lhe são peculiares, o director do S.P.N. colocou o turismo no primeiro plano das grandes preocupações nacionais: indústria que, na sua evolução há-de favorecer o país e todos os portugueses; fonte caudalosa de riqueza para o Estado; problema sério, ligado, directa ou indirectamente, a todos os grandes problemas da Nação; contorno da nossa renovação e seu necessário acabamento.
>
> A.C.P. *Revista Ilustrada de Automobilismo e Turismo*, fevereiro de 1940: 7

O artigo evocado desempenha a dupla tarefa de, por um lado, reiterar a «grande obra» desenvolvida pelo Estado Novo no sentido de renovar a «Nação» e, com ela, impulsionar o turismo; por outro lado, destaca o protagonismo de António Ferro em todo esse processo. O restante deste texto comenta iniciativas tão marcantes como o papel das Casas de Portugal, a vontade de criar uma Agência de Turismo em Lisboa, a importância pedagógica das excursões, a construção de pousadas e a criação das brigadas hoteleiras. Considerando ainda a data da sua edição, isto é, o ano das comemorações do Duplo Centenário, esta publicação realizada por um órgão especializado, e desde sempre ligado ao sector turístico, deve ser entendida como mais uma expressão pública, não só da ação de Ferro, como também daquilo que, para a propaganda do regime, significava investir na atividade turística. De facto, poucas dúvidas restam de que este seria um domínio tão importante como tantos outros para a prossecução da Política do Espírito, enquanto linha orientadora do renascimento da «Nação». É neste âmbito que se evoca Fernando Guedes quando

A BEM DA NAÇÃO

refere que a Política do Espírito também foram as pousadas, as brigadas de turismo e os postos fronteiriços (vd. Guedes, 1997: 28).

São inúmeras as alusões a viagens e visitas feitas pelo diretor do SPN e do SNI a propósito do «problema do turismo», ainda antes de este pertencer às pastas do secretariado, o que sucedeu por determinação do decreto-lei n.º 30:289 de 3 de fevereiro de 1940. O espólio disponível na Fundação António Quadros permite antever como António Ferro esteve sempre presente e envolvido, por exemplo, na inauguração de hotéis, em concursos de cartazes turísticos ou em visitas às regiões de turismo[28]. Além disso, reunia regularmente com as juntas e comissões de turismo para lhes transmitir os planos de trabalho do SPN no âmbito do sector (vd., por exemplo, *Diário da Manhã*, 25 de fevereiro de 1940: 1)

É pertinente verificar que o primeiro número de *Viagem. Revista de Turismo, Divulgação e Cultura*, de novembro de 1940, em pleno decurso da Exposição do Mundo Português, fez uma homenagem ao «ilustre escritor António Ferro, que há sete anos foi chamado a gerir o Secretariado de Propaganda Nacional» (*Viagem. Revista de Turismo, Divulgação e Cultura*, novembro de 1940: 4). De Ferro dizia-se ser um «inteligente reformador, que sabe que o mundo, porque é composto de gente viva, evolve, progride, cria, tendo os organismos oficiais de acompanhar, quando não prever e provocar mesmo, essa contínua evolução» (vd. *ibidem*: 4), destacando-se igualmente a imaginação fértil e ágil que Ferro colocara ao serviço do lazer e das viagens.

O turismo, enquanto cenário propício à divulgação da designada cultura popular nacional, terá sido, por necessidade imposta pelo papel que desempenhava na máquina propagandística do Estado Novo, ou por paixão, uma das áreas a que António Ferro dedicou mais cuidado. Em 1940, a revista do Automóvel Club de Portugal comentava, a propósito de uma visita de Ferro às suas instalações, que este demonstrara «claramente que, sôbre a matéria em causa [o turismo], sabe bem o que quere...» (*A.C.P. Revista Ilustrada de Automobilismo e Turismo*, fevereiro de 1940: 7), exprimindo, assim, provavelmente, o que o regime divulgava acerca da intervenção de António Ferro na indústria turística.

---

[28] Vd., por exemplo, o espólio disponível na Fundação António Quadros – Cultura e Pensamento no Caixote 004A, Dossiê RECORTES (TURISMO) II.

Em 1963, António Quadros organizou a já aludida coletânea biográfica do pai, composta por textos de Ferro e na qual surge um capítulo intitulado «Política do Espírito». Considerando o significado e o protagonismo desta designação na política propagandística dos primeiros anos do Estado Novo, não surpreende que tenha dado nome a uma secção do livro de Quadros. Parece, contudo, muito mais pertinente e corroborante daquilo que este estudo pretende demonstrar que a mesma secção contenha textos sobre a atividade turística, proferidos por António Ferro. As referências a este assunto continuam no capítulo seguinte, «A Valorização Estética do País», através de preleções que abordam a importância do turismo para Portugal, as pousadas, o folclore ou o concurso da Aldeia Mais Portuguesa de Portugal, entre outros.

Perante isto, restam poucas dúvidas de que a atividade turística também tenha sido uma das contempladas com a intervenção da Política do Espírito, arquitetada por Salazar e implementada por António Ferro. Por ocasião da homenagem de 1943, Ferro reconheceu, agradado, que diversos programas de rádio e inúmeras publicações haviam conseguido ajudar a criar uma necessária consciência turística nacional (vd. Ferro, 1943: 24). Nessa ocasião, referiu também a sua vontade de estabelecer as bases do Estatuto do Turismo (vd. Ferro, 1948a: 13), de revogar e substituir alguns artigos do Código Administrativo e de rever a legislação da classificação hoteleira (vd. *ibidem*: 11, 14). O Estatuto do Turismo, já da responsabilidade do SNI, veio sustentar a necessidade da abertura de uma escola de hotelaria, de novas pousadas e do posto fronteiriço do Caia e apelar ao desenvolvimento da sinalização pitoresca das estradas, à inauguração da agência de turismo no Palácio Foz e à reabertura do restaurante do Espelho de Água, em Lisboa, para conservação das tradições gastronómicas nacionais. As equipas implicadas em todas estas iniciativas deveriam promover o uso de matérias-primas nacionais esquecidas e aplicar materiais locais pouco usados em decoração, com o propósito também de definir um estilo a seguir e a apresentar nas participações portuguesas em exposições internacionais, sempre com o objetivo de recuperar e valorizar elementos estéticos nacionais genuínos. Justificava estes planos o propósito de conseguir reconhecimento internacional e de despertar as consciências internas para a obra realizada após a revolução de 1926.

Ao longo de todos os anos em que esteve envolvido na indústria do turismo, António Ferro lastimou diversas vezes que a mesma continuasse

A BEM DA NAÇÃO

a ser rotulada como uma prática frívola e fútil (vd. por exemplo, *ibidem*: 33). Ao invés, o diretor do SPN/SNI defendia a premência de valorizar o sector e convencer a «Nação» das suas inúmeras vantagens, «talvez escondidas mas sólidas e profundas» (vd. *ibidem*: 33), tendo apresentado publicamente inúmeros argumentos para reverter esta crença, muitos deles associados às especificidades do regime político de Salazar. Assim, segundo António Ferro, o turismo só florescia em locais onde existissem condições favoráveis ao seu desenvolvimento, como sucedia em Portugal, uma vez expurgados os conflitos e as revoluções que impediam, no passado, o progresso da «Nação» e a procura estrangeira (vd. *ibidem*: 33). Outra das vantagens associadas a este sector resultava precisamente do facto de que o «nacionalismo essencial, inevitável, dessa indústria, justifica, só por si, o seu excepcional interesse» (vd. *ibidem*: 34). O turismo, advogava Ferro, relacionava-se com quase todas as áreas sociais e representava uma marca indispensável da renovação nacional (vd. *ibidem*: 34, 35). Neste discurso, proferido numa reunião com representantes das comissões de turismo, Ferro referiu ainda que a indústria deveria fazer parte das grandes preocupações nacionais por, além das vantagens económicas, animar as obras públicas da «Nação», ajudando a elevar artística e espiritualmente o povo.

O diretor do SPN/SNI acreditava que os turistas estrangeiros se interessavam pelo conforto não luxuoso, pelo pitoresco para entreter a imaginação e pelo bom gosto para alimentar o espírito, em suma, pelos diversos elementos que compunham a cultura popular imaginada pelo regime e encenada pelo diretor da propaganda. Ferro sustentou continuamente a criação de uma política turística que tivesse em conta «o grande museu ou o pequeno museu regional, o monumento bem sinalizado e bem mostrado, com bons guias e sem chusmas de mendigos a pedir esmola» (vd. *ibidem*: 16). Prestes a sair do SNI, continuava a defender a urgência de revitalizar as Casas de Portugal a favor da divulgação turística (vd. *ibidem*: 16).

Segundo António Ferro, os diversos componentes da indústria turística transformavam o sector num importantíssimo encenador e decorador da «Nação» e num meio de valorização da obra nacional (vd. *ibidem*: 34), admitindo-se, desta forma, mais uma vez, a utilização e a manipulação das narrativas turísticas em função da divulgação dos ideais nacionalizantes de Salazar (vd. *ibidem*: 35). A relação entre o turismo e o nacionalismo era indicada por Ferro como um elemento tão forte e determinante na propagação da «Nação» que chegou a afirmar que o «turismo, é portanto, além dum indiscutível factor de riqueza e de civilização, um meio seguríssimo não só de alta propaganda nacional como de simples propaganda política» (Ferro, 1940: 35).

Segundo aquilo que foi apurado pela leitura dos mais divulgados jornais da época, esta ideia expressa por Ferro acabou por ser aceite pela sociedade portuguesa, que viria a aderir à maioria das propostas de lazer feitas pelo regime, entendendo-as como uma genuína preocupação do presidente do Conselho com o seu bem-estar, numa tentativa também de ensinar a história da «Nação», mas sem vislumbrar as reais intenções deste «cuidado». Ou seja, sem entender que o turismo era um dos braços da propaganda do Estado Novo, que, de forma aliciante e sub-reptícia, seduzia «turistas médios» e visitantes estrangeiros. Cite-se, a este propósito, a revista *Rádio Nacional* de 28 de janeiro de 1940, quando clarificou que

> Propaganda e turismo são dois departamentos inseparáveis e, tanto assim, que o Secretariado que, até aqui, se ocupava exclusivamente de propaganda, tem sido sempre um esplêndido agente de extensão turística, chamando a atenção do estrangeiro para o nosso País, generalizando o conhecimento das suas belezas naturais, do pitoresco da sua vida regional, da variedade do seu folclore, de tudo quanto é susceptível de atrair o visitante.
>
> *Rádio Nacional*, 28 de janeiro de 1940: 12

Outra edição da mesma revista publicou, em março de 1940, um artigo intitulado «Os Serviços de Turismo e o S.P.N.», que também dissertava sobre o mesmo assunto. Além de evocar as estreitas afinidades entre o turismo e a propaganda abordadas pela notícia de janeiro, o texto referia ser «bastante profunda a inspiração nacionalista do movimento de renovação» e, imediatamente de seguida, evocava a larga ação de turismo exercida pelo secretariado (vd. *Rádio Nacional*, 3 de março 1940: 6).

2.1. *A riqueza e a poesia do turismo*

Como tem vindo a ser referido, António Ferro dissertou exaustivamente, nos mais diversos contextos, sobre a temática do turismo. Essa sua produção, quase toda editada ou disponível no espólio da

Fundação António Quadros, deve ser entendida como um *verdadeiro programa extremamente elucidativo daquilo que se pretendia para o turismo nos primeiros anos do Estado Novo português.*

Num texto não datado intitulado «O Turismo e as Estradas», Ferro referiu novamente ter chegado o momento de desenvolver e consolidar o turismo português. A «Nação», explicava Ferro, era mais visitada do que nunca e descrita no estrangeiro como uma «excursão de sonho». A equiparação de alguns destinos portugueses, como Sintra, Estoril, Cascais, Coimbra ou Buçaco, a outros internacionais, como Capri, Nápoles, Veneza ou Biarritz, teria sido o resultado direto das grandes obras do Estado Novo, como a construção de uma rede viária que «vivificou o país e que tornou fácil e agradável a sua travessia e acesso» [Ferro (s/d). Disponível em FAQ, Caixa 16, Crónicas. Artigos. AF]. Além disso, restauraram-se monumentos e «arrumou-se, limpou-se e embelezou-se as cidades e as vilas» (Ferro, 1948a: 38). Em suma, o progresso sentido no sector resultava da ordem que a «Nação» podia gozar desde que o Estado Novo tomara conta de Portugal, tendo-o tornado numa «impressionante exposição de turismo nacional» (vd. *ibidem*: 36), possível maqueta de um país ideal de turismo pela diversidade paisagística que possuía, a par de «uma vida puramente nacional, dum alto pitoresco, em cores fortes e sólidas» (vd. *ibidem*: 36).

Apesar de todos os progressos ocorridos em prol da indústria turística, Ferro continuava a lamentar a construção desregrada frente aos hotéis e a falta de limpeza nas ruas (vd. Ferro, 1938), clamando por um Palace Hotel em Lisboa, por pousadas e hotéis de montanha e até por um espaço para formação hoteleira (vd. Ferro, 1948a: 14, 80). Lastimava igualmente os persistentes problemas de higiene e de mau serviço, o deficiente gosto publicitário e aquilo que designava por falta de utilização da riqueza folclórica (vd. *ibidem*: 78, 95), advogando que os museus e os monumentos deveriam estar bem sinalizados e dispor de bons guias (vd. *ibidem*: 16–17).

Estes e outros tópicos foram discutidos em *Turismo, Fonte de Riqueza e de Poesia*, que será porventura uma das mais interessantes e elucidativas coletâneas dos escritos de António Ferro sobre o turismo. Compreendendo uma série de apresentações feitas em situações diversas, e perante destacados intervenientes no sector, como delegados das comissões e das juntas de turismo, este compêndio, incluído na coleção «Política do Espírito» e editado pelo SNI, enumera, pela voz de António Ferro, uma extensa lista de boas práticas que deveriam ser adotadas pelos sectores turístico e hoteleiro e que passamos a apresentar.

A valorização de Portugal como um poderoso destino internacional motivou Ferro a solicitar, inúmeras vezes, a unificação política de todos os órgãos locais e privados com funções na área do turismo, porque o «estado deve ser o animador e o centralizador» de uma indústria rendosa para a «Nação» (vd. Ferro, 1949: 9, 41, 85). Essa solução traria consigo, por exemplo, a resolução do problema da má propaganda turística, que não fazia jus às belezas nacionais (vd. *ibidem*: 15, 37, 82).

Um dos momentos mais emblemáticos para a melhoria da propaganda turística nacional ocorreu com a abertura da primeira Agência Oficial de Turismo, em outubro de 1940, no átrio do edifício onde funcionava o SPN, restaurado pelo arquiteto Jorge Segurado e decorado por Maria Keil, e é também evocado em *Turismo, Fonte de Riqueza e de Poesia*. Pretendia-se que esta agência continuasse o bom serviço feito pelas Casas de Portugal, que atraíam os estrangeiros, os quais, uma vez em Portugal, tinham de ser bem acolhidos e encaminhados. A «grande indústria dos sonhos» (vd. *ibidem*: 58) precisava, para isso, de ir ao encontro dos visitantes e de lhes apresentar locais e monumentos, como se de alegre e tentadora mercadoria se tratasse (vd. *ibidem*: 58).

Em alguns dos textos disponibilizados em *Turismo, Fonte de Riqueza e de Poesia*, António Ferro reiterou ainda que o estatuto de neutralidade perante a evolução da Segunda Guerra Mundial, anunciado por Salazar em setembro de 1939, fizera com que Portugal fosse olhado pelo resto do mundo como «uma zona de refúgio, de paz, como o verdadeiro oásis da Europa atormentada, devastada...» (vd. *ibidem*: 27, 43, 61, 76, 92). A «Nação» deveria, por isso, aproveitar a ocasião para receber bem os forasteiros que vinham de fora, demonstrando que o turismo se tornara um assunto sério, e procurando promover «uma obra indiscutível de boa propaganda nacional» (vd. *ibidem*: 27, 76), uma vez que Portugal era alegadamente considerado «como um modelo de administração e de paz digna» (vd. *ibidem*: 43). O prestígio da «Nação» portuguesa, enquanto destino turístico, resultava, não só das belezas naturais e patrimoniais, mas também da imagem paradisíaca que emanava, em particular quando comparada com o resto da Europa (vd. *ibidem*: 77). Naturalmente que os agradecimentos eram devidos a Salazar, que permitira que a «Nação» continuasse a «trabalhar, em paz e para a paz, enquanto quase todo o mundo, em guerra, trabalha para a guerra» (vd. *ibidem*: 86), constatação que levou Ferro a contrastar as construções de paz efetuadas em Portugal com as construções de guerra que ocorriam pelo resto do mundo (vd. *ibidem*: 72). Numa das reuniões que teve com delegados das comissões e juntas de turismo, o diretor do SPN recordou que uma das vantagens resultantes de a «Nação» estar em paz era a propaganda natural obtida através daqueles que eram obrigados a passar por Portugal e que aqui encontravam um verdadeiro paraíso (vd. *ibidem*: 76–77).

No entender de António Ferro, Portugal tornara-se definitivamente a pátria ideal do turismo e ficaria «sendo, por muitos anos, a casa de repouso duma Europa combalida, fatigada e doente, o seu jardim em flor, a sua mais bela pousada» (vd. *ibidem*: 54). O diretor do SPN/SNI concluiu, por isso, que o «prestígio internacional duma nação é consequência, em certos aspectos, da sua organização de turismo» (vd. *ibidem*: 35).

Invariavelmente, os conselhos e problemas apontados por Ferro visavam a prossecução de uma indústria turística caracterizada pelo conforto, pela higiene, pelo pitoresco e pela arte (vd. *ibidem*: 16, 35, 41, 80). Obtidos estes padrões, o turista poderia depois prosseguir a sua viagem, que o levaria a admirar a história, as ideias, as instituições e os monumentos (vd. *ibidem*: 35).

Consciente de tudo o que ainda faltava ao turismo português, tal como o regime o concebia, António Ferro implorava:

> Dêem-nos esse tempo, confiança, e alguma força, e garanto-lhes que [...] Portugal será considerado, dentro desse curto prazo, o filme vivo da Europa, o seu melhor filme colorido, o único filme onde se poderá viajar dentro do écran, onde a vida de cada dia, meus senhores, será mais bela do que o sonho de cada noite.
>
> Ferro, 1948b: 61

ANTÓNIO FERRO: O TURISMO AO SERVIÇO DA «NAÇÃO»

2.2. Os secretariados. Da propaganda nacional à informação, à cultura popular e ao turismo

> Alegremente, as raparigas em ranchos conduzem em seus lábios, para o Poente a Canção que o milagre da Saudade ressuscitou. [...]
>
> Agora já as fontes, os pássaros, as árvores, aprenderam a
>
> Canção.
>
> É o coral da Paisagem!...
>
> Só a Canção domina...
>
> A Paisagem canta nos lábios das raparigas. Defende-se das
>
> Trevas, quer afastar a noite que se avizinha... [...]
>
> Ecos de romaria... [...]
>
> Portugal canta, canta na boca das fontes e na boca das mulheres...
>
> Vibra a Canção cada vez mais a Canção – brazão rítmico dum
>
> Povo.
>
> Portugal é uma canção
>
> Toda feita em redondilhas.
>
> Ferro, 1918: 5, 7, 8

Inicialmente instituído para se ocupar da propaganda do regime de Salazar, o primeiro dos secretariados dirigidos por António Ferro, o Secretariado de Propaganda Nacional, foi assumindo cada vez mais áreas de intervenção. O que terá realmente sucedido num regime com as características do Estado Novo terá sido uma apropriação *natural* do controlo e da censura de todas as áreas da sociedade, nomeadamente do sector turístico. Ou seja, terá sido menos o SPN a ganhar o pelouro de mais e mais áreas, e mais o fenómeno da propaganda a evidenciar progressivamente a sua atuação.

O decreto promulgado por Salazar para a constituição do Secretariado de Propaganda Nacional referia no seu artigo 2.º que competia a este novo órgão a direção e superintendência da propaganda nacional e externa, tendo por propósito evidenciar o espírito

A BEM DA NAÇÃO

de unidade que presidia à obra concretizada e a realizar pelo Estado português (vd. decreto n.º 23:054, 25 de setembro de 1933). Neste desígnio incluía-se a edição de publicações que divulgassem a atividade oficial da «Nação» e a organização de manifestações nacionais e festas públicas com intuitos educativos ou de propaganda [vd. artigo 4.º, alíneas b) e e) do decreto supracitado]. A intervenção do SPN no estrangeiro incluía, por exemplo, a realização de conferências e o intercâmbio com jornalistas e escritores para *elucidar* a opinião internacional sobre a ação civilizadora de Portugal [vd. artigo 5.º, alínea c) do decreto supracitado].

Como se sabe, em 1944, o Secretariado de Propaganda Nacional foi rebatizado com a designação de Secretariado Nacional de Informação, Cultura Popular e Turismo. Porém, já antes de o pelouro do turismo ter sido transferido para o domínio da Presidência do Conselho e ter sido formalmente atribuído ao SPN pelo decreto de fevereiro de 1940 que lançou o Conselho Nacional de Turismo para funções meramente consultivas, e até mesmo antes de o termo «turismo» fazer parte da designação do Secretariado, António Ferro desempenhava um papel de extrema relevância para o sector, como ficou claro em páginas anteriores.

Em 1948, o político, numa confissão pública do papel desempenhado pelo turismo na divulgação da identidade do Estado Novo, admitiu que

> há muito que sonhávamos, quase infantilmente, com essa caixa de lápis-de-cores, com mais esse pretexto para elevar o nível do nosso gosto, para embelezar o País, para sublinhar a sua poesia e a sua graça, para tentar, dentro dessa nova actividade, passa-lo a limpo.
>
> Ferro, 1948a: 10

Que o turismo era mais uma competência do SPN/SNI, tão válida e pertinente comos tantas outras, não parecia constituir matéria de segredo. Assim, no artigo «O turismo no presente e no futuro», J. Fernando de Souza confirmou à «Nação» que o SPN era o «órgão propulsor e unificador do movimento turístico nacional» (Souza, 1941: 1). Ainda no mesmo ano, foi a vez de Correia Marques reiterar essa certeza nacional, referindo os prestimosos e eficientes serviços de turismo realizados pelo secretariado (vd. Marques, 1941: 9). Já anteriormente, em 1936, a propósito da exposição de arte popular

ANTÓNIO FERRO: O TURISMO AO SERVIÇO DA «NAÇÃO»

organizada pelo SPN, em Lisboa, A. Pinto Machado comentara que aquilo que o secretariado de António Ferro se propunha fazer «é para mim objecto de especial cuidado e de altíssima importância para o turismo nacional» (Machado, 1936: s/p). O mesmo jornalista prosseguiu, exprimindo a sua opinião de que essa iniciativa demonstrava que deveria ser o SPN a orientar e a dirigir o turismo que «com tanto esforço, dedicação e brilhantismo tem sabido desenvolver a nossa propaganda no estrangeiro, quer sob o ponto de vista de política internacional, quer sob o ponto de vista turístico» (vd. *ibidem*: s/p).

António Ferro confessava, com alguma recorrência, temer o «profissionalismo do típico» (Ferro, 1948a: 84). Na senda desta apreensão, a inauguração da Estalagem do Lidador, em 1940, serviu para que reiterasse que Portugal era um país de turismo, mas desse «turismo saudável, campesino, [que] deve satisfazer as exigências mínimas do viajante sem fazer perder ao nosso País o seu carácter lírico, familiar» (vd. *ibidem*: 48). A «cultura turística» surgia, assim, aos olhos do diretor do SPN/SNI, como um espaço para o qual deveriam convergir elementos que servissem de evidência da cultura popular e que, dessa forma, cumpririam a sua função, enquanto revelações essenciais da «Nação» rural e humilde das lições de Salazar.

Em termos da sua intervenção turística, a ação do Secretariado de Propaganda Nacional, que afinal sempre fora um secretariado de informação, cultura popular e turismo, ficaria permanentemente relacionada com a utilização da atividade do lazer enquanto mais um veículo usado para exibir esta tão peculiar, mas pragmática, forma de entender a cultura da «Nação», que tem vindo a ser referida.

Os temas selecionados para figurar no compêndio da cultura popular portuguesa deveriam ser autênticos e de bom gosto, cumprindo simultaneamente funções pedagógicas e decorativas. Foi neste âmbito que o SPN promoveu aquilo que designou como a Campanha do Bom Gosto, que visava embelezar fachadas e espaços públicos, tais como estradas, hotéis, cafés e estações de caminho de ferro. Não pode esquecer-se que este exibicionismo folclórico não tinha por público apenas os portugueses, pois, como se verá de seguida, era o principal polo em torno do qual o regime, via SPN, organizava, por exemplo, a participação em feiras internacionais, verdadeiras lições de nacionalidade na década de trinta.

A arte popular, incentivada enquanto natural reflexo da cultura do povo, acabou eventualmente por condicionar o SPN a criar, em

1935, a Comissão de Etnografia Nacional. António Ferro fez parte desta comissão, cujo objetivo maior era a organização de uma mostra nacional de folclore e etnografia que exibisse o que de mais representativo e característico cada província portuguesa possuía. A comissão não durou muito tempo, mas os seus objetivos nunca deixaram de ser informalmente evocados pelas políticas do SPN e do SNI.

Em junho de 1941, o Secretariado de Propaganda Nacional começou a divulgar a sua ação em prol do turismo e da cultura popular através de *Panorama. Revista Portuguesa de Arte e Turismo*. Esta novidade, surgida um ano após a Exposição do Mundo Português, serviu também para reforçar a pertinência do sector turístico aos olhos do regime de Salazar e desvanecer qualquer dúvida quanto à função propagandística e ideológica da atividade.

A apresentação da revista referia que a sua principal finalidade seria evocar aquilo que de mais vivo e característico existia em Portugal, e que era afinal o que imprimia uma fisionomia própria e uma expressão diferenciada à «Nação». Como conclusão, o primeiro número afirmava que «o turismo, tal como devemos concebê-lo, é, antes de mais nada, a arte de animar em nós próprios o orgulho de sermos nacionais. E só depois poderá ser – simultânea ou imediatamente – a arte de atrair os estrangeiros» (*Panorama. Revista Portuguesa de Arte e Turismo*, junho de 1941: s/p).

Ao longo de quase cinquenta edições, a *Panorama* exibiu ostensivamente a cultura popular portuguesa tão apreciada por Ferro e pelo regime, tendo Bernardo Marques e Carlos Botelho, por exemplo, sido alguns dos artistas que ilustraram a revista e que estilizaram figuras e rotinas nacionais. Cada edição da revista incluía, além dos artigos que versavam as temáticas ilustradas pelo título da publicação, numerosas páginas com publicidade a hotéis e restaurantes. Fazia igualmente parte da revista um boletim de turismo com conselhos sobre locais a visitar e cuja inclusão era assim justificada:

> O Secretariado de Propaganda Nacional procura, pelos meios de que dispõe, contribuir, eficazmente, para que esta indústria venha a ser uma das mais importantes e produtivas fontes de riqueza da nossa terra.
>
> *Panorama. Revista Portuguesa de Arte e Turismo*, junho de
> 1941: 1

ANTÓNIO FERRO: O TURISMO AO SERVIÇO DA «NAÇÃO»

2.3. As pousadas, as brigadas de turismo e os postos fronteiriços

> Das Pousadas, que já estão em construção, muito
> há a esperar. Não porque venham a ser grandes
> monumentos, mas porque, consoante a sua própria
> designação, se destinam a dar guarida confortável,
> asseada e de carácter regional, tanto no que refere à
> apresentação dos serviços, aos viandantes que por elas
> passem e careçam dum descanso de algumas horas ou
> de breves dias.
>
> A.C.P. *Revista Ilustrada de Automobilismo e*
> *Turismo*, fevereiro de 1940: 7

Já se constatou a regularidade com que era referida a necessidade
de unidades de alojamento que, não sendo luxuosas ou sofisticadas,
permitissem aos hóspedes a pernoita em espaços asseados, confortáveis e, acima de tudo, que fossem representações típicas e autênticas
da cultura regional do sítio onde se localizavam. No contexto dos
projetos das comemorações do Duplo Centenário, coube a António
Ferro concretizar esses planos, cuja inspiração viera dos congéneres
paradores espanhóis, estabelecidos no âmbito do dispositivo turístico
de suporte à realização da Exposição Ibero-Americana de Sevilha de
1929. A partir de então, assistira-se a uma crescente pressão exercida
pelos profissionais turísticos portugueses junto do Governo para que
este procedesse à montagem de uma cadeia de pousadas, o que foi
expresso, por exemplo, no I Congresso da União Nacional, em 1934,
e no I Congresso Nacional de Turismo, em 1936. Também Augusto
Pinto, na publicação *Viagem. Revista de Turismo, Divulgação e
Cultura*, criticava o excesso de *palace-hotels* e defendia a construção
de limpas e lindas pousadas, «à beira das estradas principais do país e
das que vêm de Espanha» (Pinto, 1938: 17).

Apesar de ter existido uma pousada instalada na Fortaleza do
Portinho da Arrábida por volta do ano de 1932, só em 1939 foram
anunciadas oficialmente as cinco primeiras pousadas regionais inscritas no Plano de Realizações do Duplo Centenário. *O Seculo Ilustrado*
de 22 de julho de 1939 previa para o ano seguinte a inauguração das
pousadas, descritas como «monumentos nacionais», e felicitava «o
país por mais êste acto do Govêrno, que é bem elucidativo àcêrca da

A BEM DA NAÇÃO

sua inteligente política de fomento turístico» (*O Seculo Ilustrado*, 22 de julho de 1939: 9).

A publicação mensal do Automóvel Club de Portugal reagiu a este anúncio oficial, destacando, não só o valor das pousadas para o desenvolvimento do turismo e do automobilismo, como também a pertinência da sua integração nos planos de realizações comemorativas do Duplo Centenário (vd. *A.C.P. Revista Ilustrada de Automobilismo e Turismo*, julho de 1939: 10–11).

Por ocasião da inauguração da Estalagem de Óbidos, a revista *Rádio Nacional* de 8 de setembro de 1940 dedicava à criação destas novas unidades de alojamento um texto intitulado «Uma iniciativa do S.P.N. Turismo, hotéis e pousadas». Segundo esse artigo, o novo conceito de alojamento representava algo de inédito na indústria hoteleira nacional, que refletia o espírito reformador que o país atravessava, representando uma clara experiência de nacionalização aplicada ao sector turístico e hoteleiro. A revista entendia as pousadas como um ato de reconciliação entre a «Nação» e os valores portugueses, o que demonstrava que tradição e progresso não tinham necessariamente de se opor. O artigo declarava igualmente que o projeto se dirigia aos turistas que procuravam as «satisfações do espírito», concluindo que o Portugal turístico não se resumia à Costa do Sol (vd. *Rádio Nacional*, 8 de setembro de 1940: 3, 6).

Anos mais tarde, a imprensa continuava a louvar esta ação do SPN, designando-a como um processo de aportuguesamento do sistema de hospedagem nacional, que conseguira abarcar todos os seus componentes, como a arquitetura, o mobiliário e até a gastronomia. A «Nação» também se pronunciou através dos jornais, dizendo que, apesar dos conflitos que então atormentavam a Europa, o SPN tinha conseguido criar verdadeiros lares de visitas nas províncias portuguesas [vd. *O Setubalense*, 14 de abril de 1944, *O Comércio da Póvoa de Varzim*, 15 de abril de 1944, *Diário do Alentejo*, 18 de abril de 1944, ou *Renovação* de 22 de abril de 1944. Recortes disponíveis em FAQ, Caixote 004A, Dossiê RECORTES (TURISMO) II].

O decreto-lei n.º 31:259, de 9 de maio de 1941, regulava a exploração das pousadas, que, depois de serem construídas pelo Ministério das Obras Públicas, sob a orientação pessoal de Duarte Pacheco, eram entregues ao SPN, que, por sua vez, delegava a sua concessão a particulares. Em abril de 1942, foi finalmente inaugurada em Elvas a primeira pousada, momento que coincidiu com a apresentação do plano

280

das Pousadas de Turismo. Igualmente por esta altura, considerada por António Ferro como o início de uma nova era da hospitalidade portuguesa (vd. Ferro, 1949: 71), o diretor do SPN anunciou os critérios que deveriam pautar todos os estabelecimentos que pretendessem obter a classificação de Pousada de Turismo. Assim, evocando preleções mais antigas sobre este tipo de alojamento e até a *Cartilha da Hospedagem Portuguesa*, destacou a pertinência de servir uma gastronomia regional, de utilizar mobiliário português, de atribuir aos hóspedes um atendimento personalizado e de os preços não serem demasiado elevados.

A insistência na necessidade de unidades de alojamento asseadas, simples e com bom gosto foi um tema sempre retomado por António Ferro, mas que, na inauguração da Estalagem do Lidador, em Óbidos, terá tido talvez uma das suas expressões mais óbvias. Nessa ocasião, Ferro estabeleceu definitivamente que as pousadas e estalagens deveriam ser «muito claras, muito limpas, confortáveis mas sem luxo, construídas e arranjadas ao gosto de cada região, simples floração da vida e dos costumes das províncias onde se encontrem» (vd. *ibidem*: 48). Evitar luxos despropositados servia sobretudo para manter Portugal como um destino turístico saudável, espontâneo e campestre e com um carácter lírico e familiar (vd. *ibidem*: 48), isto é, permitia que o cenário turístico nacional continuasse a servir para *evidenciar as boas qualidades dos meios rurais nacionais, não poluídos por influências urbanas ou estrangeiras, ou seja, livres de elementos artificiais e postiços* (vd. *ibidem*: 49).

A publicação *Pousadas*, editada pelo SNI no ano de 1948, recordava as características de cada uma das pousadas existentes à época, mas não só. Na verdade, esta edição quase pode ser entendida como um guia turístico por também incluir sugestões de excursões, festas, feiras e romarias, conselhos gastronómicos e informação histórica, entre outros tópicos variados que poderiam interessar aos hóspedes, que pernoitassem nessas unidades. Além de se recordar que competia ao Secretariado cuidar dos pormenores das pousadas como se as fosse habitar, nesta publicação repetia-se que a decoração deveria incluir artefactos regionais e típicos, que permitissem aos hóspedes encontrar uma continuidade entre o interior do edifício e aquilo que existia no exterior. Insistiu-se ainda que os funcionários destas unidades deveriam ser alegres e simples e envergar trajes regionais, devendo a gastronomia ser exclusivamente composta por especialidades locais (vd. *Pousadas*, 1948).

A BEM DA NAÇÃO

As sete primeiras pousadas regionais, inauguradas entre 1942 e 1948, foram batizadas com nomes de santos para, dessa forma, demonstrar, como pretendia a Política do Espírito de António Ferro, a «organização poética e espiritual» das coisas materiais (vd. *ibidem*; 70):

Ano de inauguração	Pousada
1942	Santa Luzia, Elvas
	São Gonçalo, Marão
	Santo António, Serém
1943	São Martinho, Alfeizerão
1944	São Braz, S. Braz de Alportel
1945	Santiago, Santiago do Cacém
1948	São Lourenço, serra da Estrela

Existiam projetos para aumentar o número de pousadas incluídas no plano de melhoramentos do Ministério das Obras Públicas e do qual deveriam vir a fazer parte unidades nas Berlengas, em Penafiel e em Tomar. A construção de pousadas numa altura de tão sérias restrições financeiras era justificada por se entender que representavam um valioso impulso para a renovação do turismo interno, que traria consigo vantajosas consequências morais, e ainda por serem uma clara manifestação pró-ativa, que deveria permitir lidar com a euforia que chegaria a Portugal depois da guerra (vd. *ibidem*: 66, 76, 86, 92), como se esclarecia:

> Podemos, com certeza, aproveitar o tempo fazendo obras no teatro, preparando-o para as inevitáveis representações que nele terão de se realizar após a guerra. Não é no próprio dia do espectáculo que se pintam as paredes, os cenários, que se forram ou consertam as cadeiras, que se instalam e experimentam as luzes.
>
> *ibidem*: 77

ANTÓNIO FERRO: O TURISMO AO SERVIÇO DA «NAÇÃO»

Anos depois, já na década de cinquenta, o Secretariado Nacional de Informação, Cultura Popular e Turismo reclassificou as trinta e duas pousadas existentes em cinco grupos, a saber, pousadas de estrada, pousadas de fronteira, pousadas de monumentos, pousadas de interesse especial e pousadas de estímulo. Independentemente das motivações ideológicas para a grande aposta feita na construção destas unidades de alojamento tão específicas, é certo que, passadas tantas décadas, o conceito de «pousada» continua ainda a ser usado pela hotelaria e pelo turismo portugueses do século XXI, apesar de se ter afastado muito daquilo que foi idealizado na década de trinta. Contudo, a marca criada por António Ferro permanece e continua a atrair os viajantes contemporâneos e a motivar roteiros turísticos.

Logo que ficou responsável pela tutela do turismo, o SPN desenvolveu duas brigadas para, entre outras finalidades, «arranjar, retocar, libertar as paredes do pesadelo de certas gravuras e calendários, ensinar a colocar os móveis [...], dar conselhos sobre a indumentária dos criados [...], fazer o apostolado incessante do bom-gosto e da higiene» (vd. *ibidem*: 51). Criadas praticamente em paralelo com a divulgação do projeto das pousadas, as brigadas deveriam visitar os hotéis de província e indicar aos proprietários tudo aquilo que poderia ser melhorado. Cada brigada era composta por um arquiteto, um decorador e um funcionário do turismo[29], e a sua atividade consistia fundamentalmente em verificar que o estipulado pela *Cartilha da Hospedagem Portuguesa* era cumprido.

Essas brigadas percorreram todo o país e vistoriaram mais de cinquenta hotéis e pensões, tendo alguns sido felicitados e outros classificados como «incuráveis». A maioria, porém, mostrou-se recetiva às sugestões de mudança propostas pelo SPN (vd. *ibidem*: 53), apesar dos custos não financiados inerentes às mesmas.

*

[29] A brigada competente pelo Norte de Portugal era composta pelo arquiteto Luís de Melo Correia, pela decoradora Vera Leroi e pelo Capitão Martins; a brigada para o Sul contava com o arquiteto Gonçalo de Melo Breyner, a decoradora Júlia de Melo Breyner e Manuel de Melo (vd. Ferro, 1949: 52).

A BEM DA NAÇÃO

Analogamente ao que sucederá dentro do País, terão as nossas salas de entrada de ser agradáveis. É preciso que elas dêem imediatamente, ao estrangeiro que chega, uma impressão de arranjo, de conforto, de elegância e de boas maneiras.

A.C.P. Revista Ilustrada de Automobilismo e Turismo,
fevereiro de 1940: 7

Em novembro de 1939, apenas alguns meses antes da abertura da Exposição do Mundo Português, foi inaugurado o posto fronteiriço de Vilar Formoso. Reconhecendo embora a necessidade dos controlos aduaneiros, Ferro justificou a indispensabilidade destas estruturas de acolhimento aos visitantes pela falta de um espaço onde pudessem apreciar «a delicadeza, as boas maneiras, o sorriso...» (Ferro, 1949: 26) passíveis de acontecer através «de uma pequena lembrança, da visão dum trajo regional, do simples desabrochar dum sorriso feminino...» (vd. *ibidem*: 28).

Era importante que os trajetos efetuados em Portugal ocorressem «numa atmosfera de sonho, de encantamento, na capa tentadora, sugestiva do país visitado...» (vd. *ibidem*: 26), para o que contribuiriam, ainda segundo as palavras do diretor do SPN, todos aqueles que trabalhavam nas fronteiras, a Polícia Internacional, os alfandegários e a Guarda Fiscal e que haviam entendido a necessidade de uma «risonha sala de visitas onde os estrangeiros aguardam a ocasião, com a possível comodidade, de serem recebidos pelos donos da casa...» (vd. *ibidem*: 27). António Ferro acreditava que estes novos postos contribuiriam para a divulgação da «Nação» portuguesa como um espaço único e diferente, constituindo, à sua maneira, um modo de *espiritualizar* as boas-vindas aos turistas estrangeiros, e até aos portugueses que regressavam à «Nação» (vd. *ibidem*: 28). Mais do que postos de boas-vindas ou zonas de prática administrativa e burocrática, tratava-se dos primeiros elementos de propaganda com que os turistas estrangeiros tinham contacto em território português. Por esse motivo, deveriam ser como templos decorados com a «infinita poesia da arte popular portuguesa» (vd. *ibidem*: 28).

Para que o acolhimento aos visitantes fosse aperfeiçoado, era essencial contemplar outros aspetos além do momento das formalidades alfandegárias. Assim, num texto não editado, provavelmente datado de 1939 ou 1940, com o título «A Fachada», António Ferro evocou as melhorias de que os Caminhos de Ferro Portugueses necessitavam para que também eles pudessem contribuir para o melhoramento da primeira imagem que os estrangeiros tinham da «Nação». Os comboios deveriam ser arejados, confortáveis e limpos, de modo a impressionar os visitantes e até a torná-los mais brandos com eventuais deficiências que viessem a encontrar no decurso da visita a Portugal. Essa remodelação deveria igualmente abranger as estações ferroviárias, «miniaturas das terras que anunciam, seus verdadeiros cartazes. Cuidá-las, alindá-las, é uma das necessidades fundamentais do turismo português» (Ferro, 1939? /1940?: s/p).

Apesar de tudo o que ainda gostaria de ver acontecer em prol do sector turístico nacional, na década de quarenta António Ferro orgulhava-se dos progressos ocorridos na revitalização do folclore, na melhoria das vias rodoviárias e ferroviárias, na criação dos postos fronteiriços, na agência de turismo e na inauguração das pousadas, entre muitíssimas outras diligências que haviam irreversivelmente alterado a rotina turística da «Nação» e que lhe permitiam celebrar a existência de uma consciência turística, entretanto surgida (vd. Ferro, 1949: 97–99).

3. Ao serviço do turismo. Ao serviço da «Nação»?

Das inúmeras iniciativas organizadas por António Ferro e pelo SPN ao longo da década de trinta do século XX, cumpre destacar o papel fundamental representado pelo concurso A Aldeia Mais Portuguesa de Portugal e por algumas feiras e exposições nacionais e internacionais em que a «Nação» se fez exibir. Todos estes eventos replicavam os ditames da Política do Espírito através de estratégias delineadas por Ferro e constituem *momentos apropriados em simultâneo pela propaganda da «Nação» e pelo sector turístico.*

Tal como estipulado pela alínea e) do artigo 4.º do decreto n.º 23:054, de 25 de setembro de 1933, que criava o Secretariado de Propaganda Nacional, o diretor do novo órgão devia «organizar manifestações nacionais e festas públicas com intuito educativo ou de propaganda». E foi isso mesmo que António Ferro fez. Todas estas iniciativas serviam para (re)criar e promover a existência de uma cultura popular, fiel depositária da verdade da «Nação», bem como para recordar a memória única da história pátria. Também as iniciativas que de seguida se comentam devem ser compreendidas

A BEM DA NAÇÃO

como *momentos nos quais não se conseguem destrinçar os propósitos propagandísticos dos objetivos lúdicos turísticos.*

3.1. A Aldeia Mais Portuguesa de Portugal

No ano de 1938, o Secretariado de Propaganda Nacional lançou um concurso que visava eleger a Aldeia Mais Portuguesa de Portugal e cujo principal objetivo seria a estilização das manifestações culturais populares. O *Boletim Oficial* de 7 de fevereiro de 1938 divulgava as regras da competição, convidando as localidades rurais a procurarem «no mistério das suas gavetas [...] tudo quanto era raiz, tradição, tudo quanto era passado com restos de vida» (Ferro, 1948a: s/p). Oficialmente, o evento justificava-se como um necessário combate às influências perturbadoras da unidade nacional, ao mesmo tempo que se anunciava como uma manifestação pública que tinha por propósito educar e fazer propaganda da verdadeira «Nação».

Como referiu António Ferro na inauguração do Museu de Arte Popular, dez anos depois, o concurso da Aldeia Mais Portuguesa visara selecionar a localidade «menos penetrada da civilização dos outros, ainda que tal carácter não fosse incompatível com aquele mínimo de progresso que se considera indispensável à saúde e dignidade dos povos» (vd. *ibidem*: s/p), e, na lógica da Política do Espírito, convocar a população a observar exemplos concretos da «Nação». Ou seja, a iniciativa ambicionava «revelar e afirmar as características mais fortemente nacionais, que melhor correspondam a constantes do espírito nacional, conservadas pelas nossas aldeias» (*Catorze Anos de Política do Espírito*, 1948: s/p). O documento *Itinerário*, disponível no espólio da Fundação António Quadros – Cultura e Pensamento, acrescenta que este evento pretendia encontrar um lugar marcado por uma arquitetura simples e onde a população usasse um mobiliário doméstico igualmente rudimentar. A distribuição do casario seria também avaliada, bem como os trajes, as alfaias e as lides agrícolas, as artes e indústrias populares, as atividades artesanais, os meios de transporte e as rotinas associadas ao lazer e ao recreio (vd. *Itinerário*, s/d: s/p).

Lançado o concurso, as juntas provinciais constituíram um júri com dois especialistas (um etnógrafo-folclorista e um musicólogo reconhecidos) e três agentes públicos (o diretor do museu regional, um representante da comissão municipal de turismo e o presidente da junta provincial), que deveria elaborar um relatório para o SPN, no qual eram indicadas as duas aldeias nomeadas pela respetiva província. O júri nacional, por seu lado, era composto por três etnógrafos, um musicógrafo, duas individualidades das artes e das letras e pelo próprio diretor do secretariado, sendo que a comitiva que visitou as doze aldeias finalistas incluía, além destes elementos, jornalistas nacionais e estrangeiros.

Todas as regiões de Portugal Continental concorreram, mas a província de Trás-os-Montes e Alto Douro não enviou o necessário relatório justificativo das candidaturas nem se fez representar quando o SPN visitou a região, pelo que Alturas do Barroso e Lamas do Olo foram excluídas da competição. Considerou-se que algumas das aldeias candidatas não mantinham características originais e autênticas, tendo, por isso, sido igualmente desclassificadas. Tal foi o parecer relativo à província da Estremadura, acerca da qual o júri nacional deliberou tratar-se de uma região descaracterizada, nomeadamente devido às estâncias de veraneio e aos centros de turismo, entretanto construídos.

O périplo pelas aldeias a concurso decorreu entre 18 de setembro e 5 de outubro, com uma paragem para descanso em Évora, no dia 1 de outubro. Durante esses dias, a caravana avaliou as doze povoações concorrentes, que deveriam exibir, perante a comitiva de jurados, provas de que não tinham sido modificadas ou modernizadas devido à proximidade com centros mais populosos. Monsanto da Beira cedo se apresentou como uma forte candidata ao troféu Galo de Prata, por alegadamente ser uma representação adequada da boa propaganda nacional e por ter «uma base séria de regionalismo» (*O Seculo Ilustrado*, 24 de setembro de 1938: 4). A visita a Monsanto ocorreu nos dias 27 e 28 de setembro, durante os quais o júri pôde apreciar uma série de demonstrações da «genuinidade» da rotina local, como a procissão do Enterro do Senhor, diversos jogos populares, bailaricos, danças diversas, jogos de roda e ainda a apanha da azeitona. A comitiva observou também o interior de uma casa popular, participou num casamento e num batizado na aldeia e assistiu aos designados «Quadros em Movimento», como as romarias da Sra. da Azenha e da Sra. do Almortão, o rancho dos ceifeiros ou a ida à fonte e ao campo (vd. FAQ, Caixote 015B, Envelope A Aldeia Mais Portuguesa).

Os jurados acabaram por eleger Monsanto como a Aldeia Mais Portuguesa de Portugal por, na sua opinião, ter conseguido manter a autenticidade dos seus trajes, do folclore e da arte regional, e, por isso, o prémio «Galo de Prata» foi-lhe entregue pelo presidente da República, Óscar Carmona, e por António Ferro, numa cerimónia que decorreu no Teatro D. Maria II, já no ano de 1939. Atualmente, a torre da Igreja de Monsanto ainda conserva uma réplica do prémio, estando o original em exposição no Museu de Arte Popular, em Lisboa. No seguimento da atribuição do prémio, foi constituído um grupo folclórico local que estreou precisamente na gala de entrega do troféu, tendo também sido realizado um documentário sobre as aldeias portuguesas, produzido pelo cineasta António Meneses, sob o impulso de António Ferro.

O concurso para a eleição da Aldeia Mais Portuguesa foi, como era hábito, tema de inúmeras páginas da imprensa generalista portuguesa do ano de 1938. O *Século Ilustrado* falava do concurso como «uma linda iniciativa do SPN» (*O Seculo Ilustrado*, 18 de junho de 1938: 9) e associava o evento ao turismo, ao referir a necessidade de se «fazer concursos, provocar cultura, de forma que as populações rurais compreendam que um, se não o maior dos interesses turísticos, está no exotismo dos trajos, das canções, da arquitectura, dos costumes da população» (vd. *ibidem*: 11).

Em setembro do mesmo ano, a publicação *Viagem. Revista de Turismo, Divulgação e Cultura* destacava a iniciativa como uma das mais brilhantes páginas do SPN, recordando que o secretariado sempre sustentara a *defesa das tradições populares como afirmação de nacionalismo inteligente e controlado*, numa permanente crença de que o progresso não implicava necessariamente perda de tipicidade (vd. *Viagem. Revista de Turismo, Divulgação e Cultura*, setembro de 1938: 1). Para esta publicação, «carecem os adjectivos de valor ao se tentar definir o alcance, nacional e patriótico, de criar, como estímulo e homenagem, um prémio à aldeia mais portuguesa que melhor souber guardar as suas antigas características» (vd. *ibidem*: 1).

Não pode deixar de se evocar o comentário do eternamente crítico jornal *Sempre Fixe* acerca desta iniciativa do SPN. Assim, no texto «A ALDEIA MAIS PORTUGUESA (Conferência mentecapta, lida a paranoicos)», R. Porter referiu ser dos poucos que não concordavam com o concurso por ser de «opinião de que a aldeia mais portuguesa de Portugal são as 7 divisões acanhadas da nossa água furtada... do bairro da esperança» (*Sempre Fixe*, 8 de setembro de 1938: 6). O artigo continuava com a afirmação de que a aldeia mais portuguesa deveria ser limpa e evoluída e que lugarejos como aqueles divulgados por esta iniciativa existiam apenas nos livretes postais e nos bilhetes de comboios (vd. *Sempre Fixe*, 8 de setembro de 1938: 6).

ANTÓNIO FERRO: O TURISMO AO SERVIÇO DA «NAÇÃO»

As repercussões do processo que conduziu à eleição da «aldeia mais portuguesa» de Portugal foram duradouras, e no ano de 1942 o SPN organizou a Exposição da Aldeia de Monsanto, nas suas instalações. Nessa ocasião, Carlos Botelho proferiu a seguinte afirmação, que não pode ser aqui omitida, devido à contradição que exprime a propósito da intenção do evento de *fixar o espontâneo* da «Nação»:

> Êsses elementos, aqui reunidos, [...] foram coligidos com a intenção de interpretar e fixar o carácter espontâneo dos motivos históricos e populares de Monsanto e tornar conhecida, quanto possível, a pitoresca aldeia.
>
> Botelho, 1942: s/p

Anos mais tarde, já em 1986, foi reeditada a publicação *Monsanto. A Aldeia mais portuguesa de Portugal. Roteiro. O seu Castelo – As suas lendas – Como Monsanto ganhou o «Galo de Prata»*, inicialmente lançada em 1939. Esta reimpressão acrescentava um mapa e algumas fotos à versão original, mas mantinha o recurso a argumentos nacionalizantes para justificar a eleição da aldeia, como a alusão à «honra daqueles que regaram com o seu sangue as muralhas do Castelo de Monsanto, em volta de cujas ruínas vive hoje um povo que souber fazer da sua Aldeia a mais portuguesa do nosso querido Portugal» (Correia, 1986 [1939]: 1). O folheto, apresentado como um simples guia de visita elaborado com os conselhos do povo, divagava sobre o castelo, as muralhas e os festejos locais de 3 de maio, dedicando igualmente algum espaço ao que designava como crendices, lendas e tradições e à consagração atribuída pelo prémio ganho em 1938.

Refira-se a propósito de Monsanto da Beira que, ainda hoje, esta localidade é, por vezes, apresentada como a aldeia mais portuguesa de Portugal[30]. Ou seja, em pleno século XXI, a sua divulgação turística continua a ser feita através da referência a uma das iniciativas mais carismáticas do Secretariado de Propaganda Nacional e das que mais impacto terá tido no estabelecimento da cartografia dos estereótipos regionalistas usados para validar a ideologia de Salazar (vd. Melo, 1997: 236).

---

[30] Vd. http://www.rotas.xl.pt/1102/a05-00-00.shtml, http://panelaolume.blogspot.pt/2009/04/monsanto-da-beira.html, ouhttp://www.radiomonsanto.pt/monsanto-aldeia-mais-portuguesa-de-portugal.php (todas as consultas foram efetuadas no dia 28 de junho de 2012).

Ellen W. Sapega acredita que este concurso pretendeu recuperar tradições e reinventar memórias coletivas (vd. Sapega, 2008: 18). A pobreza, o primitivismo e o arcaico, por um lado, e a calma, a virtuosidade e a pureza, por outro, eram termos usados para apresentar e justificar as candidaturas, e cada visita dos elementos do júri resultava na encenação de um espetáculo que recriava *à força* as alegadas características da região. O facto de, ao contrário do inicialmente previsto, o concurso ter tido apenas uma única edição fortalece o ideal de unidade nacional, pois, ao tornar-se a alegoria real da ruralidade portuguesa, Monsanto terá adquirido as qualidades de um museu vivo, isto é, passou a ser entendido como um espaço de evocação constante da memória da «Nação» (vd. *ibidem*: 22, 23).

Vera Marques Alves, por seu turno, advoga que este espaço museológico que a aldeia de Monsanto passou a representar depois da nomeação apresentava marcas da «Nação» muito semelhantes ao que veio a encontrar-se, em 1940, no Centro Regional da Exposição do Mundo Português (vd. Alves, 2007: 85). A mesma autora defende que o concurso terá sido decisivo para que o SPN passasse a controlar definitivamente as grandes iniciativas folcloristas do Estado Novo e que, apesar de se orientar para a preservação dos costumes (vd. *ibidem*: 38), pode ser encarado como «um projecto de criação de cenários para turistas nacionais e estrangeiros» (vd. *ibidem*: 57). Na verdade, como refere esta autora, Monsanto «foi constantemente revisitada pelos discursos e iniciativas do Secretariado, tornando-se também ela um emblema da suposta actividade de descoberta das raízes da cultura popular» (Alves, 1997: 246).

Na senda das afirmações de Vera Marques Alves, não há dúvida de que *as representações rurais e bucólicas valorizadas e premiadas no concurso de 1938 são também as representações usadas pela indústria turística para convidar visitantes e os convencer da autenticidade do destino, na década de trinta e ainda em muitas das ofertas turísticas disponíveis no século XXI.* De facto, apesar de ter sido planeado com claros propósitos de propaganda ideológica, e tal como Maria Alexandre Lousada e Augusto Moutinho advogam, algumas das motivações deste concurso estão presentes no atual programa das Aldeias Históricas, concebido pelo Turismo de Portugal[31]. Tal como destaca Lousada, as aldeias escolhidas para figurarem neste programa localizam-se nas linhas

---

[31] Vd. Lousada, 2008 e http://www.aldeiashistoricasdeportugal.com/.

de fronteira entre os rios Douro e Tejo, possuem os castelos medievais tão apreciados pelo imaginário do Estado Novo, enquanto símbolos da fundação da nacionalidade, e foram consideradas «exemplos simbólicos daquilo que são as nossas mais profundas e remotas raízes aldeãs» (Lousada, 2008: 143). Aliás, o próprio Turismo de Portugal fundamenta e divulga este programa, referindo que o mesmo divulga os elementos genuínos e diferenciadores locais, como a sua história, a sua cultura e o seu património.

3.2. As outras exibições da «Nação»

> Delas disse António Ferro, num discurso que proferiu a um grupo de portugueses na Feira de Nova Iorque, o seguinte:
>
> O propósito das exposições internacionais, apoteose da civilização, é promover o melhor conhecimento entre os povos. Devem ser organizadas como uma revista imensa profundamente ilustrada, pois que as imagens são o esperanto. São os melhores meios para terminar com más interpretações e preconceitos. As nações que estão a renascer devem, por isso mesmo, participar nas exposições internacionais.
>
> Ferro, 1939

A organização e a participação neste tipo de eventos constituem indubitavelmente lições importantes para a propagação dos credos do regime de Salazar. Na verdade, toda a filosofia em torno da qual os pavilhões internacionais e a Exposição do Mundo Português se organizavam replicava de forma clara os objetivos da Política do Espírito. *Exibia-se a beleza da arte, predominantemente popular, e evocavam--se memórias de glórias passadas, em orgulhosos momentos de exaltação nacional, nos quais todos eram convidados a participar.*

Não é propósito deste trabalho discorrer exaustivamente acerca de aspetos relacionados com a conceção dos diversos pavilhões, com os próprios artefactos expostos ou até com outras manifestações culturais que tenham ocorrido por ocasião destes certames, caminhos esses já amplamente percorridos([32]). A evocação de algumas participações portuguesas neste tipo de atividades tem por objetivo demonstrar como o sector turístico era referido nestas emblemáticas representações da «Nação», segundo os cânones ideológicos nacionalizantes do Estado Novo.

Parecem não restar dúvidas de que o regime entendia estas iniciativas como importantes momentos de propaganda ideológica, à imagem do que sucedia em outros regimes políticos admirados por Salazar, como o alemão ou o espanhol, por exemplo. Como Ferro referiu em 1939, em Nova Iorque, as exposições eram momentos apoteóticos da civilização que permitiam que as pessoas se conhecessem melhor (vd. Ferro, 1939). Anos mais tarde, o diretor do SPN acrescentou que o êxito dos pavilhões internacionais e a apoteose da Exposição do Mundo Português constituíam evidências claras da convivência entre nacionalismo e progresso, pelo que deveriam ser organizados como grandes revistas profusamente ilustradas (vd. Ferro, 1943:17–18). Se tal sucedesse, estariam para sempre terminadas as interpretações e as representações erradas de Portugal, afirmação que recorda o que Salazar referira na inauguração do SPN, quando lastimou que a verdade nem sempre era conhecida (vd. Salazar, 1961 [1935]: 263).

Quando estas manifestações surgiram, em meados do século XIX, pretendia-se que funcionassem como palcos de exibição dos progressos industriais da época. Porém, como afirma Maria de Lurdes Veríssimo, já nessa altura representavam incontestáveis sinais de prestígio e de ostentação nacionais (vd. Veríssimo, 1998: 31). Com o decorrer do tempo, e com o surgimento de regimes políticos com motivações propagandísticas fortes, como veio a suceder na Europa na primeira metade do século XX, acabaram por adquirir outra função, ao transformarem-se em «eventos e manifestações de Estado» (vd. *ibidem*: 32), nos quais se exibiam poderes e se alardeavam nações, pelo que pode afirmar-se que as exposições universais e as feiras mundiais materializavam as principais arenas internacionais de afirmação nacionalizante até aos anos quarenta do século XX (vd. Alves, 2007: 254).

Recorde-se, a este propósito, John Gillis quando advoga que identidade e memória são constructos políticos e sociais e como tal devem ser tratados (vd. Gillis, 1996: 5). Aceitando esta perspetiva,

---

([32]) Para estudos mais pormenorizados acerca desta temática consultar, por exemplo, Acciaiuoli, 1998, Bragança, 2007, João, 2002, e Sapega, 2008.

defende-se que as comemorações a que alude nesta fase do presente estudo representam exemplos paradigmáticos de momentos construídos pelo poder com o intuito de divulgar e impor a identidade e a memória que o regime considerava válidas. Não há dúvida de que estas exibições constituíram *uma estratégia poderosa para angariar e fidelizar seguidores ideológicos*, e, por isso, tal como defende Maria João Neto, o Estado Novo terá encontrado nessas exibições um «mecanismo de estruturação ideológica e um sistema eficaz de propaganda e sugestão de confiança nos destinos da Nação» (Neto, 2001: 146).

Determinados temas eram recorrentes nas exibições de Salazar, invariavelmente centradas em questões relacionadas com a história da «Nação» e as colónias, as peculiaridades do regime e do seu chefe e a essência da cultura popular. Porém, é importante destacar que quase todos estes espaços possuíam zonas especificamente atribuídas à divulgação turística, o que permite novamente concluir acerca das verdadeiras intenções do regime quanto a este sector.

O facto de se referir com alguma regularidade que estes espaços atraíam um grande número de incursões turísticas condicionaria provavelmente ainda mais o tipo de artefactos a exibir, por forma a não comprometer a imagem válida da «Nação» que se pretendia mostrar. Por isso, deve entender-se a participação de Portugal nestas feiras e exposições como momentos que permitiram a Salazar mostrar ao mundo a estabilidade existente no seu país e exibir a harmoniosa renovação por que o mesmo passava.

*

Não se pense, porém, que data apenas da década de trinta do século XX a vontade de Portugal se exibir nestas mostras. Ainda em Oitocentos, Portugal participou na Grande Exposição dos Trabalhadores da Indústria, em Londres, em 1851, e, no ano de 1862, na Exposição Internacional que decorreu na mesma cidade. Em 1865, organizou a Exposição Internacional do Porto, no Palácio de Cristal, e, em 1878, fez-se representar na Exposição Universal de Paris. Já no século XX, foi a vez da Exposição Internacional do Rio de Janeiro de 1922, cuja participação não foi particularmente bem-sucedida, e, na era pós--«Revolução Nacional», esteve na Exposição Ibero-Americana de Sevilha e na Exposição de Barcelona, ambas em 1929. A partir desta altura, a presença nacional neste tipo de eventos tornou-se rotineira, pois, como afirma Martins-Maciel, «Salazar e o seu regime pareciam ter o dom da ubiquidade, tantas foram as participações portuguesas em grandes acontecimentos culturais internacionais» (Martins-Maciel, 2005: 66–67).

No ano de 1930, Antuérpia organizou uma Exposição Colonial, na qual Portugal também se fez representar, sob o comissariado de Silveira e Castro e com arquitetura de Raúl Lino nos dois principais pavilhões que aí instalou. Em 1931, realizou-se a Feira Colonial Internacional, em Paris, e, em 1934, foi a vez de Portugal organizar uma exibição subordinada ao mesmo tema no Porto, no ano em que também participou na Exposição de Arte Colonial de Nápoles. No ano seguinte, decorreu a IX Feira Internacional de Trípoli, tendo a representação portuguesa sido comissariada por António Eça de Queirós, o subdiretor do SPN. 1936 comemorou o décimo ano da «Revolução Nacional» com uma exposição evocativa da efeméride, e, um ano depois, aconteceu a Exposição Internacional de Paris, em plena Guerra Civil Espanhola. A Exposição-Feira de Angola decorreu em 1938, e o ano seguinte, apesar de marcar o início da Segunda Guerra Mundial, foi também ativo no que tocou à participação neste tipo de iniciativas, já que Portugal contou com três participações no estrangeiro: Bordéus, Nova Iorque e São Francisco. O culminar da exibição da «Nação» ocorreu em solo nacional, no ano de 1940, com a Exposição do Mundo Português, corolário das comemorações do Duplo Centenário.

É de notar que grande número de participações neste tipo de eventos ocorreu precisamente no espaço de tempo de que o presente estudo se ocupa, isto é, entre 1933 e 1940. Depois disso, e ainda na década de quarenta, Portugal esteve na Exposição de Arte Popular Portuguesa de Madrid, em 1943, e, em 1947, na Feira de Sevilha.

De todas as participações e organizações referidas, destaca-se aqui a Exposição Colonial do Porto, a Exposição Internacional de Paris, as exposições de Nova Iorque e de São Francisco e a apoteótica Exposição do Mundo Português, por se ter verificado como o protagonismo de António Ferro foi aumentando ao longo destes cinco certames, que evocaram em uníssono Portugal e o turismo em momentos-chave para a implementação do regime e, por conseguinte, para a divulgação da nova «Nação» portuguesa. Em 1931 e em 1934, Portugal participou em duas feiras coloniais, temática em voga nessa altura. Por esse motivo, era pertinente para o regime da renovação nacional a organização de uma mostra sobre o mesmo assunto, tal como aquela que

ANTÓNIO FERRO: O TURISMO AO SERVIÇO DA «NAÇÃO»

sucedeu no Porto em 1934. Em 1937, Espanha travava uma guerra civil que não conseguiu, porém, impedir Portugal de se mostrar em Paris nem fragilizou internamente os seus alicerces ideológicos, como se temera. No ano que marcou o início da Segunda Guerra Mundial, o país partiu para o outro lado do Atlântico, numa missão comissariada por Ferro, com o objetivo de mostrar as virtudes de um povo humilde, mas que fora protagonista de um vasto desenvolvimento civilizacional. Finalmente, em 1940, enquanto para a Europa e para o resto do mundo a evacuação de Dunquerque e o bombardeamento e a ocupação de Paris eram temas familiares, o Estado Novo português comemorava, com os maiores festejos até então realizados em solo nacional, a renovação da «Nação» e exaltava o chefe político que o salvara dos horrores da guerra.

3.2.1. Exposição Colonial do Porto, 1934

Em 1934, foi inaugurada no Porto uma das primeiras grandes exposições do Estado Novo, cujo objetivo oficial era, na senda da tradição exibicional britânica, «ensinar o povo a conhecer e a amar as suas colónias e ter a noção e o sentido da sua grandeza, a confiar nos seus destinos e a acreditar nas suas qualidades» (*Diario de Lisbôa*, 3 de junho de 1934: 8). Depois de um plano inicial que pretendia que este evento se realizasse na capital, a vontade do Movimento Pró-Colónias, encabeçado por Ricardo Spratley, impôs-se, e a feira, tecnicamente dirigida por Henrique Galvão, acabou por acontecer no Palácio de Cristal, no Porto, entre junho e setembro de 1934.

O perímetro da exposição incluía zonas de floresta tropical, deserto, savana e a reprodução de aldeias «típicas» habitadas por figurantes indígenas, propositadamente transportados para a metrópole. O restante espaço estava distribuído por praças e avenidas, decoradas com monumentos batizados com nomes que evocavam as colónias. A estatuária presente representava imagens-símbolo do processo de colonização e sugeria homenagens a figuras como o soldado, a mulher, o missionário, o pioneiro, o cientista e o médico.

Pretendia-se exibir um espaço imperial vasto e heterogéneo, comprovado pela já referida presença *in loco* de indígenas, em cenas alegadamente rotineiras, levadas a cabo em ambientes apresentados como reais. Além disso, era objetivo claro «tornar conhecidas e amadas as colónias pela população portuguesa e dar aos estrangeiros que nos

A BEM DA NAÇÃO

visitassem a "prova clara e exuberante das falsidades" que a respeito de Portugal eram propaladas» (Saial, 1991: 219). O encerramento da exposição tornou-se memorável devido ao Cortejo do Império, que, com o patrocínio da Câmara Municipal do Porto, incluiu um desfile histórico evocativo de figuras dos descobrimentos e colonizadores e uma parada de carros alegóricos sobre a temática das colónias, do comércio e da indústria.

A organização desta exposição não negligenciou a atividade turística. O *Diário de Notícias* de 4 de abril de 1934 referia a importância da Exposição Colonial do Porto para a «valorização da nossa soberania e para o sobrevivente progresso da nossa valorização económica» e considerava de interesse nacional que a exposição fosse visitada pelo maior número possível de estrangeiros (vd. *Diário de Notícias*, 4 de abril de 1934: 1). Seguindo o que já acontecera por ocasião da Exposição de Sevilha, em 1929, o decreto-lei n.º 24:091, de 29 de junho de 1934, determinava que, durante o certame, o expediente normal nos postos dependentes das Alfândegas de Lisboa e do Porto fosse alargado do nascer do Sol até à meia-noite. Curiosamente, a própria brochura oficial do certame utilizava aliciantes turísticos para convidar a uma visita da exposição:

> Visitai a Exposição Colonial Portuguesa, que terá lugar de Junho a Setembro de 1934, no país do sol e na cidade mais pitoresca e característica de Portugal.
> *Brochura da 1.ª Exposição Colonial Portuguesa*, 1934

O Seculo noticiava que os turistas continuavam a visitar o «lindo certame do Porto, cujos atractivos dia a dia se valorizam» (*O Seculo*, 27 de junho de 1934: 1), e destacava *os grupos de excursionistas e as associações recreativas, que, com as suas visitas, demonstravam como o turismo podia ser uma lição* (vd. *ibidem*: 1, e *O Seculo*, 8 de julho de 1934: 4). O mesmo jornal intitulava o Porto «centro de turismo» e convidava a que se divulgassem as riquezas turísticas da cidade, em Portugal e no estrangeiro (vd. *O Seculo*, 7 de julho de 1934: 1). A organização do certame foi obra conjunta de *O Seculo* e da CP, os quais planearam o que foi designado como a Grande Excursão Nacional, que transportou até ao Porto um grande número de visitantes no dia 12 de agosto. Na verdade, até os párocos eram convidados a aliciar os fiéis a visitarem a Exposição Colonial.

ANTÓNIO FERRO: O TURISMO AO SERVIÇO DA «NAÇÃO»

A cidadela da utopia do império português, como a designa Maria do Carmo Serén, foi motivo para a organização de inúmeras conferências alusivas ao tema colonial e palco de excursões, paradas e festas culturais (vd. Serén, 2008: 117). O resultado terá sido a produção de um postal vivo da «Nação», tal como o regime a entendia, que foi oferecido a visitantes e a viajantes nacionais e estrangeiros. Perante a recetividade de que o evento terá sido alvo, os jornais da época afirmavam que a «Nação» teria entendido a lição de propaganda, materializada nesta exposição, que contou com a participação do Conselho Nacional de Turismo, representado num dos mais concorridos pavilhões.

3.2.2. Exposição Internacional de Paris, 1937

Em junho de 1936, o embaixador Armindo Monteiro dirigiu uma carta a Salazar na qual referia que «vão a Paris quasi todos os países do Mundo. Uns vão ali fazer a propaganda das suas indústrias, outros a propaganda da sua acção política, do seu valor como agentes de civilização ou criadores de riqueza» (Monteiro, 1936: s/p). Dias depois recebeu a resposta do presidente do Conselho, acordando que

> À nossa representação deveria ser dado sobretudo o carácter a
> que V. Ex.ª se refere no seu citado ofício – afirmar a nossa contribui-
> ção para a civilização mundial, a nossa obra e pensamento colonial,
> o interesse turístico e, quanto a produção, limitarmo-nos ou darmos
> a primazia absoluta aos produtos típicos portugueses, sem pesada e
> inexpressiva representação.
>
> Salazar, 1936: s/p

E, assim, a participação de Portugal na Exposição Internacional de Paris de 1937, organizada em torno do tema Artes e Técnicas da Vida Moderna, foi oficializada pelo texto do decreto-lei n.º 26:730, de 27 de junho de 1936, que estabeleceu como objetivo da mesma

> mostrar a contribuição portuguesa para a civilização do mundo,
> a obra e o pensamento políticos do Estado Novo, as realizações, os
> métodos e os ideais colonizadores portugueses, hoje, e no passado,
> as riquezas artísticas mais notáveis do País, o interêsse turístico e

A BEM DA NAÇÃO

etnográfico e a importância dos principais produtos da indústria e do solo nacionais Procurará em tudo traduzir o carácter ou fisionomia das cousas portuguesas.

Artigo 2.º do decreto-lei n.º 26:730, 27 de junho de 1936

Este documento determinava também que todos os serviços da exposição ficariam a cargo da Casa de Portugal em Paris e atribuía a direção técnica e artística da representação portuguesa a António Ferro. O diretor do SPN foi ainda nomeado comissário-geral entre outubro de 1936 e junho de 1938, tendo sido o autor do programa da participação nacional no certame. A sua função incluía a supervisão dos trabalhos de construção do pavilhão, bem como a sua promoção junto da imprensa francesa.

O concurso para a conceção do pavilhão foi ganho por Keil do Amaral, que trabalhou com uma equipa da qual faziam parte Bernardo Marques, Carlos Botelho, Tomás de Melo (Tom), Estrela Faria, Fred Kradolfer e José Rocha, para a construção de um espaço que veio a ser descrito como simultaneamente moderno e português (vd. Ferreira, 1936: s/p). O edifício de dois andares albergava uma Sala de Honra e oito salas temáticas, a saber, Estado, Realizações, Obras Públicas, Ultramar, Arte Popular, Riquezas, Ciência e *Turismo*. A Sala de Honra e a escadaria do pavilhão estavam decoradas com pinturas de dez artistas plásticos nacionais, que representavam cenas do designado regionalismo português, enquanto as exposições davam destaque ao artesanato típico da metrópole e das colónias, facultando ainda diversos tipos de informação acerca da «Nação» resultante da revolução de 1926. O interior do pavilhão era ainda embelezado por uma série de baixos-relevos, dos quais se destacavam «Imagem do Estado Novo Português», «O Mar Português» e «Terra Portuguesa», e por uma sucessão de murais com pinturas e fotografias, que também evocava a antiga e gloriosa história nacional, bem como a renovação portuguesa em curso.

A fachada principal do pavilhão exibia um grande escudo nacional e a Cruz de Cristo, apresentando também esculturas de navegadores, como Vasco da Gama e Fernão de Magalhães, assim como de Salazar e do Infante D. Henrique. Ainda no exterior, em pleno Sena, os visitantes da exposição tinham a oportunidade de observar dois barcos rabelos carregados de pipas de vinho. Apesar dos constrangimentos financeiros, a obra produzida impressionou os visitantes. Os elogios foram tantos que o pavilhão português, inaugurado a 10 de junho, acabou galardoado com o *Grand-Prix* da Exposição.

Coube ao comissário António Ferro e ao Secretariado de Propaganda Nacional a criação de uma série de materiais que ajudariam à prossecução dos objetivos assumidos por esta participação, isto é, a divulgação do novo estado de Portugal e, sobretudo, da figura de Oliveira Salazar. Nesse sentido, produziram-se, por exemplo, as brochuras intituladas *L'Empire Portugais Colonial*, que, num formato extremamente simples, transmitiam dados geográficos, económicos e demográficos sobre a colónia portuguesa identificada na capa. Foram igualmente concebidos documentos promocionais em língua francesa, que explicavam o que era o Estado Novo português, e postais com imagens de descobridores e figuras apresentadas como sendo importantes para a história da «Nação», tais como políticos e até o poeta Camões. A documentação produzida disponibilizava igualmente informações sobre o turismo que se podia praticar na África portuguesa e sobre as características das várias províncias metropolitanas. Inúmeros cartazes com imagens rurais e gastronómicas faziam também parte do espólio decorativo do pavilhão.

Um dos documentos mais reproduzidos no âmbito da participação portuguesa nesta exposição foi o folheto de Cunha Barros aqui reproduzido. Como se verifica, apesar da menção à indústria nacional surgir como principal mote, este folheto evoca os mais comuns documentos de divulgação turística. De facto, as referências às águas terapêuticas, aos tapetes de Arraiolos ou às cerâmicas das Caldas da Rainha, por exemplo, e os pormenores imagéticos incluídos no mapa, assim como a alusão ao bom acolhimento que os estrangeiros sentem em Portugal, são disso prova. *Esta é mais uma evidência de como as estratégias de divulgação da «Nação» se confundiam com os dispositivos utilizados para promover a pátria, enquanto destino turístico.*

O recurso aos filmes foi igualmente utilizado pela comissão organizadora da participação portuguesa como estratégia propagandística. Assim, o filme *A Revolução de Maio*, com argumento de António Ferro, foi aqui mostrado, bem como a película *Rapsódia Portuguesa*, a evocação de uma viagem por Portugal através dos elementos tidos como característicos de cada província. Assim, num cenário de Tom e de Bernardo Marques, exibiam-se, entre outras manifestações de cultura popular, danças folclóricas e cantares alentejanos e beirões.

Todos os eventos promovidos pela representação portuguesa em Paris eram divulgados pela revista *Portugal*, que também fornecia informações

A BEM DA NAÇÃO

de cariz turístico. Além disso, como era habitual, a imprensa nacional foi relatando os pormenores mais válidos desta participação, destacando naturalmente o significado oficial da mesma. Referia o *Diario de Lisbôa* que a exposição de 1937 servia para revelar o génio das nações (vd. *Diario de Lisbôa*, 15 de abril de 1937: 1) e que Portugal figurara em Paris com «honra, com dignidade e com brilho, sublinhando a sua intenção de afirmar-se no concerto das nações, pelo que foi, pelo que é e pelo que quere ser» (*Diario de Lisbôa*, 25 de outubro de 1937: 1). A propósito da ação do comissário António Ferro, o mesmo jornal destacou o seguinte:

> António Ferro, tão bizarro nas suas imagens e tão policromo nos cartazes da sua fantasia, compreendeu que lhe era forçado tornar eloquente a própria estatística e cantantes as paisagens, os casarios, as lendas e as igrejas, bem como as lusas caravelas. Pois a sensibilidade ao serviço da razão. E venceu!
>
> *ibidem*: 1

O texto prosseguia com elogios a Ferro e à mulher, Fernanda de Castro, que teriam traçado a geografia, a história, a poesia e a graça do folclore nacional (vd. *ibidem*: 1). De facto, ao longo dos meses em que decorreu a exposição, foram inúmeras as conferências proferidas pelo casal, que também organizou diversos jantares oficiais e galas, e até um concurso literário aberto a escritores franceses, alemães, ingleses, espanhóis e italianos.

Contudo, em Paris também aconteceram iniciativas de teor mais popular, como a reprodução de um arraial minhoto, onde a esposa de António Ferro se trajou de noiva do Minho e os convidados receberam galos de Barcelos. Organizou-se também uma imitação das festas de Santo António e de São João, num momento de folclore e turismo protagonizado por Fernanda de Castro, que, desta feita, envergava um traje de saloia de Sintra. Não faltaram igualmente atuações de fadistas e exibições de ranchos folclóricos, representativos dos trajes, danças e cantos do Minho ao Algarve.

Por tudo isto, advoga-se, com Vera Marques Alves, que a participação na Exposição de Paris de 1937 terá constituído «uma grande apologia de Salazar e dos feitos do Estado Novo, apresentando um país dominado pela ordem e paz social» (Alves, 2007: 35), em que, mais uma vez, *elementos de sedução turística serviram para ensinar as lições de Salazar*.

3.2.3 New York World's Fair e Golden Gate International Exposition, São Francisco, 1939

António Ferro foi também o comissário da representação portuguesa na New York' World Fair, em setembro de 1939, subordinada ao tema «O Mundo de Amanhã». Foi nessa condição que, num discurso proferido no Pavilhão Português, Ferro referiu ser o propósito da representação nacional no certame informar os americanos sobre o passado, o presente e o futuro de Portugal. Essa lição incluía naturalmente matérias como os oito séculos de história lusitana e a figura do comandante da presente renovação nacional, Salazar. Todas as histórias seriam contadas num pavilhão pequeno e humilde, que, contudo, permitiria dar a conhecer a existência de uma «Nação» europeia onde a vida era simples, mas doce, e a verdade era a lei do homem, e que, em conjunto com espanhóis e italianos, criara o grande império colonial existente à época (vd. Ferro, 1939). Além disso, a revista *Rádio Nacional* de 7 de maio de 1939 referia, num artigo intitulado «A exposição de Nova York e Portugal», que esta participação serviria para reivindicar o papel principal dos portugueses na descoberta e ocupação da América, bem como para exaltar a esperança numa paz e numa felicidade humanas alicerçadas nas tradicionais forças morais que fizeram grande a «Nação» portuguesa (vd. *Rádio Nacional*, 7 de maio de 1939: 5).

O decreto-lei n.º 28:707, de 2 de junho de 1938, atribuía mais uma vez a responsabilidade de organizar a participação portuguesa numa feira internacional ao Secretariado de Propaganda Nacional, sob a orientação superior do Ministério dos Negócios Estrangeiros. No seu artigo 2.º, dizia-se, à imagem do que sucedera por ocasião da oficialização da participação portuguesa na exposição de Paris, que o propósito desta participação seria a exibição da

> contribuição portuguesa para a civilização, a obra e o pensamento do Estado Novo, as realizações, os métodos, os ideais colonizadores da Nação, agora e no passado, o seu património artístico, turístico e etnográfico, e o valor económico dos principais produtos da indústria e solo nacionais.
>
> Artigo 2.º, decreto-lei n.º 28:707, 2 de junho de 1938

Destaque-se, de novo, a *motivação turística*, a par de outras à partida tidas como mais significativas, como uma das nomeadas para *justificar mais um investimento nacional*. Também mais uma vez,

A BEM DA NAÇÃO

não se pode descurar a nomeação específica de António Ferro, agora eventualmente no auge das suas funções como rosto da propaganda da «Nação», para o papel de comissário do governo português nas exposições norte-americanas, realizadas no ano em que se iniciou o segundo grande conflito bélico mundial do século XX. O citado texto legislativo determinava igualmente que, para cumprimento dos efeitos específicos da organização desta participação, os serviços centrais da secção portuguesa funcionariam na sede do SPN, em Lisboa, e anunciava a publicação de um catálogo da exposição com informação artística, histórica, etnográfica e científica, que também continha a relação dos objetos e produtos expostos em Nova Iorque.

O pavilhão obedecia a uma estrutura arquitetónica modernista, criada por Jorge Segurado, e foi palco de evocações da história das navegações e da colonização, bem como de exibições exacerbadas do ressurgimento protagonizado pela era pós-«Revolução Nacional». Curiosamente, logo a seguir à usual exibição do papel histórico desempenhado por Portugal no mundo, os visitantes eram quase de imediato convidados a visitar o espaço atribuído ao sector turístico e ao artesanato, designado por Turismo e Arte Popular.

O acesso a essa área encontrava-se decorado com uma série de bonecas vestidas com trajes típicos regionais e com alguns exemplos de artesanato popular. Localizada logo no primeiro piso, esta zona exibia uma importante coleção etnográfica da qual faziam parte inúmeros artefactos provenientes de todas as províncias continentais, a par de informação sobre o concurso da Aldeia Mais Portuguesa de Portugal. Os visitantes do Pavilhão de Portugal podiam ainda ler os depoimentos de escritores estrangeiros, que, dois anos antes, na exposição de Paris, haviam elogiado a arte popular portuguesa. Existiam também diversas maquetas que evidenciavam as potencialidades turísticas nacionais, acompanhadas dos correspondentes registos fotográficos, sendo dado destaque a Lisboa, ao Alentejo, a uma aldeia algarvia, a uma romaria no Minho, às vinhas do Douro e a um barco rabelo. O pavilhão abarcava igualmente um espaço dedicado ao passado, aos descobrimentos e à expansão, bem como à divulgação da obra do Estado Novo. O último átrio exibia o presente, e, a par das atividades económicas e administrativas, o turismo tornava a ser tema privilegiado.

O catálogo oficial da representação portuguesa, editado em língua inglesa, incluía uma introdução do comissário António Ferro, que, além de indicar os propósitos da participação e as áreas que a

ANTÓNIO FERRO: O TURISMO AO SERVIÇO DA «NAÇÃO»

compunham, elogiava a personalidade de Salazar. Ainda na mesma publicação, existe um ensaio de Ferro, ilustrado por Bernardo Marques e Tom, sobre a indústria turística, no qual Portugal era designado como o arco-íris da Europa. O texto comparava Lisboa a um jardim e elogiava a sua antiguidade, povoada por almas de heróis, guerreiros e príncipes, enquanto as romarias e o vinho do Porto eram referidos como atrativos de um país que o Sol convidava a visitar. Esta edição incluía fotografias de Carmona, de Cerejeira, da estátua de Salazar, envergando as vestes de lente de Coimbra, diversos apontamentos do espólio exposto e continha ainda um mapa com informações sobre o folclore e a gastronomia regionais, com destaque para as sardinhas, as conservas, o queijo e o vinho (vd. Costa, 1939: s/p).

Um número considerável de páginas deste catálogo compunha uma secção intitulada *Travel in Portugal and Live in the Heart of Nature Dreaming of the Days of Yore*. Essas linhas justificavam a «Nação» turística devido à qualidade e ao conforto dos hotéis, bem como à beleza e à variedade da paisagem, e à hospitalidade dos nacionais. Referia-se que o país ainda não fora estragado pelo progresso e que havia boas estradas e boas comunicações, sendo Portugal apresentado como um local simultaneamente civilizado e natural. As ilustrações presentes exibiam uma variedade de trajes regionais através de imagens que mostravam, entre outros, uma minhota, um serrano, um campino, varinas e um madeirense, com as respetivas alfaias de trabalho. Havia igualmente alusões à gastronomia, às danças e aos estudantes de Coimbra, e aos destinos recomendados juntavam-se sugestões de itinerários para melhor conhecer as regiões do Porto e Minho, de Lisboa e Estoris, de Coimbra e do Algarve. Este suplemento também partilhava dados pormenorizados sobre as funções concretas de órgãos oficiais relacionados com o turismo, como as diversas Casas de Portugal ou a Sociedade da Propaganda de Portugal (vd. *ibidem*: s/p).

A presença portuguesa na Golden Gate International Exposition, em São Francisco, foi consideravelmente mais modesta do que a de Nova Iorque, sendo essencialmente dirigida à colónia portuguesa da Califórnia, que a apoiou financeiramente. Também aqui o projeto do pavilhão foi do arquiteto Jorge Segurado, e a decoração da responsabilidade dos mesmos artistas que haviam estado na exposição de Paris.

Não esquecendo o quanto 1939 foi um ano conturbado e de surpresas desagradáveis, importa distinguir o empenho do regime em participar em mais duas mostras da nova «Nação» portuguesa, também no papel de destino turístico de destaque.

3.2.4. Exposição do Mundo Português, 1940

> Portugal inteiro coube nesse cantinho de Belém durante seis meses.
>
> Ferro, 1948a

Como referido no início deste trabalho, a escolha do ano de 1940 como limite temporal da presente pesquisa resulta de se entender que *a mostra da «Nação» salazarista representada pela Exposição do Mundo Português constituiu também um importantíssimo momento de afirmação da consciência turística de que António Ferro tanto falava. Durante cerca de seis meses, muito do que os visitantes foram convidados a observar coincidia com as narrativas turísticas do Estado Novo e fora, ou veio a ser posteriormente, difundido em contextos de divulgação turística. Além disso, como se irá constatar de seguida, a pertinência do evento enquanto instrumento facilitador da rotina turística esteve sempre no âmbito dos projetos que conduziram à concretização daquele que terá sido o evento mais marcante das comemorações do Duplo Centenário da Fundação e da Restauração de Portugal.*

A 27 de março de 1938, uma nota oficiosa da Presidência do Conselho anunciava a intenção do regime de realizar, dois anos depois, as designadas Comemorações do Duplo Centenário da «Nação», que celebravam os anos de 1140, fundação da nacionalidade, e de 1640, restauração da independência. Tal proposta era justificada através de argumentos nacionalizantes, a saber, os oito séculos de identidade política e de manutenção de fronteiras, a não confusão de raças em território nacional, a distância dos conflitos europeus, a expansão operada no período dos descobrimentos e os grandes vultos portugueses ligados à cultura portuguesa. Pretendia-se que os festejos fossem extensivos a toda a população nacional, pelo que o programa oficial incluía diversos tipos de atividades, destinados aos mais distintos públicos, para que, assim, todos pudessem estar em sintonia com o projeto comemorativo de Salazar. Fora das grandes cidades, os festejos eram organizados por subcomissões criadas para o efeito, tendo a maioria desses eventos surgido sob a forma de feiras, romarias e exposições. A Exposição do Mundo Português, realizada na zona da Junqueira, em Lisboa, entre junho e dezembro de 1940, terá eventualmente sido o mais emblemático momento dos festejos centenários.

Encontra-se no espólio da Fundação António Quadros – Cultura e Pensamento um interessante relatório de dezassete páginas que estabelece claramente os objetivos e as atividades que seriam desenvolvidas no âmbito destes festejos. Além de tudo o que já se sabe sobre a pertinência das comemorações para o regime, é de extrema relevância destacar o cuidado com o eco que as mesmas teriam no estrangeiro, e principalmente a expectativa de que viriam «turistas de tôdas as classes, durante o largo período de duração das festas» (*Relatório*, s/d). Apesar de a nota oficiosa de Salazar ter referido claramente que o propósito das celebrações não passava por capitalizar esse momento em função de possíveis benefícios para a indústria turística, é certo que tal não sucedeu na prática, tendo muitas das áreas correlacionadas com o sector vindo a beneficiar de todos os projetos traçados para o ano de 1940.

De facto, o referido relatório destaca a atividade turística logo no início, quando discute as sugestões propostas para um feliz decurso do Duplo Centenário, nas quais se indicam linhas de ação para a preparação da «nossa casa», tendo em vista o magno evento de 1940. De acordo com este texto, o Conselho Nacional de Turismo, por exemplo, deveria impor mecanismos de regulamentação junto dos hotéis para que os serviços fossem melhorados, sugerindo-se, como já referido, a construção de pousadas com características marcadamente nacionais. Outro ponto de preocupação a ser resolvido prendia-se com os problemas de entrada na capital e com a urgência de um aeroporto. Era igualmente referida a necessidade de edificar as gares marítimas já planeadas e de melhorar as estações da CP, em especial as fronteiriças, devendo o Paço de Sintra ser requalificado e o abastecimento de água à Costa do Sol assegurado. Defendia-se também a construção de um apeadeiro de linhas simples em Entrecampos, a repressão da mendicidade, mais limpeza e mais policiamento nas ruas de Lisboa, Porto e Coimbra, a recuperação das fachadas e a repressão do ruído nas ruas. Aconselhava-se que os engraxadores, os garotos de rua e as floristas melhorassem o seu aspeto, bem como embelezar Alfama

A BEM DA NAÇÃO

e facultar a visita a algumas casas solarengas da capital. Sugeria-se, ainda, a reconstituição e o aproveitamento do Castelo de S. Jorge, em Lisboa, o magno símbolo da conquista e do domínio portugueses. Eram igualmente referidos inúmeros espaços que deveriam ser alvo de aperfeiçoamentos e restauro, como o palácio de Queluz, a zona de Belém, o parque Eduardo VII ou a estrada para Cascais.

Este mesmo relatório enumerava também planos para a criação de quatro exposições, sendo a primeira a grande exposição histórica do mundo português, a segunda a dos primitivos portugueses, a terceira a grande exposição etnográfica na Tapada da Ajuda, com a construção de uma aldeia com as características das vinte e uma províncias do império, para exibir os usos e costumes da grande «Nação», e a quarta a grande exposição do Estado Novo. O relatório reafirmava, por fim, a necessidade de uma intensa campanha de propaganda interna e externa que deveria ser levada a cabo pelo SPN, em parceria com outros organismos.

O programa das comemorações era, de facto, muito vasto e abrangente e teve início no dia 27 de abril de 1940 com um *Te Deum* celebrado em todas as sés e igrejas de Portugal e do império e com uma sessão solene presidida pelo chefe de Estado na Assembleia Nacional. Seguiram-se inúmeras e variadas iniciativas, como a comemoração da fundação da nacionalidade em Guimarães, dois dias depois, o Cortejo do Trabalho no Porto, a Festa da Restauração em Vila Viçosa, a reabertura do Teatro de São Carlos com os bailados *Verde Gaio*, a inauguração da Exposição dos Primitivos Portugueses no Museu Nacional de Arte Antiga e os congressos do Mundo Português, Colonial e Luso-Brasileiro de História, que reuniram mais de trezentos historiadores portugueses e estrangeiros.

Faziam igualmente parte da agenda atividades mais populares como a Festa de Santo António, os arraiais populares, as touradas, a abertura do Estádio Nacional e a Semana Olímpica. Foram também divulgados a realização de uma reunião da Aliança Internacional de Turismo em junho, o Congresso Internacional da Mocidade, provas automobilísticas no Estoril, visitas a monumentos e locais associados à restauração, a inauguração da estátua equestre de D. João IV em Vila Viçosa, a iluminação de inúmeros monumentos, a destruição de bairros de lata em Lisboa e no Porto e a criação de parques florestais. Graças a este evento, o país inteiro sofreu melhoramentos até então adiados, realizados em função dos visitantes estrangeiros esperados,

ANTÓNIO FERRO: O TURISMO AO SERVIÇO DA «NAÇÃO»

como foi o caso da ampliação do Museu Nacional de Arte Antiga, das obras na Assembleia Nacional ou da construção do Bairro de Alvalade, da Avenida do Aeroporto e do Bairro do Restelo. O encerramento dos festejos ocorreu no dia 2 de dezembro de 1940, em cerimónias presididas pelo chefe de Estado e com a exibição da ópera *1640*, encenada para o povo.

A Comissão Nacional dos Centenários incluía vinte e seis personalidades, muitas das quais participantes no I Congresso Nacional de Turismo, a quem foram atribuídas as diferentes áreas de intervenção dos festejos, e de que se destacam Cottinelli Telmo e Raúl Lino. A António Ferro coube o pelouro do Turismo, da Propaganda e da Receção. A Comissão Executiva era presidida por Júlio Dantas, o Conde de Penha Garcia desempenhava funções de vice-presidente, o comissário-geral foi Augusto de Castro, o comissário-adjunto Sá e Melo, o arquiteto-chefe Cottinelli Telmo e o secretário-geral António Ferro.

Desde janeiro de 1939 que a *Revista dos Centenários* começou a ser publicada para «realizar a propaganda externa e interna das festas, chamando para elas, e para a alta significação dos acontecimentos históricos que se comemoram, a atenção de portugueses e estrangeiros» (*Revista dos Centenários*, 31 de janeiro de 1939: 2). Logo na sua primeira edição, também esta revista alertou para o facto de as comemorações não deverem ser exploradas a nível turístico, mas de, apesar disso, se esperar que as mesmas tivessem repercussão internacional. Esta foi a introdução para, contrariando um pouco a afirmação anterior, se reproduzir a ordem de trabalhos anunciada quer na nota oficiosa de 1938 quer no relatório que citámos e que demonstra que dos planos para as grandes comemorações do Duplo Centenário fazia parte um rol de projetos totalmente direcionado para o *desenvolvimento turístico do país em função das expectativas criadas em torno dos festejos de 1940*:

> À volta desta primeira preocupação devem ser postos, estudados e resolvidos um certo número de problemas, entre os quais apontarei, como exemplo, os que se referem à entrada no País ou na capital, à facilidade de circuitos turísticos, à vida nas cidades ou nos locais mais apetecidos e apetecíveis, pelo interêsse artístico, da païsagem ou de quaisquer características regionais.
>
> *Revista dos Centenários*, 31 de janeiro de 1939: 4

A BEM DA NAÇÃO

A execução das obras de melhoramento que o regime pretendia desenvolver no âmbito das comemorações desencadeou a elaboração de um grande número de estudos e projetos, agilizados em curtíssimo espaço de tempo. Os preparativos para a Exposição do Mundo Português, por exemplo, implicaram um regime especial de expropriações integrado no programa dos Centenários da Fundação e da Restauração da Nacionalidade, conforme determinado pelo decreto-lei n.º 28:797, de 19 de julho de 1938, que também revelava a intenção de realizar uma série de grandes obras públicas.

Faltam quatro mêses... é o título de um texto de António Ferro que faz uma das últimas e mais interessantes reflexões sobre os preparativos para as comemorações centenárias. Nele lamentava-se a diminuição prevista de visitantes estrangeiros devido aos conflitos bélicos, mas ainda se fantasiava com a visita de brasileiros, americanos e também de forasteiros provenientes de locais em guerra, «que nos olham como se fossemos a terra prometida» (Ferro, s/d, *Faltam quatro meses...*: 4). Este balanço referia igualmente as vantagens económicas resultantes da movimentação de turistas e elogiava o incremento patrimonial em curso, dando como exemplos a construção da estrada marginal e da autoestrada para Cascais, do Estádio Nacional e das gares marítimas, assim como a recuperação da zona da Torre de Belém e da Praça do Império e a edificação de pousadas (vd. *ibidem*: 5). Ferro acrescentou a necessidade de o povo compreender bem o significado das datas e de não dar ouvidos a boatos, não se devendo esquecer, também, que, ao contrário do que se passava no exterior, em Portugal não havia restrições alimentares, mas tranquilidade e equilíbrio, graças a Salazar (vd. *ibidem*: 7). O texto chegava ao fim com a alusão à grande lição que Portugal, «o farol da Europa», estava a dar ao mundo e com um apelo à participação nas festas (vd. *ibidem*: 8).

Figuras sempre presentes em iniciativas relacionadas com o turismo foram igualmente chamadas a opinar acerca destes preparativos. É especialmente interessante o comentário de Fausto de Figueiredo expresso em abril de 1938 numa entrevista ao *Diário de Notícias*. O diretor da Sociedade Estoril e administrador da CP referiu o apoio que esta iniciativa merecia por parte de toda a «Nação», bem como a propaganda necessária e merecida que deveria ser realizada pelas Casas de Portugal e pelos consulados, uma vez que o evento iria promover o prestígio de Portugal no estrangeiro e convidar à visita

ANTÓNIO FERRO: O TURISMO AO SERVIÇO DA «NAÇÃO»

de turistas. Essa expectativa justificava, para Fausto de Figueiredo, a melhoria das estações fronteiriças e a criação de uma nova estação marítima no porto de Lisboa, bem como o aperfeiçoamento do serviço em hotéis e pousadas. Por último, o empresário recordou que esta seria uma oportunidade para Portugal provar ao mundo que estava à altura da renovação política e social que atravessava. As declarações de Fausto de Figueiredo serviram ainda para reiterar a necessidade comummente aclamada de uma centralização da gestão da indústria turística (vd. *Diário de Notícias*, 27 de abril de 1938: 1).

*

A exposição da Junqueira terá porventura constituído o momento mais simbólico e agregador das comemorações centenárias. Teve a primeira visita oficial a 15 de junho, mas a sua abertura ao público só aconteceu no dia 23, e diz-se que até 2 de dezembro terá recebido cerca de três milhões de visitantes nacionais e estrangeiros. O *Diario de Lisbôa* publicado no dia de abertura de portas ao público glosava, na primeira página, o sonho realizado e a evocação de oito séculos de história, concluindo que «a matéria e o espírito, o pensamento e a forma, a ideia e a realização são obra exclusiva dos portugueses» (*Diario de Lisbôa*, 23 de junho de 1940: 1).

Num período de dezassete meses, uma vasta equipa chefiada pelo arquiteto Cottinelli Telmo e que incluía, entre outros, Cassiano Branco, Jorge Segurado, Raúl Lino e Keil do Amaral transformou totalmente uma área de mais de quinhentos mil metros quadrados, situada na zona dos Jerónimos, com um orçamento de trinta e cinco mil contos.

Além das exposições permanentes, inúmeras atividades serviram para entreter os visitantes da Junqueira. O Grande Cortejo Imperial do Mundo Português, encenado por Leitão de Barros, que começou com a Marcha do Império Português, foi um deles. Importa destacar ainda a existência da Nau Portugal, ancorada no Tejo, com a exposição de ouro do Banco de Portugal, e referir a ocorrência de inúmeras exibições de ranchos folclóricos e de mostras etnográficas. O espaço abarcava diversas infraestruturas de apoio, como restaurantes, um parque infantil e até uma estalagem, e a Companhia Carris de Ferro de Lisboa organizou percursos especiais de autocarro entre o Rossio e o local da exposição, tendo também sido muitas as viagens de grupo organizadas, a partir de todo o país, para a Junqueira.

A BEM DA NAÇÃO

Os pavilhões construídos no perímetro da exposição foram batizados com designações simbólicas como Pavilhão da Honra, Pavilhão dos Portugueses no Mundo, Pavilhão da Fundação, Pavilhão da Formação e da Conquista, Pavilhão da Independência, Pavilhão dos Descobrimentos, Pavilhão da Colonização e Pavilhão do Brasil (o único país convidado). Havia ainda núcleos distintos, como, por exemplo, a Secção Colonial ou o Centro Regional, da responsabilidade de António Ferro.

A Secção Colonial seguia, *grosso modo*, o conceito da organização da Exposição Colonial do Porto, de 1934, incluindo, além dos pavilhões das colónias, reconstituições de ruas «típicas» coloniais e representações das missões em África, bem como exibições de arte indígena e ainda um pavilhão dedicado ao *turismo* e à caça. À imagem do que sucedera no Porto, as referidas aldeias eram habitadas por nativos, que alegadamente representavam as suas rotinas diárias.

É no Centro Regional, cuja responsabilidade de conceção fora atribuída ao SPN, que torna a deparar-se com António Ferro, envolvido em encenações que pretendiam exibir a cultura popular portuguesa. Na verdade, esta mostra remete inevitavelmente para as inúmeras exposições organizadas pelo secretariado ao longo da década de trinta, bem como para o concurso da Aldeia Mais Portuguesa de Portugal. O espaço teve orientação etnográfica de Francisco Lage, Luís Chaves e Cardoso Marta e, segundo as palavras de Vera Marques Alves, terá sido «uma das iniciativas que melhor demonstra o uso nacionalista da imagética nacional do folclore e da arte popular» (Alves, 2007: 94).

O Centro Regional dividia-se em duas áreas distintas que se concertavam para apresentar aquilo que era anunciado como genuínas narrativas da cultura popular e autêntica da «Nação».

Uma dessas áreas, «Aldeias Portuguesas», era composta por representações das províncias portuguesas feitas, tal como se observara no Pueblo Español da Exposição de Sevilha de 1929, com base na construção de unidades habitacionais, locais de trabalho e lugares de culto, frequentados por figurantes, em aparentes rotinas diárias encenadas ao longo de todo o período de tempo em que a exposição se encontrava aberta ao público.

«Vida Popular», a outra área, era composta por pavilhões dedicados a manifestações da cultura material, onde artífices produziam as suas obras ao vivo no Pavilhão do Prólogo, decorado com painéis e bonecos evocativos do povo português, e nos pavilhões do ouro, da terra e do mar e das artes e indústrias.

Para que os visitantes melhor entendessem aquilo que viam, o SPN preparou um roteiro para os guiar e elucidar ao longo do percurso pelas «Aldeias Portuguesas» e pela «Vida Popular», tendo, também, editado o álbum *Vida e Arte do Povo Português,* com a colaboração de etnógrafos nacionais.

Em julho de 1940, António Ferro declarou ao *Diário de Notícias* que o Centro Regional era a flor da nossa alma, o verdadeiro conto de fadas do génio popular português (vd. *Diário de Notícias,* 3 de julho de 1940: 1). Num almoço que realizou, no dia 28 de novembro de 1940, com todo o pessoal que com ele ali trabalhara, Ferro explicou que esta fora uma obra coletiva do povo, sem o que nunca teria adquirido «a alma que tem, aquela imponderável espiritualidade que é e foi dada acima de tudo, pelo amor e pelo entusiasmo» (Ferro, 1940b). Noutra ocasião, afirmou ainda que o grande encenador de tudo o que sucedera na Exposição do Mundo Português fora a população portuguesa (vd. Ferro, 1941b: 5). Face a estes comentários, é obvio que, no parecer do diretor do SPN, a Exposição do Mundo Português cumpriu na íntegra a sua missão de orgulhar a «Nação» e de, ao mesmo tempo, mostrar ao mundo a onda de renascimento por que Portugal passava:

> É que a Exposição era o espelho da nossa recuperação, da nossa capacidade realizadora, a prova-dos-nove do nosso ressurgimento. Já não podia haver dúvidas! Nada tínhamos a invejar a ninguém. A nossa exposição – no comentário dos próprios estrangeiros que a visitaram – era a mais bela de todas que se tinha realizado nos últimos anos. E tal certeza proclamada em todas as línguas, de viva voz, na imprensa, na rádio internacional, encheu o nosso povo de orgulho saudável, obrigou os portugueses a erguer definitivamente a cabeça, a olhar de novo para o céu, para as estrelas...
>
> *ibidem*: 5

A Lição dos Centenários permitiu a António Ferro repetir que, apesar dos constrangimentos impostos pelo decurso da Segunda Guerra Mundial, que travaram a vinda dos fluxos esperados de estrangeiros, a repercussão no exterior fora imensa (vd. *ibidem*: 1). Como referiu Ferro, o conflito bélico teria simplesmente, na opinião do regime, evitado que mais estrangeiros visitassem o certame (vd. *ibidem*: 1). Os que

A BEM DA NAÇÃO

vieram, porém, teriam sido unânimes em comentar que a exposição portuguesa era a mais bela de todas as que haviam visitado nos anos anteriores (vd. *ibidem*: 5). Aparentemente, o regime ponderara cancelar as comemorações, o que, afinal, não veio a acontecer. Os comentários de Ferro, porém, parecem indicar que *os conflitos europeus terão servido, na ótica do regime, para exacerbar ainda mais a alegada diferença da «Nação» portuguesa*, pois a «guerra, que tantas fronteiras tem desmoronado, veio dar precisamente, maior beleza, maior emoção às comemorações que se estão realizando» (vd. *ibidem*: 1).

A celebração dos centenários, e muito particularmente a Exposição do Mundo Português, continuou a ser evocada pelo regime durante largos anos, como o momento apoteótico de que António Ferro falou. Como refere Ellen W. Sapega, esta exposição constitui um excelente exemplo do modo como as comemorações foram usadas para comunicar a visão oficial da cultura nacional (vd. Sapega, 2008: 41). Além disso, tal como refere Cristina Pimentel, a «principal finalidade deste tipo de exposição era encorajar o turismo através da criação de uma imagem de estabilidade nacional» (Pimentel, 2005: 139).

Os inúmeros relatos da imprensa da época levam a crer que, em 1940, a «Nação» se teria alienado de tudo e focado apenas na grande obra de renovação de Salazar, encenada e divulgada, em grande parte, por António Ferro. A Exposição do Mundo Português terá, nesse âmbito específico, constituído o culminar apoteótico referido por Ferro, pela forma como alegadamente terá agregado a pátria num intenso momento de louvor ao chefe político, que personificava todas as virtudes de uma «Nação» única. Curiosamente, *o eclodir da guerra terá contribuído para destacar ainda mais os benefícios que a propaganda de Ferro tinha por missão publicitar nesse ano, mais do que nunca. O equilíbrio e a estabilidade que deveriam transparecer para o público nacional e para os visitantes estrangeiros teimavam em impor-se, no registo do Governo, muito além do paraíso triste vislumbrado por St. Exupéry* (vd. Saint-Exupéry, 1944: 9), quando se referiu à Lisboa dos festejos de 1940.

*

As paradas, as festas, os emblemas e os ritos são necessários, indispensáveis, para que as ideias não caiam no vazio, não caiam no tédio... [...] Pobres das ideias sem calor, pobres das ideias que não

ANTÓNIO FERRO: O TURISMO AO SERVIÇO DA «NAÇÃO»

crepitam... Podem ser muito belas, muito justas, mas apagam-se e morrem, se não houver uma tenaz a estimulá-las constantemente, a ateá-las...

Ferro, 2007 [1932a]: 221

Não há dúvida de que para António Ferro a atividade turística surgiu sempre lado a lado com a exaltação da «Nação», o que faz evocar o discurso que proferiu, por ocasião da participação portuguesa na New York's Fair. Nessa altura, o diretor do SPN reiterou a paixão que devotava ao sector turístico e todos os planos que, nesse âmbito, pretendia ainda concretizar. Perante as palavras, torna-se fácil assumir que, *para o principal realizador da propaganda da «Nação» de Salazar, o turismo era de facto uma arena onde podia exibir, sem dificuldades ou constrangimentos, evidências ideológicas de um regime que (ainda) apreciava e que divulgava apaixonadamente:*

> Se Deus me der vida e saúde [...] gostaria ainda de aproveitar aqueles anos que me restam de mocidade interior para completar a obra esboçada, para realizar aquilo que sei fazer, aquêle mínimo que tenho a certeza de saber fazer.
>
> [...] estabelecer as bases do Estatuto de Turismo que dê unidade ao problema e transforme em realidade, entre outros, os velhos sonhos do Crédito Hoteleiro e da Escola de Hotelaria, etc.; [...] continuar a servir, cada vez mais e melhor, a Pátria e Salazar.
>
> Ferro, 1939

Na verdade, em contextos que, à partida, seriam meramente turísticos, que obstáculos encontraria Ferro à divulgação da designada cultura popular, à exibição de representações tidas por autênticas ou à encenação de episódios históricos, se são precisamente esses os conhecimentos que a grande maioria dos turistas busca? Como o próprio António Ferro declarou, ser «turista é ser um aventureiro ingénuo, um descobridor ingénuo. Ser turista é descobrir o que outros prepararam antes para eu descobrir» (Ferro, 1949: 19), e isso justificava todo o empenho oficial em utilizar o turismo como recurso de propaganda ideológica.

Para terminar este capítulo dedicado à indissipável ação de António Ferro no turismo português dos primeiros anos do Estado Novo, cumpre relembrar uma homenagem realizada pelo filho, António

Quadros. Em 1958, a propósito dos vinte e cinco anos da criação do Secretariado de Propaganda Nacional, realizou-se uma romagem ao túmulo de António Ferro, no final da qual António Quadros proferiu a comunicação «António Ferro – enamorado da paisagem». Nesse texto, Quadros evocou palavras usadas por António Ferro para comentar a sua própria atividade e concluiu ter sido o pai «o homem de acção que embeleza e humaniza a própria Natureza e tudo quanto lhe está ligado, ou seja, a paisagem, o ambiente campestre, a estrada, os usos e costumes tradicionais com raiz na terra e um turismo com base no sentimento da natureza» (Quadros, 1958: s/p). Estas palavras evocam o papel desempenhado pelo SPN no sentido de estabelecer as bases da nova indústria do turismo e de *renovar* e valorizar o folclore, as tradições e os costumes locais, concebendo, para tal, leis de proteção do sector, assegurando a presença portuguesa em certames internacionais e lutando pelo bom gosto nas exposições, nos hotéis e nos restaurantes (vd. *ibidem*: s/p). António Quadros recordou igualmente as inúmeras edições sobre temáticas turísticas publicadas pelo SPN e pelo SNI e justificou também que toda a ação de António Ferro teria acontecido em função de uma «vontade constante de transformação, pela beleza e pela cultura, da paisagem e da natureza de Portugal, a bem do homem português e em nome dos direitos do Espírito» (vd. *ibidem*: s/p).

À laia de conclusão e súmula de todo o empreendedorismo associado à intervenção de António Ferro na sociedade portuguesa, António Quadros refere o seguinte a propósito das memórias que perduram deste turista-repórter, como o apelidou:

> Por que está vivo ainda António Ferro? Se conseguirmos resolver os aparentes paradoxos do seu pensamento e da sua acção, se lograrmos atingir a harmonia das múltiplas manifestações da sua riquíssima personalidade, depressa compreenderemos que nele e por ele se realizou uma rara alquimia: foi um homem que assumiu inteiramente, até ao absoluto, a representação do seu tempo ou da sua época; foi um homem que, simultâneamente, assumiu a representação do seu espaço ou da sua pátria.
>
> Quadros, 1963: viii

Talvez para muitos seja difícil separar a intervenção de António Ferro do papel que lhe foi atribuído no contexto político e social do

Estado Novo português. Se é certo que algumas das narrativas turísticas criadas poderão ter tido na sua origem, não imperativos da indústria turística, mas antes motivações forjadas pela orgânica propagandística do regime, ao mesmo tempo há que admitir e reiterar que Ferro terá impulsionado e sistematizado muitas das representações turísticas que ainda hoje Portugal utiliza para se divulgar junto de mercados turísticos nacionais e estrangeiros.

Conclusão

O número um de *Panorama. Revista Portuguesa de Arte e Turismo* declarava, logo na primeira página, que o turismo era «a arte de animar em nós próprios o orgulho de sermos nacionais» (*Panorama. Revista Portuguesa de Arte e Turismo*, junho 1941: 1). A ligeireza desta afirmação é facilmente ultrapassada, quando se recorda a dedicação que o Estado Novo atribuiu ao sector turístico, particularmente nos anos em que se implantava como um novo paradigma político, isto é, entre 1933 e 1940, tal como se demonstrou neste estudo.

A profusão legislativa que moldava a indústria a um formato compatível com os cânones do regime, a presença do tema em importantes encontros e congressos, como o I Congresso da União Nacional, ou a vasta cobertura de pequenos e grandes *fait-divers* turísticos demonstram que, para António de Oliveira Salazar, o turismo estava longe de ser a atividade frívola e supérflua que António Ferro receava e combatia. Por outras palavras, as rotinas turísticas arquitetadas e permitidas pelo Governo deveriam servir, tal como todas as outras áreas da «Nação», para facilitar a divulgação das verdades do regime a nacionais e a estrangeiros.

A aposta no desenvolvimento do sector turístico era justificada, pelas vozes oficiais, como uma realidade que decorria naturalmente das especificidades ideológicas do Estado Novo português. Afirmava-se que, enquanto por cá se construíam infraestruturas de paz, como hotéis e estradas, logo a seguir aos limites da «Nação», do outro lado da fronteira, sofria-se por guerras, desacatos e até greves, e esse parecia ser um argumento suficientemente poderoso para celebrar as iniciativas do poder.

Tal como se constatou, a atividade turística praticada nos primeiros anos do salazarismo servia para dar lições sobre os alicerces nacionalizantes que suportavam a «Nação» e chegou mesmo a ser referida como uma forma de combater eventuais degenerescências da raça. De formas distintas, mas complementares, os dois países turísticos identificados no *Portugal, paiz de turismo*, tantas vezes evocado por António Ferro ou por Roque da Fonseca, recuperavam, renovavam e exibiam comportamentos e artefactos «autênticos» e «típicos», que tanto serviam as representações turísticas como os dialetos nacionalizantes oficiais.

Assim, o modesto e humilde «turismo médio» propunha aos trabalhadores nacionais momentos de alegria e alegado convívio sadio em excursões que os transportavam até aos locais mais emblemáticos da «Nação», como Guimarães ou Alcobaça. Este turismo das excursões, do alojamento tradicional, da recuperação dos símbolos legítimos da cultura popular portuguesa e da boa disposição simples e genuína deveria entreter e ensinar a maioria da população portuguesa. Porém, cumpria outro propósito em simultâneo, pois servia para compor os quadros sólidos e perfeitos de uma «Nação» pobre, trabalhadora e temente a Deus, que os visitantes estrangeiros observavam de uma distância conveniente.

Em contraponto, ou como complemento, o regime permitia na Costa do Sol, em especial na zona dos Estoris, um ambiente cosmopolita de opulência e sofisticação, que em tudo se opunha aos apregoados ditames salazaristas. Fruto de uma vontade inúmeras vezes publicitada de agradar aos visitantes estrangeiros, sempre referidos como motivação das melhorias necessárias para o sector turístico, este era o espaço onde se permitia a existência de um luxo que não pertencia à «Nação». Esta exceção autorizada deve, por isso, ser entendida como uma estratégia propagandística do Estado Novo, que usava assim, mais uma vez, a atividade turística para se justificar e promover. O cosmopolitanismo permitido nos Estoris destinava-se a mostrar ao mundo, não só a neutralidade anunciada por Salazar em setembro de 1939, mas também as diversas facetas desta «Nação» que abria as portas da sua mais recente e sofisticada sala de visitas a estrangeiros para que pudessem continuar a usufruir dos luxos e mordomias a que estavam habituados, mas de que tinham sido afastados por via dos

CONCLUSÃO

inúmeros conflitos europeus. Para grande parte da população portuguesa, os Estoris eram como um parque de diversões que deveria ser observado de longe ou, quando muito, de passagem, pois era um lugar socialmente perigoso e suscetível de corromper os nacionais.

De facto, não foi preciso a expressão «turismo» fazer parte da designação do órgão oficial de propaganda de Salazar para se entender que a indústria era, sem dúvida, um instrumento da mesma. A maior evidência de tal facto está presente no papel dinâmico e pró-ativo de António Ferro, que sempre demonstrou, ao longo das inúmeras iniciativas que promoveu, o modo como a indústria turística estava claramente ao serviço da «Nação». Na verdade, o sector foi pretexto para se recuperar «matéria do espírito», antes escondida, e que começou a ser exibida, não só em tradições alegadamente recuperadas, como através das inúmeras feiras e exposições que o diretor do SPN e do SNI comissariou. Esses momentos serviam simultaneamente para divulgar o que se apregoava ser a essência de uma «Nação» completa e fechada nas suas verdades e também para seduzir e entreter turistas nacionais e estrangeiros.

A preferência do Estado Novo em usar a indústria turística como instrumento de divulgação das suas lições ideológicas é fácil de entender, pois, como ficou patente nesta investigação, as representações das nações e os quadros turísticos sobrevivem à custa de argumentos semelhantes, que evocam tradições, histórias, autenticidades e memórias de comunidades. Considerando que, de modo mais ou menos consciente, os turistas admiram os ícones das nacionalidades, sobretudo nas formas culturais mais estereotipadas, materializadas em narrativas que lhes são oferecidas como verdadeiras e essenciais (vd. Horne, 1986: 165), a usurpação das estratégias de sedução turística por regimes como o Estado Novo português surge como um estratagema deveras aliciante para o poder. Desta forma, a propagação ideológica pode ocorrer de modo discreto e sub-reptício e, por isso mesmo, mais eficaz. Como refere Pierre Bourdieu, só é preciso

> saber descobrir [o poder] onde ele se deixa ver menos, onde ele é mais completamente ignorado, portanto, reconhecido: o poder simbólico é, com efeito, esse poder invisível o qual só pode ser exercido com a cumplicidade daqueles que não querem saber que lhe estão sujeitos ou mesmo que o exercem.
>
> Bourdieu, 1989: 7–8

Referências

A Cultura Portuguesa e o Estado (1945). Lisboa: Edições SNI.

ACCIAIUOLI, Margarida (1998) *Exposições do Estado Novo 1934–1940*. S/l: Livros Horizonte.

ALMEIDA, Alexandre de (1933) «O Presidente Da União Hoteleira (Alexandre De Almeida) De Portugal Declara Da Maior Oportunidade A Exposição Do Hotel Modelo», in *Notícias Ilustrado*. 6 de agosto de 1933.

— (1936) *Pedido de realização de melhoramentos no Palace Hotel do Buçaco*. Arquivo Nacional da Torre do Tombo. AOS/CO/IN-1B. Pt. 16.

ALVARES, José Maria (1933) «Hotel Modêlo», in *Notícias Ilustrado*. 13 de agosto de 1933.

ALVES, Vera Marques (1997) «Os Etnógrafos Locais e o Secretariado da Propaganda Nacional. Um Estudo de Caso», in *Etnográfica*, Vol. I (2): 237–257.

— (2007) *«Camponeses Estetas» no Estado Novo: Arte Popular e Nação na Política Folclorista do Secretariado da Propaganda Nacional*. Tese de Doutoramento. Lisboa: ISCTE. Departamento de Antropologia.

AMARAL, Bento Parreira do Amaral (1962 [1961]) «Discurso Proferido pelo Presidente da Direcção da F.N.A.T.», in *F.N.A.T. XXV Aniversário*: 7–15.

— (1962) «Discurso Proferido pelo Presidente da Direcção da F.N.A.T.», in *F.N.A.T. XXV Aniversário*: 33–35.

ANDERSON, Benedict (2006) *Imagined Communities*. Londres: Verso.

A BEM DA NAÇÃO

Assman, Almeida (2010) «From Collective Violence to a Common Future: Four Models for Dealing with a Traumatic Past», in Helena Silva, Adriana Martins, Filomena Guarda e José Sardica (eds.): 8–23.

Athayde, José d' (1939) *Noções de Hotelaria*. Lisboa: Anuário-Of. Gráficas.

Augé, Marc (2005) *Não-lugares. Introdução a uma Antropologia da Sobremodernidade*. Trad. Miguel Serras Pereira. S/l: 90 Graus Editora, Lda.

Aurindo, Maria José (2006) *Portugal em Cartaz. Representações do destino turístico (1911–1986)*. Lisboa: Centro de Estudos Geográficos da Universidade de Lisboa.

Barrington, Lowell W. (1997) «Nation and Nationalism: The Misuse of Key Concepts in Political Science», in *PS: Political Science and Politics*, Vol. 30, n.º 4, (Dec., 1997): 712–716. American Political Science Association. URL: http://www.jstor.org/stable.420397. Consultado em 19 de maio de 2008.

Barros, Cunha (1937) Folheto para a Exposição Internacional de Paris, 1937. Disponível em EPHEMERA. Biblioteca e arquivo de José Pacheco Pereira. URL:http://ephemerajpp.wordpress.com/2010/12/06/exposicao-universal-de-paris-1937-portugal-industria/. Consultado em 19 de maio de 2008.

Barros, João (1933) «A lição das romarias», in *Diario de Lisbôa*, 25 de setembro de 1933.

Barthes, Roland (2000 [1957]) *Mitologias*. Trad. José Augusto Seabra. Lisboa: Edições 70.

Bauman, Zygmunt (2000) *Liquid Modernity*. Cambridge: Polity Press.

Belo, António de Almeida (1938)«A propósito da Estrada Marginal LISBOA-CASCAIS. Variante na linha férrea», in *Gazeta dos Caminhos de Ferro*. 16 de Dezembro de 1938: 546–548.

Bennett, Tony (2004) *The Birth of the Museum. History, theory, politics*. Londres: Routledge.

Bennett, Tony, Francis Dodsworth e Patrick Joyce (2007) «Introduction. Liberalisms, government, culture», in *Cultural Studies*, vol. 21, n.ºs 4–5: 525–548.

Bernardo, João (2003) *Labirintos do Fascismo. Na Encruzilhada da Ordem e da Revolta*. Porto: Edições Afrontamento.

Bhabha, Homi K. (ed.) (2006) *Nation and Narration*. Londres: Routledge.

— (2006) «Introduction: narrating the nation», in Homi K. Bhabha (ed.): 1–7.

REFERÊNCIAS

Boletim Cultural do Município (1984). Arquivo de Cascais. Câmara Municipal de Cascais. N.º 5.

Boletim da Sociedade de Propaganda Nacional (1917). Ano 11, n.º 6.

BOSWELL, David, e Jessica EVANS (eds.) (1999) *Representing the Nation: A Reader. Histories, heritage and museums.* Nova Iorque: Routledge.

BOTELHO, Carlos (1942) *Exposição da Aldeia de Monsanto no Estúdio do S.P.N.* Lisboa: SPN.

BOURDIEU, Pierre (1989) *O Poder Simbólico.* Trad. Fernando Tomaz. Algés: Difel.

BRAGA, Isabel (2008) «SPN: A Encenação do Salazarismo», in António Simões do Paço (editor-coordenador): 52–61.

BRAGANÇA, Maria M. D. B. M. (2007) *Museu de Arte Popular. Antecedentes e Consolidação (1935–1948).* Dissertação de Mestrado em Museologia e Património. Faculdade de Ciências Sociais e Humanas. Universidade Nova de Lisboa.

BRIDGE, Ann, e Susan LOWNDES (2008 [1949]) *Duas Inglesas em Portugal. Uma Viagem pelo Portugal dos Anos 40.* Trad. Jorge Almeida e Pinho. Lisboa: Quidnovi Viagens.

Brochura da 1.ª Exposição Colonial Portuguesa (1934). Porto: Lito Nacional.

BROOKER, Peter (2003) *A Glossary of Cultural Theory.* Londres: Arnold.

BROWN, David (1996) «Genuine Fakes», in Tom Selwyn (ed.): 33–48.

BUCHO, Domingos José Caldeira Almeida (2000) *Herança Cultural e Práticas do Restauro durante o Estado Novo (Intervenção nas Fortificações do Distrito de Portalegre).* Tese de Doutoramento em Conservação do Património Arquitectónico. Universidade de Évora.

CADAVEZ, Cândida (2006) *Um Quarto com Vista sobre o Mundo: Globalização, turismo e cultura.* Dissertação de Mestrado. Faculdade de Letras da Universidade de Lisboa.

— (2010) «Nationalism and Tourism: Commemorating the Past and the Uniqueness», in Helena Silva, Adriana Martins, Filomena Guarda e José Sardica (eds.): 147–154.

Cadernos da Revolução Nacional. Portugal de Ontem. Portugal de Hoje. Portugal de Amanhã (s/d). Lisboa: Edições SPN.

CALDEIRA, Arlindo (1995) «O poder e a memória nacional. Heróis e vilões na mitologia salazarista», in *Penélope*, 15 (1995): 120–130.

CALMON, Pedro (1945) «Acordo Ortográfico», in *A Tarde*, 22 de agosto de 1945: 1–2. Fundação António Quadros, SNI, Caixa 672, Pasta Acordo Ortográfico. Agosto de 1945.

A BEM DA NAÇÃO

Câmara Municipal de Cascais (2007) *Memórias de Verão. A Costa do Sol e o Estoril nos Anos 30*. Estoril: Câmara Municipal de Cascais.

CARDIM, Guilherme (1939) «Os hoteis e o turismo», in *Rádio Nacional*. 19 de março de 1939. Ano II. N.º 86. Lisboa: Comissão Administrativa dos Estúdios das Emissoras Nacionais: 5.

CARDOZO, Mário (1936) «Museus e monumentos nacionais no desenvolvimento do turismo», in *I Congresso Nacional de Turismo* (1936). IV Secção. Lisboa.

Carta do Excursionista (1912). Lisboa: Sociedade de Propaganda de Portugal.

Catálogo da Exposição de Arte Popular Portuguesa (1936). Lisboa: SPN.

Catorze Anos de Política do Espírito (1948). Lisboa: SNI.

CHAVES, Luís (1936) «Carta a António Ferro». Fundação António Quadros, Caixote 004A, Dossiê Exposição de Arte Popular.

CLARK, Toby (1997) *Art and Propaganda*. Londres: The Orion Publishing Group.

COLAÇO, Branca de Gonta e Maria ARCHER (1999 [1943]) *Memórias da Linha de Cascais*. Edição Fac-similada. Vila Real de Santo António: Câmara Municipal de Cascais e Câmara Municipal de Oeiras. Parceria A. M. Pereira.

Comissão Executiva da Exposição de Obras Públicas (1948) *15 Anos de Obras Públicas 1932–1947*. S/l.

Congresso Nacional de Turismo. Relatórios. (1936). S/l: s/e.

Constituição Política da República Portuguesa (1955, 10.ª Edição Oficial). Lisboa: Imprensa Nacional de Lisboa.

CORREIA, Araújo (1935) «Nota Prévia», in *I Congresso da União Nacional. Discursos, teses e comunicações*. Volume I: 7–8.

CORREIA, Francisco Barbosa Pereira (1986 [1939]) *Monsanto. A Aldeia mais portuguesa de Portugal. Roteiro. O seu Castelo – As suas lendas – Como Monsanto ganhou o «Galo de Prata»*. Lisboa: EPCN.

COSTA, Augusto da (1940) «Turismo», in *O Século Ilustrado*. 21 de setembro de 1940: 2.

COSTA, Eduardo Freitas da (2002 [s/d]) «Prefácio», in *Não Discutimos a Pátria*. Lisboa: Nova Arrancada – Sociedade Editora SA.: 9–15.

COSTA, Leonildo Mendonça e (1907) *Manual do Viajante em Portugal*. Lisboa: Typ. da Gazeta dos Caminhos de Ferro.

COSTA, Marques da (org.) (1939) *Portugal in the New York World's Fair 1939. The Official Book of the Portuguese Representation in the International Exhibition of New York 1939*. S/l: s/e.

324

REFERÊNCIAS

Costa, Sara (2008) «A Invenção das Marchas Populares de Lisboa», in António Simões do Paço (editor-coordenador): 162–171.

Cunha, Licínio (2006) *Economia e Política de Turismo.* Lisboa: Editorial Verbo.

Dalgado, Daniel (1910) *The Thermal Springs and the Climate of Estoril in Chronic Rheumation and During Winter.* Londres: s/e.

Dann, Graham (1996) «The People of Tourist Brochures», in Tom Selwyn (org.): 61–81.

Despacho sobre as seguintes questões: Turismo. Hotéis (1936). Arquivo Nacional da Torre do Tombo. AOS/CO/PC-8E. Pt. 1. 5.ª subsecção.

Dicionário de História de Portugal Ilustrado (1982). Lisboa: Círculo de Leitores.

Eco, Umberto (1998) *Faith in Fakes. Travels in Hyperreality.* Trad. William Weaver. Londres: Vintage.

Edwards, Elizabeth (1996) «Postcards – Greetings from Another World», in Tom Selwyn (org.): 197–221.

Eliade, Mircea (2008) *Diário Português [1941–1945].* Trad. Corneliu Popa. Lisboa: Guerra e Paz, Editores S. A.

Escola Portuguesa – Boletim do Ensino Primário Oficial, de 6 de fevereiro de 1936, nº 69. S/l: s/e.

Estado Novo, 15 de julho de 1936. Recorte disponível em Fundação António Quadros, Caixote 004A, Dossiê Exposição de Arte Popular.

Estrela, Rui (2005) *A Publicidade no Estado Novo.* Volume 2 (1960–1973). Lisboa: Simplesmente Comunicando.

Ferreira, Ana Maria Alves Pedro (1994) *A Arquitectura Hoteleira de Lisboa (1892–1959).* Dissertação de Mestrado em História da Arte Contemporânea apresentada na Faculdade de Ciências Sociais e Humanas da Universidade Nova de Lisboa.

Ferreira, Armando (1933) «Hoteis Modêlo», in *Gazeta dos Caminhos de Ferro.* 16 de setembro de 1933: 529.

Ferreira, Carlos Cardoso e José Manuel Simões (2011) «Portugal Turístico ao Tempo da I República: Espaços, Lugares e Projectos», in Lousada, Maria Alexandre e Ana Paula Pires (orgs.): 77–98.

Ferreira, José Duarte (1935) «A Indústria de Turismo», in *I Congresso da União Nacional. Discursos, teses e comunicações.* Volume V: 343–378.

Ferreira, Oliveira (1936). Arquivo Nacional da Torre do Tombo, AOS/CO/PC-12-B. 6.ª Subpasta.

FERRO, António (1918) *O Ritmo da Paisagem*. Lisboa: Off.ªs da Pap. LUSO-BRAZILEIRA Abel d'Oliveira, Amorim, Ld.ª.

— (1921) *Leviana*. Lisboa: H. Antunes.

— (1927) *Viagem à volta das ditaduras*. Lisboa: Empresa Diário de Notícias.

— (1935). Fundação António Quadros, Caixote 004A, Dossiê Exposição de Arte Popular.

— (1936). Fundação António Quadros, Caixote 015A, AF.

— (1938) «1938! Anda Hoje A Roda». Fundação António Quadros, Caixote 16, Crónicas, Artigos AF.

— (1939). Fundação António Quadros. Caixa 015A,Envelope XII.

— (1939?/1940?) «A Fachada». Fundação António Quadros, Caixote 016, Crónicas, Artigos AF.

— (1940a). Fundação António Quadros, Caixote 015A, Envelope I.

— (1940b). Fundação António Quadros, Caixote 015B, Envelope XV.

— (1941). Fundação António Quadros, Caixote 016, Crónicas – Artigos AF.

— (1941b) «A Lição dos Centenários». Fundação António Quadros, Caixote 016, Crónicas, Artigos AF.

— (1943) *Dez Anos de Política do Espírito. 1933–1943*. Lisboa: SPN.

— (1948a). Fundação António Quadros, Caixote 015A, Discursos de AF, Envelope III. Informação n.º 1328 SNI.

— (1948b) *Catorze Anos de Política do Espírito. Apontamentos para uma exposição apresentados no S.N.I.* Lisboa: Edições SNI.

— (1949) *Turismo, fonte de riqueza e de poesia*, Lisboa: SNI.

— (1950) *Sociedades de Recreio*. Lisboa: Edições SNI.

— (2002 [s/d]) «Salazar e o Infante», in *Não Discutimos a Pátria*. Lisboa: Nova Arrancada. Sociedade Editora SA.: 19–22.

— (2007 [1932]a) «O Ditador e a Multidão», in António Ferro (2007 [1933]): 219–224.

— (2007 [1932]b) «A Política do Espírito», in António Ferro (2007 [1933]): 225–229.

— (2007 [1933]) *Entrevistas a Salazar*. Lisboa: Parceria A. M. Pereira. Livraria Editora, Lda.

— (2007 [1935]) *Salazar. O homem e a sua obra*. Lisboa: Empresa Nacional de Publicidade.

— (2007 [1938]) *Entrevistas a Salazar*. Lisboa: Parceria A. M. Pereira. Livraria Editora, Lda.

— (s/d) «Faltam quatro mêses...». Fundação António Quadros, Caixote 016, Crónicas, Artigos AF.

REFERÊNCIAS

— (s/d) «Não há turismo possível sem bons hotéis». Fundação António Quadros, Caixote 015B, Discursos manuscritos de António Ferro, Envelope XV.

— (s/d) «O Turismo e as Estradas». Fundação António Quadros, Caixa 16, Crónicas, Artigos. AF.

FIGUEIREDO, Fausto de (1914) *Estoril, estação marítima, climática, thermal e sportiva*. Lisboa: s/e.

— (1936) «Organização do Turismo», in *I Congresso Nacional de Turismo* (1936). I Secção. Lisboa.

F.N.A.T. XXV Aniversário (1962). Lisboa: Gabinete de Divulgação.

FONSECA, Joaquim Roque da (1933) *Portugal, País de Turismo*. Lisboa: ACP.

— (1935) *Do Turismo Nacional e sua Organização. Tese apresentada ao I Congresso Nacional de Automobilismo e Aviação Civil realizado no Porto, de 27 a 29 de Abril de 1935*. Lisboa: s/e.

— (1936) «O DISCURSO DO SR. ROQUE DA FONSECA, ORADOR OFICIAL DO CONGRESSO», in *I Congresso Nacional de Turismo*. IV Secção: 49–65.

— (1937) «O Problema do Turismo em Portugal», in II Congresso Nacional de Automobilismo e de Aviação Civil. Lisboa: Sociedade Nacional de Tipografia.

FOUCAULT, Michel (1980), in Colin Gordon (ed.).

FOX, Ralph (2006 [1936]) *Portugal Now*. Trad. Rui Lopes. Lisboa: Tinta da China.

Fundação para a Alegria no Trabalho. 1935–1954. Os princípios, as realizações e as perspectivas. (s/d). S/l: Edição do Gabinete de Divulgação.

GARCIA, Penha (1936) «Algumas Bases para a Organização do Turismo em Portugal», in *I Congresso Nacional de Turismo*. I Secção.

GARNIER, Christine (2002 [1952]) *Férias com Salazar*. Sem indicação de tradutor. Lisboa: Parceria A. M. Pereira. Livraria Editora, Lda.

GELLNER, Ernest (1998) *Nationalism*. Londres: Phoenix.

— (2001) *Nations and Nationalism*. Oxford: Blackwell Publishers Ltd.

GIL, Isabel Capeloa (2011) *Literacia Visual. Estudos Sobre a Inquietude das Imagens*. Lisboa: Edições 70, Lda.

GILLIS, John R. (ed.) (1996) *Commemorations. The politics of national identity*, Princeton: Princeton University Press.

— (1996) «Memory and Identity: the History of a Relationship», in John R. Gillis (ed.): 3–24.

327

GIRÃO, Amorim, Raúl MIRANDA, Virgílio CORREIA e Álvaro V. LEMOS (1938) *O Centenário Turístico da Serra da Louzã*. Louzã: Biblioteca Municipal da Louzã.

GOMES, Maria Amélia (1992) «Prefácio», in Fernando Pessoa (1992 [1925]): 5–16.

GORDON, Colin (ed.) (1980) *Power/Knowledge: Selected Interviews and Other Writings. 1972–1977*. Trad. Colin Gordon, Leo Marshall, John Mepham, Kate Soper. Nova Iorque: Pantheon Books.

GRAY, Ann, e Jim MCGUIGAN (eds.) (1997) *Studying Culture. An Introductury Reader*. Londres: Arnold.

GUEDES, Armando Marques (1936) «Algumas sugestões sobre a organização do turismo em Portugal», in *I Congresso Nacional de Turismo*. I Secção.

GUEDES, Fernando (1997) *António Ferro e a sua Política de Espírito*. Comunicação apresentada na Academia Portuguesa da História em 29 de janeiro de 1997.

GUERRA, Cidalisa Maria Ludovino (2002) *Do fervor modernista ao desencanto do regime instituído. António Ferro (1895–1956) ou o Retrato de uma personalidade em luta*. Dissertação de Mestrado em Estudos Portugueses. Cultura Portuguesa Contemporânea. Universidade Nova de Lisboa, Faculdade de Ciências Sociais e Humanas.

GUERRA, Oliva (1940) *Roteiro Lírico de Sintra*. Lisboa: S/e.

Guia-album da Costa do Sol, Os Estoris-Cascais. Estancias de Turismo, Belezas Naturais (s/d). Lisboa: Edição da Sociedade Propaganda da Costa do Sol.

Guia da Exposição de Obras Públicas 1932 1947 (1947). S/l: Soc. Astoria, Lda.

Guia do Forasteiro de Braga 1939 (1939). Braga: Tip. Coutinho.

GUILLAUME, Marc (2003) *A Política do Património*. Trad. Joana Caspurro. Porto: Campo das Letras – Editores S.A.

GUIMARÃES, Vieira (1936) «O Caminho de Ferro de Tomar à Nazareth ou Alcobaça, Batalha e Tomar perante o Turismo», in *I Congresso Nacional de Turismo* (1936). III Secção. Lisboa.

GUIMARÃIS, João Antunes (1936) «PALAVRAS DE SAÚDAÇÃO E HOMENAGEM PROFERIDAS PELO SR. DR. ANTUNES GUIMARÃIS», in *I Congresso Nacional de Turismo*. IV Secção: 45-49.

HALBWACHS, Maurice (1992) *On Collective Memory*. Trad. Lewis A. Coser. Chicago e Londres: The University of Chicago Press.

REFERÊNCIAS

HALL, Colin Michael (1996) *Tourism and Politics. Policy, Power and Place*. Chischester: John Wiley & Sons.

HENRIQUES, Eduardo Brito e Maria Alexandre Lousada (2011) «Férias em Portugal no Primeiro Quartel do Século XX. A Arte de Ser Turista», in Maria Alexandre Lousada e Ana Paula Pires (orgs.): 105–117.

HOBSBAWM, Eric, e Terence Ranger (eds.) (2000) *The Invention of Tradition*. Cambridge: Cambridge University Press.

HOBSBAWM, Eric (2000) «Introduction: Inventing Traditions», in Eric Hobsbawm e Terence Ranger (eds.): 1–14.

— (2007) *Nations and Nationalism since 1780*. Cambridge: Cambridge University Press.

HODGKIN, Katharine, e Susannah Radstone (eds.) (2007) *Memory, History, Nation. Contested Pasts*. Londres: Transaction Publishers.

HORNE, Donald (1986) *The Public Culture. An Argument with the Future*. Londres e Sydney: Pluto Press.

HOWARD, Peter (2003) *Heritage. Management, Interpretation, Identity*. Londres: Continuum.

I Congresso Nacional de Turismo (1936). I Secção. Lisboa.

I Congresso Nacional de Turismo (1936). II Secção. Lisboa.

I Congresso Nacional de Turismo (1936). III Secção. Lisboa.

I Congresso Nacional de Turismo (1936). IV Secção. Lisboa.

I Congresso Nacional de Turismo (1936). V Secção. Lisboa.

I Congresso da União Nacional. Discursos, teses e comunicações. Lisboa, 26 a 28 de Maio MCMXXXIV. Volume I. Lisboa: Edição da União Nacional.

I Congresso da União Nacional. Discursos, teses e comunicações. Lisboa, 26 a 28 de Maio MCMXXXIV. Volume II. Lisboa: Edição da União Nacional.

I Congresso da União Nacional. Discursos, teses e comunicações. Lisboa, 26 a 28 de Maio MCMXXXIV. Volume V. Lisboa: Edição da União Nacional.

IGNATIEFF, Michael (1999) «Nationalism and Toleration», in Susan Mendus (ed.): 77–106.

II Congresso Nacional de Automobilismo e de Aviação Civil (1937). Lisboa: Sociedade Nacional de Tipografia.

Itinerário (s/d). Fundação António Quadros, Caixote 015B, Envelope A Aldeia Mais Portuguesa.

JANEIRO, Helena Pinto, e Isabel Alarcão e SILVA (1988) *Cartazes de Propaganda Política do Estado Novo: 1933–1949*. Lisboa: Biblioteca Nacional.

João, Maria Isabel (2002) *Memória e Império. Comemorações em Portugal (1880–1960)*. Lisboa: Fundação Calouste Gulbenkian.

Leal, Ernesto Castro (1994) *António Ferro, Espaço Politico e Imaginário Social (1918–32)*. Lisboa: Edições Cosmos.

Leitão, Leonardo José (1936) «A localisação e higiene das cosinhas da indústria hoteleira e similares», in *I Congresso Nacional de Turismo*. IV Secção.

Lemos, Álvaro Viana de (1936) «Excursionismo Popular – Turismo Médio», in *I Congresso Nacional de Turismo*. II Secção.

Lickorish, Leonard J., e Carson L. Jenkins (1997) *An Introduction to Tourism*. Oxford: Butterworth-Heinemann.

Lima, Francisco (1936a) «Grandeza e Miséria dos Nossos Castelos», in *I Congresso Nacional de Turismo*. IV Secção.

— (1936b) «Pouzadas», in *I Congresso Nacional de Turismo*. IV Secção.

Lino, Raul (1917) «Memória justificativa e descritiva de um projecto de Hotel Portuguez, para ser construído no Sul do Paiz», in *Boletim da Sociedade de Propaganda Nacional*. N.º 6: 7.

Lobo, Susana (2006) *Pousadas de Portugal. Reflexos da Arquitectura Portuguesa do Século* xx. Coimbra: Imprensa da Universidade de Coimbra.

Lobo, Theresa Beco de Lobo (s/d) *The Poster of the New State*. IADE – Instituto Superior de Artes Visuais, Design e Marketing, UNIDCOM / IADE – Unidade de Investigação em Design e Comunicação, Lisboa, Portugal, disponível em www.iade.pt/drs2006/.../DRS2006_0343.pdf.

Lopes, José Maria Fernandes (1936) «A higiene da rua e o turismo», in *I Congresso Nacional de Turismo*. V Secção.

Lousada, Maria Alexandre (2008) «Antigas Vilas, Aldeias Velhas, Novas Aldeias. A paradoxal identidade das Aldeias Históricas de Portugal», in *Turismo, Inovação e Desenvolvimento. Actas do I Seminário Turismo e Planeamento do Território*. Lisboa: Edições Colibri: 143–174.

— (2011) «Viajantes e Turistas. Portugal, 1850–1926», in Maria Alexandre Lousada e Ana Paula Pires (orgs.): 65–75.

Lousada, Maria Alexandre, e Ana Paula Pires (orgs) (2011) *Viajar. Viajantes e Turistas à Descoberta de Portugal no Tempo da I República*. Catálogo da exposição evocativa do Centenário do Turismo em Portugal.

Lowenthal, David (1996) «Identity, Heritage, and History», in John R. Gillis (ed.): 41–57.

REFERÊNCIAS

MacCannell, Dean (1999) *The Tourist: a New Theory of the Leisure Class*. Londres: California University Press.

Machado, A. Pinto (1936) «QUINTA-FEIRA. A exposição de Arte Popular e o Turismo», in *Jornal de Notícias*, 7 de maio de 1936. Fundação António Quadros, Caixote 004A, Dossiê Exposição de Arte Popular.

Madeira, Mário (1936) «Problemas vários», in *I Congresso Nacional de Turismo*. V Secção

Marques, Correia (1941) «Roteiro Culinário Português», in *Viagem. Revista de Turismo, Divulgação e Cultura*. Dezembro de 1941: 8-9.

Maio, Guerra (1936) «Em defesa do turismo. A supressão dos passaportes era uma medida aconselhável para estreitar as relações entre os povos», in *Diario de Lisbôa*, 30 de outubro de 1935: 1.

Martins, Teotónio Carlos (1936) «O Problema Hoteleiro em Portugal», in *I Congresso Nacional de Turismo*. IV Secção.

Martins-Maciel, Guillaume (2005) *António Ferro et la propagande portugaise à l'œuvre dans la France des années trente*. Master de Recherche. Histoire et théorie du politique. Paris: Institut d'Etudes Politiques de Paris.

Matos, Helena (2000) *Costa do Estoril, Um Século de Turismo*. Estoril: Junta de Turismo da Costa do Estoril.

— (2003) *Salazar. Volume I. A Construção do Mito. 1928–1933*. Rio de Mouro: Temas e Debates.

McIntosh, Robert, e Charles Goeldner (1990) *Tourism. Principles, practices, philosophies*. Nova Iorque: John Wiley & Sons, Inc.

Melo, Daniel de (1997) *Salazarismo e Cultura Popular (1933-58)*. Dissertação final de Mestrado em História dos Séculos XIX e XX (secção séc. XX). Faculdade de Ciências Sociais e Humanas, Universidade Nova de Lisboa.

— (2001) *Salazarismo e Cultura Popular (1933–1958)*. Lisboa: ICS.

Mendus, Susan (ed.) (1999) *The Politics of Toleration*. Edimburgo: Edinburgh University Press.

Meneses, Filipe Ribeiro (2010) *Salazar. Uma Biografia Política*. Alfragide: Publicações D. Quixote.

Middleton, Victor, e Jackie Clark, (2007) *Marketing in Traveling and Tourism*. Oxford: Butterworth-Heinemann.

Monteiro, Armindo (1936). Arquivo Nacional da Torre do Tombo, Pasta AOS/CO/PC-12-B. 1.ª Subpasta.

MONTÊS, António (1941) «Viagens de Turismo para Portugueses», in *Viagem. Revista de Turismo, Divulgação e Cultura*. Número 8. Ano II. Junho de 1941: 3–4.

MOREIRA, Fernando João de Matos (2008) *O Turismo e os Museus nas Estratégias e nas Práticas de Desenvolvimento Territorial*. Tese de Doutoramento. Universidade Lusófona de Humanidades e Tecnologias. Departamento de Arquitetura, Urbanismo e Artes.

MORGAN, Nigel, e Annette Pritchard (2000) *Advertising in Tourism and Leisure*. Oxford: Butterworth-Heinemann.

MORGAN, Philip (2007) *Fascism in Europe, 1919–1945*. Londres: Routledge.

Múrias, Manuel (1939) *Portugal: Império 1939*. Lisboa: Livraria Clássica Editora.

— (2002 [1961]) «A Pátria e a sua História», in Salazar (2002 [1961]): 23–31.

NETO, Maria João Baptista (2001) *Memória, Propaganda e Poder. O Restauro dos Monumentos Nacionais (1929–1960)*. Porto: FAUP.

NIZA, A. de Melo e (1933) «Comboios Populares», in *Gazeta dos Caminhos de Ferro*. 1 de fevereiro de 1933: 5.

NOGUEIRA, Salvador de Sá (1936) «O Papel do Porto de Lisboa no Turismo Nacional», in *I Congresso Nacional de Turismo*. III Secção.

NORA, Pierre (1989) «Between Memory and History: Les Lieux de Mémoire», in *Representations*. N.º 26. Special Issue: *Memory and Counter-Memory*, (Spring, 1989), University of California Press: 7–24. URL: http://www.jstro.org/stable/2928520.

NUNES, João Paulo Avelãs (1994) «1926–1974», in António Simões Rodrigues (coord.): 305–306.

OLGIVIE, Juliet (1938) «Nostalgia for Estoril», in *The Anglo-Portuguese News*. 28 may 1938: 2.

ORTIGÃO, Ramalho (1876) *As Praias de Portugal. Guia do Banhista e do Viajante*. Porto: Magalhães e Moniz.

ORY, Pascal (2004) *Do Fascismo*. Trad.: Helder Granja. Mem Martins: Editorial Inquérito.

PACHECO, Cristina (2004) *Hotel Palácio. Boletins de Alojamento de Estrangeiros*. Cascais: Câmara Municipal de Cascais – Departamento de Cultura.

PAÇO, António Simões do (editor-coordenador) (2008) *Os Anos de Salazar. 1933. A Constituição do Estado Novo*. Volume 2. S/l: Planeta DeAgostini.

REFERÊNCIAS

Patrício, Artur (1945) *Recordação de Portugal*. Lisboa: Alfarrabista Bocage.

Pepulim, Domingos (1936a) «Zonas de Turismo das Beiras», in *I Congresso Nacional de Turismo*. II Secção.

— (1936b) «Estradas, hotéis e hospedarias», in *I Congresso Nacional de Turismo*. II Secção.

— (1936c) «O Estado e o Turismo», in *I Congresso Nacional de Turismo*. II Secção.

Pereira, Armando Gonçalves (1936) «Conclusões. 1.ª SECÇÃO, ORGANIZAÇÃO DO TURISMO EM Portugal», in *I Congresso Nacional de Turismo*. II Secção.

Perestrelo, A. de M. Cid (1936) «Os Portos e o Turismo», in *I Congresso Nacional de Turismo*. III Secção.

Pessoa, Fernando (1986 [1919]) *Páginas de Pensamento Político*. Mem Martins: Europa-América.

— (1992 [1925]) *Lisboa: o que o turista deve ver*. Lisboa: Livros Horizonte.

— (2008 [1935]) *Contra Salazar*. Coimbra: Angelus Novus Editora.

Pimentel, Cristina (2005) *O Sistema Museológico Português (1833–1991). Em Direcção a um Novo Modelo Teórico para o seu Estudo*. Lisboa: Fundação Calouste Gulbenkian.

Pina, Paulo (1988) *Portugal, o Turismo no Século XX*. Lisboa: Lucidus Publicações.

Pinto, Augusto (1938) «Pousadas», in *Viagem. Revista de Turismo, Divulgação e Cultura*. Julho de 1938: 17.

— (1941) *Cartilha da Hospedagem Portuguesa*. Lisboa: SPN.

Pinto, Júlio (1936) «Valorisação Turística do Norte», in *I Congresso Nacional de Turismo*. II Secção.

Podemos viver sem o outro? (2009). Lisboa: Fundação Calouste Gulbenkian e Tinta-da-China.

Portela, Artur (1987) *Salazarismo e Artes Plásticas*. Lisboa: Instituto de Cultura e Língua Portuguesa.

Portela, Cristina (2008) «Tóbis, a Fábrica de Sonhos Nacional», in António Simões do Paço (ed.-coordenador): 124–133.

Portelli, Alessandro (2007) «The Massacre at the Fosse Ardeatine», in Katharine Hodgkin e Susannah Radstone (eds.): 29–41.

Pousadas (1948). Lisboa: SNI.

Pretes, Michael (2003) «Tourism and Nationalism», in *Annals of Tourism Research*, Vol. 30, n.º 1. Elsevier Science Ltd.: 125–142.

A BEM DA NAÇÃO

PRENTICE, Richard, e Vivien ANDERSEN (2007) «Interpreting heritage essentialisms: Familiarity and felt history», in *Tourism Management*. 28 (2007): 666–676. URL: www.sciencedirect.com.

PROENÇA, José João Gonçalves de (1962 [1961]) «Discurso Proferido por Sua Excelência o Ministro das Corporações e Previdência Social», in *F.N.A.T. XXV Aniversário*: 17–26.

— (1962) «Discurso proferido por Sua Excelência o Ministro das Corporações e Previdência Social». In *F.N.A.T. XXV Aniversário*: 37–66.

PROENÇA, Raúl (1924) *Guia de Portugal I. Generalidades Lisboa e Arredores*. Lisboa: Biblioteca Nacional de Lisboa.

— (1936) *As Estradas de Portugal. Arredores de Lisboa*. Lisboa: ACP.

Programa, horário e indicações úteis. (1936), in *I Congresso Nacional de Turismo*. Lisboa.

QUADROS, António (1958) «António Ferro – um enamorado da paisagem», in *Panorama, Revista Portuguesa de Arte e Turismo*. Dezembro: s/p.

— (1963) *António Ferro*. Lisboa: Edições Panorama. SNI. Palácio Foz.

RAMOS DO Ó, Jorge (1996) «Secretariado de Propaganda Nacional (SPN) / Secretariado Nacional da Informação, Cultura Popular e Turismo (SNI) / Secretaria de Estado da Informação e Turismo (SEIT)», in Fernando Rosas e J. M. Brandão de Brito (orgs.): 893–896.

— (1999) *Os anos de Ferro. O dispositivo cultural durante a «Política do Espírito» 1933–1949. Ideologia, instituições, agentes e práticas*. Lisboa: Editorial Estampa.

Regulamentação da construção de grandes hotéis nas cidades de Lisboa, Porto e Funchal (1935). Arquivo Nacional da Torre do Tombo. AOS/CO/IN-1B. Pt. 12.

Relatório (s/d). Fundação António Quadros, Caixote 003A, Dossiê Comemorações 1939–1940 I, II, 4.º.

RENAN, Ernest (2006) «What is a nation?», in Homi K. Bhabha (ed.): 8–22.

Representação A Sua Excelencia O Presidente Do Ministerio Doutor Antonio De Oliveira Salazar Para Que Seja Construido Em Sagres O Monumento Digno Dos Descobrimentos E Do Infante (1935).

ROBERTO, José Vala (2010) *Anos 30. Um Estado Novo em Portugal*. S/l: Editora Planeta DeAgostini, S.A.

RODRIGUES, António Simões (coord.) (1994) *História de Portugal em Datas*. Lisboa: Círculo de Leitores.

RODRIGUES, José (1999) «A Direcção-geral dos Edifícios e Monumentos Nacionais e o Restauro dos Monumentos Medievais durante o Estado

REFERÊNCIAS

Novo», in *Caminhos do Património*. Lisboa: Direção-Geral dos Edifícios e Monumentos Nacionais e Livros Horizonte: 69–82.

ROSAS, Fernando (1994) *História de Portugal. O Estado Novo (1926–1974)*. Sétimo Volume. Lisboa: Círculo de Leitores.

— (2001) «O salazarismo e o homem novo: ensaio sobre o Estado Novo e a questão do totalitarismo», in Análise *Social*, vol. Xxxv (157). Lisboa: Instituto de Ciências Sociais da Universidade de Lisboa: 1031–1054.

— (2002) «Prefácio», in Christine Garnier: 5–24.

— (2007) «Prefácio», in António Ferro: xxvii–xlviii.

— (2008) «O Salazarismo e o Homem Novo. Ensaio sobre o Estado Novo e a Questão do Totalitarismo nos Anos 30 e 40», in Luís Reis Torgal e Heloísa Paulo (orgs.): 31–48.

ROSAS, Fernando, e J. M. Brandão de BRITO (orgs.) (1996) *Dicionário da História do Estado Novo. M-Z. Volume II*. Lisboa: Círculo de Leitores.

ROSMANINHO, Nuno (2006) *O Poder da Arte. O Estado Novo e a Cidade Universitária de Coimbra*. Coimbra: Imprensa da Universidade de Coimbra.

SAIAL, Joaquim (1991) *Estatuária Portuguesa dos Anos 30*. Lisboa: Bertrand Editora.

SAINT-EXUPÉRY, Antoine de (1944) *Lettre a un otage*. S/l: Librairie Gallimard.

SALAZAR, António de Oliveira (1936). Arquivo Nacional da Torre do Tombo, Pasta AOS/CO/PC-12-B. 2.ª Subpasta.

— (1943) *Discursos e Notas Políticas. Volume Terceiro. 1938–1943*. Coimbra: Coimbra Editora, Limitada.

— (1945 [1937]) *Discursos e Notas Políticas. Volume Segundo. 1935–1937*. Coimbra: Coimbra Editora, Limitada.

— (1951) *Discursos e Notas Políticas. Volume Quarto. 1943–1950*. Coimbra: Coimbra Editora, Limitada.

— (1961 [1935]) *Discursos. Volume Primeiro. 1928–1934*. Coimbra: Coimbra Editora, Limitada.

— (2002 [1961]) *Não Discutimos a Pátria*. Lisboa: Nova Arrancada – Sociedade Editora SA.

— (2007 [1933]), in António Ferro.

— (2007 [1935]) «Prefácio», in António Ferro: vii–xviii.

SANCHES, Manuela Ribeiro (2009) «Vulnerabilidade, espaço e construção de fronteiras», in *Podemos viver sem o outro?*: 155–176.

A BEM DA NAÇÃO

Santos, Carlos (1935) «Turismo», in *I Congresso da União Nacional. Discursos, teses e comunicações*. Volume V.

— (1936a). Arquivo Nacional da Torre do Tombo, AOS/CO/PC-12C Pt 1.

— (1936b) Arquivo Nacional da Torre do Tombo, AOS/CO/PC-12C Pt 2.

Santos, Fernando, e João Perfeito de Magalhães (1936) «Da imperiosa necessidade de assistencia em estrada ao automobilismo», in *I Congresso Nacional de Turismo*. III Secção.

Santos, João António Correia dos (1936) «*A Indústria do Turismo*», in *I Congresso Nacional de Turismo*. I Secção.

Santos, Luiz Reis, e Carlos Queiroz (1940) *Paisagens e Monumentos de Portugal*. Lisboa, Comemorações Centenárias MCMXL. Lisboa: SPN. Edição da Secção de Propaganda e Recepção da Comissão Nacional dos Centenários.

Sapega, Ellen W. (2008) *Consensus and Debate in Salazar's Portugal. Visual and Literary Negotiations of the National Text, 1933-1948*. Pensilvânia: Pennsylvania State University Press.

Secretariado da Direcção do Sindicato Nacional dos Profissionais na Indústria Hoteleira e Similares do Distrito de Lisboa (1936) «Escolas Profissionais da Indústria Hoteleira», in *I Congresso Nacional de Turismo*. III Secção.

Selwyn, Tom (org) (1996) *The Tourist Image. Myths and Myth Making in Tourism*. Chichester: John Wiley & Sons.

Serén, Maria do Carmo (2008) «O Porto acolhe a grande Exposição Colonial», in António Simões do Paço (editor-coordenador): 112–123.

Sertório, Elsa (2008) «O Estado Novo Invade a Vida Privada», in António Simões do Paço (editor-coordenador): 140–145.

Silva, Helena, Adriana Martins, Filomena Guarda e José Sardica (eds.) (2010) *Conflict, Memory Transfers and the Reshaping of Europe*. Newcastle upon Tyne: CSP.

Silva, Henrique G. da (1935) «Monumentos Nacionais – Orientação técnica a seguir no seu restauro», in *I Congresso da União Nacional*. Volume IV.

Silva, Raquel Henriques da (1984) «Estoril, Estação Marítima, Climatérica, Thermal e Sportiva: As Etapas de Um Projecto: 1914–1932», in *Boletim Cultural do Município*: 41–60.

Smith, Angel, e Clare Mar-Molinero (orgs.) (1996) *Nationalism and the Nation in the Iberian Peninsula. Competing and Conflicting Identities*. Oxford: Berg.

— (1996) «The Myths and Realities of Nation-Building in the Iberian Peninsula», in Clare Mar-Molinero and Angel Smith (orgs.): 1–30.

REFERÊNCIAS

Sociedade de Propaganda da Costa do Sol (s/d) *Costa do Sol, Estoril, Portugal*.

— (s/d) *Portugal, Estoril*.

Sociedade de Propaganda de Portugal (s/d). Lisboa: Sociedade de Propaganda de Portugal.

Sociedade de Propaganda de Portugal (1914). Lisboa: Sociedade de Propaganda de Portugal.

Sociedade Excursões, Comercio L.da, Wagons-Lits/Cook. Safari L.Da e Auto-Cars Buisson (1936) «Excursões», in *I Congresso Nacional de Turismo*. II Secção.

Sousa, António Russel (1936) «Publicidade e Turismo» in *I Congresso Nacional de Turismo*. V Secção. Lisboa.

Sousa, Joaquim Ferreira de (1936) «O Turismo e o Caminho de Ferro», in *I Congresso Nacional de Turismo*. III Secção.

Souza, J. Fernando de (1941) «O turismo no presente e no futuro», in *Viagem. Revista de Turismo, Divulgação e Cultura*, janeiro: 1.

Spratley, Ricardo (1936) «Organização do Turismo em Portugal», in *I Congresso Nacional de Turismo*. I Secção.

Thomson, Oliver (1999) *Easily Led. A History of Propaganda*. Surrey: Sutton Publishing Limited.

Torgal, Luís Reis, e Heloísa Paulo (orgs.) (2008) *Estados Autoritários e Totalitários e suas Representações*. Coimbra: Imprensa da Universidade de Coimbra.

Torgal, Luís Reis (2008) «"O Fascismo Nunca Existiu" Reflexões sobre as Representações de Salazar», in Luís Reis Torgal e Heloísa Paulo (orgs.): 17–29.

— (2009a) *Estados Novos. Estado Novo. Ensaios de História Política e Cultural*, Coimbra: Imprensa da Universidade de Coimbra. Volume I.

— (2009b) *Estados Novos. Estado Novo. Ensaios de História Política e Cultural*, Coimbra: Imprensa da Universidade de Coimbra. Volume II.

Torres, Manito (1935) «Bases do desenvolvimento e organização do turismo nacional». In *I Congresso da União Nacional. Discursos, teses e comunicações*. Volume II.

Trabulo, António (2008) *O Diário de Salazar*. Lisboa: Parceria A. M. Pereira. Livraria Editora, Lda.

Trindade, Luís (2008) *O Estranho Caso do Nacionalismo Português. O salazarismo entre a literatura e a política*. Lisboa: ICS.

Urry, John (2002) *The Tourist Gaze*. Londres: Sage Publications.

VAKIL, Abdool Karim A. (1996) «Nationalising Cultural Politics: Representations of the Portuguese "Discoveries" and the Rhetoric of Identitarianism, 1880-1926», in Angel Smith e Clare Mar-Molinero (orgs.): 33–52.

VALENTE, José Carlos (1999) *Estado Novo e Alegria no Trabalho. Uma História Política da FNAT (1935–1958)*. Lisboa: Edições Colibri. INATEL.

VERÍSSIMO, Maria de Lurdes (1998) «As Exposições Universais. Reflexo de Esperanças e Contradições dos Últimos 150 anos», in *Latitudes. Cahiers lusophones. L'Expo 98 de Lisbonne, la mer et le croisement des cultures*. N.º 3. Julho: 31–32. Disponível em http://www.revues-plurielles.org/php/index.php?nav=revue&no=17&sr=2&no_dossi er=3&aff=articles. Consultado a 2 de fevereiro de 2012.

VICENTE, Ana (2008) «Introdução», in Ann Bridge e Susan Lowndes: 5–16.

Vida e Arte do Povo Português (1940) Lisboa: S.P.N.

WHEELER, Douglas (1993) *Historical Dictionary of Portugal*. Londres: The Scarecrow Press, Inc.

WILLIAMS, Raymond (1988) *Keywords. A vocabulary of culture and society*. Londres: Fontana Press.

— (1997) «Culture is ordinary», in Ann Gray e Jim McGuigan (eds.): 5-14.

— (2001) *The Long Revolution*. Letchworth: Turpin Distribution Services Ltd.

WRIGHT, Patrick (1999) «Trafficking in History», in David Boswell e Jessica Evans (eds.): 115–148.

ZERUBAVEL, Eviatar (2004) *Time Maps*. Chicago: The University of Chicago Press.

REFERÊNCIAS

Arquivo Nacional da Torre do Tombo

AOS/CO/IN-1B. Pt. 16.
AOS/CO/IN-1B. Pt. 12.
AOS/CO/PC-8E. Pt. 1. 5.ª subsecção.
AOS/CO/PC-12-B. 2.ª Subpasta.
AOS/CO/PC-12-B. 6.ª Subpasta.
AOS/CO/PC-12-C. Pt. 1.
AOS/CO/PC-12-C. Pt. 2.

A BEM DA NAÇÃO

Espólio disponível na Fundação António Quadros – Cultura e Pensamento

Fundação António Quadros, Caixa 015A, Envelope CENTENÁRIO (Preliminares).

Fundação António Quadros, SNI, Caixa 672, Pasta Acordo Ortográfico. Agosto de 1945.

Fundação António Quadros, Caixote 003A, Dossiê Comemorações 1939-1940 I, II, 4.º.

Fundação António Quadros, Caixote 004A, Dossiê Exposição de Arte Popular.

Fundação António Quadros, Caixote 004A. Dossiê RECORTES (TURISMO) II.

Fundação António Quadros, Caixote 0004A, Pasta Quinze Anos de Política de Espírito.

Fundação António Quadros, Caixote 015A, Discursos de AF.

Fundação António Quadros, Caixote 015A, Discursos de AF – Envelope III.

Fundação António Quadros, Caixote 015A, Envelope I.

Fundação António Quadros, Caixote 015A, Envelope XII.

Fundação António Quadros, Caixote 015B, Discursos manuscritos de António Ferro, Envelope XV.

Fundação António Quadros, Caixote 015B, Envelope A Aldeia Mais Portuguesa.

Fundação António Quadros, Caixote 015B, Envelope XV.

Fundação António Quadros, Caixote 16, Crónicas, Artigos AF.

REFERÊNCIAS

Jornais e revistas

ACP. Revista Ilustrada de Automobilismo e Turismo. Orgão Oficial do
Automovel Club de Portugal. 1933, Ano III Janeiro. N.º 28. Lisboa:
Automóvel Club de Portugal.

A.C.P. Revista Ilustrada de Automobilismo e Turismo. Orgão Oficial do
Automovel Club de Portugal. 1933, Ano III Abril. N.º 31. Lisboa:
Automóvel Club de Portugal.

A.C.P. Revista Ilustrada de Automobilismo e Turismo. Orgão Oficial do
Automovel Club de Portugal. 1933, Ano III Setembro. N.º 36. Lisboa:
Automóvel Club de Portugal.

A.C.P. Revista Ilustrada de Automobilismo e Turismo. Orgão Oficial
do Automovel Club de Portugal. 1933, Ano III Dezembro. N.º 39.
Lisboa: Automóvel Club de Portugal.

A.C.P. Revista Ilustrada de Automobilismo e Turismo. Orgão Oficial do
Automovel Club de Portugal. 1935, Ano V Agosto. N.º 8. Lisboa:
Automóvel Club de Portugal.

A.C.P. Revista Ilustrada de Automobilismo e Turismo. Orgão Oficial do
Automovel Club de Portugal. 1937, Ano VII Setembro. N.º 7. Lisboa:
Automóvel Club de Portugal.

A.C.P. Revista Ilustrada de Automobilismo e Turismo. Orgão Oficial
do Automovel Club de Portugal. 1938, Ano VIII Setembro. N.º 7.
Lisboa: Automóvel Club de Portugal.

A.C.P. Revista Ilustrada de Automobilismo e Turismo. Orgão Oficial do
Automovel Club de Portugal. 1939, Ano XI Fevereiro. N.º 2. Lisboa:
Automóvel Club de Portugal.

A.C.P. Revista Ilustrada de Automobilismo e Turismo. Orgão Oficial
do Automovel Club de Portugal. 1939, Ano IX Abril. N.º 4. Lisboa:
Automóvel Club de Portugal.

A.C.P. Revista Ilustrada de Automobilismo e Turismo. Orgão Oficial do
Automovel Club de Portugal. 1939, Ano IX Julho. N.º 7. Lisboa:
Automóvel Club de Portugal.

A.C.P. Revista Ilustrada de Automobilismo e Turismo. Orgão Oficial do
Automovel Club de Portugal. 1939, Ano IX Setembro. N.º 9. Lisboa:
Automóvel Club de Portugal.

A.C.P. Revista Ilustrada de Automobilismo e Turismo. Orgão Oficial do
Automovel Club de Portugal. 1940, Ano X Fevereiro. N.º 2. Lisboa:
Automóvel Club de Portugal.

A BEM DA NAÇÃO

Diário da Manhã. 25 de fevereiro de 1940. Disponível em Fundação António Quadros, Caixote 004A. Dossiê RECORTES (TURISMO) II.

Diario de Lisbôa. Ano 13.º, N.º 3735, 4 de janeiro de 1933.

Diario de Lisbôa. Ano 13.º, N.º 3740, 9 de janeiro de 1933.

Diario de Lisbôa. Ano 13.º, N.º 3742, 11 de janeiro de 1933.

Diario de Lisbôa. Ano 13.º, N.º 3745, 14 de janeiro de 1933.

Diario de Lisbôa. Ano 13.º, N.º 3749, 18 de janeiro de 1933.

Diario de Lisbôa. Ano 13.º, N.º 3774, 7 de fevereiro de 1933.

Diario de Lisbôa. Ano 13.º, N.º 3777, 10 de fevereiro de 1933.

Diario de Lisbôa. Ano 13.º, N.º 3778, 11 de fevereiro de 1933.

Diario de Lisbôa. Ano 13.º, N.º 3828, 10 de julho de 1933.

Diario de Lisbôa. Ano 13.º, N.º 3857, 8 de agosto de 1933.

Diario de Lisbôa. Ano 13.º, N.º 3905, 25 de setembro de 1933.

Diario de Lisbôa. Ano 13.º, N.º 3907, 27 de setembro de 1933.

Diario de Lisbôa. Ano 13.º, N.º 3911, 1 de outubro de 1933.

Diario de Lisbôa. Ano 13º, N.º 3935, 26 de outubro de 1933.

Diario de Lisbôa. Ano 13.º, N.º 3943, 3 de novembro de 1933.

Diario de Lisbôa. Ano 14.º, N.º 4064, 10 de fevereiro de 1934.

Diario de Lisbôa. Ano 14.º, N.º 4109, 27 de março de 1934.

Diario de Lisbôa. Ano 14.º, N.º 4139, 26 de maio de 1934.

Diario de Lisbôa. Ano 14.º, N.º 4147, 3 de junho de 1934.

Diario de Lisbôa. Ano 15.º, N.º 4408, 19 de fevereiro de 1935.

Diario de Lisbôa. Ano 15.º, N.º 4526, 17 de junho de 1935.

Diario de Lisbôa. Ano 15.º, N.º 4661, 30 de outubro de 1935.

Diario de Lisbôa. Ano 16.º, N.º 4739, 16 de janeiro de 1936.

Diario de Lisbôa. Ano 17.º. N.º 5115, 16 de fevereiro de 1937.

Diario de Lisbôa. Ano 17.º. N.º 517.º3, 15 de abril de 1937.

Diario de Lisbôa. Ano 17.º. N.º 5198, 10 de maio de 1937.

Diario de Lisbôa. Ano 17.º. N.º 5203, 15 de maio de 1937.

Diario de Lisbôa. Ano 17.º. N.º 5364, 25 de outubro de 1937.

Diario de Lisbôa. Ano 17.º. N.º 5194, 24 de novembro de 1937.

Diario de Lisbôa. Ano 20.º. N.º 6316, 23 de junho de 1940.

Diário de Notícias. Ano 62.º, N.º 23126, 17 de janeiro de 1926.

Diário de Notícias. Ano 68.º, N.º 23815, 6 de junho de 1932.

Diário de Notícias. Ano 69.º, N.º 24322, 26 de outubro de 1933.

Diário de Notícias. Ano 70.º, N.º 24428, 6 de fevereiro de 1934.

Diário de Notícias. Ano 70.º, N.º 24485, 4 de abril de 1934.

Diário de Notícias. Ano 70.º, N.º 24537, 26 de maio de 1934.

Diário de Notícias. Ano 70.º, N.º 24540, 29 de maio de 1934.

REFERÊNCIAS

Diário de Notícias. Ano 70.º, N.º 24709, 15 de novembro de 1934.

Diário de Notícias. Ano 71.º, N.º 24768, 20 de janeiro de 1935.

Diário de Notícias. Ano 71.º, N.º 24785, 6 de fevereiro de 1935.

Diário de Notícias. Ano 71.º, N.º 24798, 19 de fevereiro de 1935.

Diário de Notícias. Ano 71.º, N.º 24822, 15 de março de 1935.

Diário de Notícias. Ano 71.º, N.º 24824, 17 de março de 1935.

Diário de Notícias. Ano 71.º, N.º 24846, 8 de abril de 1935.

Diário de Notícias. Ano 71.º, N.º 24897, 29 de maio de 1935.

Diário de Notícias. Ano 71.º, N.º 24898, 30 de maio de 1935.

Diário de Notícias. Ano 71.º, N.º 24916, 17 de junho de 1935.

Diário de Notícias, Ano 71.º, N.º 25010, 19 de setembro de 1935.

Diário de Notícias. Ano 71.º, N.º 25014, 23 de setembro de 1935.

Diário de Notícias. Ano 71.º, N.º 25057, 5 de novembro de 1935.

Diário de Notícias. Ano 71.º, N.º 25114, 5 de janeiro de 1936.

Diário de Notícias. Ano 71.º, N.º 25017, 8 de janeiro de 1936.

Diário de Notícias. Ano 71.º, N.º 25019, 10 de janeiro de 1936.

Diário de Notícias. Ano 71.º, N.º 25020, 11 de janeiro de 1936.

Diário de Notícias. Ano 72.º, N.º 25022, 13 de janeiro de 1936.

Diário de Notícias. Ano 72.º, N.º 25023, 14 de janeiro de 1936.

Diário de Notícias. Ano 72.º, N.º 25024, 15 de janeiro de 1936.

Diário de Notícias. Ano 72.º, N.º 25026, 17 de janeiro de 1936.

Diário de Notícias. Ano 72.º, N.º 25027, 18 de janeiro de 1936.

Diário de Notícias. Ano 72.º, N.º 25211, 13 de abril de 1936.

Diário de Notícias. Ano 72.º, N.º 25213, 15 de abril de 1936.

Diário de Notícias. Ano 72.º, N.º 25221, 23 de abril de 1936.

Diário de Notícias. Ano 73.º, N.º 25616, 27 de maio de 1936.

Diário de Notícias. Ano 73.º, N.º 25624, 4 de junho de 1936.

Diário de Notícias. Ano 73.º, N.º 25627, 7 de junho de 1936.

Diário de Notícias. Ano 75.º, N.º 26293, 27 de abril de 1938.

Diário de Notícias. Ano 77.º, N.º 26727, 3 de julho de 1940.

Gazeta dos Caminhos de Ferro. 3.ª do 46.ª Ano. 1 de fevereiro de 1933. Número 1083.

Gazeta dos Caminhos de Ferro. 18.ª do 46.ª Ano. 16 de setembro de 1933. Número 1

Gazeta dos Caminhos de Ferro. Ano XLIX. 1 de março de 1937. Número 1181.

Gazeta dos Caminhos de Ferro. 24.º do 50.º ano. 16 de dezembro de 1938. Número 1224.

A BEM DA NAÇÃO

Gazeta dos Caminhos de Ferro. 11.º do 51.º Ano. 1 de junho de 1939. Número 1235.

Gazeta dos Caminhos de Ferro. Ano 52.º. 16 de junho de 1940. Número 1260.

Notícias Ilustrado. Edição semanal do «Diário de Notícias». Ano V-Série II. N.º 254. 25 de dezembro de 1932.

Notícias Ilustrado. Edição semanal do «Diário de Notícias». Ano VI-Série II. N.º 267. 23 de julho de 1933.

Notícias Ilustrado. Edição semanal do «Diário de Notícias». Ano VI-Série II. N.º 268. 30 de julho de 1933.

Notícias Ilustrado. Edição semanal do «DIÁRIO DE NOTÍCIAS». Ano VI-Série II. N.º 269. 6 de agosto de 1933.

Notícias Ilustrado. Edição semanal do «DIÁRIO DE NOTÍCIAS». Ano VI-Série II. N.º 270. 13 de agosto de 1933.

Notícias Ilustrado. Edição semanal do «Diário de Notícias». Ano VI-Série II. N.º 274. 10 de setembro de 1933.

Notícias Ilustrado. Edição semanal do «Diário de Notícias». Ano VII-Série II. N.º 483. 23 de setembro de 1934.

O Seculo. 27 de outubro de 1933, Ano 53.º. Número 18.492.

O Seculo. 6 de abril de 1934, Ano 54.º. Número 18.683.

O Seculo. 26 de maio de 1934, Ano 54.º. Número 18.733.

O Seculo. 27 de maio de 1934, Ano 54.º. Número 18.734.

O Seculo. 27 de junho de 1934, Ano 54.º. Número 18.765.

O Seculo. 7 de julho de 1934, Ano 54.º. Número 18.775.

O Seculo. 8 de julho de 1934, Ano 54.º. Número 18.776.

O Seculo. 8 de setembro de 1934, Ano 54.º. Número 18.838.

O Seculo. 27 de setembro de 1934, Ano 54.º. Número 18.857.

O Seculo. 30 de setembro de 1934, Ano 54.º. Número 18.860.

O Seculo. 1 de janeiro de 1935, Ano 55.º. Número 18.953.

O Seculo. 15 de fevereiro de 1935, Ano 55.º. Número 18.998.

O Seculo. 26 de maio de 1935, Ano 55.º. Número 19.108.

O Seculo. 3 de junho de 1935, Ano 55.º. Número 19.116.

O Seculo. 11 de julho de 1935, Ano 55.º. Número 19.154.

O Seculo, 22 de julho de 1935, Ano 55.º. Número 19.165.

O Seculo, 23 de julho de 1935, Ano 55.º. Número 19.166.

O Seculo, 20 de agosto de 1935, Ano 55.º. Número 19.193.

O Seculo. 3 de outubro de 1935, Ano 55.º. Número 19.238.

O Seculo. 10 de dezembro de 1935, Ano 55.º. Número 19.303.

O Seculo, 11 de dezembro de 1935, Ano 55.º. Número 19.304.

REFERÊNCIAS

O *Seculo*. 20 de dezembro de 1935, Ano 55.°. Número 19.313.
O *Seculo*. 5 de janeiro de 1936, Ano 55.°. Número 19.327.
O *Seculo*. 7 de janeiro de 1936, Ano 55.°. Número 19.329.
O *Seculo*. 9 de janeiro de 1936, Ano 55.°. Número 19.331.
O *Seculo*. 10 de janeiro de 1936, Ano 55.°. Número 19.332.
O *Seculo*. 12 de janeiro de 1936, Ano 55.°. Número 19.334.
O *Seculo*. 13 de janeiro de 1936, Ano 55.°. Número 19.335.
O *Seculo*. 14 de janeiro de 1936, Ano 55.°. Número 19.336.
O *Seculo*. 15 de janeiro de 1936, Ano 55.°. Número 19.337.
O *Seculo*. 16 de janeiro de 1936, Ano 55.°. Número 19.338.
O *Seculo*. 17 de janeiro de 1936, Ano 55.°. Número 19.339.
O *Seculo*. 25 de janeiro de 1936, Ano 55.°. Número 19.347.
O *Seculo*. 29 de janeiro de 1936, Ano 55.°. Número 19.351.
O *Seculo*. 5 de fevereiro de 1936, Ano 55.°. Número 19.357.
O *Seculo*. 11 de fevereiro de 1936, Ano 55.°. Número 19.363.
O *Seculo*. 12 de fevereiro de 1936, Ano 55.°. Número 19.364.
O *Seculo*. 14 de fevereiro de 1936, Ano 55.°. Número 19.366.
O *Seculo*. 18 de fevereiro de 1936, Ano 55.°. Número 19.340.
O *Seculo*. 19 de fevereiro de 1936, Ano 55.°. Número 19.341.
O *Seculo*. 20 de fevereiro de 1936, Ano 55.°. Número 19.342.
O *Seculo*. 4 de março de 1936, Ano 55.°. Número 19.384.
O *Seculo*. 6 de março de 1936, Ano 55.°. Número 19.386.
O *Seculo*. 10 de março de 1936, Ano 55.°. Número 19.390.
O *Seculo*. 11 de março de 1936, Ano 55.°. Número 19.391.
O *Seculo*. 13 de março de 1936, Ano 55.°. Número 19.393.
O *Seculo*. 16 de março de 1936, Ano 55.°. Número 19.396.
O *Seculo*. 17de março de 1936, Ano 55.°. Número 19.397.
O *Seculo*. 19 de março de 1936, Ano 55.°. Número 19.399.
O *Seculo*. 20 de março de 1936, Ano 55.°. Número 19.400.
O *Seculo*. 22 de março de 1936, Ano 55.°. Número 19.402.
O *Seculo*. 24 de março de 1936, Ano 55.°. Número 19.404.
O *Seculo*. 26 de março de 1936, Ano 55.°. Número 19.406.
O *Seculo*. 27 de março de 1936, Ano 55.°. Número 19.407.
O *Seculo*, 28 de março de 1936, Ano 55.°. Número 19.408.
O *Seculo*. 29 de março de 1936, Ano 55.°. Número 19.409.
O *Seculo*. 30 de março de 1936, Ano 55.°. Número 19.410.
O *Seculo*. 31 de março de 1936, Ano 55.°. Número 19.411.
O *Seculo*. 1 de abril de 1936, Ano 55.°. Número 19.412.
O *Seculo*. 3 de abril de 1936, Ano 55.°. Número 19.414.

A BEM DA NAÇÃO

O Seculo. 6 de abril de 1936, Ano 55.º. Número 19.417.

O Seculo. 8 de abril de 1936, Ano 55.º. Número 19.419.

O Seculo, 12 de abril de 1936, Ano 55.º. Número 19.423.

O Seculo. 13 de abril de 1936, Ano 55.º. Número 19.424.

O Seculo. 14 de abril de 1936, Ano 55.º. Número 19.425.

O Seculo. 15 de abril de 1936, Ano 55.º. Número 19.426.

O Seculo. 16 de abril de 1936, Ano 55.º. Número 19.427.

O Seculo, 17 de abril de 1936, Ano 55.º. Número 19.428.

O Seculo. 18 de abril de 1936, Ano 55.º. Número 19.429.

O Seculo. 20 de abril de 1936, Ano 55.º. Número 19.431.

O Seculo. 21 de abril de 1936, Ano 55.º. Número 19.432.

O Seculo. 22 de abril de 1936, Ano 55.º. Número 19.433.

O Seculo. 23 de abril de 1936, Ano 55.º. Número 19.434.

O Seculo. 24 de abril de 1936, Ano 55.º. Número 19.435.

O Seculo. 25 de abril de 1936, Ano 55.º. Número 19.436.

O Seculo. 26 de abril de 1936, Ano 55.º. Número 19.437.

O Seculo. 29 de abril de 1936, Ano 55.º. Número 19.440.

O Seculo. 5 de maio de 1936, Ano 55.º. Número 19.445.

O Seculo. 22 de julho de 1936, Ano 55.º. Número 19.493.

O Seculo. 23 de julho de 1936, Ano 55.º. Número 19.494.

O Seculo. 27 de julho de 1936, Ano 55.º. Número 19.498.

O Seculo. 4 de agosto de 1936, Ano 55.º. Número 19.506.

«O SECULO» e o *Congresso*, suplemento de *O Seculo*, 13 de janeiro de 1936, Ano 55.º. Número 19.335.

O Seculo Ilustrado. Ano I – Número 8. Edição Semanal do Jornal *«O Seculo»*. Lisboa, 19 de fevereiro de 1938.

O Seculo Ilustrado. Ano I – Número 24. Edição Semanal do Jornal *«O Seculo»*. Lisboa, 18 de junho de 1938.

O Seculo Ilustrado. Ano I – Número 32. Edição Semanal do Jornal *«O Seculo»*. Lisboa, 7 de agosto de 1938.

O Seculo Ilustrado. Ano I – Número 35. Edição Semanal do Jornal *«O Seculo»*. Lisboa, 3 de setembro de 1938.

O Seculo Ilustrado. Ano I – Número 38. Edição Semanal do Jornal *«O Seculo»*. Lisboa, 24 de setembro de 1938.

O Seculo Ilustrado. Ano I – Número 73. Edição Semanal do Jornal *«O Seculo»*. Lisboa, 27 de maio de 1939.

O Seculo Ilustrado. Ano II – Número 81. Edição Semanal do Jornal *«O Seculo»*. Lisboa, 22 de julho de 1939.

REFERÊNCIAS

O Seculo Ilustrado. Ano II – Número 89. Edição Semanal do Jornal «*O Seculo*». Lisboa, 16 de setembro de 1939.

O Seculo Ilustrado. Ano III – Número 117. Edição Semanal do Jornal «*O Seculo*». Lisboa, 30 de março de 1940.

O Seculo Ilustrado. Ano III – Número 132. Edição Semanal do Jornal «*O Seculo*». Lisboa, 13 de julho de 1940.

O Seculo Ilustrado. Ano III – Número 134. Edição Semanal do Jornal «*O Seculo*». Lisboa, 27 de julho de 1940.

O Seculo Ilustrado. Ano III – Número 142. Edição Semanal do Jornal «*O Seculo*». Lisboa, 21 de setembro de 1940.

Panorama. Revista Portuguesa de Arte e Turismo. Edição Mensal do SPN, junho 1941, n.º 1, Volume 1.º.

Panorama, Revista Portuguesa de Arte e Turismo. N.º 12. III Série. Dezembro. Lisboa: SNI.

Rádio Nacional. 31 de outubro de 1937. Ano I – N.º 14. Lisboa: Comissão Administrativa dos Estúdios das Emissoras Nacionais.

Rádio Nacional. 12 de dezembro de 1937. Ano I – N.º 20. Lisboa: Comissão Administrativa dos Estúdios das Emissoras Nacionais.

Rádio Nacional. 19 de dezembro de 1937. Ano I – N.º 21. Lisboa: Comissão Administrativa dos Estúdios das Emissoras Nacionais.

Rádio Nacional. 5 de junho de 1938. Ano II – N.º 45. Lisboa: Comissão Administrativa dos Estúdios das Emissoras Nacionais.

Rádio Nacional. 19 de março de 1939. Ano II. N.º 86. Lisboa: Comissão Administrativa dos Estúdios das Emissoras Nacionais.

Rádio Nacional. 7 de maio de 1939. Ano II – N.º 93. Lisboa: Comissão Administrativa dos Estúdios das Emissoras Nacionais.

Rádio Nacional. 23 de julho de 1939. Ano II – N.º 104. Lisboa: Comissão Administrativa dos Estúdios das Emissoras Nacionais.

Rádio Nacional. 28 de janeiro de 1940. Ano III – N.º 131. Lisboa: Comissão Administrativa dos Estúdios das Emissoras Nacionais.

Rádio Nacional. 3 de março de 1940. Ano III – N.º 136. Lisboa: Comissão Administrativa dos Estúdios das Emissoras Nacionais.

Rádio Nacional. 8 de setembro de 1940. Ano IV – N.º 173. Lisboa: Comissão Administrativa dos Estúdios das Emissoras Nacionais.

Revista dos Centenários, 31 de janeiro de 1939. N.º 1, Ano I.

Revue Internationale de l'Automobile. 10e année. N.º 38. 1er Mai 1936. Organe Officiel de L'Association Internationale des Automobile-Clubs Reconnus: 5–10.

Sempre Fixe, 6 de fevereiro de 1936. 11.º ano, n.º 510.

A BEM DA NAÇÃO

Sempre Fixe, 8 de setembro de 1938. 13.º ano, n.º 641.

Sempre Fixe, 30 de maio de 1940. 15º ano, n.º 732.

The Anglo-Portuguese News. Luiz Marques (ed.). Ano I, n.º 1. 20 February 1937. Lisboa: Bertrand (Irmãos) Ltd.

The Anglo-Portuguese News. Luiz Marques (ed.). Ano 2, n.º 32. 28 May 1938. Lisboa: Bertrand (Irmãos) Ltd.

The Anglo-Portuguese News. Luiz Marques (ed.). Ano III, n.º 50. 11 November 1939. Lisboa: Bertrand (Irmãos) Ltd.

Viagem. Revista de Turismo, Divulgação e Cultura. Em colaboração com a C.P. Patrocínio do Conselho Nacional de Turismo. N.º 1. Julho 1938.

Viagem. Revista de Turismo, Divulgação e Cultura. Em colaboração com a C.P. Patrocínio do Conselho Nacional de Turismo. N.º 2. Agosto 1938.

Viagem. Revista de Turismo, Divulgação e Cultura. Em colaboração com a C.P. Patrocínio do Conselho Nacional de Turismo. N.º 3. Setembro de 1938.

Viagem. Revista de Turismo, Divulgação e Cultura. Em colaboração com a C.P. Patrocínio do Conselho Nacional de Turismo. N.º 1. Ano I. Novembro de 1940.

Viagem. Revista de Turismo, Divulgação e Cultura em colaboração com a C.P. N.º 3. Ano II. Janeiro de 1941.

Viagem. Revista de Turismo, Divulgação e Cultura. Em colaboração com a C.P. Patrocínio do Conselho Nacional de Turismo. N.º 4. Ano II. Fevereiro de 1941.

Viagem. Revista de Turismo, Divulgação e Cultura. Em colaboração com a C.P. Patrocínio do Conselho Nacional de Turismo. N.º 7. Ano II. Maio de 1941.

Viagem. Revista de Turismo, Divulgação e Cultura. Em colaboração com a C.P. Patrocínio do Conselho Nacional de Turismo. N.º 8. Ano II. Junho de 1941.

Viagem. Revista de Turismo, Divulgação e Cultura. Propriedade de a «Gazeta dos Caminhos de Ferro» com o patrocínio do Secretariado da Propaganda Nacional. N.º 14. Ano II. Dezembro de 1941.

Textos legislativos

Decreto n.º 1:121, 2 de dezembro de 1914.
Decreto n.º 7:037, 17 de outubro de 1920.
Decreto n.º 10:244, 3 de novembro de 1924.
Decreto n.º 10:292, 14 de novembro de 1924.
Decreto n.º 13:700, 31 de maio de 1927.
Decreto n.º 13:969, 29 de julho de 1927.
Decreto n.º 14:174, 29 de agosto de 1927.
Decreto n.º 16:295, 27 de dezembro de 1928.
Decreto n.º 16:386, 18 de janeiro de 1929.
Decreto n.º 16:651, 26 de março de 1929.
Decreto n.º 16:822, 6 de maio de 1929.
Decreto n.º 16:999, 21 de junho de 1929.
Decreto n.º 17:605, 15 de novembro de 1929.
Decreto n.º 18:624, 16 de julho de 1930.
Decreto n.º 19:101, 4 de dezembro de 1930.
Decreto n.º 19:174, 27 de dezembro de 1930.
Decreto n.º 19:252, 19 de janeiro de 1931.
Decreto n.º 19:317, 30 de janeiro de 1931.
Decreto n.º 19:333, 10 de fevereiro de 1931.
Decreto n.º 20:104, 25 de julho de 1931.
Decreto n.º 20:140, 31 de julho de 1931.
Decreto n.º 21:261, 20 de maio de 1932.
Decreto n.º 22:692, 16 de junho de 1933.
Decreto n.º 23:054, 25 de setembro de 1933.
Decreto n.º 23:901, 25 de maio de 1934.
Decreto n.º 24:030, 18 de junho de 1934.
Decreto n.º 26:235, de 20 de janeiro de 1936.
Decreto n.º 26:236, de 20 de janeiro de 1936.
Decreto n.º 26:450, de 24 de março de 1936.
Decreto n.º 26:453, de 25 de março de 1936.
Decreto n.º 26:461, de 26 de março de 1936.
Decreto n.º 26:499, de 4 de abril de 1936.
Decreto n.º 26:500, de 4 de abril de 1936.
Decreto n.º 27:424, 30 de dezembro de 1936.
Decreto n.º 30:030, 6 de novembro de 1939.
Decreto-lei n.º 1:046, 14 de novembro de 1914.
Decreto-lei n.º 1:046, 14 de novembro de 1914.

A BEM DA NAÇÃO

Decreto-lei n.º 21:608, 14 de abril de 1931.
Decreto-lei n.º 19:252, 25 agosto de 1931.
Decreto-lei n.º 23:054, 25 de setembro de 1933.
Decreto-lei n.º 24:091, 29 de junho de 1934.
Decreto-lei n.º 141/94 de 23 de maio de 1935.
Decreto-lei n.º 25:495, 13 de junho de 1935.
Decreto-lei n.º 25:723, 6 de agosto de 1935.
Decreto-lei n.º 26:730, 27 de junho de 1936.
Decreto-lei n.º 28:892, 30 de julho de 1938.
Decreto-lei n.º 28468, 15 de fevereiro de 1938.
Decreto-lei n.º 28:707, 2 de junho de 1938.
Decreto-lei n.º 28:797, 19 de julho de 1938.
Decreto-lei n.º 29:662, 6 de junho de 1939.
Decreto-lei n.º 30:289, 3 de fevereiro de 1940.
Decreto-lei n.º 31:259, 9 de maio de 1941.
Decreto-lei n.º 27:878, de 21 de julho de 1937.
Decreto-lei n.º 28:067, de 8 de outubro de 1937.
Decreto-lei n.º 28:129, de 3 de novembro de 1937.
Decreto-lei n.º 28:468, de 15 de fevereiro de 1938.
Decreto-lei n.º 28:869, de 26 de julho de 1938.
Decreto-lei n.º 31:259, 9 de março de 1940.
Lei n.º 1:938, 26 de março de 1936.
Lei n.º 1.952, 10 de março de 1937.
Nota oficiosa da Presidência do Conselho, 27 de março de 1938.
Portaria de 14 de agosto de 1929.
Portaria de 17 de julho de 1931.
Portaria n.º 8:378, 6 de março de 1936.
Portaria n.º 8:682, 2 de abril de 1937.

Recursos eletrónicos

www.fundacaoantonioquadros.pt (consultado em diversas datas)

www.revues-lurielles.org/php/index.php?nav=revue&no=17&sr=2&no_dossier=3&aff=articles

http://www.jstor.org/stable.420397, consultado em 19 de maio de 2008.

http://ephemerajpp.wordpress.com/2010/12/06/exposicao-universal-de-paris-1937-portugal-industria/, consultado em 19 de maio de 2008.

www.iade.pt/drs2006/.../DRS2006_0343.pdf, consultado em 13 de agosto de 2010.

www.sciencedirect.com, consultado em 13 de junho de 2010.

http://www.jstro.org/stable/2928520, consultado em 12 de junho de 2011.

http://restosdecoleccao.blogspot.pt/2012_06_01_archive.html, consultado em 25 de julho de 2011.

http://panelaolume.blogspot.pt/2009/04/monsanto-da-beira.html, consultado em 28 de junho de 2012.

http://www.radiomonsanto.pt/monsanto-aldeia-mais-portuguesa-de-portugal.php, consultado em 28 de junho de 2012.

http://www.rotas.xl.pt/1102/a05-00-00.shtml, consultado em 28 de junho de 2012.

www.aldeiashistoricasdeportugal.com, consultado em 28 de junho de 2012.